I N V E S T I G A Ç Ã O

IMPRENSA DA UNIVERSIDADE DE COIMBRA
COIMBRA UNIVERSITY PRESS

EDIÇÃO
Imprensa da Universidade de Coimbra
Email: imprensa@uc.pt
URL: http//www.uc.pt/imprensa_uc
Vendas online: http://livrariadaimprensa.uc.pt

COORDENAÇÃO EDITORIAL
Imprensa da Universidade de Coimbra

CONCEÇÃO GRÁFICA
António Barros

IMAGEM DA CAPA
Medalha em bronze de Leon Battista Alberti por Matteo de' Pasti, *circa* 1454, *Castello Sforzesco*, Milão. Fonte: Web Gallery of Art, http://www.wga.hu/html_m/p/pasti/medal_a.html, consulta em 19-05-2015.

TRADUÇÃO E REVISÃO
Sylvie Giraud
Andrea Loewen

REVISÃO TEXTUAL
Maria da Graça Pericão

INFOGRAFIA
Mickael Silva

PRINT BY
CreateSpace

ISBN
978-989-26-1014-6

ISBN DIGITAL
978-989-26-1015-3

DOI
http://dx.doi.org/10.14195/978-989-26-1015-3

DEPÓSITO LEGAL
394255/15

© JUNHO 2015, IMPRENSA DA UNIVERSIDADE DE COIMBRA

IMPRENSA DA
UNIVERSIDADE
DE COIMBRA
COIMBRA
UNIVERSITY
PRESS

# NA GÉNESE DAS RACIONALIDADES MODERNAS II

Em torno de Alberti e do Humanismo

Atas do Colóquio de Coimbra
15/19 de Abril 2013

**EDITOR**
MÁRIO KRÜGER

**COMISSÃO EDITORIAL**
CARLOS ANTÓNIO LEITE BRANDÃO,
PIERRE CAYE, JOSÉ PINTO DUARTE,
FRANCESCO FURLAN,
GONÇALO CANTO MONIZ, VITOR MURTINHO

## SUMÁRIO

0. Introdução .................................................................................... 9

I. O *De re aedificatoria* e *Eupalinos*: O pensamento
"arqui-técnico e arquitetônico" de Alberti e de Paul Valéry
Carlos António Leite Brandão ........................................................ 23

II. As Palavras e as Coisas ............................................................. 39
    MOMVS SEV DE HOMINE: Artifícios e
        desvios da exegese, ou das errâncias da história
    Francesco Furlan ......................................................................... 41
    «Most Perfect Architect [...] Gentleman Of [...]
        Great Learning And Extraordinary Abilities In
        All The Politer Sciences». Presença De L.B. Alberti
        Na Erudição Inglesa Entre Os Séculos XVI E XIX
    Peter Hicks ................................................................................. 61
    Nas Margens Da Modernidade. Duas Abordagens da história
    Junia Mortimet ........................................................................... 81

III. Antropologia e Técnica ............................................................. 99
    «A tranquila possessão» arquitetura e
        civilização na idade humanista e clássica
    Pierre Caye ............................................................................... 101
    *O Aristóteles dos nossos tempos* - Alberti a partir de Ribeiro Sanches
    João Paulo Providência .............................................................. 117
    A coluna e o vulto. *Reflexões sobre o habitar na Antiguidade*
    Mário Henriques Simão D'Agustino ........................................... 131

A atualidade de Alberti no diálogo
contemporâneo entre a prática e a crítica
Giovana Helena de Miranda Montero ...... 145

IV. Espaço e Razão ...... 161

Ordem, Gêneros e Espaços. A mulher e o amor, de Alberti a Castiglione
Nella Bianchi Bensimon ...... 163

O *de pictura* e a mensurabilidade das edificações pintadas
Maurice Brock ...... 183

Descodificando o *De re aedificatoria*: usar as novas
tecnologias para caracterizar a influência de Alberti
na arquitetura clássica em Portugal
José Pinto Duarte, Eduardo Castro e Costa,
Filipe Coutinho, Bruno Figueiredo, Mário Krüger ...... 199

V. Ordem e Forma: a Cidade ...... 225

Alberti e Filarete: da perspetiva à cidade ideal
Vitor Murtinho ...... 227

La Albertiana del orden y la ciudad latinoamericana
Elvira Fernández ...... 251

Alberti e arquitetura da cidade na América Latina:
um organismo dotado de uma ordem que faz sentido
Hugo D. Peschiutta ...... 263

O colapso da ordenação urbana e o surgimento do labirinto.
Do mito racional ao labirinto de Buenos Aires no
*El cantor de tango* de Tomás Eloy Martínez
Ernesto Pablo Molina Ahumada ...... 277

VI. Ética, Decoro & Ornamenta ...... 291

A noção de *numerus* no *De re aedificatoria*
Mário Krüger e Maria da Conceição Rodrigues Ferreira ...... 293

De Alberti às contradições da Bauhaus –
Uma noção moderna do conceito de arquitectura
Domingos Campelo Tavares ...... 337

Ressonâncias albertianas: o problema do ornamento desde Adolf Loos
José Miguel Rodrigues ............................................................................... 351

De Alberti aos CIAM: em Direção a uma Abordagem Humanista
do Ensino da Arquitetura e do Habitat
Gonçalo Canto Moniz e Nelson Mota ........................................................ 371

## VII. Tradição, Transmissão, Tradução ............................................................ 389

O vocabulário doutrinário de Alberti e
a sua assimilação na arquitetura luso-brasileira
Rodrigo Bastos ............................................................................................ 391

Alberti e a Arquitetura Religiosa Quinhentista na Península Ibérica
Andrea Buchidid Loewen ........................................................................... 409

Reflexos albertianos no Renascimento Português.
A *descriptio urbis romae*, o matemático
Francisco De Melo e um mapa virtual de Portugal em 1531
Rafael Moreira ............................................................................................. 427

A relevância do *De re aedificatoria*
na herança disciplinar da arquitetura clássica
em Portugal: a influência da obra escrita de Alberti
Mário Krüger .............................................................................................. 443

A relevância do *De re ædificatoria* na herança
disciplinar da arquitetura clássica em Portugal:
a influência da obra construída de Alberti
António Nunes Pereira ............................................................................... 473

Nota sobre os autores: ..................................................................................... 495

# 0. INTRODUÇÃO

INTRODUÇÃO

Mário Krüger (Editor)
Carlos António Leite Brandão, Pierre Caye, José Pinto Duarte,
Francesco Furlan, Gonçalo Canto Moniz e Vitor Murtinho (Comissão Editorial)[1]

A criatividade de Leon Battista Alberti (1404-1472) é infinita. Não há nada ou quase nada – literatura, artes, ciências, economia, moral e política – que Alberti não tenha tratado e que não tenha sido profundamente modificado pela leitura, sempre singular, que promoveu. E de tal modo que, não apenas a cultura, mas também as diversas formas de racionalidade ganharam aspetos inéditos que mesmo o termo "humanismo" é incapaz de as circunscrever completamente.

Desde o conceito de *humanitas,* proposto por Cícero para significar todos os conhecimentos que afetam a condição do homem, que concorrem para o seu aperfeiçoamento moral e estão de acordo com as musas, tanto adotado por Petrarca, como assumido na contemporaneidade, que se tem plena aceitação de que todos os saberes humanos partilham de uma ligação em comum e estão relacionados por um certo parentesco[2].

É a partir deste contexto/conceito que Leon Battista Alberti é considerado homem de conhecimento universal, promotor de novas formas de racionalidade, não só pelos textos escritos que concebeu, como

---

[1] Na preparação desta publicação colaboraram os estudantes de Arquitetura do DARQ-FCTUC, Sílvio Alves e Suellen Costa, no âmbito de um Estágio de Iniciação à Investigação do Centro de Estudos Sociais.

[2] Cf. CÍCERO (*Pro Archias*, I, 2): "Etenim omnes artes, quae ad humanitatem pertinent, habent quoddam commune vinculum, et quasi cognatione quadam inter se continentur."

pelas obras que deixou como, ainda, pela realização de uma vida ativa e interveniente no quadro do primeiro Renascimento italiano, o que o elevou ao primeiro plano da cultura europeia.

Cumpre à contemporaneidade, que tem navegado perigosamente entre Cila e Caríbdis, consequentemente, refletir sobre tais aspetos.

Dando prosseguimento ao Colóquio "Na Gênese das Racionalidades Modernas – Em torno de Leon Battista Alberti" e respetivas atas de Belo Horizonte (abril 2011), as atas do Colóquio de Coimbra (abril 2013) visam definir, além das categorias tradicionais da historiografia, essas novas formas de racionalidade que a abordagem peculiar do saber dada por Alberti engendrou em todos os campos, sejam de natureza artística, técnica, moral, política e cultural, bem como aferir a sua influência através do tempo, até aos nossos dias. A ambição desses eventos é justamente esta: investigar em que sentido a obra de Alberti pode ajudar-nos a pensar o mundo atual, dos dois lados do Atlântico. Nessa perspetiva, quatro temas surgiram como especialmente relevantes:

a. A influência de Alberti sobre as novas racionalidades da cidade, a partir de uma abordagem antropológica que enfatize a fragilidade humana frente ao caos do mundo;

b. O papel fundador de Alberti no que se refere às racionalidades artísticas, técnicas e operativas, as quais redefinem a relação entre teoria e prática e lhes dão novas configurações;

c. A sua abordagem clarividente e a sua compreensão decisiva, no contexto da sua época, da relação ética, ornamento e decoro, a qual desempenhará um papel fundamental na constituição da racionalidade moderna;

d. Enfim, as lógicas de transmissão e de receção implicadas nesta singular interpretação dos saberes.

Este segundo Colóquio "Na Génese das Racionalidades Modernas II – Em torno de Alberti e do Humanismo", realizado nos dias 15 a 19 de Abril de 2013 nas instalações do Museu da Ciência da Universidade de Coimbra e promovido pelo Centro de Estudos Sociais, bem como pelo Departamento de Arquitetura da Faculdade de Ciências e Tecnologia desta

Universidade, foi aberto com a comunicação do Prof. Carlos Antônio Leite Brandão da Universidade Federal de Minas Gerais sobre o tema "O *De re aedificatoria* e *Eupalinos*: O pensamento 'arqui-técnico e arquitetônico' de Alberti e de Paul Valéry" onde se analisaram os princípios que caraterizam a obra de arquitetura e a atividade do arquiteto, distintos da atividade artística como da científica, o que sugere a sua atualidade tanto face ao fascínio destes modelos de conhecimento, como a um ceticismo que põe em causa a dimensão *poiética* sem a qual a arquitetura deixa de ser arte.

Seguiu-se a apresentação da restante parte do Colóquio em seis temáticas distintas: *As Palavras e as Coisas; Antropologia e Técnica*; *Espaço e Razão*; *Ordem e Forma: a Cidade*; *Ética, Decoro & Ornamenta*; *Tradição, Transmissão, Tradução*.

Na primeira sessão sobre "As Palavras e as Coisas" foi apresentada a comunicação de Francesco Furlan sobre "MOMVS SEV DE HOMINE: Artifícios e desvios da exegese, ou das errâncias da história", onde se propõe uma releitura do *Momus* e sugere-se que o título desta obra é apócrifo ou inverosímil, dado que a figura do príncipe somente é evocada como uma das possíveis máscaras utilizadas pelos humanos. Seguidamente, foi apresentada uma comunicação por Peter Hicks intitulada " 'Most Perfect Architect [ ] Gentleman of [ ] Great Learning and Extraordinary Abilities in all the Politer Sciences'. Presença de L. B. Alberti na Erudição Inglesa entre os Séculos XVI e XIX" sobre a fortuna crítica da obra de Alberti em inglês, em particular a partir da edição do *De re aedificatoria* de Giacomo Leoni publicada em Londres em 1726, onde se chama a atenção para a presença de importantes contributos dados, no mundo anglófono, por eruditos cerca de um século e meio antes desta edição e, mesmo, até um século mais tarde. Para finalizar esta sessão, foi apresentada uma comunicação por Junia Mortimer sobre "Nas Margens da Modernidade. Duas abordagens da história" onde se analisa o conceito de *historia* apresentado no *Da Pintura* (1435 – trad. 1992) de Leon Battista Alberti, face à ideia de pós-história de Anthony Vidler, exposta na obra *Histórias do Presente Imediato*, concluindo-se pelo território mítico onde se move o primeiro autor face à revisão dos cânones modernistas proposta pelo último, de forma a manter ainda abertas as questões colocadas pela modernidade.

A segunda sessão sobre "Antropologia e Técnica" iniciou-se com uma comunicação de Pierre Caye sobre " 'A Tranquila Possessão' Arquitetura e Civilização na Idade Humanista e Clássica", onde se aborda a questão da arquitetura da Antiguidade face à guerra e à paz e se mostra que aquela contribui para a pacificação do real face à técnica, à política e à moral. Seguidamente, João Paulo Providência apresentou a comunicação sobre "*O Aristóteles dos nossos tempos* - Alberti a partir de Ribeiro Sanches", onde se indaga sobre as influências do tratado *Da Arte Edificatória* de Leon Battista Alberti no *Tratado da Conservação da Saúde dos Povos*, obra do médico iluminista António Nunes Ribeiro Sanches, impressa em Paris em 1756, e se destaca a importância, no início da época moderna, de uma conceção arquitetónica atenta ao seu papel social.

Ainda no âmbito desta sessão Mário Henrique Simão D'Agostino fez uma comunicação sobre "A coluna e o vulto. *Reflexões sobre o habitar na Antiguidade*", onde se sugere a importância do termo grego *hístēmi* para se estabelecerem as analogias edifício-corpo face às mudanças de significado das "colunas estrangeiras" da Roma tardo-republicana e proto-imperial.

Esta sessão conclui-se com a comunicação de Giovana Helena de Miranda Monteiro sobre "A atualidade de Alberti no diálogo contemporâneo entre a prática e a crítica", onde se abordaram as formas dialógicas sugeridas por Alberti como um dos operadores metodológicos da arte edificatória, isto é, como fundamentação da construção de espaços que instituam as sociedades.

A terceira sessão sobre "Espaço e Razão" iniciou-se com uma comunicação de Nella Bianchi Bensimon intitulada "Ordem, Géneros e Espaços. A Mulher e o Amor, de Alberti a Castiglione", onde se revisita o conjunto da obra literária de Alberti sobre a mulher e o amor, salientando-se a complexidade que a envolve e os diversos géneros literários que assumiu, assim como os seus prováveis desdobramentos e a sua mal estudada fortuna subterrânea. Seguiu-se a apresentação do estudo de Maurice Brock sobre "O *De Pictura* e a Mensurabilidade das Edificações Pintadas" onde se sugere que, ao contrário do proposto no *De pictura* de Alberti, constata-se que as dimensões dos mosaicos dos pavimentos dos edifícios pintados são determinados a partir dos pés dos personagens e que a altura das edificações é raramente, ao inverso do que sugere aquele autor, um múltiplo inteiro da altura total do homem. Esta sessão foi concluída com a apresentação de José Pinto Duarte, Eduardo Castro e Costa, Filipe Coutinho, Bruno Figueiredo e Mário Krüger, intitulada "Descodificando o *De re aedificatoria*: usar as novas tecnologias para caracterizar a influência de Alberti na arquitetura clássica Portuguesa", com o objectivo de se descodificar o tratado de Alberti de modo a inferir a correspondente gramática da forma, utilizando para o efeito uma estrutura computacional adequada para se estimar aquela influência no período da Contra-Reforma em Portugal.

Na sessão sobre "Ordem e Forma: a Cidade", Vítor Murtinho apresentou a comunicação sobre "Alberti e Filarete: da perspetiva à cidade ideal", onde discute as influências que Alberti teve sobre Filarete, designadamente naquilo que se configura como fontes escritas, nomeadamente da importância dos Livros VII e VIII do *De re aedificatoria* no tratado deste último, face à proposta filaretiana, que se baseia num modelo organizacional, que apresenta tanto traços de dimensões utópicas, como próximos de situações reais, como é o caso das cidades de Milão e de Veneza. Seguidamente, Elvira Fernández apresentou uma comunicação sobre "La Albertiana del orden y la ciudad latinoamericana" onde refere que, a partir do processo de construção de cidades ao modelo Renascentista em terras americanas, a cidade de Córdoba e o seu bairro San Vicente, foram objeto de uma operação de renovação urbana que adota aquele modelo de desenvolvimento, pautado pela simbiose entre arte e arquitetura, onde os edifícios e os monumentos são geradores da cidade. A comunicação seguinte foi feita por Hugo D. Peschiutta sobre "Alberti e arquitetura da cidade na América Latina: um organismo dotado de uma ordem que faz sentido", onde se mostra que as cidades eram o instrumento de colonização promovido pela Espanha para a transformação radical da paisagem americana, onde os traçados retilíneos, organizados de acordo com um centro hierárquico capaz de traduzir a estrutura do sistema de organização espacial advogado por Alberti, se assume como um centro de poder, sede do príncipe, capaz de irradiar cultura e melhorar a vida dos seus utentes.

A última apresentação desta sessão refere-se à comunicação de Ernesto Pablo Molina Ahumada sobre "O colapso da ordenação urbana e o surgimento do labirinto. Do mito racional ao labirinto de Buenos Aires no *El cantor de tango* de Tomás Eloy Martínez", onde é elaborada uma leitura de um romance argentino contemporâneo, com o objetivo de aferir os pontos de contacto e de divergência em relação à visão da cidade ocidental, controlada pela retórica técnica-científica do tratado de Alberti mas projetada agora sobre os novos territórios da América, da qual decorrerá o confronto entre um projeto racional e a violência necessária para a sua execução.

A sessão sobre "Ética, Decoro & Ornamenta" é inaugurada com a comunicação de Mário Krüger e Maria da Conceição R. Ferreira sobre "A noção de numerus no *De re aedificatoria*" onde se mostra que os numerais para Alberti não apresentam uma dimensão exclusivamente quantitativa, mas também qualificativa, dado o tratado se referir implicitamente aos números poligonais e explicitamente aos números harmónicos, números perfeitos e às correspondências inatas, que são classificados não hierarquicamente e se apresentam com *rationes* seriadas, com termos ordenados, além de anunciarem simultaneamente dimensões que tanto são quantitativas, como qualitativas, bem como relacionais. Esta plasticidade nas possíveis utilizações do conceito de *numerus* permite a sucessiva requalificação dos sistemas numéricos utilizados na concepção e no projeto edificatório, como um contínuo processo de reflexão em ação conforme é assinalado por Alberti no tratado. A comunicação seguinte ficou a cargo de Domingos Campelo Tavares que apresentou a comunicação sobre "De Alberti às contradições da Bauhaus - Uma noção moderna do conceito de arquitetura", onde sugere que Alberti enunciou um conceito de arquitetura que torna clara a distinção entre o artista e o artífice, enquanto Walter Groupius colocou o seu ensino ao nível da manualidade do artífice, o que teve como consequência a oscilação, nos tempos presentes, entre os que advogam a capacidade artística e os que pretendem a competência técnica dos saberes que lhe são inerentes. A comunicação seguinte foi apresentada por José Miguel Rodrigues com o título "Ressonâncias albertianas: o problema do ornamento desde Adolf Loos" e informa que o ornamento enquanto instrumento basilar da arquitetura moderna como ofício tem sido posto em causa, fazendo-se uma recusa do preceito Albertiano de se considerar este como uma espécie de beleza auxiliar ou complementar, em contraposição às propostas de Ernesto Nathan Rogers e Giorgio Grassi, que surgem como testemunho daquilo que pode ser entendido ainda como ressonâncias albertianas.

A última comunicação desta sessão foi apresentada por Gonçalo Canto Moniz e Nelson Mota, com o título "De Alberti aos CIAM: em direção a uma abordagem humanista do ensino da arquitetura e do habitat" onde, num primeiro momento se identifica a influência de Rudolf Wittkower (1901-1971) na procura de uma abordagem disciplinar mais humanista do que a promovida, até então, pelo Movimento Moderno e, num segundo momento, se analisa o impacto que o humanismo moderno teve nos debates internacionais sobre arquitetura na década de 1950, nomeadamente nos CIAM e no TEAM 10. Conclui-se sobre a importância deste debate na Escola Superior de Belas Artes do Porto, protagonizada pelas docências de Fernando Távora e Octávio Lixa Filgueiras.

A última sessão refere-se à questão da "Tradição, Transmissão, Tradução", inaugurada com a comunicação de Rodrigo Bastos sobre "O Vocabulário Doutrinário de Alberti e a sua Assimilação na Arquitetura Luso-Brasileira" onde se propõe que, para além dos círculos letrados, os preceitos e doutrinas consagrados nos tratados de Leon Battista Alberti também foram compartilhados coletivamente no âmbito das fábricas artísticas locais, o que pode contribuir para uma melhor compreensão dos processos de invenção, disposição e ornamentação da arquitetura luso-brasileira. Seguidamente, Andrea Buchidid Loewen apresentou uma comunicação sobre "Alberti e a Arquitetura Religiosa Quinhentista na Península Ibérica" onde aponta que neste território e no século XVI a assimilação do *romano* se apresenta com um despojamento que anuncia doutrinas arquitetónicas de origem itálica, em particular as gizadas por Alberti. Tem-se, assim, como objetivo, analisar a receção da teoria albertiana e, em particular, a sua influência na arquitetura religiosa de então. A comunicação seguinte foi apresentada por Rafael Moreira sob o título "Reflexos Albertianos no Renascimento Português. A *Descriptio Urbis Romae*, o Matemático Francisco de Melo e um Mapa Virtual de Portugal em 1531" onde se faz uma análise dos contributos albertianos na "Oração" que este matemático proferiu na abertura das Cortes de 1535, examina-se em particular o "Códice de Hamburgo", que apresenta a função dum verdadeiro mapa virtual codificado de Portugal, que tem por base a *Descriptio Urbis Romae* de Alberti (c.1450), conclui-se que este foi o introdutor de Alberti em Portugal e remata-se a comunicação com uma retrospetiva das suas influências sobre a arte, a arquitetura, e a tratadística portuguesas dos séculos XVI e XVII. A comunicação seguinte foi apresentada por Mário Krüger sobre a "A relevância do *De re aedificatoria* na herança disciplinar da arquitetura clássica em Portugal: a influência da obra escrita de Alberti" onde se faz uma receção da sua contigente receção em território nacional, concluindo-se que a presumível tradução de André de Resende deste tratado se configura como um "horizonte de perda", em termos da evolução da compreensão da arquitetura em Portugal nos últimos cinco séculos, principalmente pela ausência de um acolhimento explícito àquela obra e que a privou de um discurso comentador nas fases iniciais da sua receção. A última apresentação desta sessão, bem como do Colóquio, esteve a cargo de António Nunes Pereira sobre "A relevância do *De re ædificatoria* na herança disciplinar da arquitetura clássica em Portugal: a influência da obra construída de Alberti" onde se chama a atenção para o fato de a influência da obra escrita e construída de Alberti na arquitetura portuguesa do Renascimento encontrar-se pouco estudada, mas cuja ascendência não pode ser negada, seja através da análise da obra do arquiteto italiano, como dos sistemas proporcionais presentes em edifícios portugueses e apresentados na sua obra escrita.

Desde o Colóquio realizado nos idos de 2011 em Belo Horizonte, felizmente algo mudou em relação aos estudos albertianos, tanto no Brasil como em Portugal, seja devido à publicação do trabalhos apresentados naquele Colóquio, em excelente e cuidada edição da Editora UFMG, seja pela realização de um projeto de investigação financiado em Portugal pela Fundação para a Ciência e Tecnologia sobre a temática *Alberti Digital: Tradição e inovação na teoria e prática da arquitetura em Portugal*[3],

---

[3] MÁRIO KRÜGER *et alii*, *Alberti Digital, Tradição e inovação na teoria e prática da arquitetura em Portugal. Relatório Final*, (PTDC/AUR-AQI/108274/2008). Consulta em

com o objetivo de promover o impacto do tratado de Alberti, tanto na arquitetura clássica como moderna, em Portugal e nos antigos territórios ultramarinos, utilizando para o efeito tecnologias computacionais inteligentes e/ou abordagens culturais, e do qual resultou a publicação de um livro[4].

É de assinalar, concomitantemente, a organização da Conferência Internacional *Alberti Digital* que decorreu em paralelo ao Colóquio "Na Génese das Racionalidades Modernas II – Em torno de Alberti e do Humanismo" e, por altura deste evento, a realização de uma exposição no Museu da Ciência da Universidade de Coimbra[5], onde se mostraram os trabalhos realizados no *Alberti Digital*, bem como uma mostra de obras pertencentes ao acervo da Biblioteca Geral da Universidade de Coimbra com o título "*Litterae* em torno de Alberti", com o objetivo de publicitar este acervo no que se refere às obras relacionadas com a produção deste autor. As comunicações da conferência e o catálogo da exposição Alberti Digital foram apresentadas no número monográfico da revista *Joelho* #5, editada pelo Departamento de Arquitetura da Faculdade de Ciências e Tecnologia da Universidade de Coimbra[6].

Em resumo, as comunicações ao colóquio "Na Génese das Racionalidades Modernas II – Em torno de Alberti e do Humanismo", bem como os eventos que entretanto ocorreram mostram uma diversidade de abordagens a que somente a obra escrita e construída deste autor pode dar alguma unidade de propósitos nos tempos de hoje, principalmente se atendermos como são encarados os estudos humanísticos nas nossas instituições de ensino superior, seja em termos de investigação, seja em termos pedagógicos,

---

10/02/2015: https://www.fct.pt/apoios/projetos/consulta/vglobal_projeto?idProjeto=10 8274&idElemConcurso=2793.

[4] MÁRIO KRÜGER, *Comentários à Arte Edificatória de Leon Battista Alberti*, Coimbra: Imprensa da Universidade de Coimbra, 2014. Consulta em 10/02/2015: http://www.uc.pt/imprensa_uc/catalogo/investigacao/ComentariosArteEdificat.

[5] Consultas em 10/02/2015: http://www.museudaciencia.org/index.php?module=events&id=368; https://plus.google.com/116285173333535072161/videos.

[6] MÁRIO KRÜGER, JOSÉ P. DUARTE, GONÇALO CANTO MONIZ *et alii*, org., *Digital Alberti: Tradition and Innovation*, Joelho #05. Revista de Cultura Arquitetónica, e|d|arq, Coimbra: Departamento de Arquitetura da Faculdade de Ciências e Tecnologia da Universidade de Coimbra.

onde aqueles são confrontados com limitações orçamentais e ameaçados por uma competitividade empresarial segundo os ditames de uma aparente produtividade.

Se bem que este tempo em que vivemos seja um tempo inclemente para o humanismo e as Humanidades, porque é um tempo sem história e sem alternativas para o futuro, lembremos ainda o *dictum* atribuído a Alberti, cada vez mais presente e necessário: "Rogatus quid esset maximum rerum omnium apud mortales, respondit: 'Spes'." ("Questionado a respeito do que era o melhor que um mortal podia almejar, respondeu: 'A Esperança'")[7]. Voltemos a Alberti.

---

[7] LEON BATTISTA ALBERTI, *Autobiografia e Altre Opere Latine*, org. de L. Chines – A. Severi, 2012, RSC Libri, Milão, p. 89.

I

# O *DE RE AEDIFICATORIA* E *EUPALINOS*: O PENSAMENTO "ARQUI-TÉCNICO E ARQUITETÔNICO" DE ALBERTI E DE PAUL VALÉRY.[8]

Carlos Antônio Leite Brandão

**Resumo**

Em *Eupalinos* (1921), Paul Valéry expõe os princípios que, para ele, caracterizam a obra de arquitetura e a atividade do arquiteto. Tais características engendram um modo de pensar distinto tanto da atividade artística quanto da atividade científica, o que é crucial para o entendimento da operação e dos fins da arte de projetar, de construir e de habitar os edifícios e cidades. Identificar tanto a semelhança entre o pensamento de Valéry e as proposições de Alberti no *De re aedificatoria* quanto a sua atualidade é o propósito deste artigo e a razão de sua atualidade.

Leon Battista Alberti; *De re aedificatoria*; Paul Valéry; Eupalinos

**Résumé**

Dans l'"Eupalinos (1921) Paul Valéry nous donne les principes que, à son avis, distinguent l'oeuvre d'architecture et l'activité de l'ar-

---

[8] De forma oral e resumida, esse texto foi apresentado na conferência de abertura do II Congresso Internacional "Na Gênese das Racionalidades Modernas: em torno de Alberti e do Humanismo", realizado no Museu da Ciência e na Biblioteca Geral da Universidade de Coimbra em 15 de abril de 2013. Ele integra a produção de nossa pesquisa "A atualidade do *De Re Aedificatoria*, de Leon Battista Alberti" desenvolvida junto à UFMG e ao CNPq/Brasil e dá continuidade aos trabalhos e parcerias interinstitucionais oriundos de nosso estágio sênior realizado na Fondation de la Maison des Sciences de l'Homme/École des Hautes Études en Sciences Sociales (Paris, 2010/2011), com o apoio da CAPES/Brasil.

DOI: http://dx.doi.org/10.14195/978-989-26-1015-3_1

chitecte. Ces principes engendrant une façon de penser distinctive de l'activité artistique et de l'activité scientifique, ce qui est capital pour la compréhension de l'opération et des objectifes de l'art de projeter, de bâtir et d'habiter les édifices et les villes. Identifier les similitudes entre la pensée de Valéry et les propositions du *De re aedificatoria* aussi bien que son atualité, c'est la proposition de cet article.

Leon Battista Alberti; *De re aedificatoria*; Paul Valéry; Eupalinos

**Abstract**

In Eupalinos (1921), Paul Valéry sets out the principles that, for him, featuring the work of architecture and the activity of the architect. These characteristics propose a way of thinking distinct both of artistic activity and of scientific activity, which is crucial for understanding the operation and goals of art to design, build and inhabit buildings and cities. Identify both the similarity between the thought of Valéry and the propositions of Alberti in *De re aedificatoria* according to its relevance is the purpose of this paper and the reason for its relevance.

Leon Battista Alberti; *De re aedificatoria*; Paul Valéry; Eupalinos

Este trabalho e este evento emergem da formação de um grupo internacional de pesquisadores e instituições sobre Alberti e sobre o humanismo proporcionada pelo estágio sênior que realizei em Paris em 2010, com o auxílio da CAPES e com a colaboração do Prof. Francesco Furlan, a quem agradeço aqui, mais uma vez, bem como de outros estudiosos com quem tenho tido o prazer de conhecer e conviver. Minha participação nesse grupo, ainda em consolidação, tem se dedicado a relacionar Alberti com a arquitetura e a cidade contemporâneas, tema de minha intervenção no I Congresso Internacional "Na Gênese das Racionalidades Modernas: em torno de Alberti" (Belo Horizonte, abril de 2011), e com outros campos do conhecimento como a literatura e a filosofia, tema de nossa intervenção neste evento.

Paul Valéry e Leon Battista Alberti situam-se nos dois extremos da racionalidade moderna ocidental: o primeiro no momento em que ela entra em crise e o segundo em sua gênese. Mas essa distância é justamente o que os reúne. Ambos ajudam a construir e exploram essa racionalidade e ambos suspeitam dela. *Eupalinos* é um texto encomendado pela revista *Architectures* a P. Valéry, com um tamanho pré-determinado de 115.800 caracteres, e publicado em 1921. O estupendo diálogo entre Sócrates e Fedro no inferno, quando eles já não são mais do que meras sombras sem corpo, lança um olhar crítico sobre a relação entre a filosofia e a arte de construir, até encontrar nesta os valores máximos que aquela não alcança, tais como a capacidade de entrelaçar corpo e espírito, de alcançar uma materialidade e uma permanência que as palavras voláteis dos filósofos não atingem, de acionar um pensamento capaz de operar o mundo e os homens e que difere tanto da especulação filosófica e tecno-científica sobre o mundo, os homens e o absoluto quanto da expressão da subjetividade que caracteriza a pintura e a escultura, sobretudo modernas e contemporâneas. No *De re aedificatoria*, escrito provavelmente entre 1448 e 1452, Alberti também faz da arte edificatória um paradigma do pensamento e da atividade construtora que distingue-se da "inutilidade" da filosofia escolástica, como a que Caronte critica em Gelasto no *Momus*, fábula que Alberti escreve na mesma época do seu tratado sobre arquitetura e urbanismo.⁹ Mas, ao fazer isso, Alberti estabelece também sua distância frente a uma arte que se assenta na expressão da subjetividade pessoal, que não atinge uma universalidade e uma racionalidade compartilhadas, que não sirva aos desejos e necessidades dos seres humanos e da *polis*, que não articule projeto e obra, *lineamentis* e *materia*, espírito e corpo.

Há inúmeras afinidades entre nossos dois escritores, apesar das diferenças devidas, sobretudo, aos contextos em que escrevem. Alberti parte da crítica a uma cultura do supérfluo, do inútil e do deleite privado para resgatar o valor da sobriedade, da "razão compartilhada" e da *res publica*. A jusante do racionalismo moderno e de sua separação entre *res cogitans* e *res extensa* e entre alma e corpo, Valéry parte do pólo oposto: ele resgata o corpo, o sensível e a finitude como o palco da ação humana. Nossos autores percorrem o mesmo caminho em sentido inverso até encontrarem-se no meio dele para desvelarem, juntos, a arte do construir como uma instauração do humano e do cosmos que lhe é próprio defronte à natureza e ao *Bios*, o rio de que nos fala Alberti no *intercoenale Fatum et Fortuna*, que tudo transforma e consome: "É preciso escolher entre ser um homem, ou então um espírito", ressalta o escritor francês.¹⁰ Ambos escolhem o homem e fazem o ato edificante partir dos limites e precariedades afetos à sua condição mortal e finita. Ambos reconhecem a força do tempo e da *fortuna* e ambos sabem que a possibilidade da ruína e do desmoronamento das obras é o testemunho delas existirem, de não serem apenas falácias, fumaças e palavras "líquidas". É justamente essa possibilidade o que confere realidade, precisão e solidez ao ato de edificar as construções, a vida e a si próprio. Essa precisão e solidez são remarcadas ao longo de todo o *De re aedificatoria* e de *Eupalinos*. Ambos

---

⁹ Cf. LEON BATTISTA ALBERTI. *Momus o del príncipe* (a cura di Rino Consolo). Genova: Costa & Nolan, 1986, p. 311.

¹⁰ PAUL VALÉRY. *Eupalinos*, p. 129. Para as referências e citações aqui utilizadas baseamos na edição bilíngüe francês/português de PAUL VALÉRY. *Eupalinos ou O Arquiteto*. Trad. Olga Reggiani. São Paulo: Editora 34, 1996; na edição francesa de PAUL VALÉRY. *Eupalinos, L'Ame et la Danse, Dialogue de l'Arbre*. Paris: Gallimard, 1994; e na edição de LEON BATTISTA ALBERTI. *De re aedificatoria. L'architettura* (a cura di Renato Bonelli e Paolo Portoghesi). Texto latino e tradução para o italiano de Giovanni Orlandi. Milano: Il Polifilo, 1966.

não conferem plenitude exclusiva ao corpo, à alma ou ao tempo, mas ao entrelaçamento dos três. Ambos concebem o conhecimento como uma construção e uma auto-construção, e não como uma contemplação passiva. Por isso, para nossos dois autores, o ato mais completo é o de construir "arqui-técnicamente". Ambos formulam estar nos atos e na combinação de atos a componente divina do ser humano. Já no Prólogo do seu tratado, Alberti enaltece a arte de construir como a mais fundamental para a realização do "humano do homem" e para que os homens se reúnam em uma comunidade ou *res publica*. Valéry também nos aconselha que nos "atos, e na combinação de atos, é que devemos encontrar o sentimento mais imediato da presença do divino. [...] Ora, de todos os atos, o mais completo é o de construir."[11]

O Deus a ser imitado no ato construtivo é o "*arché*-tecno-*logos*", a construir a partir de "princípios separados", sobre o que falaremos mais adiante, e a impor a execução ao seu pensamento e o pensamento à execução, tal como Alberti ao associar a teoria e o "desenho mental" com o construir e com a experiência no canteiro de obras. Esse pensamento-ato "arqui/+/tectônico" é o modo pelo qual descobrimos e extraímos de nós mesmo o que não suspeitávamos possuir. Construir é a razão do pensar, como também o será em Leonardo. Ao construir assim, saímos da nossa própria natureza e do estado em que julgávamos estar naturalmente presos. Alberti, Valéry e, também, Da Vinci, supõem ser a razão uma construção e condenam toda filosofia que não leve em conta o obrar e o fazer. Neles, o construir tem equivalência ou até precedência sobre o conhecer e o conhecimento é um misto de teoria e de experiência que requer a práxis.

Eupalinos, o arquiteto, é quem concebe, com ordem e nitidez, o que nós queremos e não sabemos que queremos, o que nós somos e não sabemos que somos, o que nós conhecemos e não sabemos que conhecemos. O papel do arquiteto de Alberti e Valéry é defender-nos de construções incoerentes e de uma existência fugaz, feita de quimeras, dos imponderáveis

---

[11] PAUL VALÉRY. *Eupalinos ou O Arquiteto*. Trad. Olga Reggiani. São Paulo, Editora 34, 1996, p. 69.

do sensório e da *fortuna*. E o papel da arquitetura, em ambos, é modelar um novo tipo de racionalismo simultaneamente idealista e empírico, intelectualista e prático. Indo além do objeto empírico a que se dedica, a arte de Eupalinos aponta para um modo de pensar, para uma "arquiteturologia", como comenta Patricia Signorile, feita de uma "razão polêmica" e da tensão permanente entre o pensamento abstrato e o pensamento concreto, entre a inteligibilidade do necessário e do universal e a do contingente e do singular.[12] Essa razão que se movimenta permanentemente entre pólos opostos e que nunca se deixa apaziguar é a característica principal do pensamento e da filosofia também de Alberti.[13]

Pensar o modo de edificar bem serve para construir uma outra forma de pensar, diferente da razão instrumental ou manipulatória que caracterizou o Ocidente moderno e que encontra-se em crise. Valéry e Alberti buscam uma filosofia da ação, e não da posse e do controle instrumental absoluto das coisas e do mundo. Para eles, o pensamento filosófico não é a execução verbal e a emissão de palavras socráticas, mas uma construção, uma criação, um *lineamentis* capaz de se desdobrar em atos e coisas, de conferir ao saber um poder formador e de valorizar o corpo como a instância que permite nossa existência estabelecer contato com o mundo e com a superfície das coisas: "a profundidade do homem é a sua pele", diz Valéry.[14] O grande esforço do conhecimento humano é conquistar a superfície das coisas, inclusive a do seu corpo e de suas ações. É no contato com a resistência do meio natural e cultural que adquirimos consciência de nosso existir, tal como é no contato com a pedra que o pensamento e o número conhecem sua solidez e sua consistência. Opondo-se à desordem intrínseca das coisas, a *ratio* humana dá-lhes ordem, forma e permanência. Ela age contra a

---

[12] Cf PATRICIA SIGNORILE. *Paul Valéry, philosophe de l'art*. Paris: Vrin, 1993. pp.11-13.

[13] Sobre esse aspeto capital se notabiliza a leitura da obra albertiana feita por Eugenio Garin, a qual revolucionou a perspetiva historiográfica de Alberti e do humanismo. De Garin e sobre este tema recomendamos "Il pensiero de L.B. Alberti: caratteri e contrasti", in *Rinascimento*, Firenze, Serie II, n.12, pp.3-20, 1972; *Medioevo e Rinascimento: studi e ricerche*. Bari: Gius. Laterza & Figli, 1954; *Rinascite e rivoluzioni*. Bari: Laterza & Mondadori, 1992; *L'umanesimo italiano*. Bari: Gius. Laterza & Figli, 1952.

[14] PATRICIA SIGNORILE. *op. cit*, p.68.

entropia e o caos natural, reconstrói o mundo dado para construir-se a si própria. Para Valéry, leitor de Viollet-Le-Duc, e para Alberti somos mais na medida em que construímos do que na medida em que cogitamos. Na experiência e na construção das coisas segundo o nosso *design* ("desígnio" e "projeto") nos edificamos. Conhecer o mundo é reconstruí--lo. Construir um mundo é construir um espaço e um tempo que sejam capazes de absorver os espaços e tempos particulares para conferir-lhes uma forma e uma duração mais sólidas, mais perenes, mais universais e mais convenientes. Com seu silêncio, a arquitetura serve na medida em que confere lugar ao nosso corpo, ao nosso espírito e ao nosso tempo. Assim, ela modela uma nova *arché* para a razão, o espaço e o tempo do homem e o torna mais confiante nas suas potencialidades de construir um mundo novo, em vez de contentar-se em adaptar-se a um mundo oferecido como uma construção técnica irrevogável, instrumental e manipulatória da qual não se poderia escapar.

No que concerne à arquitetura, às cidades e ao trabalho do arquiteto, as afinidades entre o humanista genovês e o escritor francês poderiam ser estruturadas segundo algumas tópicas, e este é o estudo que circunscreve a presente exposição, tais como: a) a necessidade de clareza, exatidão e rigor; b) a classificação das artes e o papel exponencial da arquitetura dentre elas; c) a importância do trabalho do tempo, até como modo de se enfrentar o "tempo devorador de todas as coisas", *tempo edax rerum*; d) a relação orgânica das partes entre si e com o todo tanto no edifício quanto na cidade, uma vez que, como repete Alberti ao longo do seu tratado, "o edifício é como uma pequena cidade" e "a cidade é como um grande edifício"; e) a gnosiologia que requer, em ambos os autores, o corpo e o espírito, a "mente" e a "matéria"; f) a ênfase e o papel da geometria, através da qual o espírito comunga a matéria; g) a origem e o sentido da arte de construir que ambos os autores nos oferecem como prolegômenos de uma mesma filosofia da arquitetura; h) a consubstacialidade entre o ato de construir e a palavra poética e construtora e que se distingue das palavras e das construções banais, quiméricas ou meramente instrumentais; i) as considerações sobre o Belo, a Estética e a *poiesis*, em nítido contraste com aquelas oriundas de uma beleza que se atém ao aspeto sensorial, e não sensível, ao exibicionismo técnico ou à simples expressão, quase nunca articulada, da subjetividade narcísica do artista.

Além desses pontos de contato, há uma analogia "metodológica" entre os dois autores. Ambos procuram perspetivar o mundo "à distância", a partir de um "olhar alado", como diz Alberti, que pode ser exemplificado tanto pelo personagem Neophronus do *Defunctus* quando por Sócrates e Fedro em seu diálogo ambientado nas sombras de depois da morte. Só nessa distância podemos medir o sentido e o valor das coisas e de nossas palavras, idéias e ações.

Não cabe, aqui, desenvolver, todas essas tópicas. Dedicaremo-nos apenas a uma delas e que não foi referida acima: a conceção do que distinguiria um pensamento "arqui/+/técnico" ou "arqui/+/tectônico", comum a Battista Alberti e a Paul Valéry. A arquitetura é comumente vista como um misto de arte, técnica e ciência. Nessa visão, ela é considerada como uma somatória delas ou como algo que estaria entre elas. Contudo, cremos que Alberti e Valéry nos indicam que a racionalidade e a metodologia arquitetônica e urbanística não são compreendidas se as modelamos com base na racionalidade técnico-científica, por um lado, ou na racionalidade artística, por outro, e nem na combinação de ambas. O ato de construir comporta uma racionalidade, um pensamento e um método próprios e é isso o que o distingue, o que lhe confere importância e o que faz dele uma alternativa com que questionar as racionalidades e métodos da arte, da técnica, da ciência e da filosofia, como o próprio Sócrates confessa ao concluir-se o relato de Fedro sobre Eupalinos.

Clareza, rigor e nitidez são os apelos que mais ressoam nas palavras e nas ações de Eupalinos de Megara e no *De Re Aedificatoria*. O fracasso de encontrarmos alternativas para a razão "instrumental ou manipulatória", responsável por diversos impasses cruciais no século XX como os de ordem cultural, científica, ética, política e ambiental, deve-se parcialmente a termos apelado apenas para o que aparentemente se opunha a ela e termos, assim, inflacionado o poder do acaso, das pulsões e da fantasia, como é freqüente em muito das proposições teóricas e construtivas da arquitetura e da cidade contemporâneas. Faltou-nos talvez mergulhar criticamente dentro dessa "razão instrumental", mais do que fez T. Adorno, por exemplo, de modo a atravessá-la, pervertê-la, cortá-la e escavá-la até encontrar o sentido e a forma de outras razões que ficaram soterradas no passado, como a "arqui-tetônica ou arqui-técnica" que o *De re aedificatoria* e o *Eupalinos* expõem.

Alberti e Valéry não negam o pensamento técnico em nome da arte ou da expressão da parte de nossa subjetividade não abrigada nele. Ao contrário, eles partem e valorizam o pensamento técnico para só depois introduzirem e explorarem a articulação deste pensamento com uma *arché* que o ultrapassa e o determina. Em grego, *arché* tem um triplo sentido: "comando", "princípio" e "origem". No início de seu depoimento a Sócrates, Fedro começa por depor o perfeito ajuste entre o que os operários faziam na obra e o que Eupalinos propunha. Parecia-lhe que aqueles operários não eram mais do que o prolongamento dos membros do arquiteto.[15] Sócrates, o "Filósofo", almeja uma beleza que independa dos sentidos e das formas sensíveis. Ao contrário, Fedro, fazendo-se porta-voz de Eupalinos, considera as formas aparentes e as graças corpóreas como a sede da beleza que seduz os homens e como meios para este alcançar estados mais elevados. Enquanto Sócrates se põe a meditar sobre a beleza, Fedro avalia que, no caso da arte de construir, essa meditação envolve pensar também em como fazê-la e atualizá-la, já mesmo na fase de elaboração do projeto. O pensamento e a razão do arquiteto já são uma "construção" e não se confundem com uma contemplação ou especulação vazia, sem forma e sem propósito. Também o *lineamentis* albertiano exige antecipar o construir para dentro de si. Suas linhas, ao serem traçadas, comportam um saber executivo através do qual elas se tornarão paredes, janelas, tetos, fortificações, pontes, templos e praças.

Pensar a construção em projeto é, simultaneamente, pensar as próprias possibilidades construtivas, como as técnicas e econômicas. Esse pensamento implica, portanto, um reconhecimento, um exame e uma edificação de si mesmo e do contexto circundante. Ao pensar o construir, pensamos e construímos nós mesmos. Esse é um dos valores fundamentais do "pensamento construtor". Por isso, esse pensamento é, ao contrário de

---

[15] PAUL VALÉRY. *op. cit*, p. 31.

grande parte das fabulações contemporâneas em arquitetura e urbanismo, avesso à mera expressão da subjetividade e às formulações fantásticas e surrealistas. Ele se prende às possibilidades humanas e ao fim humano de construir e servir a uma vida melhor, *bene beateque vivendum*, com diz Alberti em vários de seus livros. Diz Valéry:

> "*Sou avaro de divagações, concebo como se executasse.* Jamais contemplo, no espaço informe de minh'alma, esses edifícios imaginários que estão para os edifícios reais como as quimeras e as górgonas estão para os animais verdadeiros. Ao contrário, *o que penso é factível e o que faço refere-se ao inteligível.*"[16]

Como no *De Re Aedificatoria*, a construção do habitar é uma forma de me haver, de me ter, de me conhecer e de me edificar. Nossa existência e nossa razão não são dadas de antemão, mas construídas.

Erigir o humano do homem é a tarefa dos *studia humanitatis* do Renascimento. A ação edificatória, incluindo a de restaurar os edifícios e as cidades, é também instrumento crucial dessa tarefa, seja para Alberti seja para Eupalinos. Ela exige conferir nitidez aos pensamentos até que eles se esbocem e se destilem em atos construtivos, como os que ergueram o templo de Corinto, diz Valéry. Construir com arte, afirma Eupalinos, requer meditar "até o fundo do seu ser e até que o extremo da realidade nos faça encontrar um deus na própria carne, um espírito no ato de construir e um corpo no ato de pensar". Não é outra a razão da insistência albertiana em meditar longamente os projetos a serem edificados, consultar assiduamente os peritos, aplicar-se ao desenvolvimento de maquetes, ver e rever os projetos no fundo de seu espírito. Os atos construtivos são *mimesis* que traduzem e interpretam as idéias de que são gerados.

Assentada a base técnica e construtiva inerente ao pensamento que constrói, Valéry distingue o que caracteriza o pensamento "arqui--técnico" ou "arqui-tetônico". No *De re aedificatoria*, Alberti exigia do arquiteto meditação longa, feitura de maquetes e consulta a peritos e

---

[16] Cf. Ibidem, p. 51. Itálicos nossos.

outras pessoas que pudessem contribuir para sanar possíveis erros e aperfeiçoar o projeto. Isso se deve, dentre outras razões, às limitações de todo projetista individual. Mas deve-se também ao propósito de fazer da instância projetiva um modo de reunir as pessoas e de constituir uma razão comum e compartilhada. É dessa razão que o projeto deve emanar e é a ela que a razão do arquiteto deve dar lugar. É necessário deixar o tempo trabalhar para as decisões amadurecerem, uma vez que a verdade de uma obra de arquitetura e de urbanismo se revela somente com o tempo. É preciso usar esse tempo para evitar as corrosões e deteriorações que o próprio tempo aplica sobre todas as coisas – tempo *edax rerum*.[17] Também Eupalinos propõe-nos uma meditação profunda e longa sobre o ser e o dever-ser do projeto até que ele se converta na ação construtiva apropriada. Essa longa meditação incorpora o fazer na ideação e o espírito nos atos que erguerão os edifícios e as cidades. Não se trata de dar vazão a uma subjetividade, como a pintura e a escultura costumam fazer, mas de constituir uma beleza, uma racionalidade comum e compartilhada. Por isso, o arquiteto de Alberti e Valéry deve retardar, interromper ou suspender as "graças" ou inspirações imediatas e fazê-las "aguardar o seu sinal".[18] A razão do arquiteto deve comandá-las, e não ser comandada por elas. A obra do arquiteto deve responder a algo que vai além do instante. Ela não atende apenas ao imediato e ao presente em que nossa existência está mergulhada, mas também à história e às exigências razoáveis do que foi, do que é e do que será. Retarde-se as idéias, portanto, para que o pensamento técnico encontre a *arché*, não mais entendida apenas como um comando mas como uma pergunta e um princípio encontrados na origem, no tempo e/ou na história e a uma dimensão ética que não se limite às conveniências ocasionais e passageiras de nosso próprio presente.

A intenção de construir, Sócrates confessa, sempre inquietava seu pensamento, mas as circunstâncias impediram-no de formar o arquiteto

---

[17] Sobre o tempo da arquitetura e o tempo *edax rerum*, cf. ALBERTO CASSANI. *La fatica di costruire. Tempo e matéria nel pensiero di Leon Battista Alberti*. Milão: Unicopoli, 2000.
[18] Cf. PAUL VALÉRY. *op. cit*, p. 63.

que ele guardava dentro de si. O que inquieta o pensamento da técnica, da τέχνη, é justamente a intenção de construir, de obrar, de gerar, o que está presente também no pensamento do arquiteto e do artesão e nos instrumentos que eles utilizam. Contudo, nas obras da *arché-techné*, "os princípios acham-se separados da construção, e são como que impostos à matéria por um tirano estrangeiro, que lhe comunica esses princípios, por meio de atos".[19] Por essa razão, essas obras resistem ao tempo e à *fortuna*, evitam o acaso e escapam da ordem e da evolução pré-determinada e invariável dos entes criados pela natureza. Para isso, a *arché-techné* viola essa ordem primeira e funda novos princípios mediante uma razão e uma intenção que delineia e forma. Seus produtos são gerados por atos intencionais, e não por instintos, hábitos ou costumes irrefletidos, como geralmente procedem os operários e artesãos. Os objetos "arché--técnicos" são gerados por atos do pensamento construtivo que impõe às coisas seus próprios princípios consubstanciados em um "projeto". Esses princípios não se confundem com a construção e são estabelecidos pelo "*arché*-técnico" em seu trabalho *ab mentis*. *Arché*: princípios. Ao separar os princípios e o projeto *ab mentis* da execução, passa-se do pensar da *techné* ao pensar da *arché-techné, archi-tektonikos,* ἀρχι+τεκτονικός. A natureza trabalha "sem ensaios ou retrocessos, sem modelos, sem intenção particular, sem reservas; não separa projeto de execução." Já na "arqui-técnica" e na construção com *arché*, "o projeto é bem separado do ato e, o ato, do resultado".[20]

Reencontra-se, aqui, algumas inovações introduzidas pelo *De re aedificatoria* e pelo Renascimento frente ao modo de produção da arquitetura e da cidade medieval: a separação do arquiteto e do artesão, a constituição da arquitetura como atividade intelectual ou *ars liberalis*, a invenção do projeto tal como o concebemos hoje, o comando que o *lineamentis* deve exercer na execução do edifício, a importância do trabalho do tempo e do exame meticuloso já na fase de projeto, o advento da teoria para articular a prática, a eliminação máxima possível dos fatores casuais e a

---

[19] PAUL VALÉRY. *op.cit,* p. 135.
[20] Ibidem, p. 135.

necessidade de a obra prever e enfrentar com rigor os efeitos das intempéries e do tempo *edax rerum* mediante a *virtù* com que ela se arma na fase de elaboração mental e de escolha dos materiais.

O *lineamentis* ou "linhas da mente" requer desenhar e conferir limites. O desenho que o arquiteto traça não é mais o "risco" ou rabisco medieval, o qual não se alicerçava em princípios propriamente separados, capazes de comandar a execução e de minimizar os efeitos do acaso, das intempéries e da *fortuna* ao longo da construção e da história dos edifícios, depois de eles serem concluídos e utilizados. Trata-se, agora, de construir uma "figura" que seja, simultaneamente, a "planta" e o "plano/desígnio" do edifício. O arquiteto que emerge com Alberti deve construir essa figura com método, modelo, maquete, idas e vindas, intenção e prudência extremas tendo em vista a perspetiva que ela fornece da obra futura, não apenas visualmente, mas também dos problemas de execução, apropriação e durabilidade da edificação diante das vicissitudes da *fortuna* e dos assaltos do tempo, das intempéries e, sobretudo, do próprio ser humano e sua propensão natural a arrasar e destruir tudo, sua *mania* e sua *insania* originais. O objeto "arqui-tectônico" é obra da cultura contra essa natureza *naturata* e a natureza humana. Ele constrói-se em dois tempos: o do *lineamentis* mental do projeto e o da operação sobre a *materia*, desde a escolha dos materiais até os atos construtivos realizados pelo braço do operário, o qual prolonga o gesto "plantado" e "projetado" por Eupalinos. O movimento construtivo rearticula gesto e braço, desenho e matéria. Concluindo: no *Eupalinos* e no *De re aedificatoria* o construir parte de princípios separados estabelecidos por um pensamento "arqui/+/técnico".

Para Vitrúvio e para Alberti, a solução arquitetônica deve atender simultanea e equilibradamente aos requisitos técnico-construtivos, *firmitas*, às necessidades e comodidades humanas, *utilitas/commoditas*, e ao deleite a ser proporcionado ao sensível, *venustas*. Valéry não apenas conhece esse caráter "triádico" da resolução arquitetônica como o leva para uma filosofia mais geral do ser humano:

"O homem discerne três grandes coisas no Todo: ele aí encontra seu corpo, sua alma, e há o resto do mundo. Entre essas coisas um incessante comércio se estabelece e, às vezes, até mesmo uma confusão se opera. [...] Logo, é razoável pensar que as criações do homem se realizam, ou bem em função do seu corpo, e aí está o princípio que chamamos utilidade, ou tendo em vista sua alma, e aí está o que ele persegue sob o nome de beleza. Mas, por outro lado, aquele que constrói, ou cria, atento ao resto do mundo e ao movimento da natureza, que perpetuamente tendem a dissolver, a corromper ou a arrasar o que ele faz, deve reconhecer um terceiro princípio: este o obriga a tentar comunicar às obras a resistência que ele quer que elas oponham ao seu destino de perecer. Procura então a solidez ou duração".[21]

A proximidade entre Valéry e Alberti é acentuada por duas noções que percorrem este trecho. Primeira: a força com que aparece o tempo *edax rerum* e a dissolução que ele, a *fortuna* e a natureza aplicam sobre as coisas. Isso confere à capacidade do edifício e da cidade resistirem um valor e um critério fundamentais para orientar as decisões e escolhas do arquiteto. A segunda noção é a consideração de que o ser humano encontra três grandes categorias de coisas no Todo: as que se referem ao seu corpo e ao princípio de utilidade; as que se referem à sua alma e ao princípio da beleza e as que se referem ao "resto do mundo", ou seja, ao tempo, à natureza e ao princípio de solidez e durabilidade. É imediata a analogia com a tríade vitruvio-albertiana da *utilitas/commoditas*, da *venustas* e da *firmitas*, formulada no *De Architectura* e no *De Re aedificatoria*. Há nisso um parentesco com um trecho capital da antropologia albertiana: Giannozzo, no *Della famiglia*, afirma que apenas três coisas pertencem propriamente ao ser humano e que jamais dele podem ser retiradas: o corpo, a alma e o tempo.[22] Tanto Alberti como Valéry colocam a produção arquitetônica como aderida ao cultivo destes três bens "mais preciosos" do ser humano, o que lhe confere nobreza e importância ímpar. Com certeza Valéry era leitor bem versado em Viollet-le-Duc. Mas o

---

[21] PAUL VALÉRY. *op. cit*, p. 137. Os grifos são de Valéry.
[22] Cf. LEON BATTISTA ALBERTI. *I libri della famiglia* (a cura di Ruggiero Romano e Alberto Tenenti). Torino: Einaudi, 1969. p. 205-206.

trecho acima quase nos sugere ter ele tido algum contato com as noções de Alberti, ainda que indiretamente.

Resumindo: o método e o pensamento "arqui-técnico" e "*arché*/+/tectônico" fazem-se mediante princípios separados e projeto (*lineamentis*). Isso o distingue do método e do pensamento dos artesãos e dos artistas, pois estes se mesclam incessantemente à natureza e à ação da *techné*, tal qual o braço ao gesto. Essa distinção aproxima a "arqui-técnica" e a "arqui-tectônica" do poeta, do músico e do geômetra, os quais também abstraem alguns princípios e qualidades no que é sensível e real, de modo a triunfar sobre ele e a natureza. A teoria da arte e do Renascimento recorreu largamente ao conceito de *mimesis*, desde Platão e Aristóteles. Alberti, Leonardo e outros também falam de imitação da natureza ao considerarem a atividade projetiva, construtiva e artística. Contudo, essa *mimesis* deve ser entendida como um modo de roubar da natureza os seus segredos, por vezes denominados *natura naturans*, e obrigá-la a opor-se a si própria, como um tirano, de maneira a dar passagem ao espírito e ao humano. Esse roubo exige astúcia: aparenta imitar a natureza quando na verdade pretende constrangê-la e substituí-la para nela introduzir o espírito. A geometria e os números capturados na armadilha do *logos* "arché-técnico" servem de base à construção de uma segunda natureza, para o mundo e para o ser humano.

Na fábula *Momus*, escrita por Alberti, a figura do pintor aparece para se contrapor à do filósofo escolástico. No diálogo de Paul Valéry, é a figura do arquiteto construtor que é contraposta à de Sócrates. Para Eupalinos, avizinhamo-nos da divindade não pela contemplação, mas por nossos atos e pela combinação deles, ou seja, pela *vita ativa*, que os humanistas divulgaram em lugar do ideal medieval de "vida contemplativa".[23] O ato construtivo é exemplar e um modo privilegiado de conhecer a matéria do mundo e a nós mesmos, como observa-se também em Alberti. Menos do que do talento ou do dom, a razão do "arqui-técnico" emana do exercício e do "engenho", pois também ela é fruto de uma longa e paciente construção. Mesmo que o Universo surja de um Ser e de um Pensamento,

---

[23] PAUL VALÉRY. *op. cit*, p. 167-169.

nós só podemos integrar-nos ao seu "desígnio/*design*" mediante atos e corpo, diz Valéry, cuja filosofia sempre teve como um dos temas centrais a crítica à separação cartesiana entre corpo e espírito. O "arqui-técnico" imita um Deus que é ato, que constrói a partir de princípios separados aos quais se associa o agir. Esse pensamento-ato "arqui-tetônico" ou "arqui-técnico" remete à *arché*. Do mesmo modo, o *De re aedificatoria* vê a complexidade, a excelência e a consistência do ato de construir em função dos homens. Anti-natural e dirigido inicialmente contra uma ordem dada, ele é um ato libertador ao servir como um instrumento para desvelar e construir o que não suspeitávamos possuir: a nossa mortal divindade.

## II. As Palavras e as Coisas

# MOMVS SEV DE HOMINE: ARTIFÍCIOS E DESVIOS DA EXEGESE, OU DAS ERRÂNCIAS DA HISTÓRIA

Francesco Furlan

**Resumo**

Ainda que de forma intermitente, e por vezes distraída e de modo geral sempre parcial, dois dos seis testemunhos conservados do *Momus*, os mss. *Marcianus Lat. VI 107 (= 2851)* e *Parisinus Lat. 6702 (olim 6307)* foram longamente e minuciosamente corrigidos por Alberti. Todavia, alguns erros, unanimemente atestados pela tradição e que só podem ser atribuídos ao próprio autor, assim como a ausência de qualquer indicação de título nos manuscritos conhecidos capaz de fazer referência à autoria de Alberti, demonstram claramente que este grande romance *sui generis*, considerado geralmente como a grande obra prima de seus *lusi,* nunca foi publicado em vida e permitem até mesmo afirmar que o título *De principe* da primeira edição da obra (Roma, É. Guillery, 1520), justaposto em seguida por C. Bartoli ao seu único título plausível na versão italiana que este último publicou em 1568 (*Momo, overo Del principe*), e retomado inclusive em suas edições e traduções em italiano, alemão, francês, espanhol...do fim do século XX, não é mais do que um título apócrifo ou, em alguns casos, um subtítulo muito inverossímil assim como uma sugestão ao mesmo tempo errônea e desconcertante do ponto de vista exegético. O *Momus,* com efeito, não trata de outro assunto a não ser do *de Homine,* isto é, dos "ineptiae", destes "homunculi" e "mulierculae" aos quais homens e mulheres se reduzem frequentemente e espontaneamente, dos distúrbios que assim provocam e que os deuses que criaram para si têm tendência a reiterar pela insignificância de suas ações ou opiniões; ele só evoca o príncipe como uma das numerosas máscaras às quais os humanos desde sempre se comprazem em recorrer.

Leo Baptista Alberti (1404-1472); *Momus;* Humanismo; Renascimento Literatura neolatina.

**Résumé**

Deux des six témoins conservés du *Momus*, les mss. *Marcianus Lat. VI 107 (= 2851)* et *Parisinus Lat. 6702 (olim 6307)*, ont été longuement et minutieusement corrigés par Alberti, bien que de façon intermittente et parfois distraite, et quoi qu'il en soit par endroits seulement. Quelques fautes unanimement attestées par la tradition et que l'on ne saurait attribuer qu'à l'auteur lui-même, ainsi que l'absence sur les mss. connus de toute indication de titre susceptible de remonter à Alberti, montrent toutefois clairement que ce grand roman *sui generis* que l'on regarde généralement comme le chef-d'œuvre de ses *lusi*, n'a jamais été publié du vivant de celui-ci, et permettent en même temps d'affirmer que le titre *De principe* de la première édition de l'ouvrage (Rome, É. Guillery, 1520), par la suite juxtaposé à son seul titre plausible par C. Bartoli, dans la version italienne que ce dernier en publia en 1568 (*Momo, overo Del principe*), et repris jusqu'à ses éditions et à ses traductions en italien, allemand, français, espagnol... de la fin du XXe siècle, n'est qu'un titre apocryphe ou, selon les cas, un sous-titre bien improbable ainsi qu'une suggestion à la fois erronée et déroutante sur le plan exégétique. Le *Momus* ne traite en effet vraiment que *de Homine, i.e.* des "ineptiae" de ces "homunculi" et "mulierculae" auxquels hommes et femmes se réduisent bien volontiers, des troubles causés par eux et que les dieux eux-mêmes qu'ils se sont donnés renouvellent par l'insignifiance de leurs actions ou avis, et n'évoque le prince que comme l'un des nombreux masques que les humains aiment à porter depuis toujours.

Leo Baptista Alberti (1404-1472); *Momus;* Humanisme; Littérature Renaissance Néo-latine

**Abstract**

Two of the six surviving witnesses of *Momus*, mss. *Marcianus Lat. VI 107 (= 2851)* and *Parisinus Lat. 6702 (olim 6307)*, were corrected by Alberti carefully and attentively, though these corrections were not applied consistently or indeed at a single time; in other words, one part of the text was corrected and another part not. The existence of some errors which are shared by the whole tradition, and which very probably come from Alberti himself, and the absence in the known mss. of a title which can be attributed to Alberti, show nevertheless clearly that this great, anomalous novel, which is the indisputable master-piece of all his *lusi*, was never published in Alberti's lifetime. And these facts furthermore make it possible to affirm that the title, *De principe*, which is present in the first edition of the work (Rome, É. Guillery, 1520) and which was later placed by C. Bartoli alongside the only plausible title in the Italian version which the latter published in 1568 (*Momo, overo Del principe*), and repeated up to the editions and Italian, German, French and Spanish translations even up to the end of the XX[th] century, is nothing other than an apocryphal title and, depending on the case, an extremely improbable subtitle, but one which is nevertheless an erroneous suggestion and which in the exegetical sense leads in the wrong direction. *Momus* is in fact openly and only *de Homine*, and its subjects are: the "ineptiae", or rather the state of "homunculus" and "muliercula" to which men and women often, willingly reduce themselves; and the disorder which they cause, and which the gods which they have given themselves prolong, by the insignificance of their actions or deeds. *Momus* only invokes the Prince in as much as it is one of the many masks which humans have always been delighted to wear.

Leo Baptista Alberti (1404-1472); *Momus;* Humanism; Renaissance Neo-Latin Literature.

*Momus*, um dos grandes textos fundadores de Alberti e obra prima indiscutível de seus *lusi*, cuja edição semicrítica organizei, no passado, com Paolo d'Alessandro (publicada em sua versão espanhola em 2006 e em versão italiana em 2007, pela Mondadori),[24] e cuja primeira edição crítica aparece agora pela editora Belles Lettres,[25] o *Momus*, como eu dizia, nunca chegou a ser publicado em vida de seu autor – Alberti jamais chegou a publicá-lo.

A afirmação não deixará, sem dúvida, de surpreender, especialmente quando se tem algum conhecimento da tradição exegética recente do *Momus*, dentro da qual, essa informação, sob inúmeros aspectos, primordial para a real compreensão da obra, nunca é imaginada, ainda menos evocada, mesmo que de forma hipotética. Contudo, é o que se depreende claramente do estudo cuidadoso da tradição do texto deste romance que, não somente conserva alguns erros claramente atribuídos ao seu autor, atestados por todos os testemunhos conservados, tanto manuscritos como impressos, mas se destaca igualmente por uma ausência radical – e à primeira vista surpreendente ou inexplicável – de qualquer indicação de título capaz de fazer referência a Alberti nos manuscritos conhecidos, dos quais dois foram longamente (ainda de forma intermitente e parcial) revistos e corrigidos pelo próprio Alberti: o manuscrito *Marcianus Lat. VI 107 (= 2851)*, que traz ao menos duzentos e cinquenta intervenções autográficas do autor, e o manuscrito *Parisinus Lat. 6702 (olim 6307)* que, por sua vez, reúne um número ainda maior de intervenções de

---

[24] Cf. LEON BATTISTA ALBERTI, *Momo [Momus]*, Texto crítico y Nota al texto de Paolo d'Alessandro y Francesco Furlan, traducidos por Alejandro Coroleu: Introducción y Nota Bibliográfica de Francesco Furlan, Notas por Mario Martelli, traducidas por María José Barranquero Cortés: Volumen al cuidado de Francesco Furlan, Milán, S.B.E., 2006; ID., *Momo [Momus]*, Testo critico e Nota al testo di Paolo d'Alessandro & Francesco Furlan, Introduzione e Nota bibliografica di Francesco Furlan, Traduzione del testo latino, note e Posfazione di Mario Martelli, Volume a cura di Francesco Furlan, Milano, Mondadori, 2007.

[25] Cf. *Leonis Baptistae Alberti Momus*, Ediderunt Paolo d'Alessandro & Francesco Furlan, em LEON BATTISTA ALBERTI, *Momus*, Édition critique, Notice et Commentaire philologiques par Paolo d'Alessandro & Francesco Furlan, Traduction du latin par Claude Laurens, Notes de Claude Laurens & Mario Martelli, Introduction de Francesco Furlan, Paris, Les Belles Lettres (= ID., *Opera omnia / Œuvres complètes*, Publiées sous le patronage de la *Société Internationale Leon Battista Alberti* et de l'*Istituto Italiano per gli Studi Filosofici* par Francesco Furlan, SÉRIE LATINE: IX · 18), no prelo.

Alberti, por volta de trezentas no total. Quanto aos erros unanimemente atestados pela tradição, sobre os quais acabo de afirmar que não podem pertencer à outra pessoa senão ao próprio Alberti, é importante frisar que se trata, em sua grande maioria, de inversões de nome de personagens (*Polyfagus* no lugar de *Peniplusius*, em IV 71, ou *Œnops* para *Gelastus*, em IV 83, por exemplo) ou de erros pela inversão de sentido (como em I 50, *servituti* ao invés de *libertati*, 'à escravidão' no lugar de 'à liberdade'): os casos deste tipo, embora seguramente não sejam muito numerosos, – chegando dificilmente a doze – provam contudo claramente que o autor nunca releu seu texto, por assim dizer, de forma contínua, de modo a elevá-lo ao nível de coerência interna que precede em geral a publicação de escritos, sejam eles quais forem.

Convém neste quesito lembrar, ou especificar, que um número não insignificante de intervenções autográficas (correções, acréscimos ou supressões, transposições, etc.) provadas pelos dois manuscritos citados acima, *Marcianus* (= *M*) e *Parisinus* (= *P*), revelam-se contraditórias entre si ou caminham em direções diferentes, algo distantes, parecendo, além disso, terem sido talvez ditadas, em determinados momentos, por uma preocupação ou impressão momentânea, por uma leitura rápida de um só trecho que não permite ao autor reconstituir as razões ou o sentido de conjunto, que lhe faz esquecer, em suma, o contexto, induzindo-o, por conseguinte, a correções indevidas, pouco apropriadas ou refutadas em um segundo momento por outras intervenções ou correções autográficas que ele introduz em um manuscrito diferente. Sim, porque esse trabalho de revisão às vezes minuciosa, mas sempre parcial ou pontual, realizada, como dissemos, com intermitências, isto é, em tempos diferentes e em várias etapas, Alberti o fez sobre três *codices* distintos, dos quais dois foram conservados: os manuscritos *M* e *P*, *Marcianus* e *Parisiensis*, já citados, e um perdido, a saber, o arquétipo de toda a tradição (= X), e portanto de todos os testemunhos (manuscritos e impressos) que chegaram ate nós: o modelo ou antígrafo, em suma, dos copistas de *M* e de *P* – os próprios *codices* veneziano e parisiense – que foi também o manuscrito do qual Giacomo Mazzocchi lançou mão em 1520 para imprimir em Roma sua edição do *Momus* (= *Mz*) – saída do prelo, muito provavelmente, entre no mínimo alguns dias e no máximo algumas semanas após a edição, igualmente romana e também datada de 1520, de Étienne Guillery *alias* Stephanus Guileretus (= *Gl*), com a qual ela tradicionalmente compartilha a qualificação, ou até mesmo o "título" de *editio princeps*...[26]

Com efeito, tradicionalmente considera-se que não existe uma, mas duas *editiones principes* do *Momus*, o que é sem dúvida um pouco paradoxal embora isso decorra da impossibilidade, já tão propalada, de se estabelecer sua respectiva cronologia. Todavia, tendo em vista o estudo de texto que pude concluir, nesses últimos anos, com P. d'Alessandro sobre uma e outra, mostrando que G. Mazzochi muito provavelmente retomou várias lições da edição Guillery no fólio dos *Corrigenda* que ele insere no fim da sua edição (= $Mz^2$), podemos hoje em dia empregar definições mais precisas e mais apropriadas e, portanto, reservar a denominação de *editio princeps* unicamente à edição Guillery. Esta denominação lhe é tanto mais salutar que se trata seguramente de seu único título de glória e o único interesse que é capaz de despertar aos nossos olhos, como o veremos dentro de um instante.

Por conseguinte, ainda que a edição de Mazzochi não seja verdadeiramente a primeira edição impressa do *Momus*, o fato é que ela constitui um testemunho de primeira importância, especialmente porque retoma ou reflete a situação final do texto do arquétipo – situação final, portanto, das correções ou acréscimos e eliminações de Alberti sobre esse manuscrito perdido. Em virtude dessa particularidade, seu depoimento prova ser insubstituível e, mesmo que se tenha de levar em conta certa "normalização" linguística ou estilística do texto, atribuível ao próprio editor Mazocchi (mais do que a Alberti), fica claro que *Mz* deve ser estudado de forma aprofundada e seriamente considerado em sua íntegra, assim como devem sê-lo *M* e *P*, ou seja, os manuscritos veneziano e parisiense que trazem até nós numerosas intervenções de próprio punho do autor.

---

[26] LEO BAPTISTA DE ALBERTIS FLORENTINVS, *De principe*, Romae, apud Stephanum Guileretum [*i.e.* Étienne Guillery], MDXX; et *Leonis Baptistae Alberti florentini Momus*, Romae, ex AEd. Iacobi Mazzocchi, MDXX.

Ora, sendo esse um dos pontos sobre os quais desejo ater-me aqui, *Momus*, e simplesmente *Momus*, é o título que nossa obra leva em *Mz*, e somente em *Mz*; é destarte o único título que, ainda que tenha sido eventualmente atribuído por G. Mazzocchi a este extraordinário romance de Alberti, oferece a possibilidade de remontar a seu autor – o único título que goza, por assim dizer, de um fundamento filológico e ao mesmo tempo de uma pertinência evidente e indiscutível, nosso livro sendo antes de qualquer coisa, ou melhor, em qualquer circunstância, e antes de qualquer outra eventual consideração, o "romance de Momus", incontestavelmente, seu autor principal... seu grande herói.

Observemos também que é esse mesmo título, *Momus*, e simplesmente *Momus*, que atesta, em espanhol, a mais antiga versão em *volgare* de nosso romance; trata-se da tradução espanhola feita por Augustin de Almazán, publicada em Alcalá de Henares em 1553, a qual recebeu precisamente o título de *El Momo*,[27] e cujo texto leva a crer que foi estabelecida sobre a base – não de *Mz*, como já foi afirmado,[28] mas – de um manuscrito que nos é desconhecido, indo buscar sua origem, sem dúvida, no pequeno círculo de jovens ou de amigos muito jovens, de alunos, por assim dizer, de Alberti, que depois de sua morte, no fim do século XV e início do século XVI, em Florença ou na Toscana como em

---

[27] Cf. *El Momo: La moral y muy graciosa historia del Momo, compuesta en latín por el docto varon Leon Baptista Alberto Florentín*, Transladada en Castellano por Augustín de Almaçán [...], Madrid, Iuan de Medina, MDLIII *necnon* Alcalá de Henares, Joan de mey Flandro, 1553.

[28] Cf. MARIA JOSÉ VEGA, *Traducción y reescritura de L.B. Alberti: El Momo castellano de Agustín de Almazán*, em "Esperienze letterarie", XXIII, 1998, pp. 13-41: 15, n. 2 – que afirma ter MARIO DAMONTE (*Testimonianze della fortuna di L.B. Alberti in Spagna: Una traduzione cinquecentesca del* Momus *in ambiente erasmista*, em "Atti della Accademia ligure di Scienze e Lettere", s. V, XXXI, 1974 [*sed* 1975], pp. 257-283 – retomado em ID., *Tra Spagna e Liguria*, Genova, Accademia Ligure di Scienze e Lettere, 1996, pp. 186-208) "demostrado que la traducción castellana de Almazán se basó en el texto de la edición de Mazzocchi", *i.e.* de *Mz*, ao passo que Damonte nunca chegou a se interessar por esta questão; com efeito, ele escreve sem mais detalhes em seu último estudo sobre o tema: "La versione [d'Augustín de Almazán] fu condotta su un manoscritto oppure su una delle due edizioni del 1520" (ID., *Attualità del* Momus *nella Spagna del pieno Cinquecento: La traduzione di Augustín de Almazán*, em *Leon Battista Alberti: Actes du Congrès international de Paris (Sorbonne-Institut de France-Institut culturel Italien-Collège de France, 10-15 avril 1995) tenu sous la direction de F. Furlan, P. Laurens, S. Matton*, Édités par Francesco Furlan, Paris, J. Vrin & Torino, Aragno, 2000, pp. 975-992: 976).

Roma ou alhures, em Veneza, Pádua, Ferrara..., cultivavam ativamente sua memória e difundiam sua obra:[29] é muito provavelmente neste contexto que se insere a edição de Girolano Massaini de 1499, ou 1500 ou 1501, dum volume de *Opera* latinos de Alberti que deveria ter sido o primeiro de uma série compreendendo especialmente o *Momus* e as *Intercœnales* mas que, atingido pelos raios da censura florentina ou, melhor dizendo, pelo ódio voltado em Florença ao próprio nome de Alberti, permaneceu, infelizmente, sendo o único.[30]

Enfim, *Momus*, sem mais, é também e além disso, o título da mais antiga versão alemã, aquela que Georg Meissner publicou em Viena, hoje Áustria, em 1790.[31]

Por outro lado, o pseudo-título ou falso subtítulo *De príncipe* que a edição italiana contemporânea, desde a edição Martini (1942) até a edição Consolo (1986) apresentou como concorrente, chegando a transformá-lo em verdadeiro título da obra no espírito do leitor não filólogo e, não raro, no espírito do leitor comum, imitada logo em seguida pelos autores das traduções alemã, francesa e espanhola... impressas recentemente; este pseudo-título *De principe* foi de início uma criação de Étienne Guillery que, não achando em suas fontes – surpreenderia

---

[29] Cf. PAOLO D'ALESSANDRO & FRANCESCO FURLAN, *Commentaire philologique et linguistique*, em L.B. ALBERTI, *Momus*, ed. d'Alessandro & Furlan cit., IV 71, *ad voc.* "*Polyfagi*".

[30] Cf. *Hieronymus Massainus Roberto Puccio S(alutem)*, em *Leonis Baptistae Alberti Opera*, [Hieronymo Massaino curante], *s.l.n.d.* [sed Florentiae, Per Bartholomeum de Libris, MCDXCIX?], fos a1v-4r; FRANCESCO FURLAN & SYLVAIN MATTON, *Baptistae Alberti* Simiae *et de nonnullis eiusdem Baptistae apologis qui nondum in vulgus prodiere: Autour des* intercenales *inconnues de Leon Battista Alberti*, em "Bibliothèque d'Humanisme et Renaissance", LV, 1993, pp. 125-135; FRANCESCO FURLAN, *Studia albertiana: Lectures et lecteurs de L.B. Alberti*, Paris, J. Vrin & Torino, Aragno, 2003, pp. 157-172 e 195-206 especif.; LUCA D'ASCIA & STEFANO SIMONCINI, *Momo a Roma: Girolamo Massaini fra l' Alberti ed Erasmo*, em "Albertiana", III, 2000, pp. 83-103; FRANCESCO FURLAN, "*Io uomo ingegnosissimo trovai nuove e non prima scritte amicizie*" *(*De familia, *IV 1369-1370): Ritorno sul libro de* Amicitia, em *Leon Battista Alberti (1404-1472) fra scienze e lettere*, Atti del Convegno organizzato in collaborazione con la *Société Internationale Leon Battista Alberti* (Parigi) e l'*Istituto Italiano per gli Studi Filosofici* (Napoli): Genova, Palazzo ducale, 19-20 novembre 2004, A cura di Alberto Beniscelli e Francesco Furlan, Genova, Accademia Ligure di Scienze e Lettere, 2005, pp. 327-340; PAOLO D'ALESSANDRO & DAVID MARSH, *Girolamo Massaini trascrittore dell' Alberti*, em "Albertiana", XI-XII, 2008-2009 [= DAVID MARSH, *Studies on Alberti and Petrarch*, Farnham, Ashgate, 2012, n° XVII], pp. 260-266.

[31] Cf. *Momus* des LEO BAPTISTA ALBERTI, [Herausgegeben von A. Georg Meissner,] Gedruckt bey Ignaz Alberti, Wien, Fr. Jak. Kaiserer, 1790.

se fosse o contrário! – nenhuma indicação de título, decidiu criar um do zero para sua *editio princeps* de 1520.³²

Assim, ele introduzia na tradição do *Momus* uma indicação claramente equivocada ou falsa e ao mesmo tempo uma interpretação desconcertante e perfeitamente inaceitável, mas que gozou de enorme aceitação até os dias de hoje – uma indicação e interpretação fantasiosas, tão pouco exatas ou pertinentes aos olhos de todo bom exegeta quanto é superficial ou simplesmente inútil aos olhos de um filólogo, o texto de sua edição. De um ponto de vista ecdótico, este último não é mais do que um *descriptus* de *P*, uma cópia portanto do *codex Parisiensis* citado, e como tal, completamente inútil, devendo ser descartado ou eliminado prontamente e resolutamente em vista do estabelecimento do texto crítico do *Momus*.

Por volta de quarenta anos mais tarde, a inventividade igualmente "criadora" de Cosimo Bartoli, viria juntar-se à duvidosa criação de Étienne Guillery, à sua extravagante invenção e completar sua obra tão falaz quanto detestável. É, com efeito, a C. Bartoli e aos seus *Opuscoli morali di Leon Batista Alberti*, impressos em Veneza em 1568, que pode ser atribuída a justaposição de títulos, extremamente distantes para não dizer divergentes e até contraditórios entre eles, das duas edições romanas de 1520: de um lado, *Momus*, e do outro, *De principe*. Por isso, o título *Momo, ouero Del príncipe* foi o escolhido por Bartoli³³ – ponto de partida de todas as traduções que seguiram: *Momus seu De principe*, em latim; *Momus o Del principe*, em italiano; *Momus oder Vom Fürsten*, em alemão; *Momus ou Le prince*, em francês; *Momus o Del príncipe*, em espanhol...

Por isso, não parece inútil assinalar rapidamente os estragos provocados à ideia que desenvolvemos pela empresa de vulgarização da obra de

---

³² Para isso, teria ele buscado inspiração na sugestão, de resto, tão sintética quanto genérica ou vaga, do *Prœmium* 7? É possível dar fé a esta hipótese sem muita dificuldade. A verdade é que desde os primeiros parágrafos do livro Iº, esta sugestão não só se revela completamente ultrapassada como chega a ser refutada.

³³ *Momo, ouero del Principe*, em *Opuscoli morali di Leon Batista Alberti gentil'huomo firentino: Ne' quali si contengono molti ammaestramenti, necessarij al viuer de l'Huomo, cosí posto in dignità, come priuato*, Tradotti, & parte corretti da M. Cosimo Bartoli, Venetia, Francesco Franceschi, 1568, pp. aIII-VI et 1-120.

Alberti, à qual Bartoli se dedicou na metade do século XVI. De resto, se refletirmos sobre os obstáculos que sua tradução do título *De re aedificatoria* por *Architettura* assim como sua "aggiunta de disegni", isto é, a adição de desenhos e figuras de sua própria lavra,[34] atendo-nos apenas a estes dois aspetos, trouxeram ao caminho da verdadeira compreensão desta obra seminal ou fundadora, devemos concluir – penso eu – que Messer Cosimo Bartoli contribuiu menos para popularizar o nome de Alberti do que para falsear sua obra ou para distorcer seu sentido...

Mas o que devemos sobretudo guardar em memória atualmente é o sucesso quase sem limites do qual gozou a sugestão culposa e falsa de Guillery, relançada por Bartoli, não somente junto aos editores do texto do *Momus* e de seus tradutores contemporâneos, mas também junto aos seus intérpretes ou críticos e comentadores, ou ainda junto aos seus simples leitores de ontem e dantes d'ontem – sucesso que, muito provavelmente, pela inércia das coisas humanas, de desfrutar ainda hoje, ou amanhã, junto àqueles entre os quais persistiria a ignorância dos dados e dos fatos precisos, os quais apenas relembrei aqui rapidamente.

Outrossim, é necessário salientar o obstáculo que esta falsa sugestão levantou e ainda levanta no caminho de uma verdadeira e inteira compreensão do *Momus*. Porque não há dúvida de que, caso o propósito fosse acrescentar ao título deste romance uma indicação qualquer, como subtítulo, ou melhor, como simples explicação, não se poderia apelar para outra opção que não fosse à da precisão *de Homine*: *Momus seu De homine*, como o fiz, diga-se de passagem, para o título da presente contribuição.

Pois é somente do homem ou do gênero humano, do homem e da mulher da mesma forma, que Alberti nos fala nesta obra. Somente de sua depravação e de suas misérias, de sua estupidez, sua incoerência e sua loucura, de seu absurdo, irracionalidade, loucura, como do excesso de sua miopia – em suma, de sua incapacidade intrínseca em elevar-se e atingir a posição de "mortale iddio felice", vislumbrada e até mesmo celebrada

---

[34] Cf. *L'architettura di Leonbatista Alberti*, Tradotta in lingua fiorentina da Cosimo Bartoli gentil'huomo & accademico fiorentino: Con la aggiunta di disegni, Firenze, Lorenzo Torrentino, MDL.

alhures em sua obra.³⁵ De tal modo que, se lhe ocorre concentrar-se sobre o príncipe – haveria algo mais previsível e, em última instância, mais natural? – se lhe vem à mente pintar, com os traços de Júpiter, um príncipe que ninguém desejaria ter como amigo, como parente ou simples conhecido, ele só o faz, incontestavelmente, porque existe e sempre existiram príncipes, entre os homens, isto é, indivíduos cuja máscara a eles atribuída pelo destino, é de fato a máscara do príncipe.

Decididamente, pode-se aventar que o príncipe só é representado pelo *Momus* como *hominis figura*, ou *persona*: é na qualidade de figura humana e ao mesmo tempo como uma das inúmeras máscaras que os homens se comprazem em usar que Júpiter, príncipe entre os príncipes, sobe ao palco do *Momus*.

É a razão pela qual pode parecer incongruente e até estranho, e ao mesmo tempo deplorável, que se tenha buscado encontrar aproximações improváveis entre nosso romance propriamente inclassificável, porque desprovido de modelos reais e não admitindo, em esfera alguma, sua eventual inscrição em um gênero literário ou filosófico preciso, e os textos *de Principe* que os renascentistas, prolongando ao seu modo a tradição dos *Specula* medievais, acumularam tanto no *Quattrocento* quanto no *Cinquecento*.³⁶

\*

---

³⁵ Cf. LEON BATTISTA ALBERTI, *I libri della famiglia*, A cura di Ruggiero Romano e Alberto Tenenti, Nuova edizione a cura di Francesco Furlan, Torino, Einaudi, 1994 & 2002², II 1784.

³⁶ É o que se empenha em fazer, entre muitos outros, M.J. VEGA, *Traducción y reescritura de L.B. Alberti...*, cit., especialmente pp. 25 ss. e 32 ss. – cujo estudo se desenvolve, porém, a partir das necessidades da análise "de la actividad interpretativa" de Augustín de Almazán (*ibid.*, p. 15) e tem o mérito de enquadrar esse exercício de forma crítica, especificando claramente que "Si se acepta que el *Momo* es un libro *de principe*, debe concederse también que es notablemente excéntrico: carece de destinatario conocido y no se presenta como tratado, sino como ficción gentílica; no es ciceroniano, sino lucianesco; no trata el retrato moral del *optimus princeps*, sino de dioses intrigantes, fracasados o matreros; los *exempla*, o los que pudieran considerarse como tales, son notablemente subversivos; carece de elogios e incluso de reflexiones sobre la bondat de la vida civil y activa, y el único oficio del hombre que sale bien parado es el del mendicante, pícaro y vagabundo. Tampoco acude ni se fundamenta en la tradición moralista: antes bien, contiene una sátira de la vida y costumbres de los filósofos morales [...]" (*ibid.*, p. 33 s.).

Romance pseudomitológico, em muitos aspetos impenetrável, impregnado de humor cáustico, cheio de alusões indecifráveis ao mundo contemporâneo e, mais ainda, de referências aos universais humanos, o *Momus* é, sem dúvida alguma, o *lusus* mais cativante de Alberti, uma das três grandes formas de escrita e de investigação – junto com o tratado e o diálogo – que o humanista cultivou e nas quais brilhou.[37] É também, incontestavelmente, a obra prima da prosa humanista do século XV e um dos pontos culminantes da literatura humorística de todos os tempos em língua latina.

Considerá-lo como uma banal alegoria política, necessariamente repisada, seria seguramente empobrecê-lo em grande parte, não obstante, seria ainda mais simplista e certamente totalmente inapropriado, continuar a lê-lo sob um ângulo falsamente documentário e pseudo-histórico ou pseudo-autobiográfico, propondo, na esteira de Girolamo Mancini, identificações improváveis e inconsistentes entre tal e tal personagem contemporâneo e uma ou outra figura do romance. Quando se conhece Alberti e seu *lusus*, estas identificações, em grande parte falaciosas ou especiosas, aparecem ao primeiro olhar e são, não somente fundadas inevitavelmente sobre um "paradigma indiciário", impressionista e obscuro – não raro semeadas de argúcias tautológicas – mas também são impregnadas de uma espécie de diletantismo ingênuo e totalizante que as conclusões discordantes daqueles que as propõem só fazem denunciar.[38] De resto, como poderíamos seriamente

---

[37] Cf. FRANCESCO FURLAN, *Per un ritratto dell' Alberti*, em "Albertiana", XIV, 2011, pp. 43-53: 50-52 especif..

[38] Podemos citar como exemplo a identificação proposta por GIROLAMO MANCINI de Alberti com Gelasto (*Vita di Leon Battista Alberti*, Seconda edizione completamente rinnovata con figure illustrative, Firenze, Carnesecchi, 1911 [= Roma, Bardi, 1967 & 1971²], p. 264) e retomada, entre outros, por GIOVANNI PONTE (*Leon Battista Alberti umanista e scrittore*, Genova, Tilgher, 1981 & 1991², p. 93) e por ROBERTO CARDINI (*Alberti o della nascita dell'umorismo moderno: I*, em "Schede umanistiche", I, 1993, pp. 31-85: 64), quando RINALDO RINALDI (*"Melancholia christiana": Studi sulle fonti di Leon Battista Alberti*, Firenze, Olschki, MMII, p. 135), para quem "le due facce dell'intellettuale Alberti" seriam ao contrário Hércules e Momus, vê em Gelasto um "scalcinatissimo e ridicolo tipo di filosofo aristotelico". Este mesmo autor, cuja interpretação do Momus é às vezes tão surpreendente quanto certas passagens do romance de Alberti, considera, no mais, poder estender este tipo de interpretação tanto ao preâmbulo da obra do que ao seu dedicatório (cf. *ibid.*, pp. 118 ss.) – que ele se compraz em definir como "segreto" mas

entrever no *Momus*, ou na comédia de quiproquós da qual ele fornece um cenário dos mais brilhantes, um *roman à clef*? Que interesse pode haver na identificação *a priori* mistificadora em todo teatro de máscaras bem pensado, na identificação, dizia eu, do autor, ora como *Momus*, seu herói proteiforme, ou como Júpiter, ora como o filósofo Gelasto, como Hércules ou como Charon? No fundo, que importância haveria em provar a pertinência da identificação de um Francesco Filelfo ou de um Niccolò Niccoli com *Momus*? Ou de reconhecer-se a identidade de tal ou tal papa ou do cardinal Vitelleschi ou de seu sucessor, o cardinal Scarampi, em um Júpiter apresentado exclusivamente como "caelorum rex" e "deorum pater", ou ainda como "rerum conditor"? Na realidade, bem pouca importância haveria.[39] Assim, mesmo rejeitando firmemente toda hipótese de frustração diante da impossibilidade de descobrir a pretendida alegoria que estaria estruturando toda a obra, podemos compartilhar sem muita reticência, uma leitura que desencerra no *Momus* e em suas incessantes invenções narrativas a firme determinação como foi a de Alberti, para "impedire puntigliosamente ogni identificazione di persone e fatti".[40]

Com efeito, a este respeito, convém ater-se simplesmente à declaração liminar do autor a respeito de sua originalidade, por sinal evidente, e da nova forma de escrita, verdadeiramente filosófica inerente a uma obra que, aliando com proveito a "dignitas" do sujeito e a "gravitas" da expressão ao riso e aos chistes (*risus* et *ioci*), distrai agradavelmente o leitor:

---

que, na realidade, é somente imaterial e puramente genérico, assim como radicalmente impossível de ser identificado, em razão da não publicação do Momus na realidade histórica do *Quattrocento*.

[39] Um rápido resumo das identificações propostas pode ser encontrado na *Introduction* à LEON BATTISTA ALBERTI, *Momus*, English translation by Sarah Knight, Latin text edited by Virginia Brown and Sarah Knight, Cambridge (Mass.) & London, The Harvard University Press, 2003, pp. VII-XXV: XXII s.

[40] NANNI BALESTRINI, *Presentazione*, em LEON BATTISTA ALBERTI, *Momo o Del principe*, Edizione critica e traduzione a cura di Rino Consolo, Introduzione di Antonio Di Grado, Presentazione di Nanni Balestrini, [Note di Rino Consolo e Antonio Di Grado,] Genova, Costa & Nolan, 1986, pp. V-X: VII.

| | |
|---|---|
| non me [...] fugit quam difficillimum ac prope impossibile sit aliquid adducere in medium quod ipsum non a plerisque ex tam infinito scriptorum numero tractatum deprehensumque extiterit. Vetus proverbium: nihil dictum quin prius dictum. Quare sic statuo, fore ut ex raro hominum genere putandus sit, quisquis ille fuerit, qui res novas, inauditas et praeter omnium opinionem et spem in medium attulerit. Proximus huic erit is qui cognitas et communes fortassis res novo quodam et insperato scribendi genere tractarit. Itaque sic deputo: nam si dabitur quispiam olim qui cum legentes ad frugem vitae melioris instruat atque instituat dictorum gravitate rerumque dignitate varia et eleganti idemque una risu illectet, iocis delectet, voluptate detineat – quod apud Latinos qui adhuc fecerint nondum satis exstitere – hunc profecto inter plebeios minime censendum esse. // [...] fortassis essem assecutus ut apertius intelligeres versari me in quodam philosophandi genere minime aspernando. [...] elaboravimus ut qui nos legant rideant aliaque ex parte sentiant se versari in rerum pervestigatione atque explicatione utili et minime aspernanda. [...] Quod si senseris nostra hac scribendi comitate et festivitate maximarum rerum severitatem quasi condimento aliquo redditam esse lepidiorem et suaviorem, leges, ni fallor, maiore cum voluptate. | Estou ciente do quanto é difícil e quase impossível produzir algo que, no meio de tão numerosos autores, não tenha sido ainda tratado e escolhido por grande número d'entre eles. Um velho provérbio diz: "Nada é dito que já não o tenha sido". Eis porque considero dever o autor – seja qual for – que vier a produzir uma obra nova, única e surpreendente, ser posto em uma categoria de exceção. Logo em seguida virá aquele que tratar de tema conhecido e talvez banal, embora o faça de forma inovadora e com estilo original. Assim, em minha opinião, se existe um escritor que predispõe e prepara seus leitores a uma vida mais virtuosa pela seriedade de seus propósitos, pela dignidade, variedade e elegância dos seus argumentos e que ao mesmo tempo os diverte e os encanta – o que não encontramos até o presente nos escritores de língua latina – ele não deverá ser considerado como mais um entre seus pares. // [...] Terei talvez conseguido convencer de que meu fito era praticar uma forma de filosofia que não tem nada de desprezível. Por outro lado, fiz de tudo para que meus leitores se divertissem e se dessem conta de que participavam de uma investigação e exame, úteis e respeitáveis. [...] Se acaso tiveres a impressão de que minha jovialidade e minha verve são como um condimento destinado a tornar mais leve e mais doce a severidade dos grandes temas, você me lerá, salvo engano, com mais prazer.[40] |

Temos de admitir que nosso romance multiforme, embora não trate do príncipe, remete claramente, "a un universo irregolare e sconvolto, ad un Olimpo travolto da frodi e discordie, ad una condizione umana di sofferenza senza speranza, a progetti tanto grandiosi quanto inconcludenti di rifare il mondo",[42] como foi escrito com muita propriedade.

É, sobretudo, o embrenhar de infinitas, imprevisíveis e inacreditáveis aventuras do herói e seu encontro com a personalidade singular, na verdade bastante inconsistente de um Júpiter – "não correspondendo em nada à ideia que se faz de uma divindade"[43] – que dão origem, ao longo do romance, a uma "comicidade crítica e paradoxal"[44] e às vezes até, em grande parte, verdadeiramente surreal.

---

[41] Cf. L. B. Alberti, *Momus*, ed. d'Alessandro & Furlan cit., Pr. 4-5.

[42] G. PONTE, *Leon Battista Alberti umanista e scrittore*, cit., p. 90.

[43] Cf. Ibidem,, p. 93: "che non risponde certo ad un concetto di divinità minimamente attendibile".

[44] R. CARDINI, *Alberti o della nascita dell'umorismo moderno...*, p. 32.

Descido, como foi dito, do "Olimpo decaído de Luciano"[45] e descrito de maneira incisiva em I 2, através de uma enunciação feliz que põe logo de início em evidência seu temperamento original na Assembleia dos deuses:

| omnium unus est Momus qui cum singulos odisse, tum et nullis non esse in odio mirum in modum gaudeat. | Momus é o único que folga extraordinariamente em detestar todo mundo e em ser detestado por todos. |

Momus não é outro senão um *alter ego* extremista, radical ou até mesmo inflamado do autor e, por conseguinte, de qualquer um de nós – ou se preferirmos, uma projeção de nós mesmos, uma projeção brincalhona resultante do desespero, louca de lucidez assim como de amarga e dolorosa malícia.

Deus altercador da crítica e da provocação, desestabilizador e quase terrorista pelas suas incessantes fantasias subversivas; deus intratável, odiento, difamador, caluniador e demagogo, Momus é também aquele que revela muito lucidamente a verdade dos fatos e das coisas, assim como os móbeis e as intenções dos homens e dos deuses. Capaz tanto de desmascarar sem piedade que de mistificar da maneira mais grosseira e mais inesperada, ele é, por um lado, descrito sobretudo como um deus do escárnio e da dessacralização, por outro, da metamorfose, da duplicidade ou da dissimulação.

São, todavia, a ambiguidade impenetrável, a incansável polivalência e ao mesmo tempo a atividade frenética e a imaginação desregrada demonstradas por ele que estão na origem da tendência niilista e da alma anarquizante desta divindade camaleônica.

Para lançar luz sobre sua indubitável e inquietante função subversiva, é suficiente referir-se, por um lado, em I 26-31, à sua tentativa memorável (e, como se não bastasse, posta em prática na Etrúria!), de fazer cessar o culto dos deuses que o tinham exilado, propagando sua inexistência e afirmando que vida humana não é mais do que um divertimento ou um brinquedo da Natureza (*ludum esse Naturae hominum vitam*) e, do outro, em II 47-63,

---

[45] Cf. ANTONIO DI GRADO, *Introduzione: L'ombra del camaleonte*, em L.B. ALBERTI, *Momo o Del principe*, ed. Consolo 1986 cit., pp. 1-18: 8 – retomado com modificações e acréscimos, sob o título *L'ombra del camaleonte: Il Momus di Leon Battista Alberti*, em ID., *Dissimulazioni: Alberti, Bartoli, Tempio: Tre classici (e un paradigma) per il millennio a venire*, Caltanissetta-Roma, Sciascia, 1997, pp. 11-41: 26: "Olimpo degradato di Luciano".

ao seu surpreendente elogio (menos paradoxal, todavia, do que parece), dos mendigos e dos vagabundos (*eorum qui quidem vulgo mendicant, quos errones noncupant*), do ócio e da impassibilidade portanto, assim como dos prazeres e dos poderes associados à ausência, ou ainda, à sua recusa categórica de toda responsabilidade verdadeira. Esta esplêndida e memorável apologia é provavelmente, do ponto de vista literário, a "plus belle page" de Alberti como o afirma Robert Klein.[46] Retrato realmente admirável este dos "errones", nos quais Mario Martelli mostrou com discernimento e delicadeza que era necessário ver – entre outros aspectos, claro, mas particularmente em alguns deles – os "errabondi filosofi o itineranti frati" de então, o modelo, em suma, dos membros das Ordens mendicantes: com o frade pregador dominicano, o frade menor portanto, ou o próprio franciscano esmoleiro.[47]

Entre as funções de Momus está asseguradamente aquela já exercida por Ésopo, o escravo da Antiguidade, destinada a encarnar-se mais tarde nos inesquecíveis clowns de Shakespeare. Esta função consiste em desmascarar as aparências, em desvelar a verdade e fazer aceitá-la pelo viés de suas histórias, de suas invenções ridículas e, além disso, não raro grotescas, ou violentas, e sempre perfeitamente "inconvenientes".

Não é portanto uma coincidência se Momus, cuja causa que defende torna-o frequentemente eloquente, se lança às vezes em uma disputa

---

[46] Cf. ROBERT KLEIN, *Le thème du fou et l'ironie humaniste*, em "Archivio di Filosofia", III: *Umanesimo e ermeneutica*, 1963, pp. 11-25 – retomado em ID., *La forme et l'intelligible: Écrits sur la Renaissance et l'art moderne*, Articles et essais réunis et présentés par André Chastel, Paris, Gallimard, 1970, pp. 433-450: 448.

[47] Cf. MARIO MARTELLI, *Minima in Momo libello adnotanda*, em "Albertiana", I, 1998, pp. 105-119 & II, 1999, pp. 21-36: 22-31 (*i.e.* § VIII: "Erronum laudes") e, quanto à citação, ver p. 24. Se, ao nosso ver, não é possível duvidar de tal observação – particularmente, quando relemos os §§ 50-54 do livro II, onde tal identificação salta aos olhos – convém todavia sublinhar que ela não deve ser considerada exclusiva, o que, contradizendo as observações gerais formuladas acima, seria uma negação do fato de que Alberti, também nesta ocasião, tomou o evidente cuidado de tecer uma ampla série de fios, alguns dos quais foram transmitidos à sua profissão pela tradição grega: e mais ALBERTO TENENTI, *Le paradoxe chez Léon-Baptiste Alberti*, em *Le paradoxe au temps de la Renaissance*, Directeur de la publication: M.T. Jones-Davies, Paris, Jean Touzot, 1982, pp. 169-180: 176, consultar a este respeito igualmente PHILIPPE GUÉRIN, *L'éloge de l'*erro *dans le* Momus *de Leon Battista Alberti, ou d'un art sans art*, em *Journée d'études* Otium: *Antisociété et anticulture* organizée [*sic!*] par Maria Teresa Ricci: C.É.S.R., Tours, 24 octobre 2008, *s.l.*, Banca Dati "Nuovo Rinascimento": *http://www.nuovorinascimento.org*, 2009, pp. 5-21; PIERRE LAURENS, *Avez-vous lu Maxime de Tyr?*, em *Les œuvres latines de Leon Battista Alberti*, Actes de la Journée d'études: Paris, Maison de la recherche, 4 mai 2012, em preparação; et L.B. ALBERTI, *Momus*, ed. d'Alessandro & Furlan cit., II 47, n. 71.

filosófica, tornando-se facilmente um escudo – como está dito em II 76 (*cum eloquentem ipsa causa faceret, tum se dicente veritas ipsa atque ratio facile tutaretur atque defenderet*) – da verdade e da própria razão. Não obstante, ele é capaz de demonstrar mais interesse pelo conhecimento do que pelos seus próprios infortúnios. É assim que em IV 72, expulso definitivamente do Olimpo dos Deuses e acorrentado a uma rocha, ele aparece claramente na (simples e a sua maneira, demasiado nobre) figura de um homem – do Homem. Podemos assim, sem dúvida alguma, intuir nele uma sensibilidade assim como necessidades e projetos tipicamente albertianos, cujas recorrências ou epifanias poderiam ser facilmente evidenciadas em toda, ou quase toda, obra do humanista.

\*

O *Momus* nunca foi publicado por Alberti – isso já foi dito e destacado. Para além dos numerosos indícios semeados ao longo do texto e das verdadeiras provas filológicas que evoquei para prová-lo, é fato que surpreende, questiona. Assim, podemos ou devemos interrogar-nos a este respeito.

Digamos que isto surpreende sobretudo aqueles que ignoram ou não compreendem de fato a natureza deste romance, o sentido último desta grande obra prima que pinta com uma verdadeira profusão e quase um transbordamento – um excesso até, poderíamos dizer – de lucidez e de verve, as misérias e a pequenez do homem, destes "homunculi" – há ao menos dez ocorrências no *Momus* deste diminutivo muito raro e quase único, que não tem seguramente nada de afetivo –, destes 'homenzinhos desprezíveis' que, acompanhados de costume por suas "mulierculae", por suas 'mulherzinhas', só pensam em "ineptiae", só fazem ou realizam 'lamentáveis besteiras'. Um paralelo pode ser traçado com o *Defunctus* da mais desenvolvida das *Intercœnales*, embora o ponto de vista adotado por Alberti, de maneira ainda mais exigente e rica, não poderia ser mais elevado à medida que reduz proporcionalmente as dimensões do homem e o possível sentido de sua presença no mundo.[48]

---

[48] Cf. FRANCESCO FURLAN, *La donna, la famiglia, l'amore: Tra Medioevo e Rinascimento*, Firenze, Olschki, 2004, p. 49: "in larga parte sprovvista di senso, la realtà ivi [nelle

Estamos longe, muito longe aqui de toda e qualquer fé no homem ou no ser humano; distantes, muito distantes de qualquer perspetiva humanista *stricto sensu*. Alberti dá a impressão de ter chegado a um estado de indiferença, ou quase, frente ao mundo humano (e divino), cuja razão de ser aparece de ora em diante ininteligível, irremediavelmente impenetrável. Se ele não terminou integralmente seu romance, se ele talvez tenha se esquecido de atribuir-lhe um título, é que pouca importância atribuía à sua publicação ou à sua divulgação – aos seus olhos importava apenas escrevê-lo, trazer a lume (não para nós, mas para si mesmo) uma leitura impiedosa do mundo e da vida que são os nossos.

Naturalmente, Alberti não tinha nada a temer, nada a perder também com a publicação do *Momus*: aqueles que pensam o contrário esquecem não somente os possíveis efeitos de *catharsis* que esta leitura comporta; na realidade, por miopia ou por pobreza de espírito, eles consideram estar diante de um verdadeiro *roman à clefs* ou creem poder encontrar no *Momus* uma sátira de costumes. Diferentemente de todos estes intérpretes, inditosamente tão pobremente dotados, Alberti soube elevar-se ao nível dos universais e sobrepujar, sem hesitações, toda contingência e toda eventual fonte material de inspiração a fim de dissolvê-las e fazer com que caíssem no esquecimento.

Alberti não tinha, portanto, nada a temer ou nada a perder caso publicasse o *Momus*. Mas não o fez. Ele o concebeu, escreveu, copiou ou fez copiar diversas vezes, e o corrigiu também durante um bom tempo, ainda que sempre parcialmente, trabalhando sobre três manuscritos diferentes sem nunca o publicar. Aos seus olhos – trata-se de uma evidência – isso não tinha a mínima importância ou não fazia o mínimo sentido. Pois, quando se tem do homem e dos seres humanos uma ideia como a que expõe o *Momus*, não se pode nem pedir-lhes algo e tampouco imaginar receber

---

*Intercœnales* e nel *Momus*] dipinta è dominata dal delirio umano e divino, dall'irruzione del caso, della fortuna, dell'assurdo... In questi casi spaventosamente in alto viene a trovarsi l'autore e la sua posizione è allora quella di chi giudica una realtà il cui significato dilegua: gli uomini non sono che "homunculi" e "ineptiae" i loro atti, in una deformazione che diminuisce e depaupera le cose tutte. L'assurdità dell'uomo, la sua insignificanza vanificano ogni contatto, ogni possibilità di dialogo. Il discorso albertiano si vena di misantropia e secondariamente – solo secondariamente – di misoginismo".

algo deles; quando se chega ao ponto de não encontrar uma razão de ser à religião, negando até a existência de qualquer divindade, de qualquer deus, com a exceção de uma Natureza que não parece importar-se muito com os problemas humanos (*nullos inveniri deos, praesertim qui hominum res curasse velint, vel tandem unum esse omnium animantium communem deum, Naturam*, afirma, de fato, Momus); e quando este Júpiter "Muito bom Muito grande" (*Optimus Maximus*) é apontado como uma criação de nossa mente, uma criação que talvez não seja das melhores, e que se aparenta, em todo caso, a uma pura e simples impostura, a uma superstição mistificadora; quando se pode e se quer chegar até aí, é que de ora em diante renuncia-se ou que sem dúvida já renunciou-se a nada ansiar ou esperar deles.

Se, mesmo na ausência radical de qualquer expectativa e de qualquer esperança, é possível ainda criar, escrever, corrigir ou pesquisar, isto significa que a escrita, a pesquisa e o estudo, o conhecimento ou a virtude são objetivos em si e permitem não somente vencer os males da vida ou de "espurgare la erumna", segundo a expressão dos *Profugia*,[49] mas sobretudo, fruir da felicidade mais verdadeira, mais profunda e mais durável que nos tenha sido permitido experimentar:

> Se tu sarai litterato, tu conoscerai quanto sieno meno felici gl'ignoranti,

lê-se, com efeito no *De familia*,[50] porquanto:

> Non si può descrivere né stimare il piacere qual seque a chi cerca presso a' dotti le ragioni e cagioni delle cose; e vedersi per questa opera fare da ogni parte piú esculto, non è dubbio, supera tutte l'altre felicità qual possa l'omo avere in vita

diz-nos, no outono da vida, o autor de *De iciarchia*.[51]

---

[49] LEON BATTISTA ALBERTI, *Profugiorum ab aerumna libri III*, em ID., *Opere volgari*, A cura di Cecil Grayson, vol. II: *Rime e trattati morali*, Bari, Laterza, 1966, pp. 105-183: 180, ll. 20 s.

[50] ID., *I libri della famiglia*, ed. Furlan cit., II 2040-2041.

[51] ID., *De iciarchia*, em ID., *Opere volgari*, A c. di C. Grayson, vol. II, cit., pp. 185-286: 213.

"Most Perfect Architect [...] Gentleman
of [...] Great Learning and Extraordinary
Abilities in all the Politer Sciences".
Presença de L.B. Alberti na Erudição Inglesa
entre os séculos XVI e XIX

Peter Hicks

**Resumo**

Em 1999, Pierre Jodogne, no segundo volume da revista *Albertiana*, levou adiante seu estudo de 1980 sobre a receção francesa de Alberti para iluminar ainda mais a fortuna do humanista na França, desde 1600 até Burkhardt. Além disso, já em 1990, Francesco Furlan havia completado o trabalho anterior de Jodogne com a descoberta de várias traduções francesas até então desconhecidas do *Deiphira* de Alberti de finais do século XVIII. Mais recentemente, Flavia Cantatore e Michel Paoli atualizaram a fortuna crítica de Alberti, principalmente na península itálica e, especialmente, em termos arquitetônicos. Esta comunicação se inscreve na mesma abordagem. Como Alina Payne apontou recentemente, a fortuna crítica de Alberti tem sido objeto de apenas poucos estudos científicos – e os trabalhos neste sentido em inglês são ainda menos numerosos. Evidentemente, a tradução inglesa do *De re aedificatoria* de Giacomo Leoni publicada em Londres em 1726 foi (sobretudo em suas primeira e segunda edições) um momento chave do interesse por Alberti no mundo anglófono, mas pode-se detectar a presença de importantes remanescentes do conhecimento de

DOI: http://dx.doi.org/10.14195/978-989-26-1015-3_3

Alberti entre eruditos cerca de um século e meio antes e até um século mais tarde.

Leon Battista Alberti; Receção Inglesa; Giacomo Leoni; Tradição Enciclopédica

**Résumé**

En 1999, Pierre Jodogne dans le deuxième volume de la revue " Albertiana ", poussa plus loin son étude de 1980 sur la réception française d'Alberti pour éclairer davantage la fortune de l'humaniste en France depuis 1600 jusqu'à Burkhardt. Du reste, déjà en 1990, Francesco Furlan avait complété les précédents travaux de Jodogne avec la découverte de plusieurs traductions françaises jusqu'alors inconnues de la *Deiphire* d'Alberti à la toute fin du XVIII$^e$ siècle. Plus récemment, Flavia Cantatore et Michel Paoli ont mis à jour la fortune critique d'Alberti principalement dans la péninsule italienne et surtout en matière architecturale. Cette communication s'inscrit dans la même démarche. Comme Alina Payne l'a souligné dernièrement, la fortune critique d'Alberti n'a fait l'objet que de peu d'études scientifiques – et les travaux dans ce sens en langue anglaise sont encore moins nombreux. Évidemment la traduction anglaise du *De re aedificatoria* par Giacomo Leoni publiée à Londres en 1726 fut (surtout dans ses première et seconde éditions) un moment-clé de l'intérêt pour Alberti dans le monde anglophone, mais on peut détecter la présence d'importants restes de la connaissance d'Alberti entre érudits presqu'un siècle et demi auparavant et un siècle après.

Leon Battista Alberti; Réception Anglaise; Giacomo Leoni; Tradition Encyclopédique

**Abstract**

In 1999, in the second issue of the journal *Albertiana*, Pierre Jodogne added to his 1980 study of the reception of Alberti in France from 1600 to Burkhardt. And in 1990, Francesco Furlan had already added to Jodogne's earlier work when he wrote of his discovery of several previously unknown translations of Alberti's

*Deifira* published in France at the end of the 18th century. More recently, Flavia Cantatore and Michel Paoli have written on Alberti's influence in the Italian peninsula and most of all in terms of architecture. The paper here follows this movement. As Alina Payne has recently underlined, Alberti's critical influence has been little studied – and in the English-language world, the number of studies is even smaller. Obviously the English translation by Giacomo Leoni of the *De re aedificatoria*, published in London in 1726, was (particularly in its first and second editions) a key moment of interest in Alberti in English-speaking lands, but significant knowledge of Alberti's works can be detected almost one and a half centuries earlier and a century afterwards.

Leon Battista Alberti; English reception; Giacomo Leoni; Encyclopedic tradition

A fim de melhor esclarecer o destino reservado a Alberti na França, desde os 1600 até Burkhardt,[52] Pierre Jodogne, no segundo volume da "Albertiana" publicado em 1999, aprofundou seu estudo de 1980 sobre a receção dada ao grande humanista neste país. Francesco Furlan já havia, em 1990, atualizado toda a questão e anunciado a descoberta de numerosas traduções e adaptações francesas da *Deiphira* e da *Ecatonfilea* pertencentes à segunda metade do século XVIII e desconhecidas até então.[53] Recentemente, Flavia Cantatore e Michel Paoli deram a conhecer a fortuna crítica de Alberti, principalmente na península italiana, sobretudo em matéria arquitetônica.[54] Esta comunicação inscreve-se dentro da mesma linha de pensamento. Como Alina Payne salientou nos últimos tempos, a receção crítica à obra de Alberti não foi objeto de muitos estudos científicos e os trabalhos em língua inglesa na mesma área são ainda mais raros.[55] Evidentemente, a tradução inglesa do *De re aedificatoria* de Giacomo Leoni publicada em Londres em 1726 foi (sobretudo em suas primeira e segunda edições) um momento chave do interesse por Alberti no mundo anglófono, mas pode-se detectar a presença de importantes remanescentes do conhecimento de Alberti entre eruditos cerca de um século e meio antes e até um século mais tarde.

---

[52] Cf. PIERRE JODOGNE, *La diffusion française des écrits de Leon Battista Alberti*, em *Mélanges à la mémoire de Franco Simone*, Genève, Slatkine, 1980, pp. 181-197; e ID., *"Savant homme et habile architecte": L.B. Alberti dans l'érudition française entre XVI^e et XIX^e siècle*, em "Albertiana", II, 1999, pp. 37-56. Ver também RUDOLF WITTKOWER, *Palladio and English palladianism*, Londres, Thames & Hudson, 1983 et 1989², pp. 95-114.

[53] Ver *infra*, n. 15.

[54] Cf. FLAVIA CANTATORE, *Leon Battista Alberti: Fortuna critica e attribuzioni di architettura tra Ottocento e primo Novecento*, em *Leon Battista Alberti e l'architettura*, A cura di Massimo Bulgarelli *et alii*, Milano, Silvana Edit., 2006, pp. 534-543; e MICHEL PAOLI, *L'Alberti architetto tra Cinquecento e primo Ottocento: Una rassegna della fortuna critica*, em *Leon Battista Alberti: Actes du congrès international "Gli Este e l'Alberti: Tempo e Misura"*, Ferrara, 29 · XI - 3 · XII · 2004, Édités par / A cura di / Edited by Francesco Furlan & Gianni Venturi, Paris, S.I.L.B.A. & Pisa-Roma, Serra, 2010, vol. I, pp. 265-278.

[55] ALINE PAYNE, *Alberti and the origins of the* paragone *between architecture and the figural arts*, em *Leon Battista Alberti teorico delle arti e gli impegni civili del "De re aedificatoria"*, Atti dei Convegni internazionali del Comitato nazionale VI centenario della nascita di Leon Battista Alberti: Mantova, 17-19 ottobre 2002 - Mantova, 23-25 ottobre 2003, A cura di Arturo Calzona *et alii*, Firenze, Olschki, 2007, pp. 347-368.

## John Dee, *The mathematicall praeface*

A primeira referência a Alberti impressa em língua inglesa que pude identificar encontra-se no célebre *Prefacio matemático* de John Dee, publicado em 1570. É bem verdade que o primeiro livro em inglês sobre arquitetura, *The first and chief groundes of architecture* de John Shute, um "Saülenbuch" ou livro "de colunas", havia sido publicado em Londres oito anos antes, em 1562, mas, como seu título indica (com sua manifesta preferência pelo neologismo "arquitetura", rejeitando o termo albertiano de "edificação"), Shute situa antes Vitrúvio e Serlio (assim como Philandrier) como precursores da arte, e não nosso humanista, o nome de Alberti não aparecendo em lugar algum neste curto tratado sobre as ordens e sua aplicação, quando Shute poderia muito bem ter lido a tradução francesa do *De re aedificatoria*, publicada por Jean Martin após a morte de Alberti, em Paris, no ano de 1553.[56] Sem mencionar, evidentemente, as três edições latinas do *De re aedificatoria*, nos anos de 1485 (Florença), 1512 (Paris) e 1541 (Strasbourg), ou suas duas traduções em *volgare* realizadas por Pietro Lauro e Cosimo Bartoli e publicadas, respetivamente, em Veneza em 1546 e em Florença no ano de 1550. Em seu *Prefácio Matemático*, o célebre polímato (e mago) John Dee, publica uma primeira (e curta) versão dos escritos de Alberti em língua inglesa: trata-se de dois trechos do *De re aedificatoria*, o primeiro compreendendo o *Prefacio*, e o outro, o início do Livro Primeiro do tratado, nos quais Dee qualifica Alberti como "arquiteto perfeito", alçando-o ao mesmo nível de Vitrúvio.[57] Esta

---

[56] Deve-se acrescentar que Jean Martin tinha trabalhado em estreita colaboração com Serlio nas edições bilíngues dos livros Iº, IIº e Vº (1545 e 1547) de seu tratado.

[57] JOHN DEE, "The mathematicall praeface" to *Elements of geometrie of Euclid of Megara*, London, John Daye, 1570, fº diij: "I will, herein, craue Iudgement of two most perfect *Architectes*: the one, being *Vitruuius*, the Romaine: who did write ten bookes thereof, to the Emperour *Augustus* (in whose daies our Heauenly Archemaster, was borne): and the other, *Leo Baptista Albertus*, a Florentine: who also published ten bookes therof". Ver também fº diiij onde Dee faz a primeira tradução de Alberti ao inglês (trata-se de trechos do Prefacio do *De re aedificatoria* e das primeiras linhas do "Livro I"): "Now, let vs listen to our other Iudge, our Florentine, Leo Baptista: and narrowly consider, how he doth determine of Architecture. Sed anteque vltra progrediar. &c. But before I procede any further (sayth he) I thinke, that I ought to expresse, what man I would haue to bee allowed an Architect. For, I will not bryng in place a Carpenter: as though you might Compare him to the Chief

versão tão precoce quanto parcial do *De re aedificatoria,* realizada a partir de uma das três edições que acabamos de mencionar, - como o indica a citação feita por Dee de uma passagem do texto latino de Alberti (*Sed anteque ultra progrediar*) - foi ignorada nas traduções ao inglês feitas por Joseph Rykwert, Robert Tavernor e Neil Leach e só chegou a ser indicada por J. M. Mandosio em 1999.[58]

## Richard Haydocke / Lomazzo: *Tracte containing the artes of curious Paintinge Carvinge & buildinge*

Não resta dúvida de que o *crescendo* da edição albertiana na Itália e na Europa entre 1540 e 1570, que culmina em 1565 na reimpressão por Francesco Franceschi da versão italiana do *De re aedificatoria* de Bartoli, (sem mencionar daquela realizada por Leonardo Torrentino, publicada no mesmo ano sem autorização) assim como na publicação, em 1568, pelo mesmo Bartoli, de suas versões italianas (entre outras) do *De statua* e do *De pictura*, não

---

Masters of other Artes. For the hand of the Carpenter, is the Architectes Instrument. Who is an Architect. But I will appoint the Architect to be "that man, who hath the skill, (by a certaine and meruailous meanes and way,) both in minde and Imagination to determine and also in worke to finish: what workes so euer, by motion of waight, and cuppling and framyng together of bodyes, may most aptly be Commodious for the worthiest Vses of Man." And that he may be able to performe these thinges, he hath nede of atteynyng and knowledge of the best, and most worthy thynges. &c. The whole Feate of Architecture in buildyng, consisteth in Lineamentes, and in Framyng. And the whole power and skill of Lineamentes, tendeth to this: that the right and absolute way may be had, of Coaptyng and ioynyng Lines and angles: by which, the face of the buildyng or frame, may be comprehended and concluded. And it is the property of Lineamentes, to prescribe vnto buildynges, and euery part of them, an apt place, & certaine nūber: a worthy maner, and a semely order: that, so, ye whole forme and figure of the buildyng, may rest in the very Lineamentes. &c. And we may prescribe in mynde and imagination the whole formes,\* \* The Immaterialitie of perfect Architecture. all material stuffe beyng secluded. Which point we shall atteyne, by Notyng and forepointyng the angles, and lines, by a sure and certaine direction and connexion. Seyng then, these thinges, are thus: What, Lineament is. Lineamente, shalbe the certaine and constant prescribyng, conceiued in mynde: made in lines and angles: and finished with a learned minde and wyt. "We thanke you Master Baptist, that you haue so aptly brought your Arte, and phrase therof, to haue some Mathematicall perfection: Note. by certaine order, nūber, forme, figure, and Symmetrie mentall:" all naturall & sensible stuffe set a part".

[58] Cf. LEON BATTISTA ALBERTI, *On the art of building in ten books*, Translated by Joseph Rykwert - Neil Leach - Robert Tavernor, Cambridge (Mass.) & London, The M.I.T. Press, 1988 et 1991[2]; et JEAN-MARC MANDOSIO, *Alberti dans le miroir magique de John Dee*, em "Albertiana", II, 1999, pp. 57-78.

poderia deixar de repercutir na Inglaterra[59] – e o erudito John Evelyn, tornado célebre por suas memórias, ainda o mencionava um século mais tarde. No mais, os escritos de Alberti sobre arte e arquitetura disponíveis em *volgare*, permitiram ao pintor e teórico milanês Giovan Paolo Lomazzo dispor de uma base teórica suficientemente sólida para redigir seu próprio tratado sobre pintura, escultura e arquitetura, publicado em 1584.[60] Ainda que ele não cite Alberti uma única vez, se levarmos em conta apenas o tema do seu tratado, não surpreenderá que o humanista apareça não somente na lista dos nomes dos artesões mais ilustres, tanto antigos como modernos,[61] mas igualmente naquela dos autores citados.[62] Pondo-se de lado a ausência de numerosas citações de Alberti, uma grande parte do tratado de Lomazzo pode ser considerada como uma versão ampliada do seu *De pictura* no qual as categorias albertianas de proporção, movimento, cor, receção das luzes, composição, "istoria" e perspetiva passam a ocupar capítulos inteiros.[63] Ora, Richard Haydocke, doutor em medicina inglês, formado pelo New College em Oxford, tradutor e gravador, após ter vivido no continente durante muitos anos, decidiu publicar uma tradução de Lomazzo em língua inglesa à qual ele acrescentou suas próprias imagens para tornar mais claro o discurso sobre as proporções de certos tipos de homem e de mulher. Esta tradução, na verdade parcial, (pois seu autor só concluiu os cinco primeiros livros dos sete previstos, prometendo finalizá-los ulteriormente), veio a lume em Oxford em 1598.[64] Haydocke, em sua nota no início do volume, retoca o texto de

---

[59] *Opuscoli morali di Leon Batista Alberti gentil'huomo firentino: Ne' quali si contengono molti ammaestramenti, necessarij al viuer de l'huomo, cosí posto in dignità, come priuato*, Tradotti, & parte corretti da M. Cosimo Bartoli, Venetia, Francesco Franceschi, 1568.

[60] *Trattato dell'arte della pittura, scoltura et architettura* di GIO. PAOLO LOMAZZO [...], Milano, Paolo Gottardo Pontio, MDLXXXIIII et MDLXXXV².

[61] Ibidem, p. 681: "Tavola dei nome degl'artefici piú illustri cosi antichi come moderni, L'opere & precetti dei quali sono sparsamente citati in questi libri", dont l'entrée – "Leon Battifta Alberti Fiorentino pittore & architetto".

[62] Ibidem, p. 698: "Tavola dei nomi degli Autori citati nell'opera".

[63] Cf. A. PAYNE, *Alberti and the origins of the* Paragone..., cit., p. 357.

[64] *Tracte containing the artes of curious paintinge carvinge & buildinge, Written first in Italian by Jo. Paul Lomatius painter of Milan, and Englished by R.H. student in Phyfik*, Oxford, Joseph Barnes, MDXCVIII.

Lomazzo para dar a impressão de ter utilizado em profusão os autores citados, particularmente Alberti,[65] o qual é também mencionado aqui apenas uma vez, na página 26, quando se trata de pintura.[66] Embora, no que tange à arquitetura, Lomazzo, prefira citar Vitrúvio, resta que esta tradução poderia dar ensejo a que um erudito inglês viesse a imaginar a importância de Alberti.

## O *Hecatonphila* em Inglês

À semelhança da efervescência do interesse por Alberti, em Florença, na segunda metade do século XVI, na França este foi objeto de múltiplos estudos e traduções durante o mesmo período e até antes dele. Como já observado acima, Jean Martin tinha traduzido o *De re aedificatoria* para o francês, assim como numerosas edições (ao menos dez entre 1534 e 1540) dos *Deiphira* e do *Ecatonfilea* que serão publicadas em sua tradução francesa ao longo do século XVI.[67] Dada a grande popularidade deste último texto nas suas versões francesa e italiana, a existência de uma tradução na Inglaterra

---

[65] Cf. fº s.nº [sed VIr]: "A Table of the names of all the moſt famous Painters, Caruers, and Architectes both ancient and late, whoſe workes and preceps are uſed thoughout the whole Worke". Com efeito, pelo fato da obra ter quedado incompleta, este quadro não aparece.

[66] Cf. "Yet notwithſtanding, the Painter (as *Leo Baptiſta Albertus* affirmeth) inſomuch as he confidereth mans body more ſpecially, is iuftly preferred before all other Artifans, which imitate the fame: becauſe Antiquity meaning to grace painting above all the reſt (as being the chiefe Miſtreſſe of this proportion) hath named all the reſt *Handicraftſmen*, excepting onely Painters out of that number".

[67] Para as diferentes edições e traduções impressas entre 1501 e 1600 na França do *Hecatonphila* e do *Deifira* (por vezes, impressos em um único volume), ver FRANCESCO FURLAN, *Réception florentine et fortune française de Leon Battista Alberti*, em *La circulation des hommes et des œuvres entre la France et l'Italie à l'époque de la Renaissance. Actes du Colloque international de Paris (22-23-24 novembre 1990)*, Paris, C.I.R.R.I.-Université de la Sorbonne Nouvelle, 1992, pp. 119-134 (estudo completado por ID., *Traductions et adaptations à la veille de la Révolution: Ecatonfilea, Deifira et leurs lecteurs*, em "Revue des Études italiennes", n.s., XLI, 1995, pp. 111-131) em seguida, em uma versão revista e atualizada, em ID., *Studia albertiana: Lectures et lecteurs de L.B. Alberti*, Paris, J. Vrin & Torino, Aragno, 2003, pp. 173-193; MAGALI VÈNE, *À propos d'une traduction retrouvée (*La Deiphire *de 1539): Nouveaux éléments sur la diffusion au XVI$^e$ siècle des écrits sur l'amour de L.B. Alberti (*Deifira *et* Ecatonfilea*)*, em "Albertiana", X, 2007, pp. 95-124 et XI-XII, 2008-2009, pp. 139-164.

Elisabetana,[68] período em que estava em voga o amor cortês, não chega a surpreender. A publicação em língua inglesa, antes do século XX, de uma obra "não técnica" de Alberti não deixa de ser, porém, um acontecimento único. Trata-se também de uma tradução de fonte francesa já que a Inglaterra recebe grande parte do que se refere ao renascimento italiano através do filtro da língua francesa. Embora o nome do humanista não esteja presente na página onde figura o título do *Hecatonphila: The arte of Loue, or Loue discouered in an hundred severall kindes*, London, Printed by P.[eter] S.[hort] for William Leake, 1598 and are to be sold at his shop in Paules Churchyard, at the Signe of the Greyhound" [sem colofão],[69] ele é explicitamente citado no título que aparece no fólio B1ª "HECATONPHILA *The Arte of Loue*. Written by Master *Leon Baptista Alberto, Florentine:* wherein is taught an hundred kindes of *Loue*". O livro foi dedicado por "Hecatonphila" a Henry Prannell Esquire, "amigo sincero e apoiador de todas as dignas profissões",[70] filho do homônimo Alderman, de Londres, e ele mesmo rico comerciante de vinhos em Hertford e Londres.[71] Uma nota escrita na quarta capa explica que: "Este livro provém da seguinte obra, publicada em Paris, no ano anterior, [isto é, *Exhortation aux dames vertueuses, en laquelle est demonstré le vray point d'honneur. Avec L'Hecatonphile de M. Leon Baptiste Albert, contenant Art d'aymer. Mis en deux langues pour ceux qui desirent conferer la langue Italienne avec la Françoyse.* A Paris chez Lucas Breyl, au Palais, en la

---

[68] Gostaria de transmitir meus agradecimentos a Francesco Furlan que muito amigavelmente me pôs a par da existência desta tradução muito pouco conhecida até a presente data.

[69] *A bibliographical catalogue of Italian books printed in England: 1558-1603*, Compiled by Soko Tomita, Farnham, Ashgate, 2009, p. 411. O único exemplar disponível em uma biblioteca pública parece ser o da British Library *1079 d 26*.

[70] Fos A4ª-A5ª, "To the Right Worshipfull Ma: *Henry Prannell* Esquire, the true Friend and Fauourer of all laudable Professions".

[71] Cf. DONALD W. FOSTER, *s.v.*, em *Oxford dictionary of national biography*, Oxford, Oxford University Press, 2004-2013: "Stuart [née Howard; épouse Prannell], Frances, duchesse de Lennox et de Richmond [autre nom d'épouse Frances Seymour, comtesse de Hertford] (1578-1639), dame noble". Após uma viagem marítima, Prannel retorna à Inglaterra para receber a dedicatória datada de 1598 mas registrada em 20 de dezembro de 1597 deste *Hecatonphila*. Donald Foster atribui a tradução ao dramaturgo, tradutor e espião Anthony Munday, sem maiores precisões. Embora a dedicatória fosse endereçada a Henry, é Frances que está representada em Hecatonphila, como a "mulher dos cem amantes" e, ainda assim, como Penélope, esposa dedicada e fiel durante a ausência de seu marido. Henry Prannell faleceu em 10 de dezembro de 1599, em sua casa, no Hertfordshire.

Gallerie des Prisonniers, 1597, *ndlr*]. É mais provável que a tradução tenha sido executada a partir do texto em francês do que da versão em italiano. As quatro páginas do epítome presentes na edição inglesa[72] não aparecem no texto em francês".[73] Fazem parte também do pequeno volume (fº A6ª), os versos *Jn Artem amandi Decastichon* de Francis Meres.[74] Considerando-se que se tem notícia de um exemplar apenas, poderíamos concluir que sua tiragem foi muito restrita.

## A ausência de Alberti no Serlio "inglês"

A edição inglesa de Serlio foi organizada por Robert Peake em Londres em 1611. Infelizmente, para má sorte do renome de Alberti, o arquiteto bolonhês só o menciona uma vez em todos os seus escritos sobre a arquitetura – sem dúvida em razão das lacunas de Serlio em latim e do fato da sua atividade editorial preceder, *grosso modo,* as traduções de Alberti em *volgare* e para o francês (entre 1545 e 1552 Serlio já tinha escrito e publicado tudo aquilo que escreveria e publicaria e veio a falecer, provavelmente em 1554). Nas suas *Règles générales d'architecture*, primeiro livro publicado por Serlio e cuja impressão é de 1537, ele faz, na sua carta dedicatória que prefacia esta edição, uma curtíssima e obscura referência a Alberti: "há também Batista, já admirado como edificador e agora célebre arquiteto, muito experimentado tanto na teoria quanto na prática".[75] Todavia, como a tradução inglesa de Serlio foi preparada

---

[72] Fos A7ª-A8ᵇ.

[73] "This work arose out of the following, which was published at Paris in the previous year. [Then follows the title of the edition cited before this one.] The translation seems to have been made rather from the French than from the Italian. The four pages of "The Argument" in the English edition are not in the French. The latter was lent me by Lilly, who had never seen a copy of the English work" – cit. dans THOMAS FREDERICK CRANE, *Italian social customs of the sixteenth century and their influence on the literatures of Europe*, New Haven (Conn.), Yale University Press, 1920, p. 103 e n.

[74] Cf. MARY AUGUSTA SCOTT, *Elizabethan translations from the Italian*, Boston & New York, Mifflin, 1916, pp. 473 s., nº 386.

[75] SEBASTIANO SERLIO, *Regole generali di architetura... [i.e. Livre IV]*, Venetia, F. Marcolini, 1537, fº *s.nº* [*sed* IIII]: "Evi ancora Batifta già lodato muratore, & hor lodatiffimo Architetto si ne la Theorica come ne la pratica exp[er]tiffimo".

partindo da tradução ilegal em holandês, onde não estavam reproduzidas as cartas dedicatórias preparadas por Serlio para seus mecenas de 1537, esta observação não chegou a ser traduzida para o inglês antes de 1996.

## Henry Wotton

Tornemos a Alberti. Treze anos após a edição de Serlio por Peake em 1624, o cavaleiro Henry Wotton, autor e diplomata (três vezes em missão em Veneza antes de 1624), colecionou e publicou o que ele intitulou de *Os elementos de arquitetura*.[76] Neste texto, "o mestre principal é Vitrúvio, [...]". No que se refere a Alberti, segundo Wotton, ele "foi o primeiro comentador transalpino com conhecimentos matemáticos e gramaticais suficientes para compreender Vitrúvio, embora tenha estudado mais para tornar-se ele próprio autor do que para ilustrar seu mestre".[77] Para Wotton, os melhores comentadores de Vitrúvio foram Philandier e Walther Ryff. Visto que Shute e Serlio tinham mostrado aos ingleses como, de ora em diante, deveriam ser resolvidos os problemas específicos às ordens e ao ornamento, Wotton, nos dá a impressão de que o tratado de arquitetura de Alberti não serviria para outra coisa senão para os problemas relativos aos sítios ou aos materiais. Diga-se de passagem, Wotton, quando a ocasião se apresenta, não deixa de fazer cinco significativas referências de admiração a Alberti.[78] Evidentemente, não se trata aqui de suas obras

---

[76] *The elements of architecture*, Collected by Henry Wotton Knight from the best authors and examples, London, John Bill, MDCXXIV.

[77] *Ibid*, fᵒˢ s.n° [*sed* 3v-4v]: "Our principall *Mafter* is *Vitruuius* [...]. For of the *Italians* that tooke him in hand, Thofe that were *Gramarians* seeme to haue wanted *Mathematicall* knowledge; and the *Mathematicians* perhaps wanted *Gramer*: till both were fufficiently conioyned, in *Leon-Batifta Alberti* the *Florentine*, whom I repute the first learned *Architect*, beyond the *Alpes*; But hee ftudied more indeed to make himfelfe an *Author*, then to illuftrate his *Mafter*".

[78] Par exemple aux pp. 3: "Aire [...] be [...] not vnexercifed, for want of *Wind*: which were to liue (as it were) in a *Lake*, or ftanding *Poole* of *Aire*, as *Alberti* the *Florentin Architect*, doth ingenioufly compare it"; 21: "*Leon Batifta Alberti* is fo curious, as to wifh all the *Timber*, cut out of the fame *Forreft*, and al the *Stone*, out of the fame *Quarrie*"; 22: "Now concerning the Parts in *Seuueraltie*. All the parts of euery *Fabrique*, may be comprifed vnder five heads, which diuision I receiue from *Batifta Alberti*, to doe him right. And they be these. The *Foundation*. The *Walles*. The *Appertions or Ouertures*. The *compartition*. And the *Couer*". Wotton conseille aussi le rajout d'un quatorzième d'un diamètre aux pilastres

literárias, nem daquelas "in volgare", sobre pintura e escultura, mas unicamente do *De re aedificatoria*.

## John Evelyn e Fréart de Chambray

Este livro de Wotton que versa sobre os elementos de arquitetura conheceu diversas publicações. Em sua quarta edição, apareceu lado a lado a um texto traduzido do francês, o célebre *Parallèle de l'architecture antique et de la moderne avec un recueil des dix principaux autheurs qui ont écrit des cinq ordres* de Roland de Fréart de Chambray (Paris 1650). A tradução inglesa do *Parallèle de l'architecture* foi publicada pela quarta vez em 1664[79] pelo erudito (e francófilo) John Evelyn (1620-1706), já mencionado anteriormente. No que toca a Alberti, esta última publicação é triplamente importante para um público anglófono: em primeiro lugar porque, após ter sido relegado a uma posição inferior, não somente com relação à Vitrúvio, mas como também frente aos seus comentadores Serlio e Philandrier, o humanista se vê finalmente realçado entre os primeiros, ao mesmo nível de Palladio, Serlio, Scamozzi e Vignola; em segundo lugar porque o editor inglês, John Evelyn, acrescentou ao texto de Fréart de Chambray, um texto albertiano – não o tratado sobre a arquitetura, mas o *De statua;* em terceiro porque pela primeira vez, um público anglófono pôde ler uma descrição biográfica do humanista em prefácio ao *De statua*.[80] Com efeito, Fréart de Chambray (fielmente traduzido por John Evelyn) nos desvela assim sua opinião sobre Alberti:

---

pour rendre les arches rondes plus belles – cfr. *ibid.*, pp. 50: "This obferuation I finde in Leon-Batifta Alberti"; 53: "Thefe *Inlets* of *Men* and of *Light*, I couple together, becaufe I find their due Dimenfions, brought vnder one Rule, by *Leone Alberti* (a learned Searcher) who from the Schoole of *Pythagoras* [...] doth determine the comelieft Proportion, betweene breadths and heights".

[79] ROLAND DE FRÉART DE CHAMBRAY - JOHN EVELYN - LEON BATTISTA ALBERTI, *A parallel of the ancient architecture with modern: Account of architects and architecture, in an historical and etymological explanation of certain terms particularly affected by architects: Elements of architecture: Treatise of statues*, Londres, T. Roycroft for J. Place, 1664.

[80] Segundo o próprio Evelyn (Cf. f⁰ R: "To the reader") as fontes desta *Vita* são a curta notícia biográfica redigida por PAUL JOVE em seus *Elogia veris clarorvm virorvm*

> *"Des quatre derniers, j'en estime un singulièrement, qui est Léon Baptiste Alberti, le plus ancien de tous les modernes, et peut-être encore le plus savant en l'art de bâtir, comme on peut juger par un excellent et assez ample volume qu'il en a fait, où il montre à fond tout ce qu'il est nécessaire de savoir à un architecte. Mais pour l'égard des profils des ordres qu'il a réglés, je m'étonne de sa négligence à les dessiner correctement et avec plus d'art, puisqu'il était peintre, car cela eût contribué notablement à la recommandation et au mérite de son ouvrage"*.[81]

É evidente que Fréart (e, por conseguinte, Evelyn) não estavam em situação de compreender que os desenhos que acompanhava o texto de Alberti não tinham sido idealizados, de início, pelo próprio autor. Ademais, Evelyn também demonstrava um verdadeiro entusiasmo por Alberti. Em seu prefácio ao *De statua,* ele o elogia dizendo: "il n'y a pas d'homme qui prétend à cet art, ou même à n'importe quel art, qui n'embrasse pas de façon gourmande tout ce qui porte le nom de Leon Baptiste Alberti".[82] Justamente, ele não deixou de observar relativamente ao *De statua* que se tratava da "primeira [obra] do gênero que jamais tenha sido contada em nossa língua" (*première de la sorte qui soit jamais raconté dans notre langue*).

---

*imaginibvs apposita: qvae in mvsaeo Ioviano comi spectantvr: addita in calce operis Adriani pont. vita*, Venetiis, apud M. Tramezinum, MDXLVI; e a *Vita* publicada por RAPHAËL TRICHET DU FRESNE no *Trattato della pittura* di LIONARDO DA VINCI, Paris, Jacques Langlois, 1651.

[81] P. 21 de l'éd. fr. ("Dentre os quatro últimos, há um que estimo particularmente, Léon Baptiste Alberti, o mais antigo de todos os modernos e, quem sabe ainda, o mais sábio na arte de edificar, como se pode julgar por um excelente e assaz amplo volume que ele escreveu a respeito, onde mostra a fundo tudo que um arquiteto deve saber. Contudo, no que toca aos perfis das ordens que ele ordenou, me espanta, já que era pintor, sua negligência em desenhá-los corretamente e com mais arte, porque isso teria contribuído notavelmente à recomendação e ao mérito de sua obra"). Cf. p. 27 de celle angl.: "Among the latter four, I have particular Efteem for one above the reft, that is Leon Baptista Alberti, the most Ancient of all the Modern, and haply too, the most knowing in the Art of Building, as may be eafily collected by a large and excellent Volume which he had published, wherein Fundamentally fhews whatever is neceffary for an Architect to know. But as to the Profiles of the Orders themfelves and his Regulation of them, I cannot but ftrangely admire at his negligence in drawing them no more correctly, and with fo little Art himfelf being a Painter; since it had fo notably contributed to it recommandation, and to the Merit of his Works".

[82] F⁰ R: "To the reader" ("não há homem que aspire a esta arte, ou mesmo, a qualquer outra, que não acolha avidamente tudo que leva o nome de Léon Baptiste Alberti").

Entre Evelyn e Giacomo Leoni, seria salutar mencionarmos algumas traduções inglesas de livros de arquitetura com sabor vitruviano. Em 1669, foi publicada uma tradução preparada por Robert Pricke a partir do primeiro livro de arquitetura de Julien Mauclerc impresso em 1600. Este livro comporta uma única referência específica a Alberti.[83] Quanto à tradução inglesa (publicada em 1708 e novamente em 1722) do livro de Claude Perrault, *L'ordonnance des cinq espèces*, de 1683, ela não contém nenhuma referência a este último, já que Perrault dá preferência a modernos como Palladio, Vignola, Scamozzi, Bullant e Delorme.[84] Estes autores, de influência fortemente vitruviana, concordariam sem dúvida com a observação de Wotton, citada acima, de que Alberti "estudou mais para tornar-se ele próprio autor do que para ilustrar seu mestre". Por conseguinte, não haveria justificativa para citar Alberti em um tratado sobre Vitrúvio.

## Giacomo Leoni

A tradução de Fréart de Chambray por Evelyn iria também ser objeto de quatro edições, sendo que uma dentre elas quase contemporânea do *opus magnum* de Giacomo Leoni (1686-1746), arquiteto veneziano que tinha elegido domicílio na Inglaterra antes de 1715. Sendo um grande amador de Alberti e de Palladio, Leoni organizou traduções inglesas destes dois autores (a do segundo saiu do prelo em 1715-16 e a do primeiro em 1726) aspirando, evidentemente não só ao sucesso editorial como também às comissões arquitetônicas. A grande diferença com relação aos textos anglófonos anteriores estava na exaustividade da obra. Não somente Leoni

---

[83] JULIEN MAUCLERC - RENÉ BOYVIN, *Le premier livre d'architectvre [...]*, La Rochelle, J. Haultin, 1600. A única referência explícita a Alberti encontra-se no f⁰ s.n° [sed Gv] como tal: "Il se trouve encore une autre manière de retraite pour les colonnes de trente pieds de haut, décrite au 7e chapitre du livre de Messire Léon Baptiste Albert. De belles et très curieusement recherchées pour le contentement de l'œil, de manière qu'il n'est possible de mieux (selon mon jugement), qui me fait renvoyer les plus curieux lecteurs audit livre de Léon Baptise, si et quand ils tomberont sur telle proportion de colonnes" – tr. angl.: *A new treatise of architecture, according to Vitruvius...* Designed by Julian Mauclerc [...], Set forth in English by Robert Pricke [...], London, J. Darby, 1669.

[84] Cf. por exemplo, os quadros de medidas comparadas às pp. 10, 13 e 17.

publicou sua versão *in extenso* do *De re aedificatoria* lado a lado com a tradução italiana de Bartoli, como também (a partir da tradução italiana de Bartoli) a primeira versão inglesa do *De pictura* e do *De statua* (já anteriormente publicado por Evelyn, mas a tradução impressa por Leoni não é uma cópia desta última). Além de suas obras, ele inclui também a vida de Alberti e um índice das obras impressas e daquelas que permaneceram na condição de manuscrito, ou seja, os dois textos retomados diretamente (ladeados pela versão em italiano) do volume que fora publicado em Paris em italiano por Rafael Trichet Du Fresne, em 1651, em complemento ao Tratado de pintura de Leonardo da Vinci. Foi assim que veio à luz a primeira edição realmente crítica das obras sobre a arte e a arquitetura de Alberti. Este livro teria ao todo três edições, cuja última veio a lume em 1755, agora órfã do texto em italiano, da vida de Alberti e do índice de suas obras.

## A tradição das enciclopédias

Assim como Pierre Jodogne o demonstrou no caso da tradição enciclopédica francesa, as informações divulgadas pelas enciclopédias anglófonas circulavam, de alguma forma, em paralelo, às edições eruditas. Existem até mesmo traduções das enciclopédias francesas. Na versão inglesa de 1703 do *Grand dictionnaire historique* de Louis Moréri (impresso em 1674), pode ser lido, por exemplo, um resumo do artigo consagrado a Alberti no dicionário francês.[85] Tendo em vista que o *Lexicon technicum* de John Harris (de 1704, 1708 e 1723), sob a rubrica "arquitetura", fornece apenas uma lista dos melhores autores[86] – na

---

[85] [LOUIS MORÉRI et al.], *An universal, historical, geographical, chronological and poetical dictionary [...]*, London, J. Hartley, 1703: "An abridgement of Moreri's, Baile's, Hoffman's and Danet's, &c. Great historical, geographical, genealogical and poetical dictionaries, being a curious MISCELLANY of sacred and prophane HISTORY": "Alberti (Leo Baptista), of Florence, famous for his skill in architecture, lived in the 16th Cent.".

[86] JOHN HARRIS, *Lexicon technicum: An universal English dictionary of arts and sciences [...]*, London, Brown, 1704 et 1708². No exemplar que consultei (de 1723), os autores citados s.v. "Architecture" são Vitruve, Perrault, François Blondel, John Evelyn, Georg

qual Alberti só aparece indiretamente na nota referente à "última edição do *Parallel of architecture*, de Mr Evelyn, 1706, Londres"[87] – a primeira menção a Alberti em uma enciclopédia inglesa é a da *Cyclopédia* de Ephraim Chambers datada de 1728. Ephraim Chambers foi o grande concorrente de John Harris e sua *Cyclopedia* de 1728 aparece como a primeira enciclopédia geral publicada em língua inglesa. Não sendo um dicionário histórico, a exemplo das obras de Louis Moréri (1674) ou de Pierre Bayle (1695), a *Cyclopédia* não contém biografias, mantendo assim como seu rival britânico, um caráter deliberadamente empírico e técnico. Em contrapartida, ao ventilar sua rubrica "Arquitetura" fazendo uma descrição da arte, a obra de Chambers se sobrepõe à de Harris que oferece apenas uma lista sem pormenores dos teóricos de arquitetura. Ao referir-se a Alberti (não muito adequadamente deve-se dizer), na sequência de Vitrúvio, Chambers o faz nos seguintes termos: "Leon Batista Alberti que publica em 1512 [*sic!*] dez livros sobre a arte da edificação em latim, tinha por ambição sobrepujar Vitrúvio: a obra possui uma abundância de coisas boas mas se revela insuficiente na Doutrina das Ordens".[88] Já, em 1768, a primeira edição da *Enciclopédia britânica* em seu artigo "Arquitetura", não julgou por bem inserir Alberti, orientando sua preferência para Vitrúvio (por exemplo, na página 351 do volume primeiro) e para os vitruvianos modernos, isto é, Palladio, Scamozzi, Serlio, de l'Orme e Vignola. Não obstante, um interesse cada vez maior pelo nosso humanista pode ser observado em fins do século XVIII. É bem verdade que a primeira edição do *General biographical dictionary*, composta de onze volumes publicados entre 1761 e 1762, não traz menção a Alberti, mas, na versão expandida (quinze volumes publicados

---

Andreas Böckler, Albrecht Durer, Potsi [*sic!*], Jacques Androuët du Cerceau, Palladio, Vignola, Scamozzi et Wotton.

[87] "Mr Evelyn's *Parallel of Architecture*, last edition 1706, London Fol".

[88] EPHRAIM CHAMBERS, *Cyclopaedia, or, an Universal dictionary of arts and sciences* [...], London, James & John Knapton, 1728, p. 129: "Leon Battista Alberti, who in 1512 [*sic!*] published ten Books of the Art of Building, in Latin, designed to outvie *Vitruvius*: His Work has abundance of good things but he is deficient in the Doctrine of the Orders". Na p. 132, *s.v.* "Building", Chambers observa que "Les meilleurs auteurs cités sont Sir H. Wotton, Vassari [*sic!*], Vitruve et Palladio".

entre 1798 e 1810) intitulada *A new and general biographical dictionary*, uma pequena rubrica descreve com veracidade os principais contornos de sua vida.[89] Enfim, nos trinta e dois volumes intitulados *The general biographical dictionary*, publicados em Londres entre 1812 e 1817, o editor Alexander Chalmers publica três páginas sobre Alberti para as quais revela ter se baseado sobre as seguintes fontes: em sua vida descrita no prefácio da publicação de Leoni, vinda a lume anos antes; na vida de Alberti por Vasari (em sua versão italiana evidentemente); na *Biographie universelle ancienne et moderne* de Michaud (texto em francês);[90] na vida de Lorenzo de' Medici por William Roscoe, (cujas primeiras edições foram publicadas entre 1795 e 1797[91]), a qual dedica meio capítulo a Alberti, à sua vida, ao seu gênio e às suas relações com Piero de' Medici; nas memórias de Politien de Gresswell (de 1801)[92] contendo notas científicas e detalhadas sobre o humanista; e na biblioteca italiana de Nicola Francesco Haym,[93] que, enumerou detalhadamente em seus múltiplos volumes a existência de livros raros na Itália. Sem contar que a leitura da obra sobre Leonardo de Médici escrita por Roscoe proporcionava, através das referências que lhe fazia, um primeiro contato com a importantíssima abordagem da vida e das obras de Alberti por Pompilio Pozzetti publicada em Florença em

---

[89] *A new and general biographical dictionary...*, London, G.G. & J. Robinson *et al.*, 1798 p. 193: "Alberti (Leone Battista) was defcended from a noble family in Florence, and was perfectly acquainted with painting, fculpture and architecture. He wrote of all three in latin; but his studies did not permit him to leave any thing considerable behind him in painting. He was employed by Pope Nicholas V. in his buildings, which he executed in a beautiful manner; and his work on architecture, which consists of ten books, is much efteemed. He also wrote fome treatises of morality, and a book on arithmetic. He died in 1485".

[90] T. I, 1811, pp. 424-426.

[91] WILLIAM ROSCOE, *The life of Lorenzo de' Medici, called the Magnificent*, Liverpool, J.M. Creery, 1795 & London, J. Strahan, 1796 e 1797³.

[92] *Memoirs of Angelus Politianus, Actius Sincerus Sannazarius, Petrus Bembus, Hieronymus Fracastorius, Marcus Antonius Flaminius, and the Amalthei: Translations from their poetical works, and notes and observations concerning other literary characters of the fifteenth and sixteenth centuries*, Directed by William Parr Greswell, London, Cadell & Davies, 1801, pp. 21 ss.

[93] *The general biographical dictionary*, Directed by Alexander Chalmers, London, J. Nichols & Son, 1812, vol. I, pp. 320-322. Voir aussi *Books and their readers in eighteenth-century England: New essays*, Directed by Isabel Rivers, London & New York, Continuum, 2001, pp. 159 ss.

1789.[94] De ora em diante, graças à publicação de rubricas relativas a Alberti nos dicionários biográficos científicos (com notas e referências às fontes em línguas estrangeiras), um erudito anglófono poderia facilmente reconstruir para si, quase que pelos mesmos critérios contemporâneos, a vida de nosso humanista.

Enfim, à medida que se delineia o século XIX, virão acrescentar-se às obras científicas novas traduções de textos italianos, entre elas vale a pena mencionar a tradução inglesa das *The lives of celebrated architects, ancient and modern* de Francesco Milizia, publicada em Londres em 1826, mais de meio século depois da impressão do original. A tradução inglesa do texto de Milizia, baseada em grande parte sobre o texto de Vasari,[95] não leva as mesmas variações editoriais (ou distorções) identificadas por Pierre Jodogne na tradução francesa executada por Jean-Claude Pingeron em 1771,[96] sendo, por conseguinte, mais fiel ao original. Por fim, o último texto albertiano publicado antes da obra fundamental de Jacob Burckhardt,[97] será a tradução, por Mrs Jonathan Foster, das *Vidas* célebres de Vasari, cujo primeiro volume foi publicado em 1851. Será a primeira vez que esta versão da vida de Alberti terá sido publicada em inglês[98] porque ela não tinha sido inserida na tradução parcial publicada em Londres, em 1719. As notas que acompanham esta tradução são ainda mais surpreendentes porque mencionam, sem dúvida pela primeira vez em língua inglesa, a autobiografia de Alberti em sua versão impressa por Lorenzo Méhus, em 1751, na coleção das *Rerum Italicarum scriptores*. Neste sentido, podemos

---

[94] *Leo Baptista Alberti a Pompilio Pozzetti [...] in solemni studiorum instauratione laudatus: Accedit commentarius Italicus, quo vita eiusdem et scripta compluribus adhuc ineditis monumentis illustrantur*, Florentiae, Exc. J. Gratiolus, MDCCLXXXIX.

[95] FRANCESCO MILIZIA. *The lives of celebrated architects, ancient and modern*, Translated by Mrs. Edward Cresy, London, J. Taylor, 1826, pp. 192-196. Cf. P. JODOGNE, *La diffusion française...*, pp. 43 s.

[96] *Vies des architectes anciens et modernes qui se sont rendus celebres chez les différentes nations*, Paris, Jombert, 1771.

[97] JACOB BURCKHARDT, *Die Cultur der Renaissance in Italien: Ein Versuch*, Basel, Druck un Verlag Schweighauser'schen Verlagsbuchhandlung, 1860 – tr. angl. par Samuel George Chetwynd Middlemore: *The civilisation of the period of the Renaissance in Italy*, London, Kegan Paul, 1878.

[98] *Lives of the most eminent painters sculptors and architects, translated from the Italian of Giorgio Vasari*, s.l., Henry G. Bohn, 1851.

concluir que a fonte das notas de Mrs. Foster não foi a edição francesa de Leclanché, datada de 1841, pois as referências desta última à vida de Alberti fazem menção à versão (parcial) desta vida editada por Giovanni Bottari, em 1759, e não à versão de Méhus.

Neste relato sobre a receção reservada a Alberti na Inglaterra, vimos como o interesse pelo grande humanista acompanha, ao longo do século XVIII e início do XIX, o entusiasmo despertado neste país pela Itália, desde o fim do século XVII. Quanto ao desenvolvimento das enciclopédias, ele vem trazer, às vezes, em paralelo aos textos históricos, mais informação a seu respeito fazendo com que a literatura científica sobre Alberti paulatinamente evolua e se torne mais precisa, ou menos inexata, dando vida, enfim, ao retrato de um teórico envolto em vestes muito mais ricas e ambiciosas do que aquelas de um simples exegeta de Vitrúvio, que não teria tido ao seu dispor de informações acuradas a respeito das ordens.

## NAS MARGENS DA MODERNIDADE
## DUAS ABORDAGENS DA HISTÓRIA

Junia Mortimer

**Resumo**

Este artigo[99] propõe um diálogo entre o conceito de *historia* no texto *Da Pintura* (1435 – trad. 1992) de Leon Battista Alberti e a ideia de pós-história, na sua abordagem proposta para a arquitetura segundo Anthony Vidler, no seu livro "Histórias do Presente Imediato". Em que medida essas compreensões da história se relacionam e onde se diferenciam? Desse embate resulta uma atualidade crítica do pensamento de Alberti no sentido de que ele fomenta a liberdade da história como narrativa, para a pintura e a arquitetura. Porém, ele a restringe a uma natureza mítica. Esse território exclusivamente mítico difere de uma abordagem contemporânea, como a de Vidler, na qual o autor reclama por uma revisão crítica dos ícones modernistas, nas quais as narrativas míticas talvez contribuam para manter não solucionados os problemas não resolvidos ou para manter ecoando as questões ainda abertas da modernidade.

História da arquitetura; Projeto; História; Renascimento; Alberti; Pós-história; Anthony Vidler.

---

[99] Este artigo é fruto das discussões desenvolvidas no grupo "Arquitetura, Humanismo e República", coordenado pelo professor Carlos Antônio Leite Brandão. Agradeço à agência de fomento FAPEMIG que financia, por meio de bolsa de doutorado, o desenvolvimento de meus trabalhos de pesquisa. Agradeço também à orientação do professor Stéphane Huchet, em discussões que contribuíram indiretamente no desenrolar deste trabalho.

DOI: http://dx.doi.org/10.14195/978-989-26-1015-3_4

**Résumé**

Cet article propose un dialogue entre le concept d'*historia* dans le texte *De La Peinture* (1435/ trad.1992) de Leon Battista Alberti e l'idée de *post-histoire*, selon l'approche présentée par Anthony Vidler, dans son texte *Histories of the Immediate Present* (2008). Dans quel sens ces compréhensions de l'histoire, par rapport à l'art et à l'architecture, se rapprochent et dans quelle mesure elles se diffèrent, si on considère la distance temporel que les sépare? De ce combat il résulte une atualité critique de la pensée d'Alberti au sens ou il promeuve la liberté de l'histoire en tant que narrative, pour la peinture autant que pour l'architecture. Cependant Alberti restreindre cette narrative à un territoire mythique. Cela le diffère d'une approche contemporaine, comme celui de Vidler, dans laquelle l'auteur propose une révision critique des icônes modernes, à fin de stimuler les solutions des problèmes toujours pas résolus et les questions toujours sans réponse dans l'histoire de la modernité.

Histoire d'Architecture; Projet; Histoire; Renascimento; Alberti; *Post-histoire*; Anthony Vidler.

**Abstract**

This paper proposes a dialogue between the concept of "history" in the text of 1435, "On Painting", by Leon Battista Alberti, and the idea of post-history in its proposed approach to architecture, according to Anthony Vidler, in his book *Histories of the Immediate Present* (2012). The question which arises from this confrontation is: to what extent these understandings of history relate to each other and where they differ? This confrontation results in a critical atuality of some of Alberti's ideas on history in the sense that he forsters the freedom of history as a narrative. However, he restricts history to within the limits of mythical narrative. This approach is distinct of a contemporary approach as that proposed by Anthony Vidler, as Vidler stimulates the search for the unsolved problems of modernity, to which we have to respond today in contemporary cities.

History of architecture; Design; History; Renaissance; Alberti; Anthony Vidler.

*What has been the influence of contemporary architectural historians on the history of contemporary architecture?*

Reyner Banham,
"The New Brutalism", *Architectural Review*, December 1955.

O que me traz ao congresso é a proposta de realizar um diálogo entre o conceito de *historia,* para a pintura e a arquitetura, como está no texto *Da Pintura,* de Leon Battista Alberti (título original *Ut Pictura,* de 1435[100]) e a ideia de pós-história, na sua abordagem proposta para a arquitetura segundo Anthony Vidler, no seu livro *Histórias do Presente Imediato.* Em que medida essas compreensões da história, por meio do distanciamento necessário do tempo, como considera Panofsky, se relacionam, onde se diferenciam? Desse embate resulta uma atualidade crítica do pensamento de Alberti no sentido de que ele fomenta a liberdade da história como narrativa. Porém, ele a restringe a uma natureza mítica. De modo diferente, uma abordagem contemporânea, como a de Vidler, reclama por uma revisão crítica dos ícones modernistas, estimulando a busca pelos problemas não resolvidos da modernidade, que por hoje respondemos na cidade. Formam-se, assim, duas searas de investigação fundamentais:

1) a primeira, sobre: como a história era apresentada na tratadística renascentista? Como era trabalhada essa relação entre projeto e história no momento de inauguração da modernidade, de acordo com Manfredo Tafuri? Isto é, no Renascimento? Para desenvolver essa questão, este artigo propõe trabalhar o conceito de *historia* dentro de escritos de Leon Battista Alberti, mais especificamente a partir de *Da Pintura,* na inauguração da grande narrativa ocidental da modernidade.
2) A segunda seara de pesquisa consiste num questionamento que se dirige para a historiografia contemporânea: como, após o ar-

---

[100] O texto original foi traduzido para o português brasileiro por Antônio da Silveira Mendonça, para integrar a edição de 1999, da Editora da Unicamp. LEON BATTISTA ALBERTI, *Da Pintura*, Campinas, Ed. da Unicamp, 1999.

refecimento do historicismo pós-moderno, e num momento de consenso de esgotamento da narrativa ocidental da modernidade representada pela morte da arte, segundo Arthur Danto, como se aborda o tempo, e o seu acúmulo no espaço arquitetônico? Para tal análise, será utilizada a produção crítica de Anthony Vidler, mais especificamente seu livro *Histories of the Immediate Present,* referência crítica contemporânea no qual essa questões são trazidas.

A hipótese que se levanta é a de que há evidentemente diferenças fundamentais entre a postura desses autores já que são olhares de arquitetos ou pensadores do espaço de momentos históricos muito diferentes. Mas ainda assim o pensamento de Alberti é muito atual quando ele atribui liberdade narrativa para história. Vidler de certo modo atualiza esse pensamento, ao alargar sua compreensão para além da natureza mítica. Por isso ele acredita que é preciso procurar na história pelos problemas não resolvidos, as pontas soltas da modernidade, as quais hoje não sabemos amarrar e nos explodem nos nossos problemas urbanos contemporâneos. Seria possível esse anacronismo, essa atualidade do entendimento de Alberti da história mesmo considerando contextos tão diversos? Da confrontação do conceito de *historia* em Alberti, na inauguração da modernidade, com conceito de pos-história, como apresenta Anthony Vidler, no seu livro de 2008, existe continuidade?

Os objetivos principais deste trabalho são dois: 1) primeiro, por meio de uma investigação no conceito de história no *Da Pintura* de Leon Battista Alberti, pretende-se compreender que tipo de relação com o passado, o presente e o futuro predominava na construção do espaço arquitetônico durante este momento – o renascimento italiano – inaugural da modernidade, como defende Manfredo Tafuri; momento quando, segundo Arthur Danto, inicia-se uma determinada narrativa histórica da arte. 2) o segundo objetivo é avaliar, segundo as considerações de Anthony Vidler, em Histórias dos Presente Imediato*,* o entendimento contemporâneo de história segundo um crítico de arquitetura. Assim podemos avaliar a atualidade do pensamento de Alberti diante das mudanças fundamentais do imaginário social nesses extremos da narrativa mítica da modernidade. Pretende-se também, assim, contribuir na investigação sobre o estatuto da história na sociedade contemporânea.

## *Alberti e a* historia

A partir do Renascimento Italiano especialmente, inicia-se um processo de emancipação da profissão de arquiteto. O arquiteto passa a ser reconhecido dentro do campo das **artes liberais** (e não mais das **artes mecânicas**, como ao longo do Medievo). Contribuiu para isso o advento de novas técnicas de representação, como a perspetiva, que tornou possível a prefiguração dos objetos arquitetônicos em totalidade. Essa possibilidade representacional viabilizou ainda um maior descolamento das atividades de projetar e construir, isto é, do projeto e do ambiente físico de produção do espaço (canteiro de obras).

O advento da perspetiva foi um fator determinante também para o surgimento das ilustrações de cidades ideais com suas formas ideais, seus ordenamentos ideais, suas proporções ideias. Esses projetos foram um tema caro aos renascentistas e dentre eles destacam-se as telas de cidades ideias, como aquelas hoje localizadas em Urbino (1480-1490), na Galleria Nazionale delle Marche; em Baltimore (1470-1480), no Walter Arts Museum, e em Berlim, na Gemäldegalerie.

Dentre os tratados do século XV, Leon Battista Alberti escreveu sobre o tema da "história" no seu tratado *Da Pintura*. Neste tratado, Alberti fornece modos de como o artista deve proceder para realizar a pintura "como imitação e representação de coisas e figuras em suas corretas relações espaciais, [de onde] nasce a famosa visualização da pintura como uma janela através da qual o espectador olha, de uma determinada distância, a cena que se lhe apresenta."[101] Nesse sentido, suas considerações sobre a "história" aparecem como um aspecto fundamental para que o pintor tenha êxito na sua obra. E Alberti estende essas considerações ao artista

---

[101] GRAYSON in LEON B. ALBERTI, *Da Pintura,* Campinas, Ed. da Unicamp, 1999, p. 59.

construtor, o arquiteto – que passa a artista liberal no Renascimento Italiano, conforme explicado anteriormente.

Para Alberti, como explica Carlos Brandão[102], era necessário ao artista combater a "alienação estética", ao colocar a arte com uma função pedagógica dedicada ao desenvolvimento de "um mundo mais justo e mais feliz" – ao que o autor chama de *bene beateque vivendum*. A atribuição de uma responsabilidade pública pedagógica à arte exigiu, portanto, abrir este universo de modo a relacioná-lo com "outros campos da cultura, particularmente com as *litterae* e a herança clássica promovidas no início do século XV. E, sobretudo, conectar esses conteúdos renovadores às novas formas de expressão que Giotto, Masaccio, Brunelleschi e Donatello haviam elaborado"[103].

Alberti se utiliza de alguns operadores conceituais importantes que atuam no processo de "liberação" ou "liberalização" da arte arquitetura, isto é, que atuam na instituição da arquitetura na sociedade como um campo de manifestação fundamentado na cultura letrada – por isso, passa a ser considerada, como a pintura, a escultura, a música e a poesia, como artes liberais e não mais mecânicas. A liberação da arquitetura como arte no Renascimento reforça o corpo das artes liberais que se fundamentam na premissa de arte como produto de elaboração intelectual do homem sobre a natureza. É uma liberação é marcada no Renascimento pela alteração da consciência do que significa arte, do sujeito artista e de seu papel na sociedade.

Segundo Arthur Danto[104], é nesse momento do século XV quando se inicia uma determinada narrativa histórica da história da arte, que é marcada pela consciência da arte e seu posicionamento diferenciado na sociedade. Isso só é possível por meio dessa diferenciação das artes como meio de expressão de genialidades criadoras. O que marca o fim desta narrativa, como afirma Danto, é justamente o surgimento de uma consciência do encadeamento histórico das manifestações artísticas dentro de uma determinada fase de manifestação das imagens que, para Danto,

---

[102] CARLOS BRANDÃO, *Quid Tum? O Combate da Arte em Leon Battista Alberti*, Belo Horizonte, UFMG, 2000, p. 136-140.

[103] CARLOS BRANDÃO, *op. cit*, p. 137.

[104] ARTHUR DANTO, *After the End of Art: Contemporary Art and the Pale of History*, Princeton, Princeton University Press, 1997, p. 3-20.

chegou ao fim. Não é a morte da arte o que Danto pontua, mas o fim desta determinada narrativa histórica que teria se iniciado no século XV para findar na década de 60, do século XX. Pode-se dizer que Alberti pertence à geração dos fundadores dessa narrativa histórica da arte, a Modernidade – na visão de Danto (ARTHUR DANTO, *A transfiguração do lugar comum*, São Paulo, Cosac Naify, 2005, p.4) – e como tal contribuiu na divulgação dessa nova consciência, no Renascimento Italiano. Essa consciência favoreceu a alteração do estatuto da arquitetura, ao deixar de ser artes mecânicas e passar a ser pensada como artes liberais. E como tal ela cumpre, dentro do sistema renascentista, uma função educadora da moral e do exercício das virtudes humanistas.

Nesse contexto, a "história" é um dos operadores conceituais que Alberti trabalha para fundamentar a arte liberal, portanto, também a arquitetura, como produto de uma razão pensante, que transforma a *natura naturata* em *natura naturans*. História para Alberti é a grande obra do artista. No tratado *Da Pintura*, ele relata:

A maior obra do pintor não é um colosso, mas uma história. A história proporciona maior glória ao engenho do que o colosso. Os corpos são parte da história, os membros são partes dos corpos, a superfície é parte dos membros, portanto as primeiras partes da pintura são as superfícies. Da composição das superfícies nasce aquela graça nos corpos a que chamamos beleza.[105]

Para Alberti as partes que compõem a história são os corpos, cujas partes são os membros, cujas partes são as superfícies. Superfícies pictóricas as quais, por sua vez, fazem os membros, os quais compõem os corpos, os quais se relacionam numa história: numa narrativa moral que contextualiza a obra final do pintor num sistema de valores mais amplo, que é aquele do pensamento humanista. Com essa proposição, Alberti fundamenta a liberação das artes atribuindo ao pintor a responsabilidade de atuar na construção de dramas que cumpram a função educadora na *paidéia*, no sistema moral, religioso e cultural da sociedade; ao pintor é atribuída uma função pedagógica – mas não doutrinária, como no

---

[105] LEON BATTISTA ALBERTI, *Da Pintura*, Campinas, Ed. da Unicamp, 1999, p.114.

Medievo – por meio da história que ele narra. A composição da imagem (*compositio*) é dotada de um equilíbrio do jogo entre as partes (*concinnitas*) e é regulada pela **história**, pelo drama que "define a disposição dos corpos, membros e superfícies."[106] A história é o drama no qual estão envolvidas as figuras que compõem a imagem.

> "A história, merecedora de elogio e admiração, deverá com seus atrativos se apresentar de tal forma ornada e agradável que conquistará, pelo deleite e movimento de alma, a todos que a contemplem, doutos e indoutos. A primeira coisa que proporciona prazer na história provém da variedade e copiosidade das coisas. [...] Para mim é muito copiosa a história em que em seus lugares se misturam velhos, jovens, meninos, mulheres, meninas, criancinhas, frangos, gatinhos, passarinhos, cavalos, ovelhas, construções, províncias e todas as coisas semelhantes. Louvarei toda e qualquer riqueza que pertença à história."[107]

A história assume, portanto, um papel regulador na composição da pintura, vista como narrativa humana, tema mítico, que se desenvolve dentro de um determinado recorte – janela (*frame*) que se abre no retângulo da superfície pictórica. Ela determina as relações entre os elementos pictóricos do quadro. Nesse sentido, trata-se de uma mimesis da ação humana, e não propriamente na natureza no seu estado natural. A ação humana transforma essa natureza, e é isso que diferencia os conceitos de *natura naturans* e *natura naturata* no Renascimento Italiano. Portanto, o naturalismo de Alberti, como explica Cecil Grayson, é metodológico e, nesse sentido, se aplica, portanto, "à representação do tema a ser pintado. Esta 'história' será inspirada provavelmente na "leitura de poetas e escritores, com os quais compartilhará o relato de alguma ação"[108].

Brandão sugere que Alberti resgata o conceito de "história" da Retórica de Cícero, para quem este conceito funciona como "guia para o futuro".

---

[106] CARLOS BRANDÃO, *op. cit*, p. 156.
[107] LEON B. ALBERTI, *op. cit*, p. 120
[108] GRAYSON in LEON B. ALBERTI, *op. cit*, p. 61.

"Considerada como o maior instrumento da Retórica por Cícero, ela [a história] serve de guia para o futuro e é como tal que Alberti resgata-a para a Pintura. Nela os eventos não são apenas descritos, mas entendidos dentro de um contexto, recompostos na trama do intérprete que refaz a ligação entre os fatos dando-lhes nova forma."[109]

Para Alberti, portanto, a pintura torna-se "instrumento da mensagem histórica". Contudo, se ele propõe que a história tenha autonomia reguladora dentro da representação artística, ele, no entanto, a submete hierarquicamente à ética humanista do Renascimento. Essa relação legitimou, por exemplo, outros humanistas do mesmo período, como Leonardo Bruni, a conceberem a história como uma narrativa mítico-fatual. A história estabelece-se, assim, como uma trama de encadeamentos cruzados entre tempos, espaços e pessoas que compreende os arquétipos de ações e gestos a serem utilizados na construção do discurso desejado. Ela quase se aproxima da poesia, se as duas não tivessem sido separadas, desde Aristóteles, como explica Arthur Danto[110]. No Renascimento de Alberti, esses campos se aproximam, mas não se coincidem, porque, ainda que, ao aparecer como narrativa mítico-fatual, a história se pretenda modelar e universal como a poesia, ela está presa a uma entidade particular – que pode ser uma cidade, como Roma ou Florença, por exemplo. Como construção narrativa, ela é ferramenta do discurso, da retórica, emprestada de Cícero à atividade do pintor, por Alberti. O discurso que se pretende divulgar, no entanto, não é mais aquele religioso do Medievo, mas aquele da ética humanista. O pintor está a serviço desse projeto social e cultural, dentro do qual sua obra deve "adequar-se à mensagem e ao comportamento suscitados na alma" do cidadão[111].

Descrente dos filósofos de sua época, ele concede à arte esse papel de porta-voz da história, pensando a arte como o meio de expressão dos valores morais e éticos do seu projeto humanista. Alberti entende que esse lugar importante reservado à história dentro do seu tratado sobre

---

[109] CARLOS BRANDÃO, *op. cit*, p. 157.
[110] ARTHUR DANTO, *A transfiguração do lugar comum,* São Paulo, Cosac Naify, 2005, p. 119
[111] CARLOS BRANDÃO, *op. cit*, p. 161.

a pintura vale igualmente à arte de edificar. Ao modo do pintor, seria também um grande feito do arquiteto, para Alberti, reconhecer dentro do discurso humanista sobre a cidade renascentista uma história, uma narrativa urbana na qual o arquiteto deva inserir sua obra em perspetiva com o tempo histórico-mítico da tradição humanista. E, de repente, na visão de Alberti, é como se a cidade se tornasse um grande texto. Assim, a solução de Filippo Brunelleschi para o domo de Santa Maria das Flores é costurada dentro de um discurso ético mais amplo, na qual ela cumpre uma função civilizadora na sociedade, e as decisões técnicas do autor do projeto corroboram na produção desse espaço civilizador. Uma obra de arquitetura que esteja fora dessa narrativa pedagógica a serviço do projeto ético humanista constitui-se como manifestação do que Alberti denomina, segundo Brandão, a *hybris*, a mania de construir do arquiteto. "Alberti entrelaça e dimensiona, reciprocamente, Ética e Estética, com vistas à realidade que seu humanismo projetava."[112]

Ao ser entendida como linguagem cuja mensagem é utilizada na educação da sociedade, resta atribuir à arte e à arquitetura uma gramática e uma sintaxe. É o que Alberti vai propor. A gramática e a sintaxe próprias das artes constituem-se em proporções, relações e medidas, métodos e sistemas de mensuração, os quais Alberti trabalha nos tratados e que determinam o campo de criação do artista. São normatizações que tornam a obra reconhecível ao compartilhar dos códigos utilizados para aquele projeto de sociedade. A linguagem clássica, o antropomorfismo, as regras de composição do espaço, aspectos que caracterizam a arquitetura renascentista e albertiana, são legitimados ao funcionarem como estratégias que contribuem na divulgação do discurso da ética humanística. Nesse sentido, o conhecimento do passado é determinante para conceção dessa linguagem, já que ela estabelece uma relação direta, também visual, com a tradição clássica.

Contemporâneo a Alberti, o humanista Leonardo Bruni também concebe a história como essa narrativa mítico-fatual ao unir a fundação de Florença à tradição clássica, atribuindo, sem fundamentos causais suficientes, raízes romanas e etruscas ao povo florentino. Essa foi uma estratégia retórica

---

[112] Ibidem, p. 161.

utilizada no seu discurso para convencimento da população ao engajamento no seu projeto político e ético para Florença. Newton Bignotto comenta sobre um dos textos de Bruni, Oratio, publicado em 1428: é "uma peça retórica, no entanto, fica claro que o objetivo do texto é ligar Florença a uma velha tradição, e assim, fazer de Nanni degli Strozzi um exemplo à altura dos que no passado arriscaram suas vidas pela pátria."[113]

Em "Oratio", segundo Bignotto, Bruni relaciona as origens de Florença aos etruscos e aos romanos. Florença apresenta ao mesmo tempo autonomia em "relação aos vizinhos e formações políticas", como o faziam os etruscos, e também poder de expansão territorial e propagação das artes e letras, como nos romanos. Sobre essa descendência romana, Bignotto explica que ela foi fator importante para justificar o desejo de expansão da cidade, porque "de fato, os florentinos, em momento algum de sua história do século XV, abriram mão de uma posição política de liderança na Itália, o que implicava na legitimação do seu desejo de conquista de novos territórios, como fizera Roma em seu tempo."[114] Ferramentas dessa expansão política que gerava fortalecimento econômico, as artes e as letras fortaleceram a autonomia e a liderança de Florença no Renascimento Italiano, especialmente pela valiosa contribuição desta cidade "para a restauração da língua latina e para o Renascimento do grego, o que havia garantido o acesso dos italianos aos tesouros do passado, esquecidos ou escondidos pelas péssimas traduções medievais."[115]

Alberti, compartilhando desse projeto do Renascimento Italiano, acredita que a arte de edificar deva não somente criar espaços para que o drama humano aconteça, isto é, para que a história se desenrole, como ela deve também servir de mediação, meio de expressão desse discurso, pelo seu poder simbólico. Nesse sentido, para Alberti **a arquitetura está a serviço dessa história**, entendendo história como essa construção narrativa utilizada para legitimar também o próprio projeto do Renascimento Italiano.

---

[113] NEWTON BIGNOTTO, *Origens do Republicanismo Moderno*, Belo Horizonte, UFMG, 2001, p.142.

[114] NEWTON BIGNOTTO, *op. cit*, p.143

[115] Ibidem, p.143

Ao mesmo tempo, a história aparece como fonte da linguagem e de amplo repertório formal, logo, trata-se de uma ferramenta de projeto nas mãos do arquiteto. Para Alberti, longe de ser um problema, a história era uma solução para a disciplina, como sugere Anthony Vidler na apresentação do seu livro *The Histories of the Immediate Present*. Vidler pondera sobre a questão da utilidade da história na sua relação com o projeto ao colocá-la como uma questão relativamente recente. Segundo ele, "para maior parte da história da arquitetura, história não era um problema para a arquitetura – ou antes de ser um problema *per se,* as questões em torno da história eram na verdade solução para a disciplina."[116] A partir do momento em que a tradição medieval passou a ser gradual e conscientemente substituída pela linguagem utilizada na Antiguidade, a história é que supriu o material próprio à criação arquitetônica. Nesse sentido, na maioria das vezes, quase sem exceção, o historiador da arquitetura era o próprio arquiteto que misturava sua teoria à escrita da história, essa narrativa resultante de uma mistura de fatos e evidências com componentes míticas e universalizantes, e que não raro legitimava sua produção arquitetônica.

## *Anthony Vidler e depois da historia*

Entre as obras recentes sobre história da arquitetura, Anthony Vidler escreveu *Histories of the Immediate Present,* publicação pelo MIT Press, em 2008, derivada de sua tese de doutoramento. Na apresentação, Peter Eisenman sugere que o trabalho de Vidler busca explorar como a história e os historiadores do modernismo poderiam ser interpretados e escritos depois da crítica pós-estruturalista aos limites disciplinares, já que esses mesmos limites é que tradicionalmente instituíram as grandes figuras e movimentos da história.

O objetivo é entender o trabalho de historiadores do pós-segunda guerra na tentativa de criar uma narrativa coerente de desenvolvimento

---

[116] ANTHONY VIDLER, *Histories of the Immediate Present,* Princeton, Princeton University Press, 2008, p.3

do modernismo, relacionando aquele tempo com as vanguardas do princípio do século XX. Nesse sentido, Vidler está interessado é em como as histórias do modernismo se adaptaram para abrigar a teoria e a prática daquele tempo.

É importante o trabalho de Vidler de uma reavaliação das histórias produzidas sobre o modernismo também na medida que ele acaba por tocar questões centrais sobre o historiador da arquitetura e sua relação com o arquiteto. "Que tipo de trabalho a história da arquitetura deve fazer para a arquitetura e especialmente para a arquitetura contemporânea? Este é claramente uma versão do corriqueiro refrão 'como a história se relaciona com projeto? É algo útil? E se sim, em quais sentidos?"[117]

Neste livro, Vidler trabalha a história da modernidade, o entendimento de suas origens e suas margens a partir de quatro autores que sugerem quatro abordagens do modernismo: Emil Kaufman e o modernismo neoclássico; Colin Rowe e modernismo maneirista; Reyner Banham e o modernismo futurista; e Manfredo Tafuri e o modernismo renascentista. Vidler coloca em discussão a historiografia da arquitetura moderna a partir desses quatro autores e no embate desses pensamentos diversos, ao mesmo tempo convergentes e divergentes, ele sugere provocadoramente que a história em algum sentido completou-se e ao futuro só resta, portanto, a repetição.

> "Dizer, como Kaufman o fez, que o Iluminismo e suas geometrias da razão eram formas do moderno eterno, ou como Rowe, que as ambiguidades do modernismo estavam de algum modo reemergindo no modernismom ou como fez Branham, que a história construiu uma trajetória para si mesma que pode ser inscrita no seu 'futuro', ou finalmente como fez Tafuri, que o modernismo foi simplesmente o resultado final de uma quebra epistemológica entre medievo e renascença, foi dizer que a história tinha em algum sentido chegado a sua completude. Se

---

[117] Tradução minha. Original: *What kind of work does or should architectural history perform for architecture and especially for contemporary architecture? This of course is a version of the commonplace refrain, How is history 'related' to design? Is it 'useful'? And if so, in what ways?* In ANTHONY VIDLER. *Histories of the Immediate Present*. Inventing Architectural Modernism. Cambridge: MIT Press, 2008, p. 3.

o fim podia ser previsto, ou tinha de fato chegado, então o futuro era para ser daí pra frente não mais que repetição."[118]

Vidler explica que a ideia de pós-história foi sugerida inicialmente pelo matemático do século XIX, Antoine-Augustin Cournot, não se caracterizando então propriamente como um conceito, mas como uma seara de discussão de temporalidades. "*Posthistoire* foi aplicado no momento quando a criação humana (seja uma instituição ou um objeto) alcançou um estado no qual já não existia mais possibilidade de desenvolvimento além – quando tudo o que poderia ser feito seria o seu eterno aperfeiçoamento."[119] Para Cournot, a pós-história é uma fase posterior às fases pré-histórica e histórica e ela consiste no ponto final inevitável de todas as culturas, como já demonstrado, segundo o autor, pela "natureza estática da burocrática sociedade chinesa ao longo do último milênio"[120]. A ideia de pós-história, no entanto, ao contrário do que pode parecer, era então uma conceção extremamente historicista, inevitavelmente resultante do próprio pensamento histórico. Mas essa ideia foi recebida e transformada no século XX de um modo menos historicista e mais contra-histórico, sendo utilizada por abordagens "finalistas" de intelectuais de 1930 e 1940[121]. Vidler cita o filósofo belga Hendrick de Man como fundamentador dessa linha de pensamento, que é o pensamento pós-histórico:

> "O termo pós-histórico parece adequado para descrever o que acontece quando uma instituição ou uma conquista cultural cessam de ser

---

[118] Tradução minha. Original: *To imply, as Kaufman did, that the Enlightment and its geometries of reason were forms of the eternal modern, or as Rowe did, that the ambiguities of manneirism were in some way reemergent in modernism, or as Banham did, that history constructed a trajectory for itself that might be graphed into its 'future', or finally as Tafuri did, that modernism was simply the end result of an epistemological break between the medieval and Renaissance worlds, was to imply that history had in some sense come to completion. If the end might be predicted, or indeed had arrived, then the future was to be bereft of all but repetition.* In.: VIDLER, Anthony. *Op.cit*, p.194.
[119] ANTHONY VIDLER, *Histories of the Immediate Present,* Princeton, Princeton University Press, 2008, p.194. *Tradução minha.*
[120] Ibidem, p. 194. *Tradução minha.*
[121] Ibidem, p. 195.

historicamente ativas e produtoras de novas qualidades, tornando-se puramente recebedoras ou ecleticamente imitativas. Isso posto a noção de Cournot de pós-história se adequaria... à fase cultural que, seguindo o 'excesso do sentido', tornou-se 'ausência de sentido'. A alternativa então é, em termos biológicos, ou a morte ou a mutação."[122].

Foi uma ideia importante para se colocar em xeque as tendências historicistas dominantes no século XIX e especialmente apropriada à história da arte, considerando-se a ideia de aperfeiçoamento do modo de fazer, de produzir por meio de desenvolvimento estilístico e funcional, concepções também próprias a algumas tendências da Beaux-Arts do século XIX. Em Gianni Vattimo, pós-histórico torna-se "o simples reconhecimento do mundo moderno como ele é – um mundo de mudança sem mudança, de mutabilidade sem mutabilidade – e então pós-história é um conceito que permite descrever as experiências do fim da história."[123]

Vidler sugere que o pós-modernismo na arquitetura é um momento especial do pensamento pós-histórico ou um caso especial desse tipo de pensamento traduzido para a arquitetura. Ele levanta a questão do que fica, então, para o pensamento histórico e para a modernidade concebida historicamente.

Se as questões que hoje se levantam ainda são questões modernas, já que o contemporâneo está ainda envolvido nesse discurso moderno, e se modernidade é esse projeto de reavaliação e renovação constantes, não é mais possível abordar a história da arquitetura moderna em busca de classificar estilos ou movimentos. É preciso percorrê-la de outro modo, e são esses outros modos que se pretende fomentar e empreender. Menos em busca de aspectos legitimadores de ambiciosos projetos presentes ou de vocabulário formal, e mais em busca do desdobramento das ações e contextos, especialmente aqueles inconclusos e aberto, pela natureza conflitante que os determina.

---

[122] Tradução minha. Original: *The term posthistorical seems adequate to describe what happens when an institution or a cultural achievement ceases to be historically active and productive of new qualities, and becomes purely receptive or eclectically imitative. Thus understood Cournot's notion of the posthistorical would... fit the cultural pahse that, following a 'fulfillment of sense', has become 'devoid of sense'. The alternative then is, in biological terms, either death or mutation.* In: ANTHONY VIDLER. *Op.cit.*, p. 195.

[123] Ibidem, p.196.

## Entre a narrativa mítica e a eterna repetição

Da narrativa mítica proposta por Alberti à eterna repetição determinada pelo pensamento pós-histórico, a história é uma invenção, porém uma invenção antes presa dentro de um projeto ético e depois esvaziada pela sua "alegorização". Se nas margens renascentistas, a história, para Alberti, era uma construção mítica a serviço de um projeto ético e social, nas margens da pós-modernidade o pensamento pós-histórico fez do progresso uma rotina e tornou inevitável a desilusão que se segue frente à narrativa libertadora com que se fiou a modernidade. O que se propõe, evitando fechamentos e neo-finalismos, é que contra as preconcepções estabelecidas sobre a história da arquitetura moderna seja estimulada a reabertura da própria consciência histórica do sujeito, pensando que dentro do campo de ação do arquiteto, essas consciência e suas franjas é que trabalham na atualização dos limites de ação desse profissional.

Existe na abordagem que Vidler propõe para a história da arquitetura uma consciência do conflito, que é interno à própria natureza da atividade arquitetônica, mas ao mesmo tempo uma busca pelos seus desdobramentos, pelas in-soluções, pelo que ainda está para ser ou em estado de *vir a ser* na própria história – no presente, no passado e no futuro.

> "A história da arquitetura moderna deve procurar (...) por lugares onde as inconfortáveis questões de forma e programa com respeito à sociedade e sua formação política foram colocadas; onde uma irresolução, melhor que uma solução, foi assumida; onde projetos começaram mas foram deixados inacabados, não por fracassos mas como desafios ativos e insolúveis; onde irrupções de desde fora do campo inconvenientemente questionaram a validade das práticas estabelecidas; onde as próprias formas de conceber a história ela mesma foram colocadas em xeque. Precisaríamos reencontrar momentos e figuras de interrupção (...) e seriamente reavaliar as sagradas vacas da modernidade, cujo trabalho tornou-se muito rapidamente canônico a fim de detectar as inconsistências internas (...) precisaríamos abrir as ideias de 'modernismo' tão prevalecentes depois da segunda guerra mundial."[124]

---

[124] Tradução minha, com cortes do texto original. Original completo: *The history of modern architecture would (...) look for places where the uncomfortable questions of form*

Essa abordagem coloca em xeque a totalidade necessária à história como ferramenta retórica do humanismo renascentista. Na narrativa de Leonardo Bruni, por exemplo, a conexão com o passado romano, ao contrário de desfilamento dos conflitos, é a criação de uma descendência triunfal para convencer os cidadãos da importância da cidade de Florença. A história é uma invenção, mas uma invenção subjugada a um projeto ético totalizador, visionado por uma determinada classe de intelectuais e poderosos italianos. Uma invenção que muito se aproxima do universalismo da poesia, mas que se distancia dele justamente pela sua ligação a entidades particulares, no caso as cidades de Florença e Roma, por exemplo. Pelas abordagens de Alberti e de Leonardo Bruni, a construção da história – não como campo disciplinar, mas como conhecimento do passado – durante o Renascimento italiano pretende atribuir-se o universalismo da poesia, e por isso ela tem uma matriz mítica. Mas o que ainda a prende é o fato de permanecer como reflexo, ainda que vago, de um tempo, como elucida Danto entre suas explicações sobre imitações e imagens refletidas:

> "É possível que Sócrates jamais tenha encontrado uma imitação sem um original, embora, na época em que Aristóteles se apropriou da teoria da mimese, ele já tivesse reconhecido que as imitações devem ser muito diferentes das imagens refletidas num espelho, pois estas estão para as imitações assim como, para citar sua estupenda análise, a história está para a poesia."[125]

Para Sócrates, portanto, a história é essa imagem refletida de um real que está fora dela. A poesia tem a liberdade de uma imitação, a mimese

---

*and program with respect to society and its political formation were asked; where irresolution rather than solution was assumed; where projects were started but left unfinished, not as failures but as active and unresoved challenges; where disruptions from outside the field inconveniently questioned the verities of established practices, where the very forms in which we conceive of history istsel have been put into question. We would need to reassess dirsruptive moments and figures, not as curiosities and embarrassments, nor as washed-up utopias (...) but as openings into the process, rather than the appearance, of modernity; we would also need to seriously reevaluate the sacred cows of modernity, whose work has become, too quickly, canonical, in order to detect the internal inconsistencies, the still-open questions lurking behind their monographical façades; finally we would need to open up those ideas of 'modernism' so prevalent after the Second World War."* In: ANTHONY VIDLER. Op.cit. p. 199.

[125] ARTHUR DANTO, *A transfiguração do lugar comum*, São Paulo, Cosac Naify, 2005, p.118.

de Platão, que, como a entende Danto, tem a habilidade da apropriação, da reinvenção, da reescrita. Se em Alberti e Bruni, a história tangencia o poder universal e inventivo da poesia, o pensamento historicista do século XVIII e XIX cuida para que ela se torne uma ciência factível e declara, inclusive, que todo pensamento é histórico na sua essência, mesmo a filosofia. Contra esse historicismo, Nietzsche tece o elogio de que a felicidade consiste na capacidade de sentir a-historicamente, isto é, na duração dos raros momentos de lucidez quase espiritual. É preciso esquecer para manter-se vivo. Para Nietzsche, é condição de sobrevivência de um sociedade se ela deseja mover-se no tempo, e pensar transformações. O que não significa viver sem memórias. É da condição humana, e Nietzsche é enfático na sua defesa, o fardo inadiável de que cedo a criança aprende o que significa a palavra 'foi' e começa a lembrar-se – inicia esse processo cumulativo de construção da própria identidade.

Hoje Vidler de certo modo atualiza a capacidade inventiva da história, colocada por Alberti e que é central na abordagem contemporânea proposta pelo crítico inglês. Atualizá-la significa liberá-la da sua função retórica dentro de um projeto ético que se pretende universal – como no renascimento ou mesmo no modernismo – e assumi-la como possibilidade de percurso narrativo que permita acessar com maior variedade os diferentes tempos que circulam no presente. Este pode ser um meio de se chegar mais perto das inúmeras questões abertas e não resolvidas ao longo da modernidade. Não em uníssono dentro de um projeto universal, e tampouco uma história propositora de um modelo de mundo melhor. Mas sim uma abordagem da história da arquitetura como seara de investigação "para desafiar as preconcepções da nossa própria consciência histórica"[126].

---

[126] ANTHONY VIDLER, op.cit., p. 200.

## III. Antropologia e Técnica

## "A TRANQUILA POSSESSÃO"
## ARQUITETURA E CIVILIZAÇÃO NA IDADE
## HUMANISTA E CLÁSSICA.

Pierre Caye

**Resumo**

A presente comunicação constitui a segunda etapa de uma reflexão em profundidade levada a cabo pelo autor sobre as relações entre a arquitetura da Antiguidade e a guerra e a paz – reflexão que resultou num primeiro estudo intitulado *César penseur de la technique: Lectures architecturales du corpus césarien à la Renaissance: Alberti et Palladio* (em *Architectures de guerre et de paix,* sob a direção de O. Medvedkova & E. d'Orgeix, Bruxelles, Mardaga, 2013, pp. 13-32). Enquanto o primeiro insistia nas relações estreitas que a arquitetura mantém com a ciência militar da Antiguidade, este segundo estudo demonstra como ela, apesar de suas raízes militares, contribui, em última instância, à pacificação do real a partir do ponto de vista da técnica, da política e da moral: pacificação técnica através da composição arquitetônica do espaço ao serviço da superedificação e de sua dilatação, muito mais do que de sua mobilização e de sua transformação; pacificação política através da separação dos poderes fundamentais, civil, militar e religioso, assegurada pela arquitetura da Antiguidade por meio de seu *decor* e de sua *distributio*; pacificação moral, enfim, graças à *temperantia*, à *frugalitas* e à *parsimonia* favorecidas por este tipo de arquitetura.

Arquitetura; Moral; Política; Técnica

DOI: http://dx.doi.org/10.14195/978-989-26-1015-3_5

**Résumé**

La présente contribution constitue le deuxième volet d'une réflexion de fond engagée par l'auteur sur les rapports de l'architecture à l'antique avec la guerre et la paix – réflexion qui a donné lieu à une première étude intitulée *César penseur de la technique: Lectures architecturales du corpus césarien à la Renaissance: Alberti et Palladio* (dans *Architectures de guerre et de paix*, Sous la direction d'O. Medvedkova & E. d'Orgeix, Bruxelles, Mardaga, 2013, pp. 13-32). Si la première étude insistait sur les rapports étroits que la théorie architecturale entretient avec les savoirs militaires antiques, cette seconde étude montre combien l'architecture, malgré ses racines militaires, contribue en définitive à la pacification du réel d'un point de vue à la fois technique, politique et moral: pacification technique à travers l'aménagement architectural de l'espace au service de sa surédification et de sa dilatation, bien plutôt que de sa mobilisation et de sa transformation; pacification morale à travers la séparation des pouvoirs fondamentaux civil, militaire, religieux qu'assure l'architecture à l'antique à travers son *decor* et sa *distributio*; enfin, pacification morale à travers la *temperantia*, la *frugalitas* et la *parsimonia* que favorise ce type d'architecture.

Architecture; Morale; Politique; Technique

**Abstract :**

The humanist and classical architecture is an art for peace, even better for peacekeeping : peace in morality, policy and technology: for our life, our city, our Earth. Peace in morality through the eurythmic and linear harmony which supports the *temperantia* of life ; peace in policy through the notion of *decor* which assigns to each others their own symbolic part ; peace in technology through a light urban planning and a space planning where superimposition is more important than transformation, in order to manage a smarter world. So, the architecture and all the activities around it seem to be the antithesis and the alternative option to our contemporary means of production which rests on the "creative destruction " or, more exactly, the destructive creation.

Architecture; Morality; Policy; Technology

## MARIVS CAPRA GABRIELIS F.

> Qui aedes has arctissimo
> primogeniturae gradui subjecit
> Una cum omnibus censibus
> Agris vallibus et collibus citra viam magnam
> Memoriae perpetuae
> Mandars haec dum sustinet ac sustinet
> *Inscrição presente nos quatro frontões da* Rotonda de Palladio em Vicenza

I. A arquitetura na idade humanista e clássica não se contenta em ser simplesmente uma dentre as Belas Artes, embora seja a mais prestigiosa e a mais capaz de reunir sob sua égide as outras artes – pintura, escultura, artes decorativas – em vista de uma verdadeira síntese das artes; ela constitui, além disso, um verdadeiro paradigma técnico na medida em que expressa perfeitamente a relação produtiva que os homens entretêm com a natureza. É preciso lembrar aos historiadores da economia que não prestaram a devida atenção que sob o Antigo Regime a arquitetura civil, militar e naval constituíram a primeira indústria, tanto pelas somas investidas quanto pela mão de obra empregada. Por conseguinte é a arquitetura que está a fundamentar a infraestrutura do sistema político e militar, como também do sistema comercial e produtivo das sociedades do Antigo Regime. Dela dependem não somente o poder, mas também a riqueza das nações; ou melhor, ela transforma riqueza em poder. Como bem o demonstrou Thierry Mariage em seu ensaio sobre o universo de Lenôtre, até mesmo os jardins à francesa inscrevem-se em uma reflexão mais geral sobre o planejamento territorial agrícola e sobre a melhoria do aproveitamento fundiário.[127] Isso explica porque, ainda no fim do século XVIII, na alvorada da revolução industrial, possa ser escrito, como o fez Francesco Milizia em seus *Principi di architettura civile* (1781), que o "progresso das outras artes depende do progresso da arquitetura.

---

[127] THIERRY MARIAGE, *L'univers de Lenôtre: les origines de l'aménagement du territoire*, Liège, Mardaga, 1990.

Quando a arquitetura é suficientemente encorajada, a pintura, a escultura, a gravura, a arte dos jardins e todas as outras artes decorativas que não poderiam subsistir sem a arquitetura, florescem com enorme profusão". Prossegue Milizia, salientando com veemência a ligação entre arquitetura e o sistema produtivo de seu tempo: "Numerosas manufaturas e produções mecânicas, por sua vez, mesmo as mais modestas estão sujeitas à sua influência porque o desenho (*disegno*) possui a superioridade do que é universal, atribuindo valor às coisas mais frívolas e até mesmo a esse pequeno nada que é a moda".[128]

Arquitetura, *disegno* e manufatura, embelezamento e enriquecimento, ou melhor, enriquecimento por meio do embelezamento, são as chaves deste paradigma ao mesmo tempo econômico, produtivo e técnico, que se constitui sob a égide da arquitetura clássica.

II. Ora, o paradigma da produção aparece como a antítese perfeita do sistema produtivo contemporâneo, nascido com as guerras mundiais, e que conserva fortemente as marcas de sua origem belicosa. Nosso sistema produtivo repousa sobre a "destruição criativa", como escreve de seu exílio, no ano de 1942, em plena Segunda Guerra mundial, o célebre economista austríaco, Joseph Schumpeter. Através da expressão *Destruição Criativa*, afirma-se o primado do processo sobre a obra; a produção se define como um fluxo constantemente renovado e como um processo de inovação dando origem a uma incessante obsolescência do existente, obsolescência que, em última instância, condiciona, não sem paradoxo, o crescimento.[129] Tudo aqui está marcado pela guerra e pelo conflito: a exploração da natureza pelos homens, o jogo de sua

---

[128] *Principj di architettura civile* di FRANCESCO MILIZIA, [...] per cura del dottor L[uigi] Masieri, Milano, S. Majocchi, 1847, p. 3: "Il progresso delle altre arti dipende dal progresso di questa. Quando l'archittetura è ben incoraggiata, la pittura, la scultura, l'incisione, il giardinaggio e tutte le altre arti decorative, che senza di essa non possono sussistere, fieriscono a volo; e queste poi influiscono moltissimo nelle manifatture e nelle più minute produzioni meccaniche, perchè il disegno è di un vantaggio universale, che dà valore alle cose più frivole e fino ai nienti della moda".

[129] JOSEPH SCHUMPETER, *Capitalism, socialism, and democracy*, London, George Allen & Unwin Ltd., 1943 – trad. port. por R. Jungman: *Capitalismo, socialismo e democracia*, Rio de janeiro, Fundo de Cultura, 1961, pp. 105-109.

recíproca concorrência e, enfim, a infinita necessidade de destruição permanente, julgada necessária para assegurar a sobrevida da humanidade e de seu modo de vida. Todavia, a arquitetura é radicalmente alheia a qualquer ideia de destruição como condição da criação. Ela propõe, pelo contrário, um modelo produtivo visando pacificar não somente a relação entre o homem e o mundo, mas também entre ele e si próprio, um modelo ao serviço da possessão tranquila dos tesouros a nós oferecidos pela natureza, como observa Jacques François Blondel em seu Curso de 1771: "Se pensarmos no que devemos à arquitetura e todas as vantagens que recebemos dela, chegaremos à conclusão de que os tesouros da natureza só nos pertencem realmente porque é a arquitetura que está a nos garantir sua tranquila possessão".[130] É esta ligação consubstancial entre arquitetura e paz, sua interdependência essencial que constitui o objeto de nossa reflexão.

III. Pertence a esta questão não toda arquitetura, mas um tipo de arquitetura específico, a arquitetura dita clássica e, para ser ainda mais preciso, aquilo que chamam, desde o *Quattrocento*, de arquitetura da Antiguidade (*all'antica*), em outras palavras, uma arquitetura que tira suas fontes, de um lado, da arqueologia, do trabalho admirável de exumação das ruínas romanas pelos antiquários do passado e, de outro, vai busca-las em um tratado canônico, um texto consular, o *De architectura* de Vitrúvio, que, de toda a abundante literatura arquitetônica da Antiguidade, foi o único tratado que nos tenha sido deixado: o sobrevivente (*superstes*), como o chama Alberti.[131] Este tipo de arquitetura que nos é ainda tão familiar, possui certos traços distintivos que a caracterizam de forma essencial e que explicam o porquê da arquitetura da Antiguidade ser um instrumento e um operador incomparáveis de pacificação do real. De fato, existem na

---

[130] JACQUES-FRANÇOIS BLONDEL, *Cours d'architecture ou Traité de la décoration, distribution et construction*, Paris, Desaint, vol. I, 1771, p. 119.

[131] LEON BATTISTA ALBERTI, *L'architettura [De re aedificatoria]*, Testo latino e traduzione di Giovanni Orlandi, Introduzione e note di Paolo Portoghesi, Milano, Il Polifilo, 1966, VI 1, p. 441 – trad. port. por Arnaldo Monteiro do Espírito Santo: *Da arte edificatoria*, Introdução, notas e revisão disciplinar de Mário Júlio Teixeira Krüger, Lisboa, Fundaçao Calouste Gulbenkian, 2011, p. 374.

arquitetura da Antiguidade três termos fundamentais, cada qual traduzindo a pacificação do mundo, respetivamente, técnica, política e moral.

Examinaremos, em primeiro lugar, a noção de arquitetura em si, que expressa, assim como o atesta sua etimologia, uma modalidade singular da relação técnica que o homem entretém com a natureza; particularmente propícia à pacificação de suas mútuas relações. Trataremos em seguida da noção latina de *decor*, termo por excelência vitruviano – traduzido para o francês por "*conveniência*" – que ocupa um espaço fundamental na organização institucional da *pólis*, ao serviço da pacificação política dos homens. Será necessário enfim, retornar à imorredoura noção de harmonia, nomeada por Vitrúvio de *eurythmia,* de *concinnitas* por Alberti ou, mais tardiamente, mas não por isso com menos pertinência, de Harmonia Linear por Quatremère de Quincy, em outras palavras, a harmonia própria às artes do *disegno*, harmonia que, para além da satisfação sensível dos homens, está, em realidade, ao serviço de sua pacificação moral, segundo uma ética inspirada pelo *De officiis* de Cícero.

Pacificação técnica da natureza, isto é, do homem em sua relação com a exterioridade, pacificação política da *pólis*, ou melhor, do homem em sua relação com seus semelhantes, e enfim, pacificação moral do homem com relação a ele mesmo; é sob esta tripla feição que o papel civilizador da arquitetura da Antiguidade ocupa um espaço de destaque em nossa história.

IV. Começaremos examinando a pacificação técnica proporcionada pela arquitetura. Se fosse necessário traduzir em latim o termo grego grego "ἀρχιτεκτονία", não me contentaria, como Vitrúvio, de sua quase transliteração em *architectura*; preferiria seguir Alberti, interessando-me pelo campo semântico de *aedes* sob a forma de *aedificatio* ou de *res aedificatoria*. Não obstante a solução albertiana, tampouco se revela totalmente satisfatória: *res aedificatoria* traduz bem "τεκτονία", como edificação, mas não leva em conta o "archi" de arquitetura, o "ἀρχή", ou princípio. Para traduzir o "ἀρχή", seria mais adequado falar em *superaedificatio*, de superedificação. A arquitetura é o saber da superedificação da natureza pela arte. Aqui, a criação se desenvolve não pela destruição, mas pelo superacréscimo, pela perfeição, e, melhor e ainda mais precisamente, pela superedificação. O que significa superedificar? Significa que a arquitetura não substitui a natureza mas se acrescenta a ela para completá-la e aperfeiçoá-la: ela a mantém, organiza e lhe fornece suas orientações sem suprimi-la nem subjugá-la. A arquitetura a congrega para melhor glorificá-la: em uma palavra, ela a enleva, ornamenta.

Na teoria do direito defendida pela escolástica, estão presentes a arquitetura e a propriedade: o homem é proprietário da natureza não como o conceberão mais tarde Locke ou Marx; pela imposição da forma do seu espírito à matéria inerte e sem qualidade, mas porque o espírito do homem realiza, segundo a fórmula de São Tomás de Aquino, uma *superadditio* que se desenvolve por *adinventionem rationis humanae*,[132] ou seja, uma invenção da razão que se superacrescenta à natureza, não para suprimi-la, transformá-la ou intensificá-la mas simplesmente para estabilizá-la, garanti-la e consolidá-la através do tempo, como atestam tão bem a arquitetura e seu projeto; o que de resto explica a estreita relação, claramente expressa por Blondel, entre arquitetura e possessão.

É mister ater-nos um instante a esta singular conceção da criação humana que é a superedificação. Daniele Barbaro, protetor de Palladio, comanditário da Vila Maser, e, sobretudo, o mais importante exegeta de Vitrúvio durante o Renascimento, distingue logo no início de seu comentário, três instâncias e três formas de criação.[133] Barbaro evoca em primeiro lugar Deus, figura da omnipotência, que produz simultaneamente forma e matéria segundo o princípio da criação *ex nihilo*. Ora, a arquitetura que se contenta em se superedificar sobre o que a precede é a antítese deste tipo de criação demiúrgica. Ele cita em seguida a Natureza, cuja operação diz mais respeito à *distinctio* do que à *productio* propriamente dita, e que se notabiliza efetivamente pela sua capacidade em se diferenciar permanentemente para gerar, a partir da matéria e das próprias leis instituídas por Deus, o maior número de espécies, testemunho de sua riqueza e fecundidade. Esta forma de criação, não está tampouco, na época que nos pertence, ao alcance dos homens.

---

[132] SÃO TOMÁS DE AQUINO, *Suma teológica*, IIaIIae, Q. 66, art. 2, *ad* 1am.

[133] *M. Vitruvii Pollionis De architectura libri decem cum commentariis Danielis Barbari [...] multis aedificiorum, horologiorum et machinarum descriptionibus et figuris*, Venetiis, apud Franciscum Franciscium Senensem, & Ioan. Crugher Germanum, 1567, p. 6.

Contudo, nestas condições, qual é a tarefa e quais são as metas que cabem ao homem, à sua técnica e à sua arte cumprir? Resta-lhe o ornamento. Mas, na falta de poder transformar o mundo, o arquiteto humanista e clássico orna-o e o desenha-o, atribui-lhe um novo perfil para enlevá-lo. O urbanismo clássico é essencialmente uma arte do embelezamento da natureza e do real. A arquitetura faz uso de uma técnica elegíaca que só intervém na superfície do real (o que remete também ao prefixo "super-" da superedificação), uma técnica que trabalha o limite das coisas, suas linhas e não sua substância. Os historiadores da cidade renascentista e clássica falam então de "urbanismo tangencial".[134]

Tomemos o exemplo dos *Invalides* e de sua igreja. A igreja, tal como Jules-Hardouin Mansart a edifica, pelo seu senso de medida e proporção, serve de monumento de referência, a estruturar e ordenar o espaço à sua volta; depois, a partir de sua fachada, são traçados eixos em pata de ganso, sem loteá-los imediatamente, eixos a partir dos quais se desenvolve, em seguida e com o tempo, a cidade (Fig. 1). O desenvolvimento da cidade se ordena naturalmente e progressivamente graças a estes polos monumentais de beleza concentrada, adensada e petrificada que propagam ao seu entorno a ordem, o ritmo e a medida que deles emanam. Expressa-se aqui, mais uma intuição do que um ato construtivo. Não há, portanto, qualquer necessidade de destruir para construir. Nada é mais alheio ao espírito de fazer tábula rasa. Pelo contrário, tudo repousa sobre um lento processo de acumulação de saber fazer, de desenhos, de trabalhos e de obras que acaba por compor uma ordem coerente e concluída graças à qual, como apregoa Blondel, o homem pode aspirar a fruir da tranquila possessão dos tesouros a ele oferecidos pela natureza.

V. A arquitetura da Antiguidade também está ao serviço da pacificação da *pólis*. Hoje, as sedes das empresas ou das administrações, independente de sua área ou de sua missão, encontram-se às vezes lado a lado, em

---

[134] GEORGES DUBY, *Histoire de la France urbaine*, vol. III: *La ville classique de la Renaissance aux Révolutions*, sous la direction de Emmanuel Le Roy Ladurie, Paris, Le Seuil, 1981, pp. 439-481.

edifícios de escritórios padronizados que absolutamente não levam em conta a especificidade de sua função, especialmente, de sua função simbólica. Este simples fato é uma prova suficiente da desinstitucionalização de nossas sociedades de governança. Não há nada mais alheio ao espírito da arquitetura clássica que propõe, inversamente, uma tipo-morfologia detalhada dos edifícios segundo sua função e seu estatuto simbólico: aquilo que Vitrúvio chama de *"decor"* e os clássicos de "conveniência".

Na conceção de Vitrúvio o *decor* visa, por meio das ordens das colunas e do caráter de seus ornamentos, distinguir os templos segundo os deuses aos quais eles são dedicados: para os deuses guerreiros, Marte ou Hércules, são construídos templos dóricos, mais maciços; para as deusas elegíacas Vênus ou Flora, são feitos templos coríntios, lançando mão da ordem mais delgada e mais ornada; para os deuses intermediários, como por exemplo as deusas Juno e Diana ou o deus Baco, são feitos templos jônicos, igualmente distantes da severidade do dórico e da doçura do coríntio (Fig. 2).[135] Graças a Alberti, ou, no outro extremo de nosso arco cronológico, na senda dos teóricos do século XVIII, Jacques-François Blondel ou seu continuador Pierre Patte, este princípio da conveniência se generaliza ao conjunto dos edifícios públicos e até privados e condiciona completamente o espírito do urbanismo, ao aplicar-lhes não somente o sistema de ordens e sua modinatura mas também todos os recursos que a arte arquitectônica é capaz de oferecer para melhor ilustrar a função simbólica de cada edifício: igrejas, palácios, teatros, arsenais, etc. (Fig. 3). Na doutrina tardia do século XVIII, esta generalização passa a ser chamada de "caráter".

É importante observar que, desde Alberti, esta tipo-morfologia detalhada, esta classificação formal dos edifícios segundo sua função e seu estatuto simbólico, segue muito rigorosamente a ordem constitucional da *pólis* romana e, mais precisamente, expressa sem ambiguidade a separação dos poderes que esta última instaura e através da qual se dá seu próprio processo de institucionalização. A arquitetura, graças ao princípio da conveniência, contribui a por em prática na *pólis* a separação dos poderes, que é a condição fundamental, tanto na tradição do direito romano como

---

[135] VITRÚVIO, *De architectura*, I II 5.

na do nosso, da instituição civil da *pólis* e de sua pacificação. Em direito constitucional a separação dos poderes é o equivalente da separação das águas, do céu e da terra na criação divina: ela constitui o gesto primordial e fundador a partir do qual uma ordem nasce da confusão e do caos. A separação dos poderes no seio das instituições romanas ultrapassa de longe a distinção habitual à qual procedem nossas democracias entre o poder executivo, legislativo e judiciário; ela diz respeito às dimensões mais essenciais da vida em comunidade; a qual se Résumé à uma tripla separação fundamental: entre o sagrado e o profano, entre o civil e o militar, e enfim, entre o privado e o público (o que chamamos, de nossa parte, separação dos poderes não sendo mais do que uma ordenação interna da esfera pública). As oposições sagrado / profano, civil / militar, privado / público, constituem os critérios especialmente usados por Alberti para explicar o sentido das diferentes categorias de edifícios formalizadas pela sua tipo-morfologia particular. Graças à arquitetura, a separação dos poderes se traduz e se experimenta concretamente no espaço da *pólis*, como se os edifícios, sua disposição e seu *decor* formassem eles próprios a constituição escrita da cidade, ou melhor, a escrita de suas instituições; a tal ponto que nos sentimos no direito de nos perguntarmos como o fez Jacques-François Blondel: "Sem a arquitetura, o que seria da sociedade?".[136]

VI. A arquitetura da Antiguidade não se contenta em contribuir à pacificação da natureza ou das instituições, da realidade exterior ao homem; ela constitui também um meio poderoso de pacificação interna, de *tranquillitas animi,* sem a qual, evidentemente, não há possessão que possa ser qualificada de "tranquila". A sabedoria dos antigos, ou, mais precisamente, a sabedoria *à* moda da Antiguidade – como existe uma arquitetura *da Antiguidade* – em outras palavras, a sabedoria da Antiguidade como ela é meditada e assimilada pelo Renascimento, particularmente, em suas morais da Corte, repousa sobre três pilares: estético, fisiológico e moral, em outras palavras, ela coloca a harmonia de suas construções simbólicas e, particularmente, de suas obras de arte, ao serviço do equilíbrio tanto

---

[136] JACQUES-FRANÇOIS BLONDEL, *op.* cit, I , p. 125.

do corpo como da alma, para assentar e consolidar a *virtus*, ou seja, a força própria do homem. Ademais a arquitetura é ao mesmo tempo a arte, o saber e a técnica que melhor contribuem para articular esta tripla dimensão da sabedoria e a torná-la operatória na própria conduta da vida.

A sabedoria é, em primeiro lugar, uma questão de saúde e a saúde uma questão de equilíbrio, não somente entre alma e corpo mas entre os diversos elementos fundamentais da vida fisiológica: membros e órgãos do corpo, circulação dos humores, o quente e o frio, o seco e o úmido, etc., equilíbrio fisiológico que os antigos chamavam de *temperies*. É inútil lembrar que a arquitetura é concebida, antes de qualquer coisa, como uma guarida destinada a proteger o homem contra as intempéries preservando assim o equilíbrio fisiológico do qual depende sua saúde, à qual, no mais, a própria harmonia contribui. A arte eurítmica serve, de certa forma, como um remédio que fornece vigor e constância a este equilíbrio. As obras de arte harmônicas são, por assim dizer, próteses, *auxilia* ou *adjumenta* diz Alberti, instrumentos de vida – ou, como o clarifica Plínio, O Velho, instrumentos de uma "vida mais brilhante" (*nitidioris vitae instrumenta*)[137] que dão ritmo aos nossos gestos, proporcionando, através deles e do exterior, um equilíbrio que o organismo não está sempre em situação de assegurar pelo seu próprio funcionamento interno.

Se é bem verdade que a arte clássica é integralmente, sob suas diversas formas, harmônica e eurítmica existe contudo uma singularidade própria à arquitetura na forma pela qual ela comunica seu ritmo ao homem: ela o faz por meio do *promenade architecturale* como se assim existisse uma mobilidade que pudesse nos ensinar a igualdade da alma: "Quem entra em casa fique na dúvida se, para prazer do espírito, quer ficar onde está ou prosseguir para outras partes que o atraem com o seu encanto e esplendor", escreve Alberti no livro IX do *De re aedificatoria*.[138] Mais de quatro séculos depois, Quatremère de Quincy, em seu *Dictionnaire historique d'Architecture,* por meio de sua apologia da decoração e do ornamento,

---

[137] PLÍNIO O VELHO, *História natural,* XIII XXX 100.

[138] LEON BATTISTA ALBERTI, *L'architettura [De re aedificatoria],* ed. cit., IX 2, p. 793: "Sub tecta ingressi in dubio sint, malintne animi gratia istic residere , ubi sint, an ulteriora petere quorum hilaritate ac nitore provocentur" – trad. port. cit., p. 582.

ilustra exatamente a mesma ideia: "Se pensarmos na *decoração,* ou na arte de decorar, de forma abstrata e no contexto geral ao qual a palavra remete [arte que deve ser considerada em íntima relação com a *concinnitas,* ou enriquecimento da harmonia linear] não podemos deixar de identificar-lhe o gosto como estando intimamente ligado à própria natureza do espírito humano, em outras palavras, à necessidade de variedade que não é outra coisa em si do que a necessidade alternativa de movimento e de repouso [necessidade que constitui seguramente o próprio motivo do passeio]".[139]

O *promenade architecturale* transforma a *temperies* fisiológica em *temperantia* moral: ou seja, através da marcha e do ritmo interno que ele favorece, o homem constrói sua temporalidade e sua permanência. A *temperantia* dos Antigos e, em particular, dos antigos estoicos, não tem nada a ver com nossas sociedades de temperança. Em seu *De officiis,* Cícero a define com profundidade infinitamente maior, como uma *aequibilitas,* um equilíbrio não mais fisiológico mas temporal, equilíbrio entre cada uma de nossas ações e a vida na sua integralidade, entre o instante e a passagem do tempo: *aequabilitas totius vitae, tum singularum actionum,* diz Cícero.[140] Alberti lembrará no livro I do *De re aedificatoria* que, sob o amparo da arquitetura "aí passaremos dias de lazer (*otium*) e de trabalho (*negotia*), aí se conservarão os propósitos de toda a nossa vida (*istic totius vitae rationes consumentur*)".[141] A arquitetura eurítmica está ao serviço da constância da vida e da pacificação interna do homem, contribuindo para reconciliá-lo tanto com o tempo como com o espaço, ou seja, com as condições fundamentais de sua presença no mundo. Se a construção do edifício, se os muros e o teto, nos abrigam do sol, da chuva e do vento, o edifício na sua qualidade de superedificação – vulgo, harmonia e embelezamento do mundo – vai além, porque visa proteger--nos do *taedium vitae* e da pulsão de morte.

---

[139] ANTOINE-CHRYSOSTOME QUATREMÈRE DE QUINCY, *Dictionnaire historique d'architecture,* Paris, Adrien Le Clère et Cie, 1832, vol. I, p. 500b, *s.v.* "Décoration".

[140] CÍCERO, *De officiis,* I XXXI 111.

[141] LEON BATTISTA ALBERTI, *L'architettura [De re aedificatoria],* éd. cit., I 6, p. 51: "[...] istic ocii et negocii dies habebuntur, istic totius vitae rationes consumentur" – trad. port. cit., p. 163.

VII. Gostaria de concluir brevemente por um ponto de historiografia. Durante minha exposição fiz frequentes referências à teoria arquitectônica do século XVIII e, particularmente, da segunda metade do século XVIII, que é na realidade um período de restauração da doutrina arquitetônica. Cheguei a citar Jacques-François Blondel (1705-74), ou ainda, uma geração mais tarde, Antoine-Chrysostome Quatremère de Quincy (1755-1849) que começa a formular suas concepções da arte, tão influentes no século XIX, pouco antes de 1789, sem deixar de lado, na Itália, Francesco Milizia (1725-98) que estabelece a ponte entre estas duas gerações. Assim o fazendo, minha intenção era a de homenagear os importantes trabalhos sobre a arquitetura do século XVIII conduzidos por Marc Fumaroli ou sob sua direção; isto é, os trabalhos de Aurélien Davrius sobre Blondel e, evidentemente, em primeira linha, as pesquisas inéditas do próprio Marc Fumaroli sobre o Conde de Caylus (1692-1765), o grande antiquário francês do século XVIII, precursor de Winckelmann (1717-68). Estas pesquisas revolucionam a historiografia ao salientar a existência de outro século XVIII até então negligenciado; não se trata mais aqui do século dos filósofos, da crítica radical de todas as instituições, da refundação *ex nihilo* de toda a sociedade a partir de certo imediatismo de nossa relação com a natureza: está claro que este imediatismo das Luzes filosóficas exclui por definição a arquitetura e toda sua obra de mediação e de superedificação do mundo com vistas na pacificação dos homens.

O século XVIII dos arquitetos aparece, ao contrário, como o século no qual o humanismo do Renascimento foi totalmente consumado, como aquele do remate final da civilização e de sua polidez no sentido mais puro do termo, isto é, da perfeição da pólis, da cidade da Antiguidade e de sua urbanidade. Acerca desta questão, é digno de nota que coube a Jacques-François Blondel, o arquiteto das Luzes por excelência, o pedagogo, o fundador da *École des Arts* (1743), o colaborador da *Enciclopédia* de Diderot e d'Alembert, a tarefa de definir a arquitetura, no sentido de sua mais alta tradição; a que nos remete a Alberti, a Rafael ou à Castiglione assim como a todos aqueles que quiseram fazer da arquitetura a expressão acabada da *civiltà* humanista.

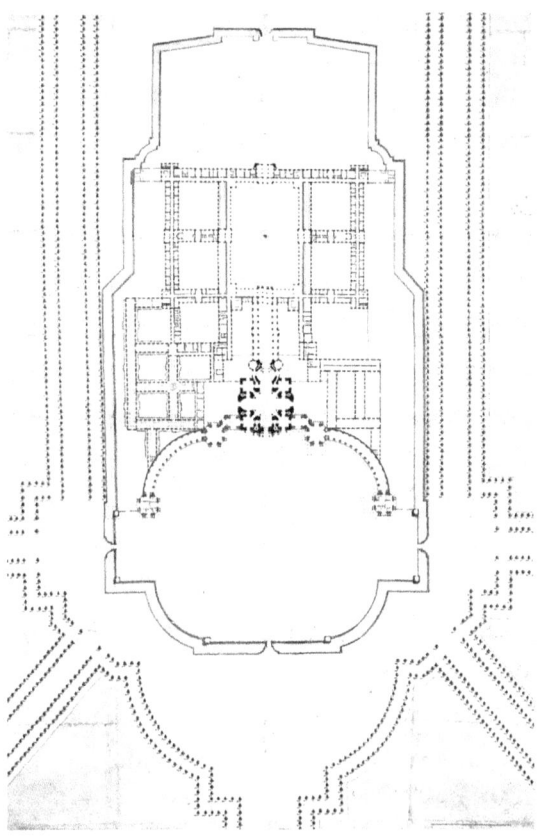

Fig.1 - JULES HARDOUIN-MANSART, Plano geral dos Inválidos com projeto de praça à frente da igreja e de uma estátua no centro do grande pátio, 1698-1700 ca. Desenho à pena, tinta nanquim, aguada de tinta vermelha e aquarela, 260,4 × 172,2 cm. Paris, Bibliothèque Nationale de France, Estampes, Va Grand Rouleau: Robert de Cotte 1670.

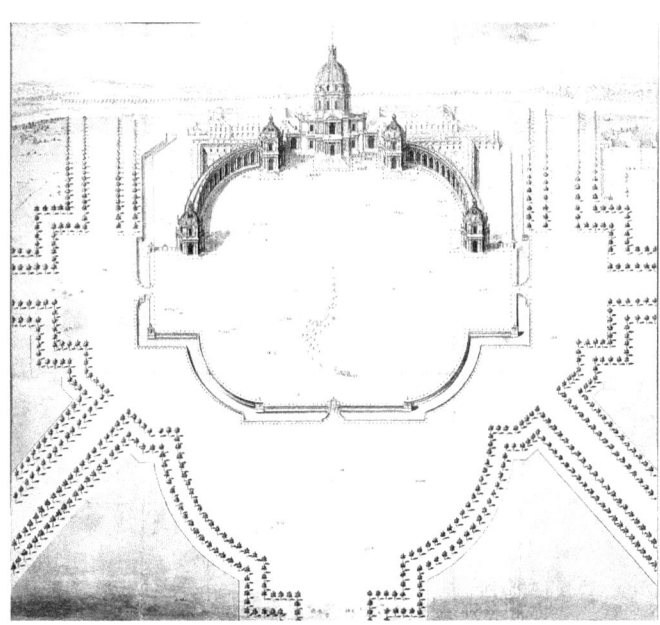

Fig. 2 - JULES HARDOUIN-MANSART, Vista em perspetiva dos Inválidos e de seus alinhamentos, 1698-1700 ca. Desenho à pena, tinta nanquim, aguada e aquarela, 260,4 × 172,2 cm. Paris, Bibliothèque Nationale de France, Estampes, Va Grand Rouleau: Robert de Cotte 1672

Fig. 3 - IACOPO BAROZZI ALIAS IL VIGNOLA, As cinco ordens. Gravura em cobre, in-fólio. Tirada de *Regola delli cinque ordini d'architettura* de M. IACOMO BAROZZIO DA VIGNOLA, s.l. [sed Roma], s.T. [sed fort. domi suae], s.d. [sed 1562], [Paris, École Nationale Supérieure des Beaux-Arts, Est. Les 64], pr. iii – inserida entre a pr. iii de origem, contendo a dedicatória da obra ao cardeal Farnese e uma carta Ai lettori, e a pr. iiii

# *O ARISTÓTELES DOS NOSSOS TEMPOS* - ALBERTI A PARTIR DE RIBEIRO SANCHES.

João Paulo Providência

**Resumo**

A presente abordagem indaga sobre a presença do tratado *Da Arte Edificatória* de Leão Baptista Alberti no *Tratado da Conservação da Saúde dos Povos*, obra do médico iluminista António Nunes Ribeiro Sanches impressa em Paris em 1756. Situando-se entre as racionalidades do renascimento quinhentista e o iluminismo novecentista, o tratado de Sanches discorre sobre atmosferas e climas para determinar a Conservação da Saúde, antecipando a Higiene Pública. O recurso ao tratado de Alberti permite sublinhar a atenção aos contextos físicos no edificar, reforça as analogias cidade-arquitetura, arquitetura-medicina e arquitetura-corpo e instaura no início da época moderna uma conceção arquitetónica atenta ao seu papel social.

António Nunes Ribeiro Sanches; Tratados de Saúde Pública; Analogia Medicina-Arquitetura.

**Résumé**

On propose une lecture sur la présence du traité *De re aedificatoria* de Leon Baptista Alberti sur le traité *De La Conservation de la Santé des Peuples*, travail du médecin portugais António Nunes Ribeiro Sanches imprimé à Paris en 1756. En se situant entre les rationalités de la Renaissance et les Lumières du XIXe siècle, le traité de Sanches part des atmosphères et des climats pour déterminer la préservation de la santé, en anticipant l'apparition de l'hygiène publique. L'utilisation du traité d'Alberti permet de souligner l'attention sur les paramètres physiques dans la construction, renforce les analogies ville-architecture, architecture-médecine et architecture-corps et établit une conception architecturale impliquée à son rôle social, aux commencements de l'époque moderne.

António Nunes Ribeiro Sanches; Traité de la Santé Publique; analogies architecture-médecine.

**Abstract**

This paper asks about the presence of the treaty *De re aedificatoria* by Leon Baptist Alberti in the *Tratado da Conservação da Saúde dos Povos* (Treaty for the Conservation of Health of People), a major work by the enlightened Portuguese medical doctor António Nunes Ribeiro Sanches printed in Paris in 1756. The treaty by Sanches situates itself between sixteenth century renaissance rationalities and nineteenth century enlightenment, pointing to the importance of climates and atmospheres on "the Conservation of Health" and therefore anticipating studies on Public Hygiene. Sanches quotations of Alberti's treaty allows him to highlight the importance of physical context in building, and reinforces the analogies city-architecture, architecture-medicine and architecture-body and fosters the social role of architecture in the beginnings of the modern age.

António Nunes Ribeiro Sanches; Public Health Treaties; Analogy Medicine-Architecture.

## Sanches e os tratados de saúde pública

O Tratado da Conservação da Saúde dos Povos de António Nunes Ribeiro Sanches (1699-1783), surge no panorama dos tratados de Saúde Pública, Polícia Higiénica ou Higiene - como será designada essa área de conhecimento a partir de finais do séc. XVIII e durante todo o séc. XIX - como um caso especial. Impresso em Paris em 1756[142] tem sido visto como uma encomenda do governo português ao famoso médico, que residia naquela cidade desde 1747. Essa encomenda, a par de uma outra sobre o Ensino da Medicina[143], é realizada apressadamente após o terramoto de Lisboa de 1755 pelo Marquês de Pombal, temendo-se a profunda degradação da saúde pública resultante da catástrofe. Quer isto dizer, o Tratado de Sanches incide não apenas no elenco de regras de saúde pública tal como vinham sendo referidas pelo tratado Hipocrático *Dos Ares, Águas, Lugares*[144], mas de uma forma propositiva na elaboração de regras de planeamento e edificação necessárias à reconstrução da cidade de Lisboa. A corroborar esta hipótese está o Apêndice incluído logo na primeira edição do Tratado, com o título "Considerações sobre os

---

[142] ANTÓNIO NUNES RIBEIRO SANCHES, *Tratado da Conservaçaõ da Saude dos Povos: Obra util, e igualmente necessaria a os Magistrados, Capitaens Generais, Capitaens de Mar, e Guerra, Prelados, Abbadessas, Medicos, e Pays de Familias: com hum Appendix Consideraçoins sobre os Terremotos, com a noticia dos mais consideraveis, de que faz menção a Historia, e dos últimos que se sintiraõ na Europa desde o I de novembro 1755.*, Em Paris, 1756. No presente trabalho foi utilizada a edição ANTÓNIO RIBEIRO SANCHES, Obras Completas, vol. II, Universitatis Conimbrigensis Studia Ac Regesta, Coimbra, Por Ordem da Universidade de Coimbra, 1966.
Segundo Maximino Correia (na introdução à edição da Universidade de Coimbra referida) há duas outras edições em português: uma, editada em Paris, 1756, e uma em Lisboa, 1575. Ainda segundo Correia, há uma edição em espanhol com tradução de D. Benito Bails (1730-1797), Madrid, 1781. Segundo Doria, há também uma edição italiana editada por Marcelo Sanches, que não consegui identificar: JOSÉ LUÍS DORIA, "Antonio Ribeiro Sanches – A portuguese doctor in 18th Century Europe", in *Vesalius*, VII, 1, 32, 2001.

[143] ANTÓNIO NUNES RIBEIRO SANCHES, *Método para Aprender e Estudar a Medicina*, 1763, editada em ANTÓNIO RIBEIRO SANCHES, *Obras Completas*, vol. I, Universitatis Conimbrigensis Studia Ac Regesta, Coimbra, Por Ordem da Universidade de Coimbra, 1959.

[144] A edição consultada por Sanches é a de J. A. VAN DER LINDEN, *Magni Hippocrates Coi opera omnia grece & latine*, Lugduni Batavorum, 1665, cujo "De Aeribus, acquis & locis" surge no 1º volume (pág. 327-362) e que provavelmente conheceria da sua estadia com Boerhaave. Sobre as edições do tratado de Hipócrates, ver HIPPOCRATE, *Oeuvres Complètes, Tome II 2eme partie, Airs-Eaux-Lieux*, texte établi et traduit par Jacques Jouanna, Paris, Les Belles Lettres, 1996, 83-184.

terramotos. Com a notícia dos mais consideráveis de que faz menção a História, e deste último que se sentiu na Europa no 1 de novembro de 1755".

No entanto o tratado tem ambições mais amplas do que apenas dar indicações sobre a conservação da saúde em situações de catástrofe; de fato, logo no prólogo Sanches remete para três destinatários preferenciais: os magistrados, os médicos e os arquitetos, ampliando as estritas recomendações técnicas na reconstrução da cidade.

A explícita referência aos magistrados permite inserir o tratado de Sanches na então recente tradição dos tratados de Polícia[145]. Polícia, como governo da Polis, é um termo introduzido na idade moderna através da leitura dos textos de Platão ("Politeia") e sobretudo Aristóteles, a "Constituição dos Atenienses", onde é descrita a eleição na cidade de Atenas de 10 comissários de polícia – 5 destinados ao porto de Pireo e outros 5 à cidade; a sua função de vigilância sobre as vias públicas (impedindo a sua obstrução com materiais de construção, a construção de varandas sobre a via pública, a abertura de janelas para o exterior ou a descarga de águas pluviais sobre a via) a par da vigilância sobre as atividades urbanas (vigiar o custo "dos flautistas, tocadores de lira e de cítara" para que não sejam alugados por mais do que duas dracmas), permite atribuir-lhe um significado de governação do espaço público, incluindo as atividades que nele decorrem e sua compatibilização com a vida quotidiana dos cidadãos. Que grande parte destas atividades se encontrassem altamente regulamentadas nas principais cidades europeias de inícios do séc. XVIII, é o que se pode depreender do exaustivo trabalho realizado por Nicolas de La Mare (1639-1723) sobre Paris, *Traité de la police, Où l'on trouvera l'histoire de son établissement, les fonctions et les prérogatives de ses magistrats; toutes les loix et tous les réglemens qui la concernent : On y a joint une description historique et topographique*

---

[145] No Prólogo da tradução de D. Benito Bails do Tratado, Bails justifica o interesse que a obra lhe suscitou quando preparava o título "Policia da Cidade", no tomo nono dos seus Elementos de Matemática que trata da Arquitetura; ver MAXIMINO CORREIA, Introdução, in ANTÓNIO NUNES RIBEIRO SANCHES, *Obras Completas*, vol. II, Coimbra, 1966. A referência à Policia da cidade como sendo a vigilância do que se passa no seu governo é já citada por HYERONIMO DEL CASTILLO BOVADILLA, *Politica para Corrigidores*, Midina del Campo, 1608, 2 vols, obra também citada por Sanches.

*de Paris, & huit Plans gravez, qui representent son ancien Etat, & ses divers accroissemens, avec un recueil de tous les statuts et réglemens des six corps des marchands, & de toutes les Communautez des Arts & Métiers...*, Paris, J. et P. Cot, I vol. 1705, II vol. 1710, III vol. 1719, IV vol. (póstumo) 1738, editado entre 1705 e 1719, talvez o primeiro tratado de Polícia, que é aliás conhecido e citado por Sanches[146]. Esse tratado, embora ordenando as disposições legais sobre a segurança e tranquilidade pública (livro 7º), regista mais os costumes e legalidade das atividades urbanas de Paris do que a prevenção da saúde[147].

De um ponto de vista médico, o Tratado de Sanches socorre-se tanto das fontes clássicas como dos estudos seus contemporâneos sobre atmosferas e climas, para definir uma "Medicina Política", "fundada nas leis da natureza, e nos conhecimentos [...] da boa Física". Sanches procura fazer uma síntese estruturadora num campo de conhecimento que então despontava, antecipando o tratado de Johann Peter Frank (1779-1817) *System einer vollständigen medicinischen Polizei*, 9 vols., 1779-1819, ou as aulas de Jean Noël Hallé (1754-1822) no Collège de France em 1806, posteriormente editadas por Quérard em 1830 com o título *Hygiène, ou l'art de conserver la santé*. Esses estudos baseavam-se no tratado de Hipócrates, embora com recurso a edições anteriores à que repõe a ordem original do texto publicada por Émile Littré (1801-1881) em 1840[148]. Os tratados subsequentes de Higiene - e higiene é precisamente a "conservação da saúde" - tais como os de Michel Lévy (1809-1872) *Traité d'hygiène publique et privée*, 2 vols., 1844, Louis Fleury (1815-1872) *Cours d'hygiéne, fait à la Faculté de Médicine de Paris*, 1852, Louis Alfred Becquerel (1814-1862) *Traité élémentaire d'hygiéne privee et publique*, Paris, 1854, ou ainda o dicionário de

---

[146] Sanches cita a edição de 1713 do Tratado, que é uma revisão da edição do vol. I editado em 1705, a propósito da obrigação "da limpeza necessária nas vilas e cidades para conservar o Ar puro", ou seja considerando a necessidade de manter as ruas da cidade limpas das imundícies, haveria "lei inviolável que cada morador tivesse limpa cada dia pela manhã a fronteira da sua casa". Para corroborar esta legislação, cita de La Maré e Bovadilla (nota anterior).

[147] Cf. http://data.bnf.fr/12450313/nicolas_de_la_mare_traite_de_la_police/

[148] Cf. HIPPOCRATE, Oeuvres Completes, 1996, cit. nota 3.

Ambroise Tardieu (1818-1879) *Dictionnaire d'hygiène publique et de salubrité*, Paris, 1852-1862, baseiam-se na edição de Littré e já não referem as autoridades renascentistas incluindo Leão Baptista Alberti. O texto de Sanches, através de Hipócrates e Alberti, tomando do primeiro as prescrições do tratado *Dos Ares, das águas, dos lugares*, e do segundo a discursividade sobre o valor humanista da dignidade, estabelece a articulação entre as teorias climáticas e as teorias higienistas da contemporaneidade.

Sanches articula um conhecimento médico sobre o efeito das condições ou climas relativamente a saúde dos habitantes mas também à forma de melhorar essas condições, ou seja, a forma concreta como se deve conservar salubridade dos quatro elementos, obrigação dos Magistrados, e isto porque a saúde dos súbditos "mostra a necessidade que tem cada Estado de leis, e de regramentos para preservar-se de muitas doenças". Evitar, a todo o custo, a poluição desses elementos primordiais, identificar de que forma são poluídos pelas atividades dos homens ou pela natureza, são assim os pressupostos para a Conservação da Saúde dos Povos, antecipando a proliferação de Topografias Médicas durante o séc. XIX. Para levar a cabo o seu estudo Sanches socorre-se, entre outros, da Física de Newton, explicando a origem dos ventos nos movimentos de ar decorrentes das variações de pressão e temperatura, e da Química de Boerhaave, explicando as qualidades das matérias.

Mas para além das atividades ou condições naturais, a conservação da saúde passa precisamente pela disposição do edificado, pelos traçados das cidades ou pela organização dos edifícios. A pertinência da arquitetura no tratado de Sanches é reforçada pela utilidade aos que pretendem edificar novas cidades "nos dilatados domínios de Portugal", utilidade reforçada pelas extensas referências à conservação da saúde nos navios e no exército, e justificando a sua edição em Português; as anotações sobre a saúde nos exércitos não será alheia às suas atividades como médico do exército, na Rússia.

Uma particularidade do tratado de Sanches está precisamente no cruzamento entre saúde, climas, cidades e arquiteturas, fato primeiramente assinalado pelo académico de Madrid D. Benito Bails nos seus

Elementos de Matemática, em 1781, já referido por Maximino Correia[149]. O tratado pretende remediar um problema de formação dos arquitetos, "Fundaram-se as Escolas de Arquitetura Civil e Militar, mas não vemos que os Arquitetos instruídos nelas, façam caso da Física Geral na prática destas artes. Aprendem com perfeição como deve ser edificada uma cidade, uma praça, um templo, ou outro qualquer edifício público com toda a majestade, distribuição, e ornato, mas não vemos praticadas as boas regras, que contribuem à Conservação da Saúde".

Outra particularidade refere-se à presença de Alberti no tratado, referências que não ocorrem nem no tratado de De La Maré nem nos tratados posteriores, de inícios do séc. XIX[150]. Sabendo que a cultura arquitetónica de Sanches inclui os textos de Vignola e Scamozzi, para além de *O Engenheiro Português* de Manuel de Azevedo Fortes (1660-1749), questiona-se o recurso a Alberti, sobretudo considerando a importância que, quer as racionalidades de *A ideia de Arquitetura Universal* de Vincenzo Scamozzi, quer o amplamente divulgado *Tratado das Cinco Ordens* de Giacommo Vignola poderiam ter no espírito esclarecido de Sanches.

O interesse de Sanches pela Conservação da Saúde é também decorrente da sua vida profissional. A permanência de Ribeiro Sanches na Rússia entre 1731 e 1747, depois de ter estudado com Boerhaave em Leiden entre 1728 e 1731[151], constitui a base da sua prática profissional: em 1733 é nomeado Médico de S. Petersburgo, em 1734 é empossado membro da Chancelaria de Medicina, e em 1735 é nomeado Médico do Exército, permanecendo nesse cargo durante 6 anos, ano em que é nomeado pela Imperatriz Médico do Corpo de Cadetes. Ainda em 1740 é nomeado Médico da Corte Russa, mas com a revolução de 1742, que

---

[149] Cf. a introdução de Maximino Correia em ANTÓNIO NUNES RIBEIRO SANCHES, *Obras Completas*, vol. II, Universitatis Conimbrigensis Studia Ac Regesta, Coimbra, Por Ordem da Universidade de Coimbra, 1966.

[150] Talvez por isso, para alguns autores, o Tratado de Sanches surge como o precursor dos grandes tratados de Higiene, e não como uma revisão do tratado de De La Mare, que no fundo é apenas uma compilação da legislação francesa e sobretudo da cidade de Paris, sobre o controlo higiénico no seu funcionamento.

[151] Na biografia de Sanches por Andry, deduz-se que tendo partido em 1731 para a Rússia e considerando que terá estudado 3 anos com Boerhaave, Sanches terá permanecido em Leiden de 1728 a 1731.

coloca no trono russo Elisabete Petrowna, Sanches apercebe-se da dificuldade da sua posição e prepara a sua saída da Rússia. Em 1747 passa por Berlim e chega a Paris onde se estabelece. Em 1750 publica um trabalho sobre a doença venérea, em francês, trabalho que o consagra no meio médico parisiense. Em 1753 escreve uma *Dissertação sobre as paixões da alma*, obra em português e que será em parte incluída na voz "Affections de l'âme" incluída na *Encyclopédie Méthodique, Médicine*, 1784, e a partir de 1754 anota pensamentos sobre o ensino da Medicina - tema que vinha abordando com a tradução em 1722 dos estatutos morais do Colégio de Médicos de Londres e que culminarão com aconselhamentos sobre a organização desse ensino tanto em Portugal como na Rússia (*Método para aprender...*, Paris, 1763). A publicação do Tratado da Conservação da Saúde, publicado em 1756, permite-lhe tratar de um conjunto de assuntos que vinha investigando e que não são alheios à sua experiência como Médico militar na Rússia[152].

## Sanches e a arquitetura: analogia entre medicina e arquitetura

Uma das observações que atravessam o Tratado é a formação dos Médicos, posteriormente elaborada no "*Método para aprender...*". Logo no Prólogo refere: "poderia pretender o Leitor que indicasse neste Tratado, o methodo de estudar a Medicina, e como deviaõ os Medicos, e os Chirurgioens aprendela nas Escolas, e Universidades", depois de ter advertido, tomando uma citação de Hipócrates, que a arte médica é como a arte de navegar pois "nesta a theoria se aprende no mesmo tempo que se adqure a practica". A crítica à formação médica (em Portugal, mas não exclusivamente), é articulada com a ausência de um ensino para a Conservação da Saúde dos Povos, considerando que a proliferação de "Collegios, Escolas, Academias, e Universidades" desde o Século XVI na Europa não contribuiu para essa

---

[152] Não é apenas a experiência de médico mas também a sua observação dos cuidados de saúde populares na Rússia que merecem a sua etnografia antropológica; a incursão que o texto faz sobre os banhos de vapor tanto russos quanto turcos, são objeto da sua atenção.

formação. Assim, Sanches coloca no Renascimento europeu os inícios de um ideal de formação universitária, não deixando de apontar falhas no ensino do que atualmente designamos como interdisciplinaridade.

É precisamente a analogia entre o ensino da medicina e da arquitetura que é referida numa carta dirigida a Joaquim Pedro de Abreu em 1760, onde compara a formação almejada para o médico com a formação de um arquiteto competente, demonstrando um amplo conhecimento da tratadística arquitetónica pelo recurso a Vitrúvio, Vignola ou Scammozi.

Como se pode depreender tanto da carta a Joaquim Pedro de Abreu como do texto *Sur la culture des Sciences et des Beaux Arts en Russie*[153], o interesse de Sanches pela arquitetura é primeiramente de caráter pedagógico - a arquitetura surge ou inserida num ideal de formação humanista mais alargado, e cujas bases são para Sanches a racionalidade de Newton, ou como modelo de um pensamento racional necessário às reformas do ensino universitário, e sobretudo do ensino da medicina.

De fato, depois de condenar a falta de formação dos médicos em Portugal e fazer o elogio de um ensino experimental, Sanches faz uma analogia entre a aprendizagem e prática da medicina e da arquitetura. Crítica feroz a um ensino baseado nos efeitos e não nas causas, ou nas aparências e resultados e não na estruturação interna e progressiva, considera que ensino da medicina é um edifício sem fundações: "Como aprendemos a Medicina, e como a praticamos em Portugal nos primeiros anos da nossa prática" toma o exemplo da construção de um edifício sem alicerces - "ombreiras sem medidas, abobadas sem andaimes proporcionados" levam a um edifício em ruína iminente, "sem risco", que terá de ser desmantelado e começar-se de novo a edificar, "aprendendo pela experiência". Mas contrariamente ao médico, "o Arquiteto e o Engenheiro, instruído nas regras das artes, munido de instrumentos de que sabe usar, executa da primeira vez". E prossegue dizendo que o Arquiteto e o Engenheiro sabem explicar Vitrúvio, Vignola e Scamozzi

---

[153] DAVID WILLEMSE, *António Nunes Ribeiro Sanches – élève de Boerhaave et son importance pour la Russie*, Janus suppl. Vol 6, 1966. Willemse transcreve o texto, que aliás se encontra na Biblioteca Pública Municipal de Braga, como refere.

"da cadeira", e o segundo, De Vauban e St Remy, "Porque sem Geometria prática, Mecânica, e muitas partes da Física, e conhecimento de muitas artes não pode haver Arquiteto, nem Engenheiro."

Assim haveria de ser com o ensino da Medicina, baseada em "Newton, o grande Isaac Newton [...] o único Arquiteto da Física Geral, e experimental, como o foi da Medicina, o Príncipe dela o socorro da humanidade, Hermano Boerhaave."

Mas como é construído um conhecimento para "executar da primeira vez"? Através de um método experimental que distingue "as observações no que concordam", e "separando-as do que discordam", tanto para a Física como fez Newton, como para a Medicina como fez Boerhaave, que "ajuntou com um trabalho incrível todas as operações, e produções do *corpo são*, e *enfermo*, observou no que concordavam, e no que se diferenciavam, combinando, e separando tudo que conservava, ou destruía o corpo humano, formou aquelas imortais obras que nos deixou."

Assim, a Medicina deve ser aprendida "por regras, e por método tão científico, como requer a sua inteligência, perfeição, e utilidade pública, para obrigar os Mestres ensina-lo; o que se estende não somente da Medicina, mas ainda de todas as ciências humanas, que se ensinam ou devem ensinar na Universidade."

Sanches conclui a sua analogia arquitetura-medicina com o exemplo de um arquiteto bem instruído ("um Arquiteto de Superior instrução nas Matemáticas, Mecânica, Física, e mais artes relativas à sua ciência") que pretende edificar uma Basílica, com os materiais que havia no local: "Estou vendo que este Arquiteto mandou separar uns dos outros; aqui mandava separar as pedras molares para os alicerces; lá os mármores para as colunas; da outra parte as traves, e as madeiras para os andaimes, e os metais para as ataduras, e ornamentos; media depois o terreno, compunha o seu risco, media depois as pedras para as colunas, e arquitraves, e as abóbadas e mandava conforme o talho assentar cada pedra, e cada metal em seu lugar; de tal modo, que ficando todos separados, mas unidos pela arte vinham a compor um belo e majestoso edifício, onda a comodidade, a facilidade, agrado, gradação e proporção faziam sentir a harmonia à primeira vista."

### Alberti, *o Aristóteles dos nossos tempos*

No trecho citado é fácil reconhecer Alberti: "os metais para as ataduras", o procedimento analítico, o risco prévio à execução, a execução de acordo com o risco, o assentamento das peças no lugar destinado, a composição como resultado da assemblagem dos materiais de tal forma que ficando "todos separados" se apresentam "unidos pela arte", a supremacia da "harmonia" (dificuldade de tradução da *concinnitas* albertiana?).

No entanto, e apesar de na carta a Abreu Sanches demonstrar os seus conhecimentos e até apreço pela arquitetura, permanece um problema de fundo, a saber: por que é que Sanches se socorre do Tratado de Alberti, considerando quer a sua difícil divulgação em Portugal (em parte por estar escrito em Latim e não haver edição em Português, em parte porque é um tratado sem ilustrações), quer a redundância das prescrições higiénicas de edificação com outras fontes, como Hipócrates ou Vitrúvio?

A estes fatores acresce que as edições do tratado de Alberti, nesse momento, não estão na 'moda'. No gráfico que Mário Krüger edita em "A Receção da Arte Edificatória"[154], Fig. 4, é assinalada isoladamente a edição em Inglês de 1726, e a única edição anterior que não em Latim é a edição em Espanhol de 1582, seguindo-se posteriormente ao Tratado de Sanches as edições em Italiano de 1784, de novo em Espanhol de 1797, informação concordante com o elenco de edições referidas em Rykwert, Leach e Tavernor[155]. Ou seja, o tratado de Alberti quando dele Sanches se socorre já não é *best-seller*, já havia passado a 'febre' das edições dos séculos XVI e XVII; e embora haja uma edição em Inglês em 1726, a edição anterior havia sido impressa 174 anos antes e em Espanhol. Acresce que Sanches não refere nenhuma dessas edições, socorrendo-se da edição em latim de 1541, ou seja a terceira edição, impressa em Estrasburgo ou Argentorati, segundo Rykwert. Quer isto dizer que se socorre de uma fonte na edição original em Latim e impressa há mais de duzentos anos.

---

[154] LEON BATTISTA ALBERTI, *Da Arte Edificatória*, trad. de A. M. do Espírito Santo, introd., notas e revisão disciplinar de M. J. Teixeira Krüger, Lisboa, Fundação Calouste Gulbenkian, 2011, p. 87.

[155] LEON BATTISTA ALBERTI, *De re aedificatoria. On the art of building in ten books.*, trad. Joseph Rykwert, Neil Leach, e Robert Tavernor. Cambridge, Mass., MIT Press, 1988.

Para Sanches a construção do conhecimento não deve ir atrás da última 'moda', do último livro, da replicação das razões circunstanciais; refere, a este propósito, que terá aprendido com Boerhaave a relativizar as novidades na produção do conhecimento, e a colocar os avanços de conhecimento de acordo com a fundamentação, prevalecendo o raciocínio sobre a novidade. Neste sentido, o texto de Alberti com a sua sólida estruturação, parece não apenas responder aos anseios de Sanches como até, talvez, corresponda a uma vontade de fundamentação de conhecimento em medicina que procurava, e a utilização do texto original em latim, com a sua típica construção gramatical, responde à racionalidade desses anseios.

Uma segunda razão tem a ver com os cuidados construtivos necessários à conservação da pureza do ar nas casas, referidos no cap. XX da Conservação da Saúde. Esses cuidados remetem para a qualidade dos elementos construtivos e sobretudo para a necessária secagem da construção antes da ocupação. Como refere, se os arquitetos "estivessem instruídos nos importantes avisos que nos deixou Leão-Baptista Alberti satisfariam a utilidade, e a elegância da Arquitetura" ao mesmo tempo que conservariam a saúde, para que não se verifique o provérbio português "casa feita, pega morta".

Mas talvez a razão maior seja que, tal como Sanches refere, Alberti é uma autoridade, quer dizer um autor que instaura uma discursividade[156]. Neste sentido pode pensar-se na formação jurídica de Alberti, numa certa natureza normativa do seu tratado, e até numa aspiração a uma sociedade fundada no valor humanista da dignidade. A propósito "do sumo cuidado que se deve ter nas prisões para purificar o ar delas, e renova-lo cada dia", no cap. XIX, Sanches socorre-se das considerações de Alberti sobre a prisão no livro V, capítulo 13, do *Da Arte Edificatória*: a divisão da prisão em três "lugares diferentes" em conformidade com os crimes que os detidos expiam, e do "dever de tratar o prisioneiro com humanidade, e comodidades tais da vida, que possam conservar forças, e o vigor, que há-de empregar um dia no serviço comum"; são estas considerações que

---

[156] Sobre a instauração da discursividade, Cf. MICHEL FOUCAULT, "Qu'est-ce qu'un auter?"(1969), in MICHEL FOUCAULT, *Dits et Écrits, 1954-1975, vol. I*, Paris, Gallimard, 2001. Sobre Alberti como instaurador de discursividade, ver FRANÇOISE CHOAY, *La Règle et le Modèle: Sur la théorie de l'architecture et de l'urbanisme*, Paris, Seuil,1980.

levam Sanches a qualificar Alberti de "o Aristóteles dos nossos tempos", talvez o maior elogio que Sanches pudesse fazer ao arquiteto florentino. Françoise Choay, em *La Règle et le Modèle*, chama justamente a atenção para a importância que Aristóteles tem no pensamento de Alberti, e mais concretamente vê no *Da Arte Edificatória* uma estrutura de exposição que se inicia pela forma, conceção ou *lineamenta* (livro I), expõe a matéria (livro II), para depois discorrer sobre a construção como síntese entre forma e matéria, ou *opus* (livro III); de resto, a estrutura do tratado reproduziria as três características da arquitetura em três níveis - a necessidade, a que correspondem os três primeiros livros, a comodidade nos livros IV e V, e o prazer, a que corresponderiam os livros VI, VII, VIII e IX.

Neste sentido, talvez o maior reflexo da apropriação aristotélica no discurso de Alberti que Sanches incorpora esteja na analogia corpo-edifício, tão cara a Alberti, e que pela aproximação ao discurso anatómico sobre o corpo surge de fácil apropriação em Sanches. É na *Poética* que Aristóteles estabelece a analogia corpo-discurso, ou antes, animal-argumento: "Além disso, uma coisa bela – seja um animal seja toda uma ação – sendo composto de algumas partes, precisará não somente de as ter ordenadas, mas também de ter uma dimensão que não seja ao acaso: a beleza reside na dimensão e na ordem e, por isso, um animal belo não poderá ser nem demasiado pequeno [...] nem demasiado grande [...]". Segundo Choay[157], Alberti vai mesmo mais longe que Aristóteles na identificação entre edifício e corpo considerando que o edifício é um corpo vivo, já que concebido por *lineamenta* (dar forma na ideia e em espírito) ou seja, aquilo que se poderia chamar o espírito (*ingenio*) que 'anima' a matéria.

Uma interpretação do tratado de Alberti centrada na analogia corpo--edifício, ou na analogia medicina-arquitetura, permite avançar uma hipótese para a compreensão da sua estrutura: uma vez que o tratado de Alberti se inicia com a problemática dos sítios sadios para a edificação (no livro I), ou como diria Sanches com a conservação dos elementos, é natural que conclua (no livro X) com a correção de assentamentos

---

[157] FRANÇOISE CHOAY, *La Règle et le Modèle: Sur la théorie de l'architecture et de l'urbanisme*, Paris, Seuil,1980: 89-90.

urbanos cujos lugares foram mal escolhidos - ou pela fraca defesa que propiciam ou pela ausência de água, ou pelo mau clima em que se implantam. Essas correções são da ordem das terapias médicas numa cidade-corpo que não atenta à conservação da sua saúde.

Pelo seu lado, a estrutura do Tratado da Conservação da Saúde organiza-se em duas partes e inclui um apêndice. Na primeira, do cap. I (*Da Natureza do Ar*) ao cap. XIV (*Das qualidades das águas saudáveis, e como se devem entreter os poços, os rios, e os portos de mar para a Conservação da Saúde*) considera especificamente a conservação dos elementos, nomeadamente o ar e a água. Numa segunda parte, que se pode considerar de aplicação e resolução de problemas práticos, trata especificamente da conservação desses elementos nos edifícios e instituições de maior concentração de habitantes: Igrejas (cap. XV), Conventos (cap. XVI), Hospitais (cap. XVII e XVIII), Prisões (cap. XIX), Casas (cap. XX), Casernas (e a conservação da saúde dos soldados, do cap. XXI a XXVI) e Navios (cap. XXVII a XXI). Atendendo às referências explícitas ou citações, pode-se dizer que Sanches se socorre de Alberti porque ao discorrer no cap. IX sobre "os sítios mais sadios para fundar cidades" ou no cap. XII sobre "como devem ser os edifícios para a Conservação da Saúde" no "interior das cidades", encontra em Alberti indicações precisas ou disposições sobre esses assuntos. Embora não referida explicitamente, está implícito ao discurso de Sanches a apropriação do conceito de *Regio* de Alberti, assim como uma abordagem que parte do geral, *regio, area*, para o particular, *dispositio, mura, coberta apertum*. A *Regio* e circunstâncias influentes farão o seu caminho em toda a literatura Higienista. As reiteradas referências a Alberti e ao seu tratado permitem a Sanches instaurar nos inícios da Arquitetura na Época Moderna o discurso sobre a Conservação da Saúde e o papel da edificação – da casa à cidade – nesse propósito político; permitem também a construção de um discurso interdisciplinar que se socorre das ciências naturais e do estudo dos climas para definir um propósito médico. Permite, por fim, pelas implicações na conceção arquitetónica implícitas à analogia corpo-arquitetura, reclamar um outro papel para a Arquitetura, mais atento à sua função social e às consequências da sua produção para a Saúde Pública.

# A Coluna e o Vulto.
## Reflexões sobre o Habitar na Antiguidade

Mário Henrique Simão D'Agostino

**Resumo**

O caráter de fixidez, permanência e firmeza da coluna, em remissão ao termo grego *hístēmi*, é basilar para as analogias estabelecidas entre corpo e arquitetura na Grécia antiga. Considerando-o, melhor se compreende as permutas de significado com o ingresso de altas "colunas estrangeiras" nos espaços públicos da Roma tardo-republicana e protoimperial, a demarcar recorrências semânticas que perpassam a chamada tradição clássica da arquitetura.

Vitruvius; Arquitetura Clássica; Coluna; Forum Romano

**Résumé**

Les propriétés de fixité, de permanence et de solidité associées à la colonne, comme l'entend le terme grec *hístēmi*, fondent l'étude des analogies établies entre le corps et l'architecture dans la Grèce antique. Considérant cette base, on comprend mieux les transformations de sens obtenues avec l'arrivée des hautes "colonnes étrangères" dans les espaces publics de la Rome de la fin de l'époque républicaine et des débuts de l'empire. Ces nuances révèlent des récurrences sémantiques qui traversent la tradition classique de l'architecture.

Vitruvius; Architecture Classique; Colonne; Forum Romain

DOI: http://dx.doi.org/10.14195/978-989-26-1015-3_7

**Summary**

The character of fixity, permanence and soundness of the column, in reference to the Greek term *hístēmi*, is fundamental to the analogies made between body and architecture in ancient Greece. The reflection upon it improves the understanding of the exchanges in meaning brought about by the admission of high "foreign columns" in the public spaces of Late Republican and Early Imperial Rome, defining semantic recurrences that permeate the so called classical tradition in Architecture.

Vitruvius; Classical Architecture; Column; Roman foruns

A notícia sobre o engenho dos primeiros Gregos ao comensurar as colunas de templos lígneos com *symmetrias et proportiones* símiles às que convêm aos corpos másculo e feminil, dóricas e jônicas, Vitrúvio a narra no Livro Quarto do *De Architectura*[158]. É sabido o interesse que tal relato desperta no curso da história e sua potência em fixar parâmetros vários para a arquitetura, não obstante a prescrição vitruviana, convergindo para a *symmetría* grega, distar, como atestam exegetas hodiernos, de evocações antropomórficas mais amplas. Exposta no pronau do Livro Terceiro, a analogia entre o edifício e o corpo humano advoga uma *compositio* na qual a referência corpórea limita-se à correspondência entre "justeza métrica" e "aptidão utilitária" das partes entre si e com o todo. Depois dos estudos clássicos de Erwin Panofsky e Rudolf Wittkower, os historiadores de arte têm se concentrado no chamado "problema da proporção"[159]. Todavia, boa parte do vocabulário latino e grego da arquitetura clama por aproximações antropomórficas mais imediatas, a começar por *capitelum*, diminutivo de *caput*, cabeça[160]. Para alguns dos mais destacados tratadistas do Renascimento (Filarete, Francesco di Giorgio, Diego de Sagredo e outros), o segundo campo morfológico não será menos descurado.

Há, no terreno das analogias antropomórficas, um aspecto que, embora não ecoe claramente nas considerações doutrinárias dos tratados, perfila-se

---

[158] VITRÚVIO, *Da Arquitetura*, IV, 1, 6; citações serão tiradas da edição francesa VITRUVE, *De L'Architecture*, texte établi, traduit et commenté par Pierre Gros, Paris, Les Belles Letres, 1992.

[159] ERWIN PANOFSKY, "História da Teoria das Proporções Humanas como reflexo da História dos Estilos", em *O Significado nas Artes Visuais*, trad. de Maria Clara F. Kneese e J. Guinsburg, São Paulo, Perspetiva Ed, 1976, pp. 89-148; Rudolf WITTKOWER, "The Problem of Harmonic Proportion in Architecture", in *Architectural Principle in the Age of Humanism*, Great Britain, Academy Editions / St. Martin's Press, 1988, pp. 104-137; Rudolf WITTKOWER, "Sistemas de proporciones" e "Brunelleschi y la 'Proporción en la Perspetiva'", en *Sobre la Arquitetura en la Edad del Humanismo. Ensayos y escritos*, trad. de Justo G. Beramendi, Barcelona, Editorial Gustavo Gili (col. Biblioteca de Arquitetura), 1979, pp.527-559. Dentre outros estudos contemporâneos, *vide* Pierre GROS, "La géometrie platonicienne de la notice vitruvienne sur l'homme parfait (*De Architectura*, III, 1, 2-3), in *Annali di Architettura. Rivista del Centro Internazionale di Studi di Architettura Andrea Palladio di Vicenza*, n. 13, 2001; Scott DRAKE, *A Well-Composed Body: Antropomorphism in Architecture*, PhD Thesis, School of Enviromental Design, University of Camberra, 2003.

[160] Cf. JOSEPH RYKWERT, *La colonna danzante. Sull'ordine in architettura*, trad. di Paola Vallerga e Paolo Iarocci, Milano, Libri Scheiwiller, 2010, p. 129; George HERSEY, *The Lost Meaning of Architecture. Speculations on Ornament from Vitruvius to Venturi*, Massachusetts, MIT, 1988.

como matricial para as permutas de significado entre corpo e arquitetura na chamada Idade Clássica, qual seja: o caráter de fixidez, permanência e firmeza da coluna, em remissão ao sentido grego arcaico de *hístēmi*.

Na Grécia antiga, ao darem abrigo ao altar doméstico, as colunas (*histíē*) recebem seu nome da lareira (*hestíē*), da deusa Héstia, guarnecendo-a com cobertura e permitindo a dispersão da fumaça, guardiãs do fogo sagrado que une e conserva aceso todo lar, mantendo os laços familiares tão estáveis e firmes quanto os esteios da casa. "Para os membros do *oikos*," observa Vernant, "a lareira, centro da casa, marca também o caminho das trocas com os deuses infernais e celestes, o eixo que, de um extremo a outro, comunica todas as partes do universo."[161]

Aprendemos com Émile Benveniste, em seu *Vocabulário das Instituições Indo-europeias*[162], que, no mundo antigo pós-homérico é sobretudo o sentido de fixidez como arraigamento, sedentarismo, permanência espácio-temporal, a estar associado à casa e seus descendentes, e tal valor de perpetuação da linhagem encontra na perenidade das colunas muito mais do que mera relação de semelhança em sentido figurado. Adito exemplos: quando Ulisses regressa a Ítaca, incitado por Penélope a identificar-se, memora à consorte a construção do leito nupcial em torno da oliveira "que medrou e frondesceu até engrossar como uma coluna"[163]. Com a imobilidade do tronco-fuste de profundas raízes exalta-se a potência imorredoura da progênie. Vitalização que se acentua em expressões como "eu diria este homem [...] coluna firme do alto teto, filho único para o pai, terra vista para marujos inesperada, sereno dia a contemplar após tormenta"[164], palavras de Clitemnestra ao se dirigir ao marido regresso, ou, na *Bacas* de Eurípides, quando Dioniso faz

---

[161] JEAN-PIERRE VERNANT, "Hestia-Hermes: acerca da expressão religiosa do espaço e do movimento entre os gregos", em *Mito e Pensamento entre os Gregos. Estudos de psicologia histórica*, trad. de Haiganuch Sarian, São Paulo, Difusão Européia do Livro / Ed. da Universidade de São Paulo, 1973, p. 154.

[162] ÉMILE BENVENISTE, "I quattro cerchi dell'appartenenza sociale", in *Il Vocabolario delle Istituzioni* Indoeuropee, Volume Primo: Economia, parentela società, a cura di Mariantonia Liborio, Torino, Giulio Einaudi Ed. (col. Saggistica letteraria e linguistica), 1976, p. 229-ss.

[163] HOMERO, *Odisséia*, tradução Antônio Pinto de Carvalho, São Paulo, Círculo do Livro, 1994, vv. 187-ss., p. 209.

[164] ÉSQUILO, *Agamêmnon*, estudo e tradução de Jaa Torrano, edição bilíngue, São Paulo, Ed. Iluminuras, 2004, vv. 896-900, p. 165.

tremer o palácio de Penteu, prenunciando a ruína maior que lhe aguarda: "[Dioniso:] Sacode o chão da terra, divino Sismo! [Coro:] Â â o palácio de Penteu sacudirá até cair. Dioniso no palácio: venerai-o. – Veneramos, ó! – Vede pétreo pórtico nas colunas deslocar-se lá! [...] Prostrai no chão trêmulos corpos, prostrai, Loucas, pois o rei sobrevém derrubando o palácio, o filho de Zeus. [Dioniso:] Mulheres bárbaras tão aturdidas de pavor jazeis no chão. Parece percebestes Báquio sacudir o palácio de Penteu! Eia, levantai! Tende coragem e expulsai o tremor do corpo!"[165]

Os liames com a perpetuação da linhagem assumem valores tão sagrados como os da perenidade venerada nos templos. Pausânias narra a veneração em Olímpia de uma coluna tida como remanescente do palácio de Enômao, notável pelo frontispício decorado com crânios dos pretendentes à mão de sua filha, aos quais desafiava a uma corrida de cavalos em que o perdedor deveria ser morto. Firmada por círculos de ferro e um teto sustentado por quatro pilares de madeira, informa-nos o viajante, "ali está uma pequena placa de bronze que porta esta inscrição elegíaca: "Sou tudo o que resta de uma casa famosa, ó estrangeiro; fui uma coluna da casa de Enômao, e agora jazo em cadeias por obra de Zeus filho de Cronos. Agora sou venerável: o fogo temível não me devorou (...)""[166].

As permutas de significado entre corpo ereto e coluna ficam evidentes no *Hino Homérico a Apolo*. Atingida a colina do Parnaso nevoento, vaticina Apolo: "aqui erguer pretendo meu faustoso templo para ser o oráculo dos homens que sempre aqui virão me ofertar perfeitas hecatombes"[167]. Ele mesmo "a base instaura, ampla, contínua e compacta", sobre a qual Trofônio e Agamedes "ergueram pétreo portal"[168]. O caminho de Apolo conduz à Morada de Delfos, vale dizer, os destinos dos homens seguem ao oráculo pítio. Em exame à expressão verbal utilizada no *Hino Homérico*

---

[165] EURÍPIDES, *Bacas*, tradução de Jaa Torrano, edição bilíngue, São Paulo, Hucitec Ed., 1995, vv. 585-607, p. 81.

[166] PAUSÂNIAS, *Viagem à Grécia*, V, 20, 7; Cf. JOSEPH RYKWERT, *La colonna danzante*, ob. cit., p. 151.

[167] *Hino Homérico a Apolo*, vv. 287-289, *in* Luiz Alberto Machado CABRAL, *O Hino Homérico a Apolo*, introdução, tradução, comentários e notas de L. A. M. Cabral, São Paulo, Ateliê Editorial & Editora Unicamp, p. 149.

[168] *Hino Homérico a Apolo*, vv. 294-297, *op. cit.*, p. 149.

para se referir às andanças de Apolo, Detienne observa a dimensão estática nela implicada, i.e.: ter-se firmemente sobre os próprios pés, não se deixar mover[169]. *Baínen*, "caminhar", "meter o pé sobre"; acerca de seus usos e derivações, o helenista elenca: *bēlós*, solo; *bêma*, tribuna em que o orador sobe e toma a palavra; *embás* ou *bēlá*, sapato ou sandálias; *bébaios*, isto que é firme, bem estabelecido[170]. Repõe-se assim o sentido precípuo da relação entre coluna e base; Vitrúvio nomina a segunda por *stylobatum*, a remeter aos vocábulos gregos *stýlos*, "coluna" (*v.*, *supra*, alianças arcaicas entre *histíē* e *hestíē*) e *baínen*, "estar em pé"[171]. Tais contaminações semânticas alargam as permutas entre arquitetura e corpo. Feito jogo de espelhos, se o vocábulo arquitetônico reporta-se a *pé* ou *sandália*, isto se dá seja por a coluna associar-se ao corpo ereto, seja por este, em sua *performance* apolínea, ser visto como coluna, a postar-se em pé duro feito pedra inamovível.

Também Walter Burkert enfatiza o zelo dos gregos com a imobilidade na ereção seja de templos como de estátuas e objetos votivos. "Como para o altar," observa, "também para o templo e imagem divina tem lugar uma cerimônia de "ereção" (*hidrýein*). Ofertas para a construção vêm depostas sob as paredes [...] A imagem cultual é chamada *hédos*, isto é, algo que possui sua "sede" imutável [...]"[172]. Nos textos que chegam até nós contendo referências a imagens, pinturas e esculturas, P. Martins e R. Amato igualmente observam a frequência com que os vocábulos *eikṓn*, *ágalma* e *andriántes* vêm acompanhados "do verbo ἵστημι [*hístēmi*] (colocar em pé, erigir)"[173].

---

[169] MARCEL DETIENNE, *op. cit*, p.42.
[170] Ibidem, pp. 41-42.
[171] Cf. JOSEPH RYKWERT, *La colonna danzante*, *op. cit.*, pp. 126-27, com importantes considerações sobre a palavra grega mais usual para "base", *krēpídoma*, a qual igualmente significa em linguagem comum sapato ou sandália.
[172] WALTER BURKERT, *La Religione Greca*, ob. cit., p. 202; o autor observa mais à frente: "o uso de "alçar" (*anatisthénai*) objetos no santuário teve claramente, desde o século VIII, um nítido e inaudito desenvolvimento, sobretudo em relação ao sacrifício votivo. O objeto "alçado", *anáthema*, é o dom duradouro e concreto, que testemunha a relação com a divindade"; pp. 208-09.
[173] PAULO MARTINS e ROSANGELA S. S. AMATO, "Imagens antigas retoricamente referenciadas", *in* Adma MURANA, Mayra LAUDANNA, Luiz Armando BAGOLIN (org.) *Retórica*, São Paulo, Annablume Editora, 2012, pp. 133-135.

No *oikos* o sucesso reservado ao varão coincide com a persistência, ruína ou restabelecimento do edifício. Relata Pausânias que, em Trezene, frente ao templo de Apolo, uma "cabana de Orestes" tinha sido construída para que o matricida em casa comum não tivesse acolhida[174]. À estabilidade do lar contrapõe-se, pois, a provisoriedade da choça. Outro exemplo: o falecimento de um ente familiar, e, por consequência, a interrupção do curso normal da vida doméstica, exige ritos fúnebres similares, nos quais os parentes permanecem certo tempo excluídos da vida social. Durante o recolhimento é vetado uso de roupas novas e banho, devendo-se manter a cabeça suja com cinzas ou terra. No ato final da purificação, a casa deve ser limpa, só então se reascende a lareira[175].

A "purificação dos templos" evoca significados similares. Ainda Burkert: "procissões com imagens divinas – que têm grande papel no Oriente antigo – são a exceção [na religião grega]. Existe a procissão para a purificação do Paládio, por exemplo, o rapto e retorno da Hera de Samos; mas este "mover o imóvel" representa uma inquietante rutura da ordem."[176] Lareira apagada, imagem cultual coberta e moção de estátuas configuram situações ameaçadoras, de instabilidade e iminente irrupção de desordem, de confronto e expurgo de forças sinistras de negação da vida. O restabelecimento do curso regular dos acontecimentos cotidianos firma-se pela renovação de normas a iterar o rigoroso regime de domicílios e domínios próprios a deuses e, por devoção sacrificial, a homens (devoção que lhes propicia lugar firme e perene, centrado pela lareira, condição de humanidade). Consumada a purificação do templo ou da casa repõe-se a fixidez ou imobilismo, a tudo convertendo em "objetos-coluna", imóveis. Tal forma de piedade é em muitos aspectos distinta das permanências ritualísticas

---

[174] PAUSÂNIAS, *Viagem à Grécia*, II, 31, 8; Cf. WALTER BURKERT, *op. cit.*, p. 188; Cf. ÉSQUILO, *Eumênides*, estudo e tradução de Jaa Torrano, edição bilíngue, São Paulo, Editora Iluminuras, vv. 276-283, 2004.

[175] WALTER BURKERT, *op. cit.*, pp. 185-86 ("[...] também a casa vem purificada, aspergida com água de mar, esfregada com terra e depois limpa. Só então se tornará a sacrificar sobre a lareira doméstica, que no entretempo permanece apagada: retoma-se a normal relação com o divino"; p. 186).

[176] WALTER BURKERT, *La Religione Greca*, ob. cit., p. 207; afinal, foi a captura do Paládio, a remoção do seu protetorado, o que tornou a cidade vulnerável e possibilitou o assédio e vitória contra os troianos.

no universo espiritual da *pólis*, bem como da "economia simbólica do sagrado" no orbe filo-helenístico da Roma antiga.

Os paralelos com o rito fúnebre romano, em razão de suas similitudes, são esclarecedores. Em sua *Naturalis Historia*, Plínio, o Velho, lastimando a decadência da arte do retrato com o alastrar em solo itálico da estatuária greco-helenística, observa: "Bem diversos eram os retratos dos antepassados que se podiam ver nos átrios; não estátuas, obras de artistas estrangeiros, nem bronze nem mármore; eram vultos modelados em cera que vinham ordenadamente dispostos em singulares nichos feitos para receber imagens que acompanhassem os funerais gentilícios e a cada novo morto estava sempre presente a multidão de familiares vividos em tempos anteriores a ele."[177]

São conhecidas as práticas arcaicas gregas de sepultamento de heróis com emprego de faixas ou máscaras de ouro com incisão de olhos a recobrir o rosto, em provável vínculo com a santificação do morto; entre romanos, porém, a alma imortal de todo vivente, homem ou mulher (*genius* e *iuno*), após a morte se converte em um deus familiar (*deus parens, manes*). E mais: diferentemente da fixidez das estátuas-colunas devocionais gregas, as *imagines* romanas são móveis, cultuadas pelo valor mesmo de tal mobilidade, a começar pelos funerais familiares, mas não só. Com o matrimônio, a filha porta consigo estátuas dos antepassados para integrá-los ao novo lar. Também as colunas se revestem de significados distintos dos gregos.

No livro sexto do *De Architectura* Vitrúvio traz informações mais detalhadas sobre a localização das *imagines* nas alas (*alae*) das casas[178]. A assimilação de esquemas tipológicos da casa grega modifica o antigo *atrium tuscanicum* – com complúvio central a recolher a água dos telhados, apoiados em largas vigas que alcançam as paredes laterais –, adequando-o aos modos *corinthium* e *tetrastylon*, vale dizer, átrios com espaço central guarnecido por colunas[179]. Convém perquirir tais vínculos

---

[177] PLÍNIO, *História Natural*, XXXV, 6, *in* PLINIO IL VECCHIO, *Storia delle Arti Antiche – Naturalis Historia Libri XXXIV-XXXVI*, testo critico, traduzione e commento di Silvio Ferri, texto latino a fronte, Milano, Biblioteca Universale Risoli, 2000, p. 145.

[178] VITRÚVIO, *Da Arquitetura*, VI, 3, 6.

[179] Ibidem, VI, 3, 1.

semânticos, claramente direcionados, em Roma, a políticas de autorrepresentação. Nos átrios e peristilos e jardins de suntuosos palácios e vilas, amplas coleções de estátuas de poetas, políticos e filósofos insignes, mormente bustos e hermas identificados por nome e epigramas inscritos no sopedâneo, exaltam os seus proprietários pelo "viver à grega". Junto a Platão, Cícero recebe os amigos em sua vila; a Aristóteles, Ático[180]. Na casa de Bruto, Demóstenes comparece entre os retratos dos antepassados. A Lucílio, Sêneca exorta cultuar a herança dos sábios como a dos familiares: "comportemo-nos como o bom pai de família: aumentemos o recebido. [...] devemos ter profundo respeito e venerá-los como deuses. Por que não deveria ter na minha casa também as imagens destes grandes homens, como incitamento para meu espírito? Por que não celebrar seus aniversários? Por que não nomeá-los sempre em sinal de honra? [...] Sim, eu os venero, e frente a nomes tão grandes ponho-me sempre em pé"[181].

No domínio público, o ingresso das colunas e pórticos *alla greca* municia estupendos cenários, miríficos, perturbantes. A construção de templos ou doações de estátuas e outros ornamentos templários trazidos de campanhas militares – com ápice e ponto de inflexão quiçá na reforma do templo da Tríade Capitolina feita por Sila, após o incêndio de 83 a.C., com colunas vindas do *Olympieíon* de Atenas–, paulatinamente cede lugar a programas de comitência edilícia exclusivamente orientados à autorrepresentação de seus fundadores – como a *Porticus Metelli*, edificada por Q. Cecílio Metelo Macedônico após seu triunfo em 146 a.C.; a *Porticus Pompeiana*, junto ao teatro e templo de Venus Genetriz, complexo inaugurado quarenta anos antes do de Marcelo, em 55 a.C.; ou o *Forum Caesaris*, concebido em 51 a.C.[182].

---

[180] CÍCERO, *Bruto*, 24; *A Ático*, IV, 10, 1 e 16,3.

[181] SÊNECA, *A Lucílio*, LXIV, 7, 9-10, *in* SENECA, *Lettere a Lucilio*, traduzione e note di Giuseppe Monti, testo latino a fronte, Milano, Biblioteca Universali Rizzoli, 2001, Volume Primo (libri I-IX), pp. 391-93.

[182] Cf. EUGENIO LA ROCCA, ""Graeci artifices" nella Roma reppublicana: lineamenti di storia della cultura", in GIOVANNI P. CARRATELLI (org.), *I Greci in occidente*, Milano, Bompiani, pp. 616-7, 621-2; Pierre GROS, *L'Architettura Romana dagli Inizi del III Secolo a.C. alla Fine dell'Alto Impero. I monumenti pubblici*, traduzione di Maria Paola Guidobaldi, Milano, Longanesi, 2001, p. 234, 311-12. Apropriar-se das colunas atenienses ou de estátuas alexandrinas conotava igualmente apoderar-se de seu *genius*, de uma potência mágica vivente nas obras.

O significado preciso que tais "dispositivos cênicos com colunas" adquire entre as estratégias de autorrepresentação pode ser melhor compreendido por um emprego em paralelo: o de colunas encimadas por estátuas-retrato, verificável, segundo Plínio, já em 338 a.C. com a *columna Maenia*, a portar no fuste rostros navais, comemorativa de Caio Mênio pelas vitórias, no mesmo consulado, contra os antigos Latinos e os Anciatos. Outras, em Roma, merecem menção: no fórum, a venerabilíssima de Caio Duilio, ereta em 260 a.c., primeiro a celebrar o triunfo sobre os cartagineses; fora da porta Trigemina (entre o Aventino e o Tibre), a de Lúcio Minúcio, *praefectus annonae*, após coleta de uma onça por cabeça, provavelmente o primeiro a receber tal honra pelo povo, antes concedida somente pelo Senado – "coisa de grande beleza se não tivesse extraído origem de frívolos inícios", admoesta o escritor; frente à Cúria, a de Atto Navio[183]. Tal recurso a colunas mostra-se sempre mais ambicionado pelos notáveis. Após a vitória sobre Sexto Pompeu, filho de Pompeu Magno, na batalha de Nauloco, em 36 a.c., Otaviano recebe do Senado coluna honorífica com esporões das naus abatidas presos ao fuste, estátua triunfal no fastígio, ostentando lança e clâmide grega, significativamente localizada ao lado da *columna rostrata* de Duilio, junto a tribuna dos oradores no fórum[184].

Para além de esteio fincado ao chão, inamovível, no orbe romano a coluna vem apreciada pelo engenho e prodígio de seu soerguimento, pela expressão de poder que encerra, tanto maior quanto mais alto se eleve – inda mais magnificente sob a força contrarrestada de quem é capaz de deslocá-la para onde quer que seja. Mais do que a fixidez, a altura e peso assumem valor precípuo. Força extraordinária de edificação, que se assimila (e se subordina) a da empresa bélica de assediar cidades, apossar-se de suas pedras, soberbas no aspecto, memoráveis, sacras. Plínio expõe claramente o significado da coluna: "A finalidade das colunas era de serem alçadas acima dos outros mortais; também este é o significado dos arcos, invenção recente"; quanto mais alta a coluna, glosa Hölscher, maior a glória do

---

[183] Ibidem, XXXIV, 20-21, pp. 73-5.
[184] PAUL ZANKER, *Augusto y el poder de las imágenes*, trad. de Pablo Diener Ojeda, Madrid, Alianza Editorial, 1992, pp. 63-4.

general celebrado[185]. Subverte-se, pois, a analogia antropomórfica positivada no mundo grego por vínculos simpáticos; vigor e *anima* das pedras impõem-se como potência negativa, superação, subordinação do corpo.

A introdução das colunas marmóreas monumentais de feitio helênico nas casas da aristocracia segue *pari passu* as políticas edificatórias de autopromoção que marcam o derruir da República. Licínio Crasso, ferrenho defensor da retórica grega e cônsul em 95 a.C., foi o primeiro a ter "colunas estrangeiras de mármore" em sua vila no Palatino, em número de seis, com doze pés de altura, trazidas de Imetto[186]. Suntuosos aparatos cênicos provisórios expunham-nas à apreciação pública junto a outras estátuas nas comemorações de sua edilidade, fausto próprio de um *basileús* helenístico – Bruto o apoda, em tom repreensivo, Vênus Palatina, em alusão ao filo-helenismo obsessivo, tido como cupidez e lascívia[187]. Menos de duas décadas depois, Marco Emílio Lépido, cônsul com Catulo em 78 a.C., será alvo de muitas censuras por até as soleiras de sua casa ele fazer com mármore lumídico, trazido em blocos; uma vez concluída, será imediatamente considerada, "no juízo unânime dos *auctores*", a *domus* mais bela de Roma[188]. Sua imponência agregava-se à da Basílica Emília, ambas sendo adornadas por M. Emílio com medalhões portando retratos (*imagines clupeatae*) de personagens militares ligados à Casa Emília[189].

"No espaço de 35 anos," ajuíza Plínio, "aquela mesma casa [de Marco Emílio Lépido] tinha cem mais belas que ela; calcule, quem quiser, a massa de mármores, as obras dos pintores, as despesas reais (*impendia regalis*); e depois cem outras casas rivalizando com a mais bela e a mais famosa, superadas, por sua vez, por outras inumeráveis até hoje" - este

---

[185] Ibidem, XXXIV, 27; Tonio HÖLSCHER, "Immagini e potere", in AA.VV., *Storia dell'Architettura Italiana. Architettura Romana e i Grandi Monumenti di Roma*, op. cit., p. 199, o autor acrescenta: "a altura da coluna indica metaforicamente a glória do general celebrado; os rostros navais evidenciavam a dimensão desta glória na quantidade do butim. [...] esculturas sobre bases normais consentem em efeito uma vista frontal, mas depois constrangem a girar em torno a ela – enquanto a colocação sobre um arco consente continuar a avizinhar-se às esculturas atravessando-o".

[186] PLÍNIO, *História Natural*, XXXVI, 7.

[187] Ibidem, XXXVI, 7.

[188] Ibidem, XXXVI, 49.

[189] Ibidem, XXXV, 13.

o testemunho magnífico de Plínio.[190] Particularmente notável será a de Lúcio Lucílio Lúculo, cônsul quatro anos depois de Lépido (74 a.C.), com emprego de mármore lucúlio (dele recebe o nome)[191].

Entre as obras de Lépido e as Lúculo, Emílio Escauro inicia a importação dos mármores empregados no revestimento das paredes de um teatro lígneo provisório, posteriormente destinado às comemorações de sua edilidade em 58 a.C.[192] – "a maior obra jamais feita por um homem", exclama Plínio[193], a superar com suas riquezas "a loucura de Calígula e Nero, edilidade que foi por certo a principal causa da depravação dos costumes [em Roma]"[194]. Trezentos e sessenta colunas serão trazidas para adornar a *scaenae frons* do teatro, dispostas de modo a enquadrar, com aparatos cênicos em tecido "atálico" (*Attalica veste*), outras três mil estátuas de bronze[195]; *ornamenta* exibidos "por apenas um mês", para deslumbre de uma plateia de oitenta mil pessoas (a cávea do teatro de Pompeu abrigará quarenta mil)[196]. Dessas trezentos e sessenta expostas no teatro, Escauro reservará as mais imponentes, com trinta e oito pés de altura, em mármore lucúlio, para serem transportadas ao Palatino e colocadas no átrio de sua residência[197]. Plínio investe: "silenciaram-se as leis sobre o fato de que tais grandes moles [de colunas] vinham transportadas para a casa privada, passando frente aos frontões em terracota dos deuses"[198].

Não apenas Plínio, mas Catão, Cícero, Varrão e tantos mais professam critérios de *decorum* alheios aos valores enaltecidos pelas magníficas mansões e vilas tardo-republicanas e protoimperiais. Tocou a Augusto investir contra a luxúria privada. Emblemático será o confisco das colunas de mármore que M. Emílio Escauro ostentava no átrio de sua casa,

---

[190] Ibidem, XXXVI, 109, pp. 321-323.
[191] PLUTARCO, *Vida de Lúculo*, in *Vite parallele*, traduzione di C. Carena, Torino, Giulio Einaudi Ed., 1958.
[192] PLÍNIO, *História Natural*, XXXVI, 50.
[193] Ibidem, XXXVI, 114, p. 323.
[194] Ibidem, XXXVI, 113, p. 323.
[195] Ibidem, XXXIV, 36 e 115.
[196] Ibidem, XXXVI, 5 e 115.
[197] PLÍNIO, *História Natural*, XXXVI, 6.
[198] PLÍNIO, *op. cit*, p. 269.

dispondo-as, como relata Ascônio, na *regia* do teatro de Marcelo (centro do cenário), para serem "expostas aos olhos de todos como peças preciosas e como advertência (*Asc. in Scaur.*, 45)"[199].

"O povo romano abomina o luxo privado mas ama a magnificência pública"[200] – palavras de Cícero; à sua batida, Marco Agripa, riquíssimo, volve o primeiro aceno. Sua edilidade empenha-se no reparo e articulação dos aquedutos romanos, a planear um primeiro sistema integrado de abastecimento de água, compreendendo fontes, cisternas, reservatórios e outros edifícios. Como desfecho culminante dos trabalhos, Agripa "nestas construções [aquedutos e fontes] colocou trezentas estátuas de bronze ou mármore e quatrocentas colunas de mármore"[201]. O edil honrava, com brio, o apregoado em 33 a.C., em sua oração exorativa aos grandes homens para "tornarem de domínio público todas as estátuas e quadros que possuíssem, o que seria melhor do que mandá-las, como em exílio, às vilas"[202]. Colunas e estátuas subordinavam-se aos valores da magnificência pública (*ornamenta urbis*).

Todavia, oferecidas à visão, as colunas persistem como "bens móveis", senão veras "estátuas", colossais. Se em Roma sua altura se impõe maiormente por cancelar vínculos simpáticos com o corpo humano, como que subjugando-o a uma potência sobre-humana, isto não se consuma por um senso de mensuração que obsta a analogia corpórea (como sucederá com as *columnellas* góticas). Daí a persistência do animismo transfigurado em *super-corpo*, hipérbole que potencializa o sentido de transcendência, a se desligar da semântica grega de fixidez das colunas.

Somente nas primeiras luzes da Idade Moderna, Leon Battista Alberti, o mais ciceroniano dos arquitetos, restabelecerá, em primorosas letras latinas, os expedientes retóricos a serem observados na *publica magnificentia*, a prescrever claramente a ordem e hierarquia das edificações. O arquiteto observa que "os edifícios públicos [...] devem, em justa medida, ser inferiores aos sacros quanto ao decoro, igualmente as construções

---

[199] PAUL ZANKER, *Augusto y el poder de las imágenes*, op. cit., p. 168; Pierre GROS, "L'*auctoritas* chez Vitruve", *op. cit.*, p. 129

[200] CÍCERO, *Pro Murena*, 76.

[201] PLÍNIO, *op. cit*, p. 327.

[202] Ibidem, *op. cit.*, p. 159.

privadas devem ser superadas, adaptando-se de bom grado, pelas públicas em tudo o que respeita a elegância e riqueza dos ornamentos."[203]

Memorando o dito de Tucídides[204] de se construir grandes obras "para aos pósteros nós mesmos aparecermos grandes", Alberti orienta prover com máximo decoro as partes do edifício mais em contato com o público, como frontispício e vestíbulo, pontuando que o ornamento "não depende já de grandes despesas mas sobretudo da força do engenho"[205]. O exterior deve transmitir "solenidade" e nos ornamentos das casas da cidade "deve-se espirar um ar de severidade muito maior que nas vilas"[206]. Com dignidade austera, *severitas*, virtude maior da República romana, e como que respiração das imagens dos antepassados, as casas espiram um ar envolvente e solene, impondo-se, não como asfixia, mas viso manifesto a arrostar o tempo com sua presença e perpetuidade[207]. Não haverá outro a condensar em sua obra os significados mais profundos e persistentes da arquitetura até o limiar do século passado. Ao tratar do *numerus* e disposição ímpar das portas, o arquiteto observa que "também isto responde às normas da natureza, como é verificável pelo fato de nos animais as orelhas, olhos e narina serem em número par, postos lado a lado, mas no centro se encontra a boca, uma e bem ampla."[208] Cauto com a analogia vitruviana entre arquitetura e corpo, Alberti quiçá nos lega a mais fascinante das imagens antropomórficas da arte edificatória, a converter o frontispício dos edifícios privados num extraordinário gênio-máscara, *persona* e vulto imorredouro dos familiares.

---

[203] LEON BATTISTA ALBERTI, *L'Architettura / De Re Aedificatoria*, traduzione di Giovanni Orlandi, introduzione e note di Paolo Portoghesi, Milano, Edizione Il Polifilo, 1989, IX, 1, p. 434.

[204] TUCÍDIDES, *História da Guerra do Peloponeso*, I, 10, 2.

[205] Ibidem, IX, 1, p. 433.

[206] Ibidem, IX, 2, p. 436.

[207] "Quantas linhagens nobilíssimas, decaídas pela injúria do tempo, teriam desaparecido de nossas cidades e de tantas outras em todo o mundo, se a lareira doméstica não tivesse mantido reunidos os sobreviventes, como que acolhidos no seio dos antepassados!"; *De Re Aedificatoria*, Ibidem, Prologo, p. 6; cf. PAOLO PORTOGHESI, "L. B. Alberti y su Libro "De Re Aedificatoria"", in *El Angel de la Historia. Teorías y Lenguajes de la Arquitetura*, traducción de Jorge Sainz Avia, Madrid, Hermann Blume, 1985 (especif. pp. 19-23: "A exclamação contida no primeiro livro, próxima no tom a certas páginas dos livros *Della Famiglia*, faz pensar que a vocação de Aberti pela arquitetura nasceu precisamente da vida familiar, estrutura fundamental de toda a conceção social do humanista"; p. 20).

[208] Ibidem, IX, 5, p. 454.

# A Atualidade de Alberti no Diálogo Contemporâneo entre a Prática e a Crítica

Giovana Helena de Miranda Monteiro

**Resumo**

O diálogo, instaurado por Alberti como um dos operadores metodológicos da arte edificatória, revela sua atualidade na participação dos habitantes e em seu envolvimento com a produção e a crítica do ambiente construído. Primordiais para Alberti, pensamento e ação em torno das relações das partes com o todo materializam-se no papel dos envolvidos na produção edificatória, em que o diálogo entre a prática e a crítica faz-se fundamento da construção de espaços que instituam sociedades.

Apropriação; *Vergesellshaftung* (sociação); *Entäusserung* (alienação); *Entfremdung* (estranhamento); fetichização.

**Résumé**

Le dialogue, instauré par Alberti comme l'un des opérateurs de l'art édificatoire, est bénéfique pour la participation des habitants et leur engagement en faveur de la production et de la critique de l´environnement bâti. Primordiales selon Alberti, la pensée et l'action dans le cadre des liens entre les parties avec le tout sont matérialisées dans le rôle des acteurs de la production édificatoire, où le dialogue entre la pratique et la critique devient la fondation de la construction d'espaces qui instituent les sociétés.

Appropriation; *Vergesellschaftung* (sociation); *Entäusserung* (aliénation); *Entfremdung* (étrangeté); fétichisation.

DOI: http://dx.doi.org/10.14195/978-989-26-1015-3_8

**Abstract**

The dialogue, established by Alberti as one of the methodological operators of the art of building, reveals its presence through the dwellers' participation and engagement with the production and criticism of the built environment. Essential to Alberti, thinking and action around the relations of the parts with the whole materialize in the role of whoever engages in the production of the built world, where the dialogue between practice and criticism presents itself as fundamental for the building of spaces where societies can flourish.
Appropriation; Alienation; Estrangement; Fetichization.

A relação entre a atividade e seus efeitos ultrapassa o valor isolado de cada um deles. O resultado da atividade, o objeto produzido, é apenas um desses efeitos; o resumo, propriamente dito, da atividade de produção[209]. Se a importância do resultado prepondera sobre a da atividade, esse fenômeno pode ser investigado à luz do conceito de alienação. Uma análise etimológica do termo *Entäusserung*, utilizado por Marx ao referir-se à ideia de alienação, inclui entre seus significados o ato de "remeter para fora, extrusar, passar de um estado a outro qualitativamente distinto"[210]. Significa também "despojamento"; realização de uma ação de transferência em que se evidencia o sentido da exteriorização como momento de objetivação humana por meio de um produto resultante de sua criação.[211]

> "A **exteriorização** [Entäusserung] do trabalhador em seu produto tem o significado não somente de que seu trabalho torna-se um objeto, uma existência **externa**, mas, bem além disso, [que se torna uma existência] que existe **fora dele**, independente dele e estranha a ele."[212]

A etimologia de *Entäusserung* evidencia o caráter ambivalente da alienação, que pode exteriorizar, através dos objetos produzidos, tanto o sentido quanto a carência de sentido vinculados à atividade de sua produção. "Sentido" é aqui abordado como instrumento de crítica, não um reservatório, princípio, origem ou finalidade, mas um efeito criador que ultrapassa as percepções e orienta criticamente a articulação entre pensamento e ação.[213] Se ocorre da alienação ser levada a tornar-se exteriorização extremada, o laço entre atividade e

---

[209] Cf. KARL MARX, *Manuscritos econômico-filosóficos*, São Paulo: Boitempo, 2010, p.82.
[210] Cf. *ibid*em, p.16.
[211] Cf. argumentos do tradutor Jesus Ranieri ao apresentar o termo usado por KARL MARX, *Manuscritos econômico-filosóficos,* São Paulo: Boitempo, 2010.
[212] Cf. Ibidem, p.81.Grifos no original.
[213] Cf. GILLES DELEUZE, *Sobre Nietzsche e a imagem do pensamento[1968],* In: *A ilha deserta: e outros textos*, São Paulo: Iluminuras, 2006, pp. 175-183.

resultado tende a afrouxar-se, formando uma fenda em torno da qual pode brotar o estranhamento. "O estranhamento *[Entfremdung]* não se mostra somente no resultado, mas também, e principalmente, no ato da produção, dentro da própria atividade produtiva."[214] O estranhamento revela a percepção, nem sempre consciente, da incompletude e da incerteza. A percepção da presença de uma falta. A tendência a evitar esse desconforto torna a relação entre atividade e resultado susceptível de ser substituída, desviada, preterida[215]. O valor, tanto da atividade quanto do resultado, reside na composição entre forma, conteúdo e sentido[216]. A articulação desses elementos demanda um organismo em equilíbrio dinâmico, onde deixar-se cegar pela forma não é pior que reduzi-la a uma "mera" forma[217]. Os extremos dessa atitude reducionista podem converter a atividade em uma sequência de ações sem sentido e, o resultado, em um objeto sem valor. Não um valor que é veículo de "valores estabelecidos"[218], mas um valor carregado de sentido crítico-criador, imbuído de uma razão arguta no exame de cada uma das partes e também do organismo que compõem em conjunto. Desviar-se desse valor remete à essência da fetichização: a transferência, para um objeto, de um complexo de sentido que deveria ser atributo de uma relação. O fetiche também desvia, para a materialidade de seu objeto, a energia que seria despendida na tarefa de lidar com a realidade. Seu mecanismo consiste em substituir a consciência pela ilusão, pelo devaneio, pois seu objeto dá corpo a uma espécie de desmentido do conhecimento; a relutância em assumir a realidade de uma situação. A tática do fetiche não é desprovida de virtude, e pode servir para adiar o confronto com a realidade até que

---

[214] KARL MARX, *op. cit*, p.82.

[215] Cf. SIGMUND FREUD, *Além do princípio do prazer* [1920], São Paulo: Companhia das Letras, 2010, pp. 161-239.

[216] Cf. GEORGE SIMMEL, *Georg Simmel: sociologia*, Organização de Evaristo de Moraes Filho, São Paulo: Ática, 1983.

[217] Cf. SLAVOJ ŽIŽEK, *A visão em paralaxe*, São Paulo: Boitempo, 2009.

[218] Cf. GILLES DELEUZE, *Sobre Nietzsche e a imagem do pensamento*[1968], In: *A ilha deserta: e outros textos*, São Paulo: Iluminuras, 2006, pp.176-177.

se esteja mais preparado para enfrentá-la[219]. A transferência derivada desse desvio ou adiamento tem o intuito de amortizar o impacto que a consciência da incompletude e da incerteza têm sobre a decisão de enfrentar a realidade[220]. A consciência dessa falta estrutural tem o potencial de fortalecer o método segundo o qual serão empreendidas interpretações, intervenções, resignificações da realidade. Porém, cabe lembrar que onde há fetiche, há sintoma. Os sintomas trazem à luz o conhecimento que se tem mas com o qual ainda não se está disposto a lidar[221]. O sintoma, em sua própria forma, incorpora o conteúdo latente e se coloca a serviço de manifestar o que o fetiche pretende esconder. Com o intuito de escapar ao estranhamento, o fetiche extremiza a alienação. Muitas das relações estabelecidas com o ambiente construído inscrevem-se sob a égide dessa articulação e tornam-se perceptíveis através do próprio ambiente construído, cuja anatomia espelha as transformações de uma sociedade através do tempo. Mesmo sendo alvo de investimentos consideráveis, mudanças na configuração do espaço não necessariamente refletem ou instigam transformações nos sujeitos e nas sociedades. A mera mudança na forma não a institui como veículo de sentido. A identificação desses sintomas na edificatória contemporânea (Fig. 1), aponta para a repetição (Fig. 2), a sobreposição (Fig. 3), a discronia (Fig. 4 e 5).[222]

---

[219] Cf. SLAVOJ ŽIŽEK, *Em defesa das causas perdidas*, São Paulo: Boitempo, 2011.

[220] Cf. *ibid*, ARENDT, HANNAH, *The human condition*, Chicago: University of Chicago Press, 1998.

[221] Cf. SLAVOJ ŽIŽEK, *op. cit*.

[222] Cf. ALEXANDER MITSCHERLICH, *Psychanalyse et urbanisme: réponse aux planificateurs*, Paris: Éditions Gallimard, 1970; PIERRE CAYE, *Moral et chaos: principes d´un agir sans fondement*. Paris: Les éditions du Cerf, 2008, p.329; HENRI-PIERRE JEUDY, *Espelho das cidades*. Rio: Casa da Palavra, 2005.

Fig. 1 - Panorama de Belo Horizonte a partir do bairro Estoril.
Fonte: foto da autora, 2012.

Fig. 2 - Cenas do ambiente construído, RMBH
Fonte: fotos da autora, 2012.

Fig. 3 - Rua Tomé de Souza, BH
Fonte: foto da autora, 2012.

Fig. 4 - Rua Germano Torres
Entre ruas Maria Alves e Outono, Bairro Carmo, Belo Horizonte
Fonte: foto da autora, 2012.

Fig. 5 - Bairro Vale do Sereno, Nova Lima, RMBH
Fonte: foto da autora, 2012.

Enquanto a repetição e a sobreposição não exigem mais que as edificações para tornarem-se evidentes no ambiente construído, a discronia manifesta-se também na relação entre o parcelamento do solo e as edificações. Ruas abertas em atendimento a um determinado modo de vida, já demolido, são ocupadas por edifícios que carecem de outras sintaxes espaciais. Os efeitos da forma de articulação entre parcelamento do solo, implantação e escala das ruas e dos edifícios manifestam-se no conteúdo de sua fruição: a velocidade de passagem, o teor das relações humanas, o envolvimento consigo mesmo, com o outro e com o espaço em que se instituem.[223]

---

[223] Uma elaboração mais extensa desse argumento encontra-se no capítulo 3 de GIOVANA HELENA DE MIRANDA MONTEIRO, *O espaço público da rua como síntese das reflexões críticas do urbano: encontro das diferenças no contexto da diversidade sócio-espacial*

Se conduzida aos extremos da alienação e imbuída de estranhamento, a atividade de produção do ambiente construído não oferece resistência às forças indutoras de repetição. Efeito da redução da forma a uma mera forma, a repetição denota o desprezo pelo ciclo crítico que articula a atividade ao resultado[224]. Desse ciclo fazem parte os procedimentos que instauram a crítica no interior da prática projetual e também na fruição do edifício e da cidade. Alberti, no *De re aedificatoria*, aborda diversos desses procedimentos. Ao exercer a crítica no desenrolar da prática, ele recomenda que o arquiteto conceda tempo ao apaziguamento de seu afã de construir e reexamine o projeto detalhadamente, julgando o conjunto com mais circunspecção. O que deve movê-lo não é o amor à invenção, mas os argumentos de sua razão[225]. Instaurando a prática no interior da crítica, Alberti entende que a fruição dos edifícios exige perspicácia e diligência do arquiteto, que deve examiná-los com o maior cuidado, estudando-lhes o ordenamento, o lugar, as características e dimensões das partes que os compõem. Sua inspeção visa identificar o que é raro, admirável e atribuído à engenhosidade do arquiteto que o elaborou. Alberti recomenda que, ao fruir a obra, procure-se apreender com arte e reflexão aquilo que se julgar poder ser melhor de outra forma, mesmo que não esteja mal-feito.[226]

Na articulação entre a prática e a crítica, nota-se a importância que Alberti confere à forma. Ele entende que, enquanto houver algo a ser aportado às suas competências e ao seu talento, o arquiteto não deve considerar-se satisfeito antes de tê-lo apreendido e assimilado, ou mesmo antes de ter conseguido, tanto quanto possível, dar-lhe aspecto e forma por meio dos objetos que produz. Fica claro, em Alberti, o quanto o

---

*contemporânea na Região Metropolitana de Belo Horizonte*, Dissertação de Mestrado, Belo Horizonte: Escola de Arquitetura da UFMG, 2012, Acedido em 08 de outubro de 2012, em: http://hdl.handle.net/1843/BUOS-8YQN5B.

[224] Cf. Capítulo III de SIGMUND FREUD, *O mal-estar na civilização, novas conferências introdutórias à psicanálise e outros textos*. São Paulo: Companhia das Letras, 2010, pp. 45--60, e também das "Novas conferências introdutórias à psicanálise" em Ibidem, pp. 124-324.

[225] Cf. LEON BATTISTA ALBERTI, *L'art d'édifier*. Paris: Seuil, 2004, pp.100-101 e pp. 142-143. Livro II, Capítulo 1 e Livro III, Capítulo 2.

[226] Cf. Ibidem, p.460. Livro IX, Capítulo 10.

processo de produção de um objeto é também resultado, exteriorização, da reedição de um conjunto de percepções e elaborações sobre o que foi anteriormente fruído, estudado, examinado.[227] A composição de imaginação e conceção atribui valor ao trabalho do arquiteto quando reflete o engenho de seu gesto sobre a realidade: a escolha da forma e dos materiais, o discernimento em favor da composição, a conduta ao longo de sua realização.[228] Alberti é severo quanto à negligência em quaisquer desses procedimentos, seja por falta de cuidado ou por indiferença. Segundo ele, tal postura compromete tanto a dignidade quanto o mérito da obra. "Deve-se consagrar muita atenção, cuidado e diligência ao estudo das partes que fazem da obra um organismo, e observar que mesmo as mais ínfimas podem ganhar forma pela inteligência e pela arte."[229]

Percebe-se a importância conferida à forma também no combate que ele institui contra a repetição. Para Alberti, os componentes de um organismo não devem firmar-se em um único e mesmo traçado. A supressão da diferença compromete a variedade, que é, em todas as coisas, "o sal da graça". Sua opinião é de que as obras passadas não podem trabalhar como restrições a novas proposições, mas como advertências instrutivas para a formação crítica do arquiteto.[230] O valor que Alberti confere à variedade não o exime de reconhecer a dificuldade de aliar comodidade, dignidade, beleza e refinada diversidade a cada uma das partes de uma composição.[231] As atividades construtivas manifestam seu valor enquanto representação e instrumento do refinamento da conduta e da prática de uma razão própria à arquitetura. Os procedimentos elucidados por Alberti denotam que o arquiteto confere valor e sentido ao seu traba-

---

[227] Cf. Aleph - Escola de Psicanálise, em 2012, sobre SIGMUND FREUD, *Além do princípio do prazer* [1920], em *História de uma neurose infantil: ("O homem dos lobos"): além do princípio do prazer e outros textos* (1917-1920). São Paulo: Companhia das Letras, 2010, pp. 161-239.

[228] Cf. capítulos 8 a 10 do livro IX LEON BATTISTA ALBERTI, *L'art d'édifier*, Paris: Seuil, 2004, pp.452-462.

[229] Cf. Livro I, Capítulo 9: *Il faut donc consacrer beaucoup de soin et de diligence à l'étude des parties qui font de l'ouvrage un tout, et veiller à ce que même les plus infimes apparaissent conformées par l'intelligence et par l'art.* ibidem, p.80.Tradução da autora.

[230] Cf. *ibidem*, p.81. Livro I, Capítulo 9.

[231] Cf. Ibidem, p.100. Livro II, Capítulo 1.

lho na medida em que aprimora seu conhecimento e sua habilidade em fazer dialogarem atividade, resultado, prática e crítica. Essa articulação demanda delicadeza. A delicadeza parece ser um método contra o qual Alberti não se permite fazer concessões.

Os vínculos com que Alberti articula esses elementos incluem forma, conteúdo e sentido. Seus princípios e axiomas oferecem-se como ferramentas de combate à alienação extremada na produção edificatória, principalmente quando recomenda ao arquiteto dedicar-se com discernimento técnico e crítico à atividade que tem diante de si. Quando instaura o papel enobrecedor do uso e o articula à necessidade, à comodidade e ao prazer[232], Alberti confere sentido à fruição crítica do ambiente construído. A contribuição de cada sujeito a esses procedimentos alimenta o sentido da arquitetura, seu valor como veículo e espelho da transformação da sociedade. Esse valor da edificatória elucida a essência do combate ao fetiche em Alberti que, atento aos condicionantes da realidade, não se furta aos seus tensionamentos e contradições[233]. Recomendando sagacidade contra a pressão do desejo de edificar, Alberti alerta para essa pulsão, cuja força pode levar o arquiteto a pular etapas, substituir diligência por imediatismo, repetir sem refletir, inovar sem ponderar. Condenando os excessos, Alberti posiciona-se contra o desperdício e a ausência de limites por considerá-los insuficientemente compensatórios às questões do edificar.

Contudo, as recomendações de Alberti frequentemente escapam às práticas contemporâneas. O crítico de arquitetura Hal Foster é categórico ao afirmar: "Projetar um espaço público não é, *ipso fato*, trabalhar para o bem público, e oferecer um edifício icônico não é, *ipso fato*, exercer um papel cívico."[234] Sua crítica, no que tange ao quesito fruição dos

---

[232] Cf. LEON BATTISTA ALBERTI, *L'art d'édifier*. Paris: Seuil, 2004, p.80. Livro I, Capítulo 9: (...) *toute l'essence de l'édification découle de la nécessité; la commodité l'a nourrie et l'usage l'a anobile; enfin on en vint à songer au plaisir, bien que le plaisir lui-même ait toujours eu en horreur les excès de tout genre.*

[233] Cf. NELLA BIANCHI BENSIMON, *Unicité du regard et pluralité des voix: essai de lecture de Leon Battista Alberti*. Paris: Presses de La Sorbonne Nouvelle, 1998, p.19.

[234] "To design a public space is not, ipso fato, to work for the public good, and to offer an iconic building is not, ipso fato, to play a civic role." HAL FOSTER, *The art-architecture complex*. New York: Verso, 2011, p.33. Tradução da autora.

lugares e edifícios, confronta a "experiência" que, segundo ele, muitos arquitetos querem oferecer através de suas obras. Tais edifícios visam afetar as pessoas através da miscelânia de real com virtual, ou mesmo através de sentimentos alheios e impostos ao fruidor que, apesar de tudo, não se transforma a partir dessa "experiência". Por mais que aprimorem seus efeitos especiais, essas tentativas não conseguem envolver o espectador como fruidor ativo. O edifício parece tentar substituí-lo, realizando em seu lugar a atividade de percepção. "Essa é uma nova versão do velho problema da fetichização, posto que se apodera de nossos pensamentos e sensações, processa-os como imagens e efeitos, e as devolve para que, pasmos, mostremo-nos gratos."[235]

Nessa dinâmica, os efeitos que seriam produzidos ao longo da fruição, e em decorrência dela, são substituídos por outros, heteronomamente replicados. A crítica de Foster, na contramão dessas tendências contemporâneas, defende a mobilidade e o intercâmbio de estímulos, percepções e ideias que, em cada sujeito, podem instigar a consciência e a intenção de transformar a realidade.[236] Porém, percepção e intenção, apenas, não são suficientes. A percepção está muito próxima das coisas e a intenção, muito próxima das sensações e impressões causadas pelas coisas. À subjetividade atordoada e socialmente inerte que a espetacularização incentiva deve-se opor algum tipo de articulação. A proposta de Alberti é fazê-la através do diálogo[237]. Em Alberti, o sentido da edificatória vai além de simplesmente oferecer respostas e interpretações[238], pois seu processo de produção torna-a capaz de aportar algo às demandas

---

[235] "*In this way the phenomenological reflexivity of "seing oneself see" approaches its opposite: a space (an installation, a building) that seems to do the perceiving for us. This is a new version of the old problem of fetichization, for it takes our thoughts and sensations, processes them as images and effects, and delivers them back to us for our appreciative amazement.*" HAL FOSTER, *op. cit*, p.12.

[236] Cf. SIGMUND FREUD, *O inconsciente [1915]*. In: *Introdução ao narcisismo, ensaios de metapsicologia e outros textos (1914-1916)*. São Paulo: Companhia das Letras, 2010, p. 127.

[237] Cf. NELLA BIANCHI BENSIMON, *op. cit*, p.20.

[238] Freud aborda a importância de não interpretar o desejo nem traduzir um sintoma em FREUD, Sigmund. *Recomendações ao médico que pratica a psicanálise [1912]*. São Paulo: Companhia das Letras, 2010, pp. 147-162.

latentes e manifestas dos sujeitos e das coletividades[239]. Esse processo busca o equilíbrio dinâmico sem negar a instabilidade e a impermanência que lhe são inerentes.

Adotar o adjetivo "atual" para fazer referência a Alberti, demanda salientar a ambiguidade desse termo, que designa tanto o que está em ato quanto o que caracteriza a época corrente. Constrói-se o valor no trabalho sobre a interpretação do que esses sentidos compõem em conjunto e na postura ativa de estabelecer com eles uma relação no presente[240]. As reflexões sobre a atualidade de Alberti estabelecem-se no trabalho sobre a interpretação do valor que ele atribui ao diálogo enquanto princípio metodológico[241] provedor de uma articulação, em ato, entre a prática e a crítica.

O diálogo promove articulações no interior de cada um dos processos de prática e de crítica. No interior da crítica, o diálogo possibilita a elaboração de conceitos formulados ao longo da observação e da experimentação da realidade.[242] O trabalho sobre a interpretação da realidade autoriza o uso desses conceitos na prática, onde a lógica de sua formulação abre-se à reedição proporcionada pelo diálogo, que faz ver aspectos da realidade inapreensíveis apenas pela percepção[243]. Ao abordar conceitualmente os objetos ao longo da atividade de produzi-los, resguarda-se seu sentido. O diálogo, enquanto ferramenta no processamento dessas percepções, elucida o caráter provisório tanto das questões quanto das tentativas de respondê-las. O diálogo confere mobilidade às ideias, que podem ser

---

[239] Cf. JORGE MÁRIO JÁUREGUI, *Luz e Metáfora: Um Olhar Sobre o Espaço e Significado*. In: *Congresso Internacional de Psicanálise e Interseções-Arquitetura*, I., 2002. Porto Alegre: 2002. Acedido em 01 de setembro de 2012, em: http://www.jauregui.arq.br/psicanalise.html.

[240] Cf. FRANCESCO FURLAN, "o valor está na relação", Texto e Imagem III - Verba e Picturae em Alberti, *em Na Gênese das Racionalidades Modernas: Em Torno de Alberti*, 1, 2011. Belo Horizonte: Escola de Arquitetura da UFMG, 2011. Acedido em 24 de março de 2012, em: http://www.ufmg.br/ieat/2012/01/na-genese-das-racionalidades-modernas-em-torno-de-alberti/.

[241] Segundo a categorização de Françoise Choay na Introdução da edição de LEON BATTISTA ALBERTI, *L'art d'édifier*. Paris: Seuil, 2004.

[242] Cf. EVANDRO MIRRA, *O conceito, os fundamentos, a ciência*. In: Traçados da Pulsão. Belo Horizonte: Aleph Escola de Psicanálise, [2012] 2014, pp. 21-26.

[243] Cf. *ibid* e SIGMUND FREUD, *O inconsciente [1915]*. In: *Introdução ao narcisismo, ensaios de metapsicologia e outros textos (1914-1916)*. São Paulo: Companhia das Letras, 2010, pp. 99-150.

resignificadas e transformadas ao longo ou como efeito da transmissão, estendendo sua duração, aprofundando seu sentido, intensificando seu valor e potencializando seus efeitos.

Instrumento de resistência contra a fetichização e o estranhamento, o método albertiano abriga a convivência com a incerteza e com a instabilidade, aproximando-se de torná-las suportáveis. Em Alberti e Paul Valéry a crítica é tanto causa quanto efeito do trabalho sobre a interpretação da realidade, que deve fazer prova à comodidade, à utilidade e à agradabilidade produzidas por sua conjunção.[244] Segundo Valéry, o prazer despertado por um edifício remete ao ato de deslocá-lo através do pensamento crítico, variando e fruindo um grande número de combinações possíveis, até torná-lo potencialmente outro.[245]

Essas reflexões acerca da atualidade de Alberti fazem-se representar pela obra de um arquiteto contemporâneo que, nascido na Argentina, exerce, a partir do Brasil, há mais de trinta anos, uma abordagem transformadora dos espaços e da realidade. Do conjunto da obra de Jorge Mário Jáuregui, identificam-se produtos[246] que remetem a operadores e axiomas do *De re aedificatoria*. Observa-se que o pensamento albertiano permeia tanto as reflexões teóricas quanto o trabalho prático de Jáuregui. Sua abordagem crítica evidencia a prática de valorização dos espaços públicos urbanos em áreas onde a realidade apresenta elevado grau de complexidade sócio-espacial, da qual o Brasil é exemplo profícuo. A carência de espaços públicos, no Brasil, estende-se também a regiões onde predominam famílias de poder aquisitivo mais elevado, paradoxo que encontra máxima expressão na ambiência das favelas e dos condomínios fechados. A exigüidade ou mesmo inexistência de espaços públicos em

---

[244] Cf. PIERRE CAYE, *Moral et chaos: principes d´un agir sans fondement*. Paris: Les éditions du Cerf, 2008, p. 110 e LEON BATTISTA ALBERTI, *L'art d'édifier*. Paris: Seuil, 2004, p.80. Livro I, Capítulo 9: (...) *toute l´essence de l´édification découle de la nécessité; la commodité l´a nourrie et l´usage l´a anobile; enfin on en vint à songer au plaisir, bien que le plaisir lui-même ait toujours eu en horreur les excès de tout genre*. Tradução da autora.

[245] "(...) a imobilidade do edifício é exceção; o prazer é deslocar-se até movê-lo e fruir todas as combinações oferecidas por seus membros, que variam." PAUL VALÉRY, *Introdução ao método de Leonardo da Vinci*. São Paulo: Editora 34, 1998, p.85.

[246] Imagens disponíveis no site do arquiteto www.jauregui.arq.br

ambos denota a desnutrição cívica de que a anatomia de muitas cidades brasileiras tem sido, progressivamente, espelho. Nas áreas abordadas por Jáuregui, menor escala não significa necessariamente menor complexidade. Isso, no entanto, não limita a capacidade ordenadora de um aporte metodológico que parte da leitura e consideração do pré-existente para elaborar intervenções sobre a realidade. Essas intervenções articulam-se à percepção e organização de quem se interessa e se envolve no processo de transformá-la. O diálogo instituído nos processos de fruir e produzir transforma-os respectivamente em crítica e prática. Esse método dialógico articula teoria e experiência sem eliminar as incertezas ou controvérsias próprias dos organismos a que ele se aplica. O diálogo, em Jáuregui, reedita o método albertiano, não sem ampliá-lo. Uma dinâmica que expõe o organismo à instabilidade, mas essa fragilidade é compensada pelo gesto coletivo que a constitui[247]. Em *concinnitas* com Alberti, Jáuregui entende que a realidade compõe-se de múltiplas relações humanas, cujo sentido é inseparável de sua articulação entre si e com o espaço em que se inserem.[248]

A exemplo de Alberti, Jáuregui reconhece o papel do desejo e da singularidade dos sujeitos na articulação com o espaço. Nesse sentido, Jáuregui elucida a importância que os habitantes desses complexos organismos urbanos conferem à beleza do ambiente construído, reivindicando-a em demandas manifestas. A beleza de que sentem falta, afirma Jáuregui, não remete apenas à aparência dos edifícios e à harmonia de sua disposição em composição com o lugar. O sentido primordial dessa beleza parte de sua capacidade de criar e manter afetos, provocando o interesse da comunidade pelo desenrolamento dos sujeitos e das coletividades no espaço em que se instituem. Esse espaço simboliza e reflete a consciência de sua capacidade de transformação. Independentemente do grau de complexidade da realidade local, em qualquer tempo e lugar onde o humano e a *virtù* representem algum valor durável, os desafios da edificatória parecem demandar que se transforme em ato a atualidade de Alberti.

---

[247] Cf. EVANDRO MIRRA, *op. cit*, pp. 21-26.
[248] Cf. NELLA BIANCHI BENSIMON, *op. cit*, p.14.

## IV. ESPAÇO E RAZÃO

## ORDEM, GÊNEROS E ESPAÇOS.
## A MULHER E O AMOR,
## DE ALBERTI A CASTIGLIONE

Nella Bianchi Bensimon

**Resumo**

Para falar da mulher e do amor, Alberti lança mão dos mais diversos gêneros: prosa e poesia, diálogo e monólogo, epístola e romance, fábula ou apólogo e conversa informal despretensiosa... ele recorre ao latim e ao *volgare*, dá voz a deuses e homens, sem contar as mulheres; canta o amor em suas elegias, mas traça logo adiante o retrato de parceiras ásperas e infiéis, de amantes desdenhosas ou, ao contrário, versadas na arte do amor e apaixonadas, e, por fim, põe em cena nos livros *De Familia* uma esposa exemplar, devidamente educada por seu marido. Seus escritos são em parte tributários de ideias já assentadas há muito tempo, mas, como acontece amiúde com Alberti, não deixam de inaugurar outras novas. Logo, não é surpreendente que notáveis estudos tenham sido, em alguns casos há muitos anos atrás, consagrados à análise de seus (pseudo-)*Amatoria*. A presente contribuição revisita, sob esta perspetiva, o conjunto da obra literária do grande humanista buscando salientar a complexidade que a envolve, assim como seus prováveis desdobramentos e, portanto, de certa forma, sua fortuna pouco conhecida e subterrânea.

Diálogos; Eros; Humanista; Latin; Volgare.

DOI: http://dx.doi.org/10.14195/978-989-26-1015-3_9

**Résumé**

Pour traiter de la femme et de l'amour, Alberti se sert des genres les plus divers: prose et poésie, dialogue et monologue, épître et roman, fable ou apologue et propos de table... il recourt au latin et au *volgare*, fait parler les dieux et les hommes non moins que les femmes, chante dans ses élégies l'amour, mais esquisse ailleurs le portrait de partenaires acariâtres et infidèles, d'amantes dédaigneuses ou bien expertes et passionnées, et représente enfin dans les livres *De Familia* une épouse exemplaire dûment éduquée par son mari. Ses écrits sont en partie tributaires de traditions et d'idées figées depuis longtemps mais aussi, comme c'est souvent le cas chez lui, ils en inaugurent de nouvelles. Il n'est donc guère surprenant que de remarquables études aient été, parfois depuis des années, consacrées à l'analyse de ses (pseudo-)*Amatoria*. La présente contribution revisite de ce point de vue l'ensemble de l'œuvre littéraire du grand humaniste s'efforçant d'en faire ressortir la complexité ainsi que ses prolongements probables et donc, en quelque sorte, leur fortune peu connue et souterraine.

Dialogues; Eros; Humanist; Latin; Vulgar.

**Abstract**

Through the reminder of the numerous books written by Leon Battista Alberti about the subject of love and woman, this presentation intends to underline their rich diversity and to indicate some ways by which we can inquire about their reception, particularly in comparison to the dialogues about love, which were about to multiply during the 16th Century. Leon Battista Alberti's *amatoria* give an accurate image of the wide questioning generated in the Humanist's mind by the conflict between Eros and culture and show the answers he gave according to the different perspectives. Alberti has always tried to master the disorder spread in the universe by woman and love: either by expelling them from this space, or by integrating the woman, properly educated, into the familial organization.

All these texts show Leon Battista Alberti's taste for experimentation as well as his genius concerning innovation. While being often a part of established literary genres and traditions – dialogues, monologues, poems, in Latin or in Vulgar -, this part of his production is about to leave its mark on Italian cultural evolution in Vulgar.

Dialogue; Eros; Humanisme; Latin; Vulgaire.

No momento em que se prepara para apresentar as *amatoria* de Leon Battista Alberti, Girolamo Mancini, seu biógrafo erudito do fim do século XIX, observa com complacente indulgência: "Battista, sebbene determinato a fuggire le distrazioni, era uomo e sentiva le passioni umane".[249] Tal consideração, embora nos apareça atualmente como impregnada de moralismo e um pouco ultrapassada, traduz contudo o rico itinerário que está por trás dos *amatoria* albertianos. Pouco importa saber se estamos diante do resultado de uma experiência vivida, o fato é que o número de escritos sobre a mulher e sobre o amor, assim como sua diversidade, revelam mais uma vez em Alberti um exímio conhecedor do coração humano e, sobretudo, um experimentador obcecado e talentoso de novas formas de expressão. Para falar da mulher e do amor, este humanista usou os gêneros mais diversos: poesias, diálogos, monólogos, epístolas; ele se expressou em latim e em vulgar, fez os homens falarem, e também as mulheres; cantou o amor em suas elegias, mas, em outros escritos, desenhou o retrato de uma esposa áspera e infiel, de uma amante desdenhosa ou, pelo contrário, versada nas artes do amor e apaixonada; no *De familia*, enfim, ele retratou a esposa exemplar, devidamente educada por seu marido. Desconheço outro humanista que tenha escrito tanto sobre a mulher e sobre o amor, experimentando tão variadas formas de expressão.

Estas obras são, naturalmente, em parte tributárias a tradições culturais já estabelecidas mas, como acontece amiúde com Alberti, elas não deixam de inaugurar outras novas. Estudos notáveis foram consagrados à análise das *amatoria* albertianas. Limitar-me-ei, portanto, a revisitar o conjunto desta dimensão da produção literária de Alberti tentando destacar sua complexa especificidade no contexto do pensamento albertiano, assim como salientar as possíveis repercussões desta reflexão, que deporiam, entre outras coisas, sobre sua *fortuna* subterrânea.

As datas de redação dos textos albertianos tratados em minha análise raramente podem ser atestadas com exatidão; de modo geral, tem-se por certo que a escrita das páginas sobre a mulher e sobre o amor se situa por volta da década de 1430-1440. Todavia, gostaria de deixar claro que

---

[249] GIROLAMO MANCINI, *Vita di Leon Battista Alberti*, Firenze, Carnesecchi, 1911², p. 74.

as obras às quais farei referência não encerram integralmente a reflexão do humanista sobre estes aspetos: como é de regra quando se trata de Alberti, um mesmo tema circula de um texto a outro, criando um jogo de referências interminável.

Assim sendo, começarei citando *Deifira* porque trata-se do primeiro diálogo sobre o amor em vulgar na história da cultura italiana. Segundo nos depõe a *Vita*, Alberti o teria escrito antes de 1434.[250] Ele adotou em *Deifira* um tipo de diálogo incomum em sua produção em vulgar que poderia ser comparado ao diálogo medieval no qual, como observava Rudolf Hirzel no fim do século XIX, não há uma verdadeira "conversa" entre os personagens, mas uma confrontação entre "tipos humanos".[251] No *Deifira*, os interlocutores são personificações às quais o autor empresta sua voz. Pallimacro é o homem apaixonado atormentado pelas dores de um amor contrariado; seu nome associa dois adjetivos: "pallido" - pálido, e "magro" - magro, dois sintomas da doença do amor, do *amor hereos* ou *héroicus* que corrói a saúde mental e física do homem vitimado pelo mal. Frente a ele, Filarco, é o amigo consolador que tenta ensinar-lhe como amar sem sofrer. Como foi observado por Stefano Cracolici, na Itália, o *Deifira* foi sem dúvida o inspirador de duas obras até aqui pouco estudadas: o *Dyalogo d'amore* de Filippo Nuvoloni, cuja versão manuscrita, dentre as duas conservadas, traz a data de 7 de junho de 1473, e o *Utile dialogo amoroso*, de Bernardino Corio, publicado, provavelmente em 1502, em Milão, por Alessandro Minuziano.[252] As analogias entre estes escritos e seu antecedente albertiano são contundentes tanto pelo tema, pela escolha dos personagens, como pelo contexto e pelo tipo de diálogo. No *Dyalogo* de Nuvoloni encontramos até o personagem de Filarco, homônimo daquele do diálogo albertiano, embora represente aqui um papel diferente,

---

[250] LEON BATTISTA ALBERTI, *Deifira*, em ID., *Opere volgari*, A cura di Cecil Grayson, Bari, Laterza, vol. III: *Trattati d'arte, Ludi rerum mathematicarum, Grammatica della lingua toscana, Opuscoli amatori, Lettere*, 1973, pp. 225-245 e 387 para a *Nota sul testo*.

[251] *Der Dialog: Ein literarhistorischen Versuch* von RUDOLF HIRZEL, Leipzig, S. Hirzel, 1895 [= Hildesheim, Olms, 1963], I, pp. 384 s.

[252] STEFANO CRACOLICI, *Il ritratto di Archigynia: Filippo Nuvoloni e il suo* Dyalogo d'amore, Firenze, Olschki, 2009, p. XVII.

porque nesta "réplica" do *Deifira* ele encarna o infeliz "principe degli amanti", reconfortado por Pollisopho no papel do preceptor/terapeuta. Mais fortemente antierótica e misógina é a obra de Bernardino Corio, no qual Nicerato, "homo insensato e disperato", após ter sido abandonado pela cruel Cyllenia, vai buscar reconforto junto ao seu amigo Euphilo em um vale escuro conhecido como "Dolente e Lacrimosa". Estes dois *rifacimenti* atestam uma difusão do *Deifira* na Itália setentrional. Lembremos a este respeito que Alberti foi um frequentador das Cortes de Mântua e de Ferrara, onde viveu também Filippo Nuvoloni, e que, por outro lado, o local da primeira edição do diálogo albertiano, impresso pela primeira vez em 1471, foi Pádua, na Casa de Edição de Lorenzo Canozzi.[253]

Nos manuscritos e nas edições antigas, *Deifira* está quase sempre associado a outro opúsculo sobre o amor, *Ecatonfilea*.[254] Mario Equicola em seu *De amore,* publicado em Veneza em 1525, os apresentava reunidos. Dedicado a Nerozzo Alberti para desviá-lo de seus sofrimentos amorosos, *Ecatonfilea* é um monólogo pronunciado por uma mulher, cujo nome atribuído ao título deste pequeno texto remete à sua longa experiência amorosa: estamos diante de uma "pratica maestra delle cose amatorie", habilitada portanto a instruir as mulheres na maneira pela qual eles devem conduzir-se no amor. Na dedicatória, a fim de desviar seu parente e amigo das profundas angústias amorosas que poluem seu espírito, porquanto "ogni animo gentile amando tanto ama quanto e'può",[255] Leon Battista, em vista da emancipação de Nerozzo, anuncia ter confiado a Ecatonfilea o encargo de revelar-lhe os males e as dores causadas pelo amor. Incumbido de explicitar uma espécie de pedagogia do amor, este personagem lembra a Fiammetta de Boccaccio que evoca, por sua vez, as

---

[253] ROBERTO RIDOLFI, *Lo stampatore del Mesue e l'introduzione della stampa a Firenze*, em ID., *La stampa in Firenze nel secolo XV*, Firenze, Olschki, 1958, pp. 29-48. No *Incunabola short title catalogue* encontramos a indicação de uma edição de Milão impressa por Antonio Zaroto; esta atribuição é contestada por PAUL NEEHDAM no *Incunabola project blog*.

[254] LEON BATTISTA ALBERTI, *Ecatonfilea*, em ID., *Opere* volgari, A c. di Cecil Grayson, cit., vol. III, cit., pp. 199-219.

[255] Estas palavras remetem aos célebres vv. 100 *(Amor ch'al cor gentil ratto s'apprende)* e 103 *(Amor ch'a nullo amato amar perdona)* do canto V do *Inferno* de DANTE, onde Francesca evoca a relação entre o amor, a nobreza do coração, e a força incoercível do amor que impele a amar quando se é o objeto de amor.

mulheres dos *Heroides* de Ovídio. Já no fim do século XV, na onda do interesse suscitado pelo tema do amor, estas obras se beneficiaram muito cedo de uma *fortuna* europeia, a qual, infelizmente, não chegou a contemplar outros escritos literários de Alberti. Como bem o demonstrou Francesco Furlan, estes dois opúsculos foram especialmente apreciados na França onde tiveram sua tradução publicada logo em 1534, gozando de sucesso considerável.[256] Ora, este opúsculo foi pouco estudado e, até onde sei, a função de *dominus gregis* que Alberti atribui neste texto a Ecatonfilea nunca chegou a ser notada. Com efeito, a fala desta personagem tem a mesma função que o prólogo em Terêncio, isto é: este discurso/prólogo tem um valor programático. A equiparação não é arbitrária: Ecatonfilea se prepara para instruir jovens mulheres e declara encontrar-se em um teatro onde exorta suas jovens discípulas a escutar seus comentários enquanto esperam a chegada dos atores.[257] Logo, imagina-se que seu discurso preceda o início de uma representação teatral, seu conteúdo, absolutamente desprovido de ironia, possui uma dimensão muito pouco convencional e conclui com a chegada dos atores.[258] Ecatonfilea elabora uma pedagogia do amor em torno de três pontos: a escolha do homem amado, a melhor forma de fazer brotar e tornar duradouro um sentimento amoroso para, ao fim, saciar seu próprio desejo de ser amada.[259] Sem entrar na análise dos conselhos de Ecatonfilea, é suficiente salientar aqui que, conquanto estes sejam desprovidos da malícia e da trapaçaria atribuídas tradicionalmente às mulheres nas abordagens misóginas, estão

---

[256] FRANCESCO FURLAN, *Traductions et adaptations à la veille de la Révolution:* Ecatonfilea *et* Deifira *et leurs lecteurs*, em ID., *Studia albertiana: Lectures et lecteurs de L.B. Alberti*, Paris, J. Vrin & Torino, Aragno, 2003, pp. 175-176.

[257] LEON BATTISTA ALBERTI, *Ecatonfilea*, ed. cit., pp. 199-200: "Pertanto, anime mie, vezzi miei, mentre che i mimmi e personaggi soprastanno a venire qui in teatro, ascoltate, quanto fate, con diligenza e molta attenzione me in questa arte ottima maestra e cupida di rendervi molto erudite, e imparerete finire i vostri amori con infinito piacere e lietissimo contentamento, sanza timore o dolervi di sinistro alcuno caso quale nell'amare possa seguirvi".

[258] Ibidem, p. 219: "Vorrei, ove qui il tempo bastassi, insegnarvi piú e piú altre cose utilissime ad amare, ma veggo già lo spettacolo preparato, e qui cominciano intrare e'travestiti e personati. Altro adunque tempo e luogo sarà da farvi in amorose astuzie piú dotte".

[259] Ibidem, p. 201: "Io qui prima vi insegnerò eleggere ottimo amante. Poi vi farò maestre in che modi, con che arti possiate prenderli e nutrirli di molta grazia e benivolenza. Ultimo udirete quanto facile e sicuro vi mostrerò lungo tempo triunfare in vostre amorose espettazioni".

impregnados de bom senso e de uma percepção muito perspicaz do jogo da sedução. Seus ensinamentos se concluem com uma exortação ao amor simples e sincero, caminho certo para verem seu amor compartilhado: "Amate adunque, e fidatevi di chi v'ama, e chi voi amate serberà a voi pari fede e amore. Deponete sospetti, sdegni e gare, e cosí viverete, amando, felicissime e contentissime".[260]

Os personagens que animam o diálogo de *Deifira* e o monólogo de *Ecatonfilea* podem encontrar seus correspondentes latinos em algumas das *Intercenales* que abordam o conflito eternamente presente em Alberti: o embate entre cultura e *eros*. Penso particularmente em *Vidua*, espécie de *ars amandi* no feminino, e em *Amores*, na qual o autor previne seus leitores contra o amor, denunciando a obstinação e a imoralidade das mulheres. *Deifira* e *Ecatonfilea* têm também seu equivalente poético nas *Rime* e mais especialmente nas elegias *Corimbus* e *Agilitta*. A produção poética centrada no amor de Leon Battista Alberti atesta também a predileção do humanista pela inovação assim como sua vontade de se distinguir em um panorama poético fortemente petrarquista: com exceção da canção e do poema em oitava, todas as formas métricas estão representadas. Mas o desafio da invenção e da renovação foi talvez prejudicial às *Rime* albertianas. A tradição dos textos mostra, com efeito, que a maioria deles só foi conservada por um testemunho, o que é sem dúvida o sinal de uma dispersão original. No diálogo que leva seu nome, é a estes poemas que Sofrona, a "matrona" interlocutora de Battista, faz alusão sarcástica. Esta pequena obra nos foi transmitida por apenas um manuscrito, publicado pela primeira vez por Anicio Bonucci, em 1843. Ele foi redigido em 1437 para, como o enuncia Alberti em sua dedicatória a Giovanni, sobrinho do cardeal Lucido Conti, "ossistere e propulsare da noi ogni tristezza e mala cura d'animo"[261] e, isto posto, se dispõe a relatar os intercâmbios entre Sofrona e Battista que são, diz ele, "degni di memoria, iocosi e atti a

---

[260] Ibidem, p. 219 ("Amai assim e confiai naquele que vos ama, e aquele que vos ama nutrirá por vós uma mesma confiança e um mesmo amor. Renunciai a qualquer desconfiança, a qualquer malquerença e a qualquer desavença, amando assim vivereis felizes e contentes").

[261] LEON BATTISTA ALBERTI, *Sofrona*, em *Opere volgari*, A c. di C. Grayson, cit., vol. III, cit., pp. 267-271: 267 ("Combater e afastar de nós toda sorte de tristeza e de desdita amorosa").

sollevarti l'animo da ogni gravezza e miseria".[262] Anunciado como um *ludus,* o texto é uma espécie de palinódia na qual o humanista é encarnado por seu *alter ego,* Battista, reconhecendo ele próprio ser "di natura vergognosa e sopra tutti rattenuto e guardingo".[263] Ele tenta defender-se das acusações que Sofrona pronuncia "con voce altiera e fronte aspera, e con gli occhi, uhi!... turbati", indignada pelos julgamentos negativos que profere sobre as mulheres.[264] Neste curto diálogo negligenciado pelos exegetas albertianos, o humanista trata com ironia seu amor por uma "trecca tignosa" que lhe ditou suas "elegie e pianti amatori". Aqui os papéis estão invertidos: não é mais um homem que ataca as mulheres por sua frívola malignidade, mas é Sofrona, uma mulher, que acusa os homens de teimosia, de cega pretensão e de ingenuidade.[265] Ela repreende a Battista sua áspera misoginia - manifestada explicitamente em sua epístola a Paolo Codagnello - e pronuncia um elogio feminino audacioso cujo conteúdo lembra, de um lado, a defesa das mulheres apresentada no *Proemio* do *Decameron* de Boccaccio, e de outro, antecipa aquela que Bembo insere no início do livro III dos *Asolani*. Sofrona acusa os homens de serem responsáveis pelos defeitos femininos, de entravarem, através de rígidas regras sociais estabelecidas pela vontade masculina, o livre desenvolvimento de suas qualidades intelectuais e morais![266]

É bem verdade que mais adiante, o discurso de Sofrona revela também o que ela considera ser uma inegável qualidade da mulher: sua astúcia,

---

[262] Ibidem, ("Dignos de serem rememorados, jocosos e capazes de abrandar em teu coração qualquer opressão e tormento").

[263] Ibidem, p. 268 ("Tímido, discreto e cauteloso por natureza").

[264] Ibidem ("Com voz altiva, feição nublada e o olhar, uhi!... revolto").

[265] Ibidem, pp. 269: "Ma in noi fiorisce questa prudenza, che sappiamo ad ogni nostra volontà ritrarci, e dimenticar l'impresa : voi sempre perseverate miseri" et 270: "Quanto piú sete astuti, piú ivi sete inetti. Volete prevedere e investigare e conietturare nostre parole e gesti, e fra voi non restate d'interpetrare nostri detti e fatti, e perdervi in fatica inutile e vana. Può gli trovarsi simile insania che quietarsi mai, pensando sempre alle volubilità d'una fanciulla?".

[266] Ibidem: "Ché se cosí fusse a noi licito non starci sedendo solitarie in casa in ombra, ma crescere fuori in mezzo l'uso e conversazion delle persone, che credi? Oh Iddio, qual sarebbe e quanta la prudenza nostra maravigliosa e incredibile! Quanto sarebbe ogni nostro consiglio simile all'oracolo d'Apolline, poichè cosí inesperte vi soprastiamo! E ben comprendo, perchè cosí conoscete sarebbe, però inducesti questa consuetudine di recluderci in fra e'pareti solitari".

instrumento de manipulação e de sujeição dos homens à sua vontade.[267] Não obstante, uma leitura atenta das réplicas entre os dois personagens revela uma troca relativamente aberta onde o papel tão pouco convencional atribuído à mulher chega a surpreender. Após relembrar o quanto sua natureza é discreta e prudente, Battista lamenta ter o amigo tornado público seu escrito destinado a consolar seu amigo Paolo, distraindo-o do desditoso amor do qual se tornara a miserável vítima; ele afirma assim, por reconhecer o direito das mulheres ao amor, não merecer as reprimendas que lhe dirige Sofrona. Contudo, Battista não deixa de criticar nas mulheres a obstinação, assim como o hábito de seduzir para satisfazer sua vaidade. Sofrona, por sua vez, vitupera a arrogante presunção dos homens.[268]

Ora, a dimensão lúdica deste diálogo, que não deixa de esclarecer o que há de problemático no lugar que a mulher ocupa na ordem do mundo, é pontuada pelo sorriso com o qual Battista se despede de Sofrona. Esta confrontação não é sem importância: ela relembra que, enquanto a mulher pode ter nefasta influência sobre o homem, afetando sua dignidade de *civis* e de ser racional, o homem é, por sua vez, ofuscado pela sua própria soberba. Não se pode deixar de concordar com as considerações de F. Furlan e convir ser a misoginia, amiúde, apenas uma das dimensões de uma misantropia albertiana muito mais extensa.

A expressão mais extrema e sarcástica da misoginia à qual alude Sofrona, encontra-se na *Risposta fatta a uno singulare amico et molti consigli et exempli dati all'opera del torre donna*, situada por Grayson em torno de 1436-37 *ca.* e publicada por ele em 1966 sob o título *Versione volgare della "Dissuasio Valerii" de Walter Map*, e, igualmente no *De amore* que o humanista dirige, como vimos, ao seu amigo Paolo

---

[267] Ibidem: "Ché siamo tutte maestre a nostra posta mostrarci crucciate, dove bennulla a voi pensiamo, solo per darvi dolore. E voi, simplicetti, a nostra posta ritornate in letizia con noi. E che prudenza stimi tu sia la nostra, quando cosí vedi nostra industria, quando cosí vedi nostra industria, ch'e'nostri mariti amino chi noi vogliamo e perseguitino odiando chi noi deliberammo iniuriarlo; e presente tutti e'nostril, tanta è astuzia in noi, che persino assiduo sappiamo tenere in casa chi disponemmo averlo per quasi continuo altro a noi marito".

[268] Ibid*em*, pp. 269-270: "Voi venite pomposi, parvi meritare da tutti essere richiesti; non da noi come dono, ma come devuto aspettate ogni nostra cortesia, e gloriatevi quasi vostra virtú piú che nostra beneficenza essere contenti per liberalità nostra".

Codagnello. A carga de misoginia presente nestes escritos já gozava de extensa tradição, a ponto de uma dentre suas mais conhecidas expressões ter sido o *De nuptiis,* de Teofrasto, introduzido por Santo Agostinho em sua *Contra Jovinianum.* Não obstante, como o demonstrou F. Furlan, uma leitura comparativa da *Dissuasio Valerii* e da *Risposta* atesta certa secularização do texto albertiano que, expurgado dos elementos ascéticos e religiosos, põe à frente, ao exaltar a cultura e o estudo, os valores e os ideais humanistas. Com efeito, a misoginia de Alberti, sua hostilidade manifestada ao amor e à mulher capaz de instigá-lo, são sempre de natureza secular. Ele nunca tem a mulher por uma *imago diaboli* e, se rejeita o amor, o faz unicamente por ser este um fator de alienação da *ratio* masculina. Vítima do amor, o homem renuncia a si próprio, abre mão de sua liberdade e de suas capacidades intelectuais. Assim, a questão que se coloca é aquela de uma dominação estoica das paixões. Aqui, especificamente, reside a particularidade do pensamento de Alberti com relação à mulher, questão à qual retornarei. Importa destacar de momento que na visão de nosso humanista, a mulher, assim como outros elementos do mundo, pode gerar o caos; cabe ao homem que aspira ao "bene e beato vivere" dominar e canalizar a potência subversiva que a mulher pode levar consigo. Em *Amator*, um opúsculo latino composto provavelmente por volta de 1432 - conservado igualmente em apenas um manuscrito (Oxford, Bodleian Library, Canon. Misc. 172) – e publicado pela primeira vez por Girolamo Mancini em 1890, o amor é apresentado inclusive como uma perturbação da alma, assim como a cólera, mas cujas consequências podem ser ainda mais trágicas. A cólera se extingue logo após ter-se inflamado, enquanto que o amor, "dies annosque pectoribus precordiisque ipsis insidet atque infixus heret", se insinua no fundo do peito, onde permanece radicado durante dias, anos, *dies annosque*, desencadeando uma luta onde se enfrentam "rationis adversus desiderium".[269] O amor desvia os espíritos do estudo e dos bons costumes: "vitate hoc malum, studiosi, vitate", fujam desta desdita "studiosi", exclama o autor.

---

[269] LEON BATTISTA ALBERTI, *Amator*, em ID., *Opere latine*, A cura di Roberto Cardini, Roma, Centro Studi Poligrafico, 2010, pp. 91-121.

Esta desconfiada aversão pelo amor me parece ter tido um desdobramento em três diálogos publicados por volta do fim do *Quattrocento*. Trata-se de obras antieróticas, relativamente pouco estudadas, que mais uma vez vêm a lume na Itália setentrional: *Contra amores* de Bartolomeo Sacchi, alcunhado de Platina, publicado em Milão por Antonio Zaroto em 1481; *Anterici* de Pietro Cavretto *alias* Petrus Haedus, impresso em Treviso em 1492 por Gerardo di Fiandra e, enfim, *Anteros* de Battista Fregoso saído da imprensa de Léonard Pachel, em Milão, em 1496. Os dois primeiros diálogos são em latim, o terceiro em vulgar.[270] Não somente estas três obras negam à mulher e ao amor qualquer valor de *motus ad perfectionis*, como os condenam pela força subversiva que carregam, ameaça à estabilidade das cidades e das famílias, afetando o equilíbrio masculino. Após ter-se debruçado sobre a origem do amor e do desejo, tanto no domínio médico-filosófico como no teológico, os três interlocutores do *Anteros* – o humanista milanês Piatino Piatti, o genovês Battista, alter-ego do autor, e Claudio de Savóia – concordam todos em ver no casamento a única resposta capaz de canalizar a força avassaladora de *eros*. Considerar o casamento como um excelente calmante da fuga amorosa nada tem de surpreendente. No *Quattrocento,* enquanto o pensamento religioso e secular preconizava que a união entre esposos se inscrevesse sob o signo da *benevolentia*, na própria tradição do amor cortês, o casamento era considerado como o túmulo do amor, podendo apagar, como bem o lembra André le Chapelain, este poderoso sentimento unindo dois amantes:"Sed et superveniens fœderatio nuptiarum violenter fugat amorem, ut quorundam amatorum doctrina docetur".[271]

A questão do amor está, destarte, no âmago do estoicismo de Alberti. O temor de pecar não assola os pensamentos do humanista, aos seus olhos, *eros* não é pecaminoso e ele absolutamente não o considera sob a perspetiva religiosa. O amor e a mulher constituem uma ameaça à

---

[270] BARTOLOMEO SACCHI dito IL PLATINA, *De amore*, Milano, Antonius Zarotus, 1481; PIETRO CAVRETTO dito PETRVS HAEDVS, *Anterotica sive de amoris generis*, Treviso, Gerardus de Lisa Flandria, 1492.

[271] *Andreae Capellani regii Francorum De amore libri tres*, Recensuit E. Trojel, München, Eidos, 1964, II 4, p. 249.

*constantia* do sábio, ideal pelo qual Alberti lutou ao longo de toda sua vida. Não obstante, limitar sua ideia acerca da mulher a uma rígida e acanhada misoginia, equivale a negar ao grande humanista o que constitui uma dimensão de seu gênio: sua consciência insubmissa à *miseria hominis*, em uma ordem universal indiferente ao destino humano que Alberti jamais renunciou a tentar harmonizar. A mulher e o *eros* são meras tesselas deste mosaico universal que jamais se recompõe. Muitos anos antes, por volta de 1440, Alberti implicitamente sugeria na *intercœnale Uxoria,* a necessidade de educar a mulher a fim de que ela pudesse converter-se em uma esposa e mãe obediente.[272] Os três irmãos protagonistas desta *intercœnale*, Mizio, Acrino e Trissofo, aspiram, cada qual, receber em herança as insígnias que seu pai destinava ao mais merecedor. Nenhum deles as receberá. Os antigos da família, chamados a julgar, estimaram que sua atitude com relação à mulher os fazia desmerecê-las. Com efeito, o primeiro sofre em silêncio, "tacendo e dissimulando", as infidelidades de uma mulher estúpida, "vagola e vanicciola"; o segundo suporta corajosamente uma esposa áspera e bulhenta, "dura, bizzarra, sempre acigliata, sempre aparecchiata a contendere e a onteggiare"; o terceiro defende encarniçadamente sua liberdade de celibatário ante sua família e seus amigos, "tutti e'mortali quasi a gara e distribuita faccenda a me sono stati in questo suadermi ch'io tolga donna troppo odiosi". Após concertação, a assembleia de velhos sábios decide que as insígnias do pai serão de momento entregues aos sacerdotes da deusa Cibele. Como interpretar a decisão dos antigos? Na mitologia grega Cibele, a "Grande Mãe", era a deusa de Frigia e regia a Natureza da qual personificava a força geradora do mundo vegetal. Desenvolveu-se em torno dela um culto orgíaco que perdurou até época tardia do Império romano. Na tradição mitológica, Cibele encarnava, por conseguinte, a vida e o caos. Assim como a mulher, através de sua força reprodutiva, ela representa a vida e, devido aos comportamentos desenfreados que pode desencadear, a desordem. Se nenhum dos três filhos teve direito à

---

[272] LEON BATTISTA ALBERTI, *Uxoria,* dans *Opere volgari,* A c. di C. Grayson, cit., vol. II: *Rime e trattati morali,* 1966, pp. 303-343.

aprovação dos antigos, duas razões de força maior, sem dúvida, o justificam: nenhum deles soube trazer a boa resposta ao inexorável conflito encarnado pela mulher, que, dentro de uma perspetiva social, só pode resolver-se através de sua educação, fazendo dela uma esposa modelo, totalmente devotada à maternidade.[273] Os dois primeiros não souberam instruir suas respetivas esposas acerca de seu lugar no seio da família, o terceiro simplesmente não enfrentou a dificuldade. Todos três irmãos deram prova de fraqueza, foram incapazes de preencher seu papel de homens de bem e de obrar para a perfectibilidade do mundo. Se assim não fora, por que então não entregar a nenhum dos três as insígnias do pai? Porque deixá-las no altar de uma deusa, Cibele, a *Magna Mater*, símbolo da fertilidade, mas também da natureza selvagem? Na realidade, insisto, os três irmãos desmereceram, não se mostraram dignos de receber o reconhecimento dos antigos sábios.[274] Orientados sem dúvida por seus preconceitos, não raros foram os exegetas albertianos a não ter apreendido a complexidade e a riqueza que o elemento feminino representa aos olhos de um letrado como Alberti e a detectar apenas "i prodotti piú feroci dell'antifemminismo e della misoginia quattrocentesca"[275] em escritos como *Uxoria* e *Maritus*.

A boa resposta que se esperava de um dos três irmãos encontra-se no *De familia* porque de fato a desordem que o amor e/ou a mulher geram no homem só pode recompor-se no universo familiar. Com efeito, por ser indispensável à sua existência e à sua prosperidade, a mulher é a pedra angular da organização familiar. A família é o elemento fundador da instituição social e seu sustentáculo, a saber, a economia repousa, retomando a expressão de Pierre Caye, sobre o *matrimonium* da mesma

---

[273] Em *Maritus*, "parelho" de *Uxoria*, o marido mata a mulher adúltera.

[274] A conclusão a que chegam FRANCO BACCHELLI e LUCA D'ASCIA (*Introduzione*, dans LEON BATTISTA ALBERTI, *Intercenales*, A cura di F.B. - L.D'A., Premessa di Alberto Tenenti, Bologna, Pendragon, 2013, p. 53) não é convincente, e chega até a ser infundada: "Il riferimento finale al culto di Cibele (i cui sacerdoti erano evirati) implica una presa di posizione dell'Alberti a favore del celibato". Sem contar que na *intercœnalis* nunca é feita referência aos sacerdotes da deusa Cibele nem à sua emasculação, como explicar então que as insígnias do pai não tenham sido atribuídas a Trissofo?

[275] Ibidem, p. 8 ("os mais perversos resultados do antifeminismo e da misoginia do *Quattrocento*").

forma que o direito repousa sobre o *patrimonium*, em outras palavras, é através do casal do homem e da mulher que se articula a dialética da economia e do direito. No seio da família, da qual ela constitui uma condição indispensável, desde que devidamente educada, a mulher recupera um papel positivo do ponto de vista da prosperidade e da perpetuação da casa, em conformidade, no mais, com a *trattatistica* da época. É evidente que esta reintegração não se faz sem perplexidades e reticências. No tardio *De Iciarchia*, Battista exortava assim seus jovens discípulos: "Tornasti a casa, trovi la donna rissosa; vincila de umanità, revocala con facilità. Compensa in te il frutto che te aspetti da la lei, che ella ti facci padre.El resto atribuiscilo alla natura loro".[276] No *De familia*, Leonardo nos mostra que a primeira etapa a ser vencida a fim de educar a mulher consiste em evacuar a paixão e a instaurar entre os esposos um sentimento de "amicitia", de recíproca *benevolentia*. "Non che l'altre, ma la moglie propria non veggo io si possa cosí amare sanza molta parte di pazzia e furore",[277] dirá ainda, mais de trinta anos depois, o velho *iciarca*. A este respeito, no *De familia*, a parte do diálogo consagrado à mulher é magistral. No início do livro II, os jovens Battista e Lionardo enfrentam-se em uma *disputa* sobre o amor, o primeiro, em oposição ao segundo far-se-á o defensor da paixão. Não se trata aqui de um verdadeiro diálogo, no sentido da procura coletiva de uma verdade, mas, como o admite o próprio Battista, de uma lide retórica, de uma *disputa*, onde os argumentos tradicionais ocupam o lugar dos golpes e na qual a palavra final pertencerá a Lionardo, que condena o amor paixão como uma espécie de demência.[278] Assim, a "lascivia e amore venereo e furioso

---

[276] LEON BATTISTA ALBERTI, *De iciarchia*, em ID., *Opere volgari*, A c. di C. Grayson, cit., vol. II, cit., p. 207 ("Chegas em casa e encontras a mulher rixosa; domine-a pela tua humanidade, neutralize-a com afabilidade. Compensa-o pelo fruto que esperas dela: que ela te ofereça a paternidade. Quanto ao resto, considere-o como fazendo parte de sua natureza").

[277] Ibidem, p. 202 ("Sem nem sequer falar das outras, não vejo como seria possível amar assim sua própria esposa sem contar com uma boa dose de loucura e furor").

[278] LEON BATTISTA ALBERTI, *I libri della familia*, A cura di Ruggero Romano e Alberto Tenenti, Nuova edizione a cura di Francesco Furlan, Torino, Einaudi, 1994, pp. 105-106: "[...] riputerai tu a troppa baldanza se io, per imparare da te, in questo seguo i costumi tuoi difendendo opinione alcuna contro la sentenza tua? [...] Oh! se io dicessi cosa da voi dottissimi non lodata, dirolla non tanto perchè a me paia dire il vero, quanto per essercitarmi".

al tutto" é excluída da organização familiar para abrir espaço à *amicitia* dos esposos. No livro III, Giannozzo pode então contar como ele soube adestrar e educar sua esposa. A construção do diálogo é muito sutil: os intercâmbios têm lugar entre dois homens, Lionardo e Giannozzo. A esposa só podendo e só devendo existir através do seu marido, é Giannozzo que lhe dá voz ao narrar a conversa que teve com ela quando, jovem casada, tinha se integrado à casa e ele a havia instruído sobre seus deveres e sobre como cumpri-los. Na origem da construção deste diálogo, encontra-se a iteração do *Économique* de Xenofonte, onde Ischomacus conta a Sócrates a conversa que teve com sua jovem esposa para instruí--la sobre o papel que deveria ocupar na economia doméstica.[279] Além das significações que a retomada de um modelo antigo possa vir a ter, é necessário salientar aqui que a articulação do diálogo reproduz a relação de dependência e de submissão que se esperava por parte de uma boa esposa. No *De familia,* as qualidades, os papéis, os espaços e as proibições impostos à mulher são tradicionais: honestidade, castidade, pudor, submissão e dignidade. Eram estas as virtudes celebradas desde o século XII pela literatura didática e pastoral e que garantiam a exemplaridade da esposa até mesmo no universo secular de Leon Battista Alberti.

Esta rápida excursão através das páginas que o humanista escreveu sobre a mulher e sobre o amor, mostra que ao menos duas imagens femininas existem em sua obra, cada uma circunspetamente enquadrada em espaços bem delimitados.[280] No contexto da edificação familiar, a mulher é perfetível e controlável, sua carga destruidora é neutralizada por uma educação destinada a corrigir sua frivolidade e sua *stultitia*. Em contrapartida, fora

---

[279] Para a análise do diálogo deste livro III ver meu artigo "*Nihil dictum quin prius dictum*": *analyse de la méthode compositive chez Leon Battista Alberti,* em *La constitution du texte: Le tout et ses parties,* Études réunies par Danielle Boillet - Dominique Montcond'huit, Poitiers, La Licorne, 1998, pp. 109-125 – *online* à l'adresse edel.univ-poitiers.fr/licorne/sommaire.php?id.

[280] É a razão pela qual, em minha opinião, devemos relativizar a afirmação de F. BACCHELLI & L. D'Ascia (*Introduzione*, cit., p. LXXXIII) segundo a qual a "tensione fra precettistica sociale e fondazione di un'αὐτάρκεια isolata e ascetica, educazione dei cittadini e autoeducazione del *sapiens* si risolve nella soppressione reale o metaforica dell'antagonista: la donna". Conquanto esta afirmação seja verdadeira quando se trata das *Intercœnales*, ela é invalidada pela esposa albertiana do *De familia*, bem vivaz e indispensável.

do espaço doméstico, ela corre o risco de fugir ao controle da razão e de mergulhar o homem no caos. Como precaução, Alberti mantém então esta mulher à distância por meio de uma misoginia na qual a descrição dos defeitos femininos não está isenta de humor, chegando a beirar, muitas vezes, a caricatura. Como observam com justeza Francesco Bacchelli e Luca D'Ascia, até o tema "cortês" da função civilizadora de *eros,* muito enraizada na tradição florentina, de Boccaccio a Poliziano, não tem nenhuma influência sobre o que eles designam, inclusive de forma um pouco obscura, como o "moralismo filosófico" de Alberti.[281] Assim, se o humanista recusa à mulher as funções civilizadoras que Castiglione atribuirá à "dama", à "donna di palazzo", ele lhe confere contudo um papel insubstituível na sobrevida das famílias e portanto das cidades.

A partir do fim do *Quattrocento,* o neoplatonismo de Ficino seria o marco fundamental de todo discurso versando sobre o amor, que, de ora em diante, articular-se-á em torno do dualismo de *eros.*[282] No *Cinquecento* os diálogos sobre o amor multiplicar-se-ão; só citarei os mais célebres: os *Dialoghi d'amore* de Leão Hebreu, os *Asolani* de Pietro Bembo, o Livro III e IV do *Cortegiano* de Baldassare Castiglione, ou ainda, o *Dialogo d'amore* de Sperone Speroni.[283] Lina Bolzoni observa que a edição de 1530 dos *Asolani,* aquela de 1528 do *Cortegiano* de Castiglione e, enfim, aquela de 1532 de *Orlando Furioso* representam uma virada decisiva na rica produção de obras consagradas ao amor e às mulheres no século XVI.[284] Sem desejar aprofundar-me na complexidade das problemáticas ligadas a estes temas no *Asolani* de Bembo ou no *Cortegiano* de Castiglione, limito-me a constatar a distância que os separa da abordagem albertiana. Não

---

[281] Ibid.

[282] Sobre a importancia do *Commentarium* e do *De amore* na revivescência do tema do amor durante o Renascimento, ver, entre outros, MARIA-CHRISTINE LEITGEB, *Amore e magia: La nascita di Eros e il* De amore *di Ficino,* Tradotto dal tedesco da Nicola Gragnani e Sebastiano Panteghini, Versione italiana rivista da Paola Megna e Stephane Toussaint, s.l. [sed Lucca], s.T. [sed San Marco Litotipo], 2006; *Trattati d'amore del Cinquecento,* Reprint a cura di Mario Pozzi, Roma-Bari, Laterza, 1975.

[283] STEFANO PRANDI, *Scritture al crocevia: Il dialogo letterario nei secc. XV e XVI,* Vercelli, Mercurio, 1999. p. 111.

[284] LINA BOLZONI, *Les* Asolani *de Pietro Bembo, ou le double portrait de l'amour,* dans "Italique", IX, 2006, pp. 9-27: 12.

se pode negar que entre estas obras e os textos de Alberti tudo mudou, tanto a perspetiva cultural como a política: da *civitas* passamos à Corte. No *Prólogo* da *Deifira* é nestes termos que o humanista exortava seus leitores a decifrar os segredos do amor: "Leggetemi amanti [...] e credo imparerete qualche utilità a vivere amati e pregiati da'vostri cittadini", "leiam-me, jovens amantes, e creio que vocês descobrirão alguns úteis conselhos para viver amados e apreciados pelos vossos concidadãos".[285] Até quando se trata de fugir do amor ou de adestrá-lo, os objetivos são, evidentemente, a liberdade individual, e igualmente, a reputação e a honra no seio da *polis*. Mas nesta "città in forma di palazzo" da qual fala Castiglione, neste modelo exemplar que é a corte dos Montefeltro em Urbino, a unidade de medida da vida é o príncipe. Dentro do contexto da questão que aqui nos interessa, é importante observar então que na última redação do *Cortegiano* (impressa por Alde Manunce em1528), a reflexão sobre a relação entre o príncipe e o cortesão está inserida na primeira parte do livro IV, a saber: depois do livro consagrado à "donna di palazzo" e antes do longo discurso de Pietro Bembo sobre o amor espiritual que conduz ao Bem supremo e do qual a divina beleza da mulher se torna o intermediário sagrado. Certamente não é sem importância o fato de Castiglione ter confiado a Pietro Bembo o cuidado de fazer a apologia do amor. Este último já era o célebre autor dos *Asolani*, publicados pela primeira vez em 1505 em Veneza, sempre por Alde Manuce (uma nova edição revista e corrigida segundo as regras codificadas nas *Prose della volgar língua,* verá a luz do dia em 1530), obra que se tornou rapidamente conhecida na Europa e, já em 1545, foi traduzida ao francês por Jean Martin. Trata-se de um diálogo inteiramente consagrado ao amor, dividido em três livros, articulados em três jornadas, animado por três rapazes em presença de três moças que se encontram no lugar tópico dos *ragionamenti d'amore*; um jardim, aquele que enquadra a rica residência de Caterina Corner, em Asolo.

Estamos longe da visão de Alberti. Mas, no século XVI, o sucesso e a multiplicação dos diálogos que falam de amor em vulgar ocultaram o papel

---

[285] LEON BATTISTA ALBERTI, *Deifira*, ed. cit., p. 225.

fundador que lhe é de direito nesta questão. Destaquei o fato de *Deifira* ser o primeiro diálogo sobre o amor em vulgar. Todavia, é o *De familia* – sem falar no *Theogenius*, no *Profugiorum ab aerumna libri* ou ainda no *De iciarchia* – que inaugura uma nova tradição dialógica, acolhendo a herança grego-latina e colocando-a ao alcance da língua vulgar. É o *De familia* que está a ocupar o lugar de verdadeiro arquétipo no nascimento desta tradição destinada a uma grande *fortuna* e cujos diálogos do *Cinquecento* sobre o amor são apenas um exemplo.

# O *DE PICTURA* E A MENSURABILIDADE DAS EDIFICAÇÕES PINTADAS

Maurice Brock

**Resumo**

No *De pictura*, Alberti contrapõe as dimensões visíveis do pavimento e das edificações àquelas dos personagens. Ele considera, com efeito, que os paralelepípedos do pavimento devem ter laterais medindo um "braço", ou seja, o equivalente a um terço da altura total do homem. Segue-se que a largura e a profundidade das edificações implantadas no pavimento são determinadas a partir deste último: elas devem ser avaliadas em número de "braços". Por outro lado, a altura dos edifícios deve, segundo Alberti, ser determinada em relação à altura total do homem: seja equivalente a esta altura, seja um múltiplo inteiro. O presente artigo sugere, na base de dois estudos de caso, que os preceitos do teórico não se encontram refletidos nas práticas dos artistas. Constata-se de fato que, nas obras, as dimensões dos paralelepípedos do pavimento são geralmente determinadas a partir dos pés dos personagens (ao passo que Alberti refuta a utilização do pé como unidade de medida). Observa-se igualmente que a altura das edificações é raramente um múltiplo inteiro da altura total do homem.

De Pictura; Dimensions; Contradition Theorie-Pratique

**Résumé**

Dans le *De pictura*, Alberti rapporte les dimensions apparentes du dallage et des édifices à celles des personnages. Il estime en effet que les carreaux du dallage doivent avoir des côtés mesurant un "bras", c'est-à-dire équivalant à un tiers de la hauteur totale de l'homme. Il en résulte que la largeur et la profondeur des édifices implantés sur le dallage sont à déterminer à partir du dallage: elles doivent être évaluées en nombre de "bras". En revanche, la hauteur des édifices doit, selon Alberti, être déterminée par rapport à la hauteur totale de l'homme: soit elle équivaut à cette hauteur, soit elle en est un multiple entier. La présente contribution suggère, sur la base de deux études de cas, que les préconisations du théoricien ne recoupent pas la pratique des artistes. On constate en effet que, dans les œuvres, les dimensions des carreaux du dallage sont le plus souvent déterminées à partir des pieds des personnages (alors même qu'Alberti refuse d'employer le pied comme unité de mesure). On constate également que la hauteur des édifices est rarement un multiple entier de la hauteur totale de l'homme.

De Pictura; Dimensions; Contradition Theorie-Pratique

Alberti's *De pictura* opposes the visible floor and buildings' dimensions with those related with people's representation. He believes, indeed, that floor paving stones must have one 'arm' lateral dimension, i.e., equivalent to one-third of the total height of a man. It follows that the width and depth of buildings set on the pavement are determined from the latter: they must be evaluated in number of "arms". On the other hand, the height of the buildings should be, according to Alberti, defined over the full height of a man: either equal to it or to an integer multiple of it. This article suggests, based on two case studies, that theoretical precepts are not reflected in artists' practices. It appears indeed in these works that floor cobblestones dimensions are generally determined from people's feet (whereas Alberti rejects the use of foot as a unit of measurement). It is also observed that the height of buildings is rarely an integer multiple of the total height of a man.

De Pictura; Dimensions; Contradition Theorie-Pratique

É notório o fato de Alberti ter demonstrado vivo interesse pelas medidas, sejam elas exatas ou estimadas. Sua obra escrita o comprova sobejamente. Para tomar apenas quatro exemplos, todos datados de meados do século, mencionaremos as "Tabulae dimensionum hominis" que ele traça ao final do *De statua*; o enunciado do problema n° 1 dos *Ex ludis rerum mathematicarum* (*Se volete solo col vedere, sendo in capo d'una piazza, misurare quanto sia alta quella torre quale sia a piè della piazza [...]*); os quinze "Tabulae" que rematam a *Descriptio Vrbis Romae* ou enfim as considerações sobre a *concinnitas,* ou a *commensuratio,* formuladas abundantemente por ele no *De re aedificatoria*. Mas qual é o interesse por medidas nos cerca de dez ou quinze anos anteriores, no *De pictura*? E quanto à produção dos pintores toscanos contemporâneos a Alberti? Nós nos concentramos primeiramente nas recomendações de Alberti sobre as medidas para a arquitetura pintada, pela simples razão da teorização do uso da perspetiva – que constitui uma das principais contribuições do *De pictura* – aplicar-se exclusivamente à arquitetura. Veremos em seguida, a partir de alguns exemplos, que a produção dos pintores toscanos ativos à época de Alberti não devem muito às prescrições do *De pictura*.

Ao tratar da questão das medidas no *De pictura,* Alberti começa por afirmar que apenas um procedimento comparativo oferece ao observador a possibilidade de estimar as dimensões projetadas para os objetos representados (pavimento, edificações, personagens, etc.). Ora, o termo de comparação mais adequado é, segundo ele, o corpo humano, em razão de ser conhecido de todos. Ao pintor, Alberti prescreve começar pela altura de um ser humano de estatura média, em pé, implicitamente adulto, para determinar inicialmente a localização do "ponto cêntrico" (ou seja, do ponto de fuga) e da "linha cêntrica" (isto é, da linha do horizonte), em seguida as dimensões do pavimento e enfim, as dimensões das edificações. Em outras palavras, sua abordagem se fundamenta em um princípio - a "força da comparação" - e se desdobra em quatro grandes etapas: localização do ponto de fuga; dimensões dos paralelepípedos do pavimento pintado; comprimento e largura das edificações pintadas; altura destas edificações. Abordaremos, na ordem, o princípio citado e suas etapas.

1. Em I §18, sobre como nos tornamos conscientes dos acidentes (no sentido aristotélico) que afetam as coisas, Alberti se refere nomeadamente ao célebre adágio de Protágoras:

> "Com efeito, o grande e o pequeno, o longo e o breve, o alto e o baixo, o largo e o estreito, o claro e o obscuro, o luminoso e o sombreado; e outras coisas semelhantes porque podem estar e não estar inerentes às coisas, os filósofos costumam chamá-los de acidentes e são de tal ordem que todo o seu conhecimento se processa por comparação. [...] Faz-se comparação sobretudo com as coisas mais conhecidas. E como para nós o homem é a coisa mais conhecida, talvez Protágoras, ao dizer que o homem era a dimensão e a medida das coisas, entendesse que todos os acidentes das coisas podiam ser conhecidos, comparados com os acidentes dos homens."[286]

Logo em seguida, para ilustrar o que acaba de dizer, Alberti evoca um quadro – desaparecido, naturalmente – do pintor grego Timantes, no qual o tamanho dos sátiros equivalia ao polegar de um ciclope adormecido – o que o conduz a enaltecer o que chama de "força da comparação":

"O que digo tem como objetivo dar a entender que todos os corpos pequenos pintados na pintura parecerão grandes ou pequenos em comparação com o homem que aí esteja pintado. E parece-me que Timantes, melhor que todos os outros pintores antigos, soube apreciar essa força da comparação, pois ele, pintando em um quadro bem pequeno um ciclope gigante adormecido, colocou lá alguns deuses sátiros que tinham o

---

[286] ALBERTI, L. B. *Da Pintura*. Tradução de Antonio da Silveira Mendonça – 2ª. edição. Campinas: Editora da Unicamp, 1999, pp. 92-93. Os textos em latin são citados de LEON BATTISTA ALBERTI, *De pictura*, dans ID., *Opere volgari*, a cura di Cecil Grayson, vol. III: *Trattati d'arte, Ludi rerum mathematicarum, Grammatica della lingua toscana, Opuscoli amatori, Lettere*, Bari, Laterza, 1973, pp. 5-107 et ID., *De pictura*, Reprint a cura di Cecil Grayson, Roma-Bari, Laterza, 1975. *De pict.*, I §18: "Nam magnum, parvum, longum, breve, altum, infimum, latum, arctum, clarum, obscurum, [luminosum], tenebrosum et huiusmodi omnia quae, cum possint rebus adesse et non adesse, ea philosophi accidentia nuncuparunt, huiusmodi sunt ut omnis earum cognitio fiat comparatione. [...] Fit quidem comparatio ad res imprimis notissimas. Sed cum sit homo rerum omnium homini notissimus, fortassis Protagoras, hominem inquiens modum et mensuram rerum omnium esse, hoc ipsum intelligebat rerum omnium accidentia hominis accidentibus recte com-parari atque cognosci.".

tamanho de seu dedo polegar; dessa forma, comparando-se o que dormia com os sátiros, o ciclope parecia enorme."[287]

Veremos que, como Alberti, os pintores recorrem sistematicamente à "força da comparação", mas que o fazem, em sua grande maioria, segundo modalidades um pouco diversas. Por exemplo, confrontam frequentemente adultos e crianças (ou seres humanos e animais).

2. Em I §19, Alberti explica que a localização do ponto de fuga ("punctus centricus") – e, portanto, da linha do horizonte (*linea centrica*) – deve ser determinada a partir da altura aparente que o pintor decide atribuir ao homem de estatura média:

> "Depois, dentro desse quadrângulo, fixo, onde me parece melhor, um ponto que ocupará o lugar que o raio cêntrico vai atingir e, por isso, eu o chamo de ponto cêntrico. Esse ponto está corretamente colocado quando não estiver mais alto da linha de base do quadrângulo que a altura de um homem que aí terá que ser por mim pintado, pois assim tanto quem vê quanto as coisas pintadas que se veem aparecem em um único e mesmo plano."[288]

Veremos que os pintores procedem de forma totalmente diferente: eles raramente situam a linha do horizonte à altura das cabeças dos personagens em pé e não procuram quase nunca sugerir que "os observadores e os objetos pintados que eles veem, apareçam em um único e mesmo plano".

3. Ainda em I §19, logo antes do trecho que acaba de ser citado, Alberti impõe uma norma que, conquanto possa ser considerada arbitrária, desvela

---

[287] Ibidem, *De pict.*, I, § 18: "Haec eo spectant ut intelligamus in pictura quantulacunque pinxeris corpora, ea pro illic picti hominis commensuratione grandia aut pusilli videri. Hanc sane vim comparationis pulcherrime omnium antiquorum prospexisse Timanthes mihi videri solet, qui pictor, ut aiunt, Cyclopem dormientem parva in tabella pingens fecit iuxta satyros pollicem dormientis amplectentes ut ea satyrorum commensuratione dormiens multo maximus videretur.".

[288] *De pict.*, I, §19: "Post haec unicum punctum quo sit visum loco intra quadrangulum constituo, qui mihi punctus cum locum occupet ipsum ad quem radius centricus applicetur, idcirco centricus punctus dicatur. Condecens huius centrici puncti positio est non altius a iacenti linea quam sit illius pingendi hominis longitudo, nam hoc pato aequali in solo et spectantes et pictae res adesse videntur." Ibidem,, p.95.

sua devoção pelas medidas provenientes do corpo humano. De fato, ele estipula que as dimensões dos paralelepípedos do pavimento pintado serão determinadas a partir da altura dos personagens: as laterais dos paralelepípedos devem corresponder a um terço da altura média do homem. Ora, a altura média do homem é, diz ele, de três "braços" (o *braccio* é uma unidade de medida que equivale a aproximadamente 58 cm). Por conseguinte, independente da escala adotada, entende-se que os paralelepípedos deverão ter suas laterais medindo aproximadamente 58 cm. Ademais, a borda inferior da imagem deve contar um número inteiro de paralelepípedos. Com efeito, Alberti parece excluir a possibilidade de frações de paralelepípedos aparecerem ao longo da borda inferior. Ao menos, é o que sugere a expressão adotada por ele para abordar a "divisão" da "linha de base mais baixa":

> "Inicialmente, onde devo pintar, traço um quadrângulo de ângulos retos, do tamanho que me agrade, o qual reputo ser uma janela aberta por onde possa eu mirar o que aí será pintado, e aí determino de que tamanho me agrada que sejam os homens na pintura. Divido o comprimento desse homem em três partes, sendo para mim cada uma das partes proporcional à medida que se chama braço, porque, medindo-se um homem comum, vê-se que ele tem quase a medida de três braços, [efeito da "simetria" dos membros humanos]. E, de acordo com essa medida de braço, divido a linha da base do quadrângulo em tantas partes quantas deva ela comportar. Para mim, essa linha de base é proporcional àquela última quantidade com a qual me confrontei antes."[289]

---

[289] *De pict.*, I, §19: "Principio in superficie pingenda quam amplum libeat quadrangulum rectangulorum angulorum inscribo, quod quidem mihi pro aperta finestra est ex qua historia contueatur, illicque quam magnos velim esse in pictura homines determino. Huiusque ipsius hominis longitudinem in tres partes divido, quae quidem mihi partes sunt proportionales cum ea mensura quam vulgus brachium nuncupat. Nam ea trium brachiorum, ut ex symmetria membrorum hominis patet, admodum communis humani corporis longitudo est. Ista ergo mensura iacentem infimam descripti quadranguli lineam in quot istiusmodi recipiat partes divido, ac mihi quidem haec ipsa iacens quadranguli linea est proximiori transversae et aequedistanti in pavimento visae quantitati proportionalis". Ibidem, p.94.

Veremos que as normas preconizadas por Alberti absolutamente não encontram eco na prática dos pintores. Com efeito, os paralelepípedos dos pavimentos pintados são quase sempre menores do que prescreve Alberti: eles têm laterais medindo menos de um "braço". Ademais, os pintores inserem frequentemente fileiras fracionárias de paralelepípedos ao longo da borda inferior da imagem.

4. Em II §33, a largura e a profundidade das edificações pintadas são igualmente determinadas em função da estatura do homem, ao menos indiretamente. Com efeito, Alberti avalia esse comprimento e essa largura de acordo com o número de paralelepípedos do pavimento. Eles são, portanto, medidos em "braços". Logo, eles são indiretamente determinados pela altura do homem:

> "Primeiro começo com os fundamentos. Coloco a largura e o comprimento das paredes em seus paralelos; nesse traçado sigo a natureza. [...] Começo sempre com as superfícies mais próximas, principalmente com aquelas que estejam igualmente distantes da intersecção. Coloco-as na frente das outras, descrevendo suas latitudes e longitudes naqueles paralelos do pavimento de tal modo que, quantos braços eu quiser ocupar, tantos paralelos apanho."[290]

5. Enfim, sempre em II §33, algumas linhas após o trecho que acaba de ser citado, a altura – ou, se preferirmos, a elevação – das edificações pintadas é por sua vez, determinada partindo-se do comprimento dos personagens. De fato, ela é consequência lógica da altura do homem:

> "Depois encontro a altura da parede por um sistema não muito difícil. Sei que a altura da parede contém em si esta proporção: a medida

---

[290] *De pict.*, I § 33: "Principio ab ipsis fundamentis exordium capio. Latitudinem enim et longitudinem murorum in pavimento describo [...] ac primo semper a proximioribus superficiebus incipio, maxime ab his quae aeque ab intercisione distant. Itaque has ego ante alias conscribo, atque quam uelim esse harum ipsarum longitudinem ac latitudinem, ipsis in pauimento descriptis parallelis, constituo. Nam quot ea uelim esse brachia, tot mihi parallelos assumo." Ibidem, pp.112-113

que ela tem do lugar onde começa no pavimento até a linha cêntrica, na mesma medida ela cresce para cima. Se se quer que essa quantidade do pavimento até a linha cêntrica seja da altura de um homem, haverá pois os três braços. Se se quer que a parede tenha 12 braços, eleva-se três vezes a distância da linha cêntrica até o lugar do pavimento."[291]

Ora, a prática dos pintores está longe de obedecer às prescrições de Alberti. Neste quesito, de fato, constata-se que a altura das edificações pintadas raramente pode ser avaliada em múltiplos inteiros da estatura média do homem. Outrossim, observa-se que, conquanto Alberti não cite personagens situados em diferentes níveis de elevação, acontece, em certas circunstâncias, dos pintores colocarem os mesmos em diferentes níveis de elevação da edificação (graças, particularmente, às escadas ou aos andares), enquanto que Alberti parece até mesmo excluir esta possibilidade já que, a seu ver, os personagens devem todos situar-se no mesmo plano do observador.

Às quatro etapas que acabamos de retraçar, vem acrescentar-se uma observação que afeta a unidade de medida a ser adotada. Alberti, como acabamos de ver, serve-se do "braço" a fim de determinar, a partir do corpo humano, as dimensões das edificações pintadas. Todavia, alguns parágrafos adiante, na reflexão voltada aos personagens, ele menciona uma segunda unidade de medida, igualmente derivada do corpo humano, a saber, o pé, mas só se refere a ela para depois rejeitá-la em proveito de uma terceira, também oriunda do corpo humano. Com efeito, ele preconiza empregar, para determinar as dimensões que convém dar às diferentes partes de um mesmo corpo, não o pé, como sugere Vitrúvio, mas a cabeça:

---

[291] *De pict.*, I § 33: "Tum altitudinem quoque superficierum hinc non difficillime assequor. Nam quae mensura est inter centricam lineam et eum pavimenti locum unde aedificii quantitas insurgit, eandem mensuram tota illa quantitas servabit. Quod si voles istanc quantitatem ab solo esse usque in sublime quater est hominis picti longitudo, et fuerit linea centrica ad hominis altitudinem posita, erunt tunc quidem ab infimo quantitatis capite usque ad centricam lineam bracha tria. Tu vero qui istanc quantitatem vis usque ad bracchia XII excrescere, ter tantumdem quantum est a centrica [linea] usque ad inferius quantitatis caput sursum versus educito." Ibidem, pp.113

> "Uma coisa a se lembrar: para se medir bem um corpo animado deve-se apanhar um dos seus membros com o qual se medirão os outros. O arquiteto Vitrúvio media a altura dos homens pelos pés. Quanto a mim, parece-me coisa mais digna que os outros membros tenham referência com a cabeça, embora tenha notado ser praticamente comum em todos os homens que a medida do pé seja a mesma que vai do queixo ao cocuruto da cabeça."[292]

Alberti expõe abertamente a razão pela qual se opõe a Vitrúvio: se é melhor empregar como unidade de medida a cabeça ao invés do pé, isto se dá porque a cabeça ganha do pé em dignidade. Tal raciocínio – que poderíamos considerar como tipicamente humanista – é, sem dúvida, inconteste. Ainda assim, ele permanece totalmente alheio à prática artística da metade do século XV. Em primeiro lugar, porque na época os pintores não se interessavam verdadeiramente pelos cânones de proporção do corpo humano. Em seguida, – e sobretudo – porque é naturalmente pelos pés que os pintores fixam seus personagens aos paralelepípedos. O resultado é que, como veremos adiante, em pintura são os pés dos personagens e não sua cabeça (ou seus braços) que acabam servindo de unidade de medida. São os pés efetivamente que permitem aos pintores conferir aos pavimentos e às edificações que eles sustentam dimensões visíveis coerentes com aquelas dos personagens. Da mesma forma, são os pés – e não as cabeças ou os braços – que permitem aos observadores avaliar intuitivamente as dimensões dos paralelepípedos do pavimento e, por extensão, aquelas das edificações. Em outras palavras, o cuidado com a mensurabilidade, que se manifesta nos pintores e/ou nos mecenas mais inovadores da metade do século, pouco tem a ver com a dignidade do homem, supostamente concentrada, prioritariamente, em sua cabeça.

É praticamente impossível saber exatamente quais são as pinturas (ou baixos-relevos) que Alberti tem em mente, a título de modelos ou

---

[292] *De pict.*, I § 36: "Unum tamen admoneo, ut in commensurando animante, aliquod illius ipsius animantis membrum sumamus, quo caetera metiamur. Vitruvius architectus hominis longitudinem pedibus dinumerat. Ipse vero dignius arbitror si caetera ad quantitatem capitis referantur, tametsi hoc animadverti ferme commune esse in hominibus, ut eadem et pedis et quae est a mento ad cervicem capitis mensura intersit". Ibidem, pp. 116.

contra modelos, quando redige o *De pictura*. A respeito desta *vexata quaestio*, sem dúvida estéril por si só, nos limitaremos a três observações, a primeira certa e as duas outras conjecturais. Em seguida passaremos a alguns estudos de caso.

Em primeiro lugar, as raras certezas das quais dispomos carecem de precisão. Na dedicatória em *volgare* a Brunelleschi, Alberti menciona quatro nomes de artistas modernos – o próprio Brunelleschi, Donatello, Ghiberti e Masaccio –, mas, com exceção da cúpula de Santa Maria del Fiore, ele não cita nenhuma obra específica destes quatro artistas. No corpo do tratado, a única obra não antiga evocada por ele, tanto em *volgare* como em latim, é a *Navicella* de Giotto.[293]

Ulteriormente, quando Alberti apregoa edificações pintadas podendo atingir altura três ou quatro vezes superior àquela dos personagens, pode-se conjecturar, sem muito medo de errar, que sua reflexão é, de modo geral, um contraponto à tradição – ainda bem viva na metade do século – das imagens de tipo mnemônico, nas quais a questão de uma escala comum às edificações e aos personagens, isto é, aos *loci memoriae* e aos *imagines agentes* que contém não se coloca. Em outras palavras, Alberti estaria constatando – ou encorajando – uma evolução cujas primeiras manifestações costumam situar-se por volta de 1425. Todavia, nota-se que, mesmo em pintores reputados "modernos" como Masaccio, Fra Angelico ou Filippo Lippi, as edificações permanecem frequentemente exíguas, sobretudo em termos de altura, com relação às personagens que elas abrigam.

Pode-se pensar enfim que Alberti compartilha com os artistas e mecenas mais progressistas de seu tempo uma preocupação com a mensurabilidade das edificações pintadas que o conduz a rejeitar, sem dizê-lo abertamente, as perspetivas oblíquas, frequentes na tradição, em proveito exclusivo das perspetivas frontais, que facilitam a apreciação intuitiva das dimensões.[294] Aqui também ele estaria acompanhando – ou

---

[293] *De pict.*, II §42.

[294] *De pict.*, I 17. Cf. MAURICE BROCK, "La phobie du "tumulte" dans le *De pictura*", em *Albertiana*, VIII, 2005, pp. 119-180.

favorecendo – uma evolução em curso: as edificações com perspetiva oblíqua (ou perspetiva angular) desaparecem progressivamente ao longo do século XV.

Desde que Alberti não nos tenha dado nenhuma informação precisa sobre as obras que tinha em mente ao redigir o *De pictura*, todo estudo de caso será necessariamente fruto de uma escolha arbitrária. Dos dois artistas florentinos abordados por nós, o primeiro pertence a uma geração anterior àquela do humanista, e o outro a uma geração posterior. O primeiro, Donatello (1386 *ca.*-1466), ao mesmo tempo em que apresenta uma vantagem – ele é nomeadamente designado na dedicatória em *volgare* do *De pictura* – oferece também um inconveniente. Trata-se, com efeito, de um escultor e não de um pintor. Ele se aproxima contudo da pintura pela sua abundante produção de baixos-relevos achatados, estilo conhecido como *stiacciato*. Dele analisaremos um baixo relevo bem conhecido cuja execução é, sem dúvida, contemporânea à primeira redação do *De pictura*. Quanto à reflexão a respeito do segundo artista, Benozzo Gozzoli (1422 *ca.*-97) – que exerce exclusivamente a pintura – ela nos permite ter uma ideia, ainda que parcial, da preocupação com a mensurabilidade das edificações tal como ela se manifesta em um pintor florentino algumas décadas após o *De pictura*.

O baixo-relevo do *Banquete de Herodes* conservado em Lille (Palácio de Belas Artes, mármore, 50 cm × 71 cm) é não raro considerado como uma primeira aplicação do *De pictura* (daí sua data estimada em 1435). Na verdade, como o veremos, as prescrições do teórico só encontram ínfimo eco na obra do escultor.

Donatello põe em prática a "força da comparação". Ele o faz duplamente na metade direita do *Banquete*. Primeiro, ele justapõe um grupo de adultos em pé a uma criança sentada, assim como Alberti contrapôs um ciclope aos sátiros. Em seguida, este mesmo grupo de adultos permite aos observadores avaliar a altura das edificações. Com efeito, ele coloca, ao lado do grupo, uma escada. É suficiente, portanto, contar os degraus: as cabeças se situam ao nível do oitavo degrau, a escada contém ainda mais doze, a plataforma à qual ela conduz se situa portanto a uma altura igual a duas vezes e meia a altura média do homem. Notaremos contudo que Donatello lança mão aqui de um elemento nunca mencionado por Alberti: a escada para a qual os pintores costumam apelar.

Graças aos numerosos elementos arquitetônicos, é fácil determinar a localização da linha do horizonte (ela se situa ao nível da cabeça de Herodes, sentado na ponta da mesa do banquete) e do ponto de fuga (ele se encontra acima da cabeça da mulher vista de costas, sentada em um banco, no primeiro plano). Donatello coloca de fato, como o deseja Alberti, a "linha cêntrica" ao nível das cabeças dos personagens em pé, mas, contrariamente à sua prescrição, ao invés de ""colocar o "ponto cêntrico" no centro geométrico da imagem, ele o desloca fortemente em direção à esquerda. Ademais, ele não respeita a prescrição de Alberti segundo a qual "os observadores e os objetos que eles vêm" devem estar "em um mesmo plano horizontal". De fato, o homem que põe o pé no segundo degrau da escada e se apoia na rampa não se encontra no mesmo plano dos personagens que assistem à dança de Salomé ou daqueles que estão em volta da mesa do banquete. Outrossim, se examinarmos com atenção a imagem, descobriremos que outros personagens repousam em um plano mais elevado do que aquele sobre o qual se encontram os protagonistas: é bem verdade que não há ninguém na ampla plataforma à qual conduz à escada, mas, atrás de Herodes, um pórtico abriga algumas figurilhas quase invisíveis (vemos apenas suas cabeças, tratadas em muito baixo relevo). Ora, tem-se acesso ao pórtico após subir três ou quatro degraus. Por conseguinte, as figurilhas encontram-se sobre um plano mais elevado do que aquele dos protagonistas.

Os paralelepípedos do pavimento praticamente se enquadram às prescrições de Alberti. Não é fácil distingui-los uns dos outros porque estão delimitados somente por finas incisões no mármore, mas parecem ter suas laterais medindo efetivamente perto de um "braço". Podemos ter intuitivamente uma ideia de sua medida se nos basearmos sobre o homem seminu, em pé, ao lado da escada que segura uma espada em sua mão direita. Com efeito, é suficiente comparar o comprimento do braço esquerdo, quase esticado, deste homem – sem dúvida o carrasco que acaba de decapitar São João-Bastista – à largura do paralelepípedo no ângulo do qual repousa a ponta de seu pé direito: o comprimento do braço parece sensivelmente idêntico à largura do paralelepípedo. A bem dizer, é muito mais cômodo servir-se do pé direito do carrasco – ou daquele de seu vizinho – para avaliar as dimensões dos paralelepípedos. Estes dois pés, diferentemente dos braços, estão, de fato, em contato direto com o pavimento. Se aumentarmos um pouco o comprimento destes dois pés a fim de compensar o ligeiro encurtamento que os acomete, constataremos que os paralelepípedos sobre os quais eles repousam têm uma largura de dois pés e, por conseguinte, de aproximadamente um "braço". Além disso, a fileira acompanhando a "linha de base mais baixa" é constituída de paralelepípedos inteiros e não de suas frações. Donatello respeita portanto escrupulosamente as prescrições de Alberti – com a única diferença de que são essencialmente os pés dos personagens, mais que seus braços, que permitem ao observador confirmar que os paralelepípedos têm efetivamente laterais medindo um "braço".

É impossível avaliar aqui em número de "braços" a largura e a profundidade das edificações. Ao menos, é impossível fazê-lo a olho nu. De fato, os personagens encobrem quase que inteiramente a implantação das edificações sobre o pavimento. Consequentemente, somente uma restituição gráfica fazendo abstração dos personagens permitiria medir a largura e a profundidade destas edificações. Em contrapartida, é possível – e fácil até – medir intuitivamente sua elevação. A ampla plataforma dominando a cena situa-se, com efeito, já o vimos, a uma altura equivalente a duas vezes e meia a altura média do homem. A avaliação desta altura passa, contudo, já o dissemos, por um recurso alternativo que Alberti absolutamente não previu: é necessária a presença de uma escada da qual possamos contar os degraus. Começa a ficar claro que, conquanto Alberti tenha desenvolvido um procedimento abstrato, intelectual, que o conduziu logicamente a privilegiar o braço e depois a cabeça, os artistas, por sua vez, exploraram os contatos concretos, físicos, entre corpos e suportes que os conduziram, de forma igualmente coerente, a servir-se de pés em contato com o solo ou subindo (virtualmente) escadas.

Benozzo Gozzoli ainda não foi apreciado à altura de suas qualidades como realisador de grandes afrescos. A fim de sermos breves, examinaremos uma única cena das *Histórias de Santo Agostinho* que ele pinta a fresco, de 1463 a 1466, sobre as paredes do coro da igreja de S. Agostinho em San Gimignano.

Na cena representando *Santo Agostinho na escola de Tagaste* - que ocupa a metade da esquerda da parte inferior do muro esquerdo - não há dúvida de que os acidentes se dão a conhecer por comparação com o homem. Ao tratar uma cena de escola (os pais de Santo Agostinho o põem sob a guarda de um preceptor), Benozzo Gozzoli põe lado a lado adultos e crianças cuja altura é proporcional à sua idade. Ele se vale integralmente da "força da comparação", particularmente na parte inferior da imagem: sobre um pavimento bipartite, monocromático ao centro, tricromático à esquerda e à direita, pés de adultos avizinham-se aos pés de crianças e adolescentes.

A linha do horizonte situa-se ao nível das cabeças dos dois alunos mais velhos – e consequentemente mais altos – que ocupam o eixo vertical mediano da imagem e o ponto de fuga está localizado no cume da cabeça do primeiro destes dois alunos (daquele que tem uma cabeleira loira e cacheada). A localização do ponto de fuga está, de certa forma, conforme às prescrições de Alberti: ela coincide com o centro geométrico da imagem. Em contrapartida, a localização da linha do horizonte levanta uma dificuldade que o teórico não leva em conta. Com efeito, quando os personagens que estão em pé não têm todos a mesma altura, é impossível dar "ao ponto cêntrico" e à "linha cêntrica" uma "posição que convenha", isto é, segundo os termos de Alberti, uma posição "que não se eleve acima da linha de base mais do que a altura do homem a ser pintado". Qualquer que seja a localização escolhida pelo pintor, a linha do horizonte ou é muito alta (para as crianças, caso ela esteja ao nível das cabeças dos adultos), ou muito baixa (no caso dos adultos, se ela está ao nível das cabeças das crianças). Afora esta dificuldade – claramente resultante do caráter muito geral do discurso albertiano – podemos presumir que o pintor, ao tratar de uma cena de escola, adota deliberadamente o ponto de vista da criança: ele coloca o ponto de fuga sobre a cabeça de um adolescente que está a olhar uma pequena criança que se apresenta pela primeira vez à escola.

O pavimento, ao mesmo tempo em que se enquadra às prescrições de Alberti, - na medida em que a primeira fileira é composta de paralelepípedos inteiros – os subverte no quesito das dimensões destes últimos. É de fato evidente, na região tricromática à direita, que os paralelepípedos são muito menores do que aconselha o teórico: eles têm laterais que medem, não um "braço", mas somente um pé, como o demonstram com insistência os seis pés – do adolescente, do adulto e da criança – que se sucedem a distâncias próximas. Para um prático como Benozzo Gozzoli, o homem é realmente a medida de todas as coisas, contudo, ele o é muito mais por seus pés do que por seus braços ou por sua cabeça.

Como acontece amiúde, as implantações das edificações no solo ficam quase que totalmente ocultas pelos personagens. Logo, é impossível medir intuitivamente a largura e a profundidade destas edificações. No entanto, é possível, ao menos à esquerda, medir sua altura, nem que seja aproximadamente. Com efeito, atrás do pai que confia o pequeno Agostinho ao preceptor, um comparsa adulto ladeia o pilar angular de um pórtico. A grande proximidade entre o comparsa e o pilar permite avaliar a altura do pórtico: podemos estimar que, do solo ao cume do arco, sua altura corresponde a uma vez e meia a altura média do homem adulto – o que faz dela, ao final, uma edificação modesta, sem grade amplitude, ainda próxima de um *locus memoriae*.

Não há dúvida de que seriam necessários mais estudos de casos. Estes viriam muito provavelmente confirmar que os pintores lançam mão invariavelmente do pé como unidade de medida dos pavimentos e que não raro avaliam a elevação das edificações tomando por base a estatura humana. Eles mostrariam igualmente que ocorre dos pintores implantarem fileiras fracionárias de paralelepípedos ao longo da borda inferior da imagem. Eles provam, se necessário, que o seu trabalho é em grande parte independente da teoria da Alberti. Por conseguinte, pode-se dizer que o *De pictura* oferece um testemunho da evolução da pintura, pode-se conceber talvez que ele acompanhe ou acelere esta evolução, mas não se pode absolutamente afirmar que ele fixe sua norma.

Fig. 1 - DONATELLO, Banquete de Hérodes, 1435 ca. Mármore, 50 × 71 cm. Lille, Palais des Beaux-Arts.

Fig. 2 - BENOZZO GOZZOLI, Santo Agostinho na Escola de Tagaste, 1463-66. Afresco. San Gimignano, Église S. Agostino.

# Descodificando o *De re aedificatoria*: usar as novas tecnologias para caracterizar a influência de Alberti na arquitetura clássica em Portugal

José Pinto Duarte, Eduardo Castro e Costa,
Filipe Coutinho, Bruno Figueiredo, Mário Krüger

**Resumo**

A investigação descrita neste artigo é parte de um projeto que visou a descodificação do tratado de Alberti através da inferência da gramática da forma correspondente, usando depois a estrutura computacional oferecida pelas gramáticas de descrição e da forma para determinar a extensão da tal influência no período da Contra--Reforma em Portugal. O presente artigo concentra-se sobre os fundamentos teóricos que permitem a tradução do texto do tratado de Alberti numa gramática de forma para, em seguida, usá-la para determinar a sua influência na arquitetura renascentista Portuguesa.

Teoria da arquitetura; Gramáticas; Automação de projeto; Prototipagem rápida

**Résumé**

La recherche décrite dans le présent document fait partie d'un projet visant à décoder le traité en déduisant la grammaire de forme correspondante en utilisant le cadre informatique fourni par les grammaires de déscription et de la forme pour déterminer l'étendue d'une telle influence dans la période de la Contre-Réforme au

DOI: http://dx.doi.org/10.14195/978-989-26-1015-3_11

Portugal. Le document se concentrera sur les fondements théoriques qui permettent la traduction du texte du traité de Alberti dans une grammaire de forme et ensuite l'utiliser pour déterminer son influence sur l'architecture portugaise de la Renaissance.

Théorie de l'architecture; Grammaires; Automatisation de la conception; Prototypage rapide

**Abstract**

The research described in this paper is part of a project aimed at decoding the treatise by inferring the corresponding shape grammar using the computational framework provided by description and shape grammars to determine the extent of such an influence in the Counter-Reformation period in Portugal. The paper will concentrate on the theoretical foundations that enable the translation of the text of Alberti's treatise into a shape grammar and then use it in determining its influence on Portuguese Renaissance architecture.

Theory of architecture; Grammars; Design automation; Rapid prototyping

# 1. Introdução

Este projeto de investigação tem como objetivo compreender o possível impacto cultural do tratado *De Re Aedificatoria* de Alberti[295] através do uso de meios computacionais, a fim de determinar as semelhanças do tratado com a prática arquitetónica de raiz clássica em Portugal e nos seus antigos territórios ultramarinos. Na verdade, a influência da teoria Albertiana na arquitetura clássica em Portugal é defendida por alguns autores, mas até agora ninguém foi capaz de determinar a extensão de tal influência. A ideia subjacente ao projeto de investigação foi traduzir o tratado numa gramática descritiva[296] e numa gramática de forma[297] e, em seguida, caracterizar a possível influência da obra de Alberti, determinando em que medida estas gramáticas conseguem explicar a génese de edifícios clássicos Portugueses. Esta abordagem segue a ideia de transformações estilísticas[298] proposta por Knight[299], segundo a qual a transformação de um estilo noutro pode ser explicada pela alteração da gramática subjacente ao primeiro estilo na gramática subjacente ao segundo. As gramáticas são, assim, propostas como ferramentas complementares a usar pelos historiadores da arquitetura para testar hipóteses levantadas a partir de

---

[295] LEON B. ALBERTI. *De Re Aedificatoria* (1485). 2 vols., Trad. Latim-Italiano Giovanni Orlandi. Intr. e notas Paolo Portoghesi. Milão, Edizioni il Olifilo, 1966.
LEON B. ALBERTI. *De Re Aedificatoria*. Editio princeps in facsimile Hans-Karl Lucke, ed. Munich, Prestel verlag, 1975.
LEON B. ALBERTI. *On the Art of Building in Ten Books*. Trad. Joseph Rykwert, Neil Leach e Robert Tavernor. Cambridge, MA, MIT Press, 1988a.
LEON B. ALBERTI. *Profugiorum ab aerumna libri III. Della tranquilità dell'animo.* (1441/1442) Ponte, ed. Genova, Casa Editrice Tilgher, 1988b.

[296] GEORGE STINY, "A note on the description of designs", em *Environment and Planning B: Planning and Design,* n.° 8, 1981, pp. 257-267.

[297] GEORGE STINY & JAMES GIPS, "Shape Grammars and the Generative Specification of Painting and Sculpture", em C. V. Freiman (ed.), Information *Processing*, n. ° 71, Amsterdam, North-Holland, 1972, pp. 1460-1465.

[298] 'Transformation in Design' no original em inglês, aqui traduzido como transformações estilísticas, atendendo à ideia subjacente de explicar a evolução dos estilos em várias áreas da arte, como por exemplo, na arquitetura, na pintura, na cerâmica e nas artes decorativas, através de transformações gramaticais.

[299] TERRY W. KNIGHT, "Transformations of language of design", em *Environment and Planning B: Planning and Design,* n. ° 10, 1983, pp. 125-128 (Part 1), pp. 129-154 (Part 2), pp. 155-177(Part 3).

provas documentais. No decorrer do projeto, as gramáticas desenvolvidas foram implementadas como programas de computador e os modelos digitais por estes gerados foram usados para produzir desenhos e modelos digitais, modelos físicos por prototipagem rápida e modelos de realidade virtual. Estes modelos foram depois incluídos numa exposição itinerante, concebida para descrever e celebrar a obra de Alberti e sua influência na arquitetura Portuguesa. Uma versão inicial deste capítulo foi publicada originalmente em inglês na revista Nexus[300].

## 2. Estado da arte

Há autores que negam a existência de uma Arquitetura renascentista Portuguesa. Na verdade, Reynaldo dos Santos[301] sugere que o Renascimento é um estilo estrangeiro que não teve influência sobre o desenvolvimento da arquitetura Portuguesa e Pais da Silva[302] propõe uma transição direta do estilo Manuelino para o estilo Maneirista, sem reconhecer a existência de um estilo Renascentista. No entanto, mais recentemente, Moreira[303], ao estudar as encomendas reais entre o estilo Manuelino e o modo romano de construção, foi capaz de identificar cento e cinquenta edifícios que podem ser considerados como pertencentes ao âmbito Renascentista.

Com a ajuda de meios computacionais adequados o projeto Alberti Digital teve como objetivo procurar lançar alguma luz sobre estas questões e desenvolver uma melhor compreensão da arquitetura Renascentista em Portugal. Várias questões podem ser levantadas, contudo a investigação

---

[300] MÁRIO KRÜGER, JOSÉ P. DUARTE, FILIPE COUTINHO, "Decoding De Re Aedificatoria: using grammars to trace Alberti's influence on Portuguese classical architecture", em F. Rodrigues & K. Williams, Ed., *Nexus IV: architecture and mathematics*, Fuccechio, Italy, Kim Williams Books, 2002, vol. 13, n.º 1, 2011, pp. 171-182.

[301] REINALDO SANTOS, *Oito séculos de Arte Portuguesa*. 3 Vols. Lisboa, Empresa Nacional de Publicidade, Vol. II, 1968-1970, p. 175.

[302] J. H. PAIS DA SILVA, *Páginas de História de Arte*. 2 vols. Lisboa, Ed. Estampa, 1986, p. 109.

[303] R. MOREIRA, "Arquitetura: Renascimento e Classicismo", em P. Pereira, ed., *História da Arte Portuguesa*, vol. II. Lisboa, Circulo dos Leitores, 1995, pp. 302-375.

centrou-se no uso das novas tecnologias, nomeadamente a prototipagem rápida e a realidade virtual, mas sobretudo as gramáticas da forma, para clarificar questões com raízes históricas profundas.

De fato, o tratado de Alberti pode ser pensado como um conjunto de algoritmos desenvolvidos com o objetivo de codificar princípios arquitetónicos inteligíveis. Consideremos, por exemplo, o sistema da coluna como proposto no Livro VII, cap. 7 do tratado e, mais especificamente, as proporções da base Jónica[304].

Neste caso, todas as prescrições proporcionais da base Jónica podem ser transformadas num programa de computador. Na verdade, todas as questões levantadas pelas dimensões e disposição dos elementos de arquitetura, tais como o diâmetro da coluna e as suas proporções, a posição do toro, do dado, das duas escócias e dos anéis, podem ser enquadradas computacionalmente, na medida em que constituem problemas bem definidos e, por conseguinte, descritíveis através de um conjunto de formas e regras de transformação destas formas. Mesmo a base Jónica pode ser pensada como uma consequência de uma forma antecedente, a base Dórica. O mesmo acontece com os edifícios, onde, por exemplo, os edifícios sagrados descritos no Livro VII derivam da basílica romana. Em suma, formas antecedentes e formas consequentes estão profundamente inter-relacionados no quadro teórico definido por Alberti.

Estas formas e transformações da forma podem ser exploradas e desenvolvidas para traduzir as regras estabelecidas no tratado como um sistema computacional, como inicialmente pensado por Stiny[305] e mais recentemente desenvolvido por Duarte[306], para o estudo das casas de Siza na Malagueira em Portugal, onde as gramáticas são utilizadas para personalizar a habitação em série. Existem precedentes de gramáticas de forma

---

[304] LEON B. ALBERTI. *On the Art of Building in Ten Books*. Trad. Joseph Rykwert, Neil Leach e Robert Tavernor. Cambridge, MA, MIT Press, 1988a, pp. 203-204.

[305] GEORGE STINY, "Introduction to Shape and Shape Grammars", em *Environment and Planning B: Planning and Design* n.º 7, 1980, pp. 343-352.

[306] JOSÉ P. DUARTE, *Customizing Mass Housing: a discursive grammar for Siza's Malagueira houses*. Ph.D. Dissertation, Massachusetts Institute of Technology, Cambridge, MA, 2001.

desenvolvidas para codificar algoritmos especificados em tratados de arquitetura. Por exemplo, a gramática desenvolvida por Andrew Li (2002) codifica as regras descritas num tratado Chinês do século XII. Existem também precedentes de programas de computador desenvolvidos a partir de algoritmos definidos em tratados de arquitetura clássica como, por exemplo, o trabalho preliminar desenvolvido no contexto de uma disciplina de programação para estudantes de arquitetura. Nesta disciplina, após leitura do tratado "Dez Livros de Arquitetura" de Vitrúvio, alguns alunos traduziram o conhecimento arquitetónico descrito no capítulo dos teatros, num programa de computador. Este programa podia ser usado para gerar modelos digitais tridimensionais de teatros, tendo em consideração o número de espectadores. Finalmente, estes modelos, foram utilizados na produção de modelos físicos por prototipagem rápida. Este trabalho incluiu um passo intermediário para traduzir as instruções verbais estabelecidas no tratado num modelo paramétrico antes de escrever o programa de computador em Autolisp, a linguagem de programação elementar do Autocad. Uma metodologia semelhante foi utilizada no projeto Alberti Digital para traduzir as instruções de Alberti para a conceção de edifícios clássicos em programas de computador, posteriormente usados na produção de modelos digitais e de modelos físicos. No entanto, o formalismo computacional primordial usado no projeto Alberti Digital para traduzir as descrições textuais contidas no tratado *De re aedificatoria* num programa de computador foi uma gramática e não um modelo paramétrico. A razão desta escolha foi dupla. A primeira razão foi a capacidade superior das gramáticas para codificar instruções complexas devido à possibilidade de combinar descrição e forma em gramáticas compostas. A segunda razão foi a capacidade destas para descrever como gerar uma solução de projeto por aplicação sequencial de regras, uma característica importante, dados os objetivos didáticos e pedagógicos do projeto e a intenção de determinar em que medida as regras de Alberti seriam capazes de gerar a arquitetura de raiz clássica construída no espaço do antigo império Português.

Seguindo esta estrutura, a arquitetura Renascentista em Portugal e nos seus antigos territórios ultramarinos do Brasil e da Índia pode ser pensada como uma espécie de personalização das regras estabelecidas no tratado de Alberti. Essa é a nossa hipótese fundamental para o desenvolvimento de uma gramática da forma da arquitetura Renascentista em Portugal a partir da gramática da tratado original. O trabalho apresentado desenvolveu-se em seis etapas básicas:

1. Inferir uma gramática da forma a partir do texto do tratado, seguindo um procedimento semelhante ao usado por Li[307];
2. Estruturar, testar e implementar essa gramática com os edifícios projetados por Alberti como executado por Duarte[308];
3. Reconhecer as transformações operadas na gramática do tratado de Alberti, convertendo-a na gramática dos edifícios por ele projetados, como sugerido[309] e observado[310] por Krüger, de um modo semelhante ao proposto por Knight[311];
4. Compreender as transformações operadas nesses dois conjuntos de regras e formas para produzir a arquitetura Renascentista em Portugal e nos territórios ultramarinos, como reconhecido por Carita[312];
5. Implementar um software educacional para a geração e fabricação interativa de projetos, ligando as gramáticas da forma à prototipagem rápida, seguindo o modelo proposto por Duarte e Wang[313];
6. Organizar uma exposição, a fim de divulgar amplamente os resultados obtidos.

---

[307] ANDREW I. LI, "Algorithmic architecture in twelfth-century China: the yingzao fashi", em F. Rodrigues & K. Williams, Ed., *Nexus IV: architecture and mathematics*, Fuccechio, Italy, Kim Williams Books, 2002, pp. 141–150.

[308] JOSÉ P. DUARTE, "Towards the Mass Customization of Housing: the grammar of Siza's houses at Malagueira", em *Environment and Planning B: Planning and Design*, vol. 32, n.º 3, 2005, pp. 347-380.

[309] MÁRIO KRÜGER, "A Recepção *Da Arte Edificatória*", em Leon Battista Alberti, *Da Arte Edificatória, Lisboa*, Fundação Calouste Gulbenkian, 2011, pp. 75–129.

[310] LEON B. ALBERTI, *Da Arte Edificatória*, Trad. Arnaldo Espírito Santo, intr. e notas Mário Júlio Teixeira Krüger. Lisboa, Fundação Calouste Gulbenkian, 2011.

[311] TERRY W. KNIGHT, *Transformations in Design: a Formal Approach to Stylistic Change and Innovation in the Visual Arts*, Cambridge, England, Cambridge University Press, 1994.

[312] HÉLDER CARITA, *Arquitetura Indo-Portuguesa na Região de Cochim e Keral*, Lisboa, Fundação Oriente/Transbooks.com, 2008.

[313] JOSÉ P. DUARTE, & YUFEI WANG, "Automatic Generation and Fabrication of Designs", em Automation in Construction, Vol. 11, n.º3, 2002, pp. 291-302, Elsevier Science.

Finalmente, uma nota sobre o resultado final do projeto. Rykwert e Angel[314] produziram antes uma exposição notável sobre a obra de Alberti, a qual incluía o uso de modelos digitais e modelos físicos tridimensionais em madeira, mas sem usar qualquer tipo de automação. Em certa medida, o projeto Alberti Digital pode ser pensado como um desenvolvimento desta pesquisa inicial, criado com o objetivo de tornar as regras de Alberti operativas, entendendo-as como uma forma de computação para compreender as transformações arquitetónicas que ocorreram em Portugal durante a Contra-Reforma. Neste sentido, a tradição e a inovação estão unidas pela ideia de que a computação pode desempenhar um papel importante na compreensão de arquitetura Renascentista em Portugal e, portanto, lançar alguma luz sobre as questões controversas mencionadas no início deste artigo, levantadas independentemente por Santos, Silva e Moreira.

## 3. Metodologia

O tratado de Alberti é um dos tratados de arquitetura mais influentes do Renascimento. No século XVI, o rei D. João III encomenda a sua tradução para o Português. Perdidos os exemplares desta tradução, a sua influência na arquitetura Portuguesa permanece indefinida, sendo objeto de debate entre os estudiosos. A recente tradução do tratado de Alberti do Latim para o Português forneceu a base para determinar a extensão de tal influência e, portanto, lançar uma nova luz sobre o debate.

O objetivo do projeto foi, portanto, ajudar a compreender a eventual influência cultural do tratado de Alberti sobre a arquitetura clássica Portuguesa e a ideia foi usar a estrutura computacional fornecida pelas gramáticas de descrição e da forma para determinar a extensão de tal influência no período da Contra-Reforma. A metodologia para alcançar este objetivo incluiu as seguintes tarefas:

---

[314] J. RYKWERT & A. ANGEL, *Leon Battista Alberti*. Catallogo della mostra Palazzo Te. Milão, Olivetti/Electa, 1994.

a. descodificar o tratado e inferir a gramática da forma correspondente;
b. comparar a gramática do tratado com os edifícios projetados por Alberti;
c. traçar a influência do tratado sobre arquitetura Portuguesa mapeando as gramáticas de um tipo de edifício, em Portugal e seus territórios ultramarinos, para transformações sucessivas da gramática inicial do tratado para o mesmo tipo de edifício;
d. traçar os impactos do tratado sobre a teoria, prática e ensino da arquitetura, mapeando as gramáticas subjacentes a outros trabalhos teóricos e construídos para transformações subsequentes da gramática inicial;
e. divulgar os resultados da investigação entre os estudiosos e o público em geral através da montagem de uma exposição visualmente atraente usando meios digitais.

A gramática é composta por um conjunto de regras de substituição que se aplicam de forma recursiva a uma afirmação inicial para produzir uma afirmação final. Na gramáticas de descrição, as afirmações são descrições simbólicas, enquanto que nas gramáticas da forma, elas consistem em descrições das formas.

A relação entre as gramáticas de descrição e as gramáticas da forma é tal que, para cada regra da forma existe uma regra de descrição correspondente e, portanto, é possível traduzir uma gramática descritiva numa gramática da forma. Stiny e Mitchell[315] mostraram que uma gramática pode descrever a estrutura formal e funcional de um determinado estilo arquitetónico (valor descritivo), explicar como sintetizar novos exemplares do estilo (valor sintético) e determinar se um novo exemplar pertence ao mesmo estilo (valor analítico). Estes valores das gramáticas foram essenciais para o desenvolvimento da investigação.

O tratado de Alberti pode ser pensado como um conjunto de algoritmos que explicam como desenhar edifícios de acordo com os cânones da arquitetura clássica. O objetivo do projeto Alberti Digital foi converter os

---

[315] GEORGE STINY & WILLIAM MITCHELL, "The Palladian Grammar", em *Environment and Planning B: Planning and Design* n.º 5, 1978a, pp. 5-18.

algoritmos do tratado numa gramática de descrição, em seguida, numa gramática da forma e, finalmente, num programa de computador. Este objetivo foi alcançado completando as seguintes quatro tarefas:

Tarefa 1, "compreender o tratado", visou a compreensão profunda do tratado através do desenho de objetos de acordo com as suas regras usando técnicas de desenho assistido por computador, sem automatismos e, em seguida, da produção dos modelos 3D correspondentes, utilizando técnicas de prototipagem rápida;

Tarefa 2, "inferir a gramática", visou o desenvolvimento da gramática, ganhando assim uma visão sobre a estrutura formal da interpretação Albertiana da arquitetura clássica;

Tarefa 3, "implementar a gramática", consistiu na escrita de um programa de computador que codifica a gramática, permitindo a derivação automática ou interactiva de soluções dentro da linguagem por ela definida; e

Tarefa 4, "comparar a gramática do tratado," visou comparar a gramática do tratado com edifícios reais projetados por Alberti e depois com edifícios clássicos Portugueses para determinar em que medida coincidiam.

Knight[316] demonstrou que a transição de um dado estilo num estilo diferente, mas relacionado, pode ser explicada pela transformação da gramática subjacente ao primeiro estilo na gramática subjacente ao segundo, através da adição, subtração e transformação de regras. O objetivo do projeto foi rastrear a influência do tratado de Alberti na arquitetura Portuguesa da Contra-Reforma, determinando em que medida a geração de edifícios deste período pode ser explicada por transformação da gramática do tratado. Nesta fase, a investigação concentrou-se num tipo de edifício, nomeadamente nas igrejas porque estas representavam

---

[316] TERRY W. KNIGHT, "Transformations of language of design", em *Environment and Planning B: Planning and Design*, n.º 10, 1983, pp. 125-128 (Part 1), pp. 129-154 (Part 2), pp. 155-177 (Part 3).

o programa funcional mais amplamente construído e estudado. Este aspeto era importante por aumentar as probabilidades de haver edifícios e elementos de suporte (desenhos, gravuras, descrições, etc.) que tivessem resistido ao passar do tempo em número suficiente, bem como trabalho académico relevante para tornar o projeto Alberti Digital viável.

Tradicionalmente, a história da arquitetura baseia-se no estudo de fontes documentais para traçar influências entre obras teóricas e construídas. Esta abordagem é limitada quando não há provas documentais suficientes. Uma abordagem alternativa é estudar as propriedades inerentes dos artefactos de arquitetura para determinar as semelhanças e diferenças entre eles. Isto é particularmente importante no caso de propriedades funcionais e espaciais, as quais são muitas vezes ignoradas pelos historiadores, principalmente devido à falta de uma metodologia rigorosa para descrever e comparar tais propriedades. É uma metodologia assim que as gramáticas podem proporcionar ao fornecer o aparato técnico necessário para o efeito. O projeto Alberti Digital teve, pois, como objetivo combinar estas duas abordagens, ou seja, usar uma abordagem cultural para rastrear possíveis influências do tratado de Alberti sobre a arquitetura que se seguiu e, em seguida, usar gramáticas para confirmar tal influência, concentrando-se em aspetos funcionais e espaciais. Além disso, esperava-se que este esforço pudesse constituir uma base para um inquérito sobre a utilidade de gramáticas e ferramentas computacionais para o ensino e prática da arquitetura de hoje. Um dos objetivos principais do projeto foi, portanto, apurar os impactos do tratado de Alberti na teoria, prática e ensino de arquitetura através da combinação de abordagens culturais e computacionais.

Além disso, Alberti reconhece que as combinações isoladas de elementos arquitetónicos não tem sentido, mas se forem combinados, podem produzir algo bem concebido, gracioso e conveniente:

> "Eu estou acostumado, sobretudo à noite, quando a agitação da minha alma me enche de preocupações e eu procuro alívio para essas preocupações amargas e tristes pensamentos, pensando e construindo na minha mente alguma máquina inédita para mover e carregar pesos, tornando possível a criação de coisas grandes e maravilhosas. E às vezes acontece

que eu não só acalmo a agitação da minha alma, mas invento algo excelente e digno de ser lembrado. E noutras vezes, em vez de prosseguir estes tipos de pensamentos, componho na minha mente e construo um edifício bem concebido, organizando várias ordens e números de colunas com diversos capitéis e bases incomuns, e a ligação destes com cornijas e placas de mármore, que dão toda a comodidade e uma nova graça".[317]

Esta afirmação sugere fortemente que a abordagem Albertiana à geração de formas arquitetónicas é capaz de ser capturada por uma gramática da forma, o que apoiou o nosso objetivo de desenvolver uma tal gramática dentro do contexto Português da Contra-Reforma.

## Tarefa 1: Compreender o tratado

Esta foi uma tarefa preparatória necessária para a obtenção de uma compreensão profunda do tratado. Ela teve três objetivos. O primeiro objetivo foi fazer uma leitura geral dos seus 10 livros (capítulos), a fim de descrever todas as características capazes de terem um conteúdo gramatical visual explícito. O segundo objetivo foi transformar estas instruções explícitas em descrições visuais que servissem de base à construção de uma gramática da forma, tais como:

a) fazer uma clara distinção entre lineamentos, materiais e construção;
b) descrever as principais diferenças entre os edifícios públicos e privados;
c) compreender o ornamento de edifícios sagrados, seculares e privados.

---

[317] Traduzido do inglês: "I am accustomed, most of all at night, when the agitation of my soul fills me with cares, and I seek relief from these bitter worries and sad thoughts, to think about and construct in my mind some unheard-of machine to move and carry weights, making it possible to create great and wonderful things. And sometimes it happens that I not only calm the agitation of my soul, but invent something excellent and worthy of being remembered. And at other times, instead of pursuing these kinds of thoughts, I compose in my mind and construct some well-designed building, arranging various orders and numbers of columns with diverse capitals and unusual bases, and linking these with cornices and marble plaques which give the whole convenience, and a new grace."
Leon B. Alberti, *Profugiorum ab aerumna libri III. Della tranquilità dell'animo*. (1441/1442) Ponte, ed., Genova, Casa Editrice Tilgher: Volume III, 1988b, pp. 114-115.

O terceiro objetivo foi estabelecer as principais diretrizes para o desenvolvimento visual do sistema da coluna de Alberti, bem como as estratégias de projeto globais para os edifícios públicos e privados e também para os sagrados e profanos.

O objetivo final foi assim identificar as principais linhas de investigação necessárias para transformar os lineamentos do tratado em algoritmos capazes de fornecer um configuração explícita das ideias de Alberti.

Esta tarefa foi desenvolvida em duas fases ou sub-tarefas. A primeira envolveu todos os pesquisadores no estudo e uma reflexão sobre o tratado. A segunda originou modelos de desenho dos tipos de edifícios.

### Estudar o tratado original e suas traduções em Português e Inglês

A inspiração seminal para este trabalho foi a tradução do tratado de Alberti para Português. Como tal, parte do trabalho de coleta de informações foi feito junto com o trabalho de tradução do Latim para o Português. Assim, esta tarefa inicial concentrou-se no estudo do tratado original em latim, das imagens mais tarde desenvolvidas para ilustrar a tradução em Inglês, com base na edição florentina do tratado efetuada por Cosimo Bartoli em 1550 e na edição em Português por Mário Krüger e Arnaldo Espírito Santo, publicada em 2011 pela Fundação Calouste Gulbenkian.

### Criar modelos 2D e 3D dos artefatos arquitetónicos descritos no tratado

Uma forma eficaz de entender o tratado foi criar desenhos 2D e modelos 3D digitais dos elementos descritos por Alberti, incluindo o sistema de coluna e edifícios completos, seguindo os respetivos algoritmos. Tal entendimento ajudou a clarificar os algoritmos e a preparar a informação necessária para escrever as gramáticas correspondentes nas tarefas seguintes. Os desenhos e modelos constituíram material de visualização importante para facilitar a análise e comparação dos edifícios descritos e projetados por Alberti com aqueles projetados e construídos dentro do espaço do antigo império Português.

Estas subtarefas encontram-se representadas na Figura 1.

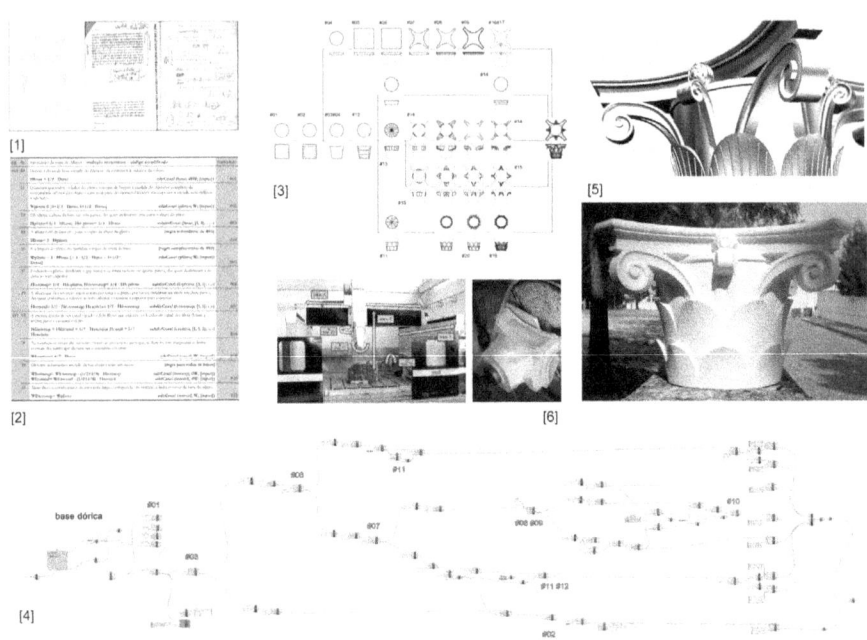

Fig.1 – Conjunto de imagens ilustrando as fases sucessivas de tradução do texto do tratado (1), em esquemas sintetizando os passos dos respetivos algoritmos (2), em diagramas visuais de transformação sucessiva da forma (3), em instruções de programação linguagem visual em Grasshopper (4), em modelos digitais obtidos a partir destes programas (5) e em modelos físico produzidos por fresagem por controlo numérico (6).

**Tarefa 2: Inferir a gramática**

A gramática correspondente ao sistema da coluna (*columnatio*)

O tratado descreve os algoritmos a seguir no projeto de edifícios de acordo com a interpretação de Alberti da arquitetura clássica. Esta tarefa consistiu na tradução do texto do tratado de Alberti em gramáticas de descrição e da forma, o que exigiu extrair e codificar as regras contidas nos algoritmos em tais formatos gramaticais.

A investigação concentrou-se assim, por um lado, no desenvolvimento de uma gramática do sistema da coluna[318] e, por outro, no desenvolvimento de uma gramática para um tipo de edifício escolhido, nomeadamente, os templos ou igrejas[319].

O sistema da coluna, ou *columnatio* na terminologia original de Alberti, frequentemente designado por ordens clássicas, estabelece um sistema complexo de relações entre as diversas partes e o todo dos edifícios, de acordo com um sistema de proporções predeterminadas.

As várias partes que compõem o sistema de coluna são símbolos da uma linguagem formal mais alargada. Esta tarefa visou descobrir as relações entre a língua latina (língua original do tratado) e a forma como Alberti define os cânones da sua interpretação das ordens clássicas no Livro VII. A metodologia original do projeto previa, primeiro, escrever o texto no formato de uma gramática de descrição e, em seguida, escrever a gramática da forma correspondente, exteriorizando assim os algoritmos subjacentes ao tratado de Alberti. Contudo, com o desenrolar do projeto, acabou por verificar-se ser mais adequado traduzir sucessivamente o texto original do tratado em diagramas sucessivos, mais textuais no início e sucessivamente mais visuais, até o conseguir converter no final num conjunto de instruções recursivas com o formato das gramáticas da forma (Fig. 1).

A geração de um capitel de acordo com a gramática do sistema da coluna encontra-se representada na Figura 2 e modelos físicos de elementos deste sistema produzidos por prototipagem rápida na Figura 3.

---

[318] FILIPE COUTINHO. *Gramática da Forma da Sistematização da Coluna de Alberti*. Tese de Doutoramento, Coimbra, Departamento de Arquitetura, Faculdade de Ciências e Tecnologia, Universidade de Coimbra, 2014.

[319] BRUNO FIGUEIREDO. *Descodificação da De re aedificatoria de Alberti: Uma abordagem computacional à análise e geração de arquitetura clássica*. Tese de Doutoramento, Guimarães, Escola de Arquitetura, Universidade do Minho, em elaboração.

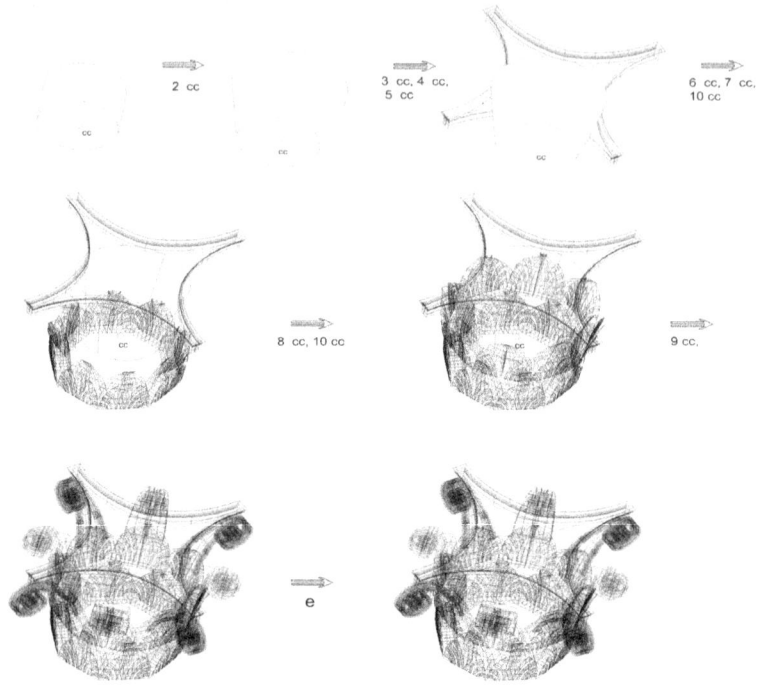

Fig. 2 - Geração de um capitel coríntio de acordo com a gramática do sistema da coluna.

Fig. 3 - Modelos físicos de elementos do sistema da coluna gerados de acordo com a respetiva gramática e produzidos por prototipagem rápida.

## A gramática correspondente a um tipo de edifício em particular (templos)

O tratado também estabelece regras muito claras para projetar edifícios completos, especialmente aqueles descritos no Livro VII, no Livro VIII (O ornamento de edifícios sagrados e públicos) e no Livro IX (O ornamento de edifícios privados). No planeamento da investigação, previu-se eleger um determinado tipo de construção como caso de estudo e, em seguida, desenvolver a gramática correspondente, utilizando o mesmo método mencionado acima para o sistema da coluna. O conhecimento prévio do tratado e da arquitetura construída da época permitiu desde logo identificar os templos, ou seja as igrejas, como o tipo de edifício mais adequado ao estudo que se pretendia desenvolver, devido ao elevado número de exemplares que foram construídos e subsistiram até aos nossos dias. A gramática desenvolvida codifica as regras para a geração das plantas e das fachadas, de acordo com o sistema de proporções definido pelo sistema de coluna. A aplicação das regras na geração de uma igreja é ilustrada na Figura 4 e modelos digitais de várias igrejas gerados de acordo com a gramática, constituindo parte do universo de soluções são mostrados na Figura 5.

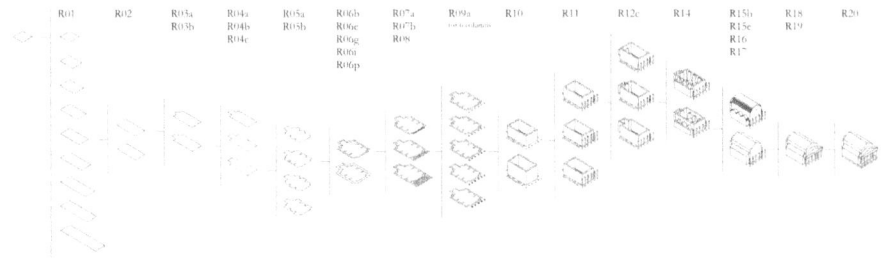

Fig. 4 – Aplicação das regras da gramática dos templos para gerar uma igreja em particular.

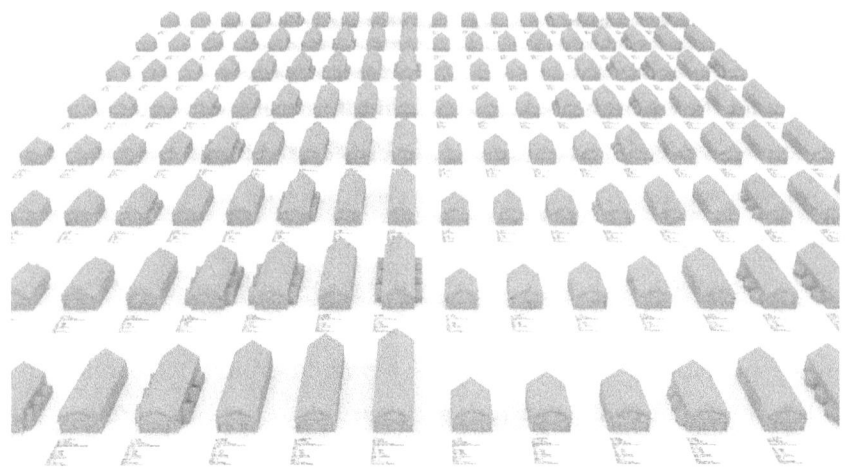

Fig. 5 – Modelos digitais de igrejas gerados de acordo com a gramática, constituindo parte do universo de soluções.

Escrever as regras contidas no tratado em formato gramatical permitiu sistematizá-las de tal forma que tornou possível verificar em que medida Alberti as seguiu nos edifícios por si concebidos, facilitando simultaneamente a sua implementação informática. Estas gramáticas foram assim utilizadas, na Tarefa 3, para comparar as regras estabelecidas por Alberti no tratado com aquelas que ele seguiu na conceção de edifícios reais e, na Tarefa 4, para desenvolver a implementação informática.

**Desenvolvimento de representações digitais 2D e 3D**

O objetivo desta subtarefa foi construir representações digitais 2D e 3D detalhadas a partir, tanto dos resultados gerados pelas implementações informáticas das gramáticas, como de outras fontes de informação, incluindo ilustrações do tratado e plantas e alçados da obra construída de Alberti e de edifícios portugueses por ele influenciados. Esta subtarefa abrangeu o desenvolvimento de desenhos e modelos geométricos, o mapeamento de texturas e a criação de cenas foto-realistas. Algumas das representações digitais foram produzidas manualmente, utilizando o computador sem automatismos, ao passo que outras foram produzidas automaticamente usando os vários programas desenvolvidos no decurso do projeto. Posteriormente, os modelos digitais foram usados para produzir modelos físicos através de prototipagem rápida.

**Técnicas de prototipagem rápida**

O desenvolvimento de gramáticas permitiu revelar de forma clara as regras codificadas no tratado e a sua implementação informática permitir explorá-las. No Livro I (*Lineamenta*), Alberti refere-se a desenhos 2D e modelos 3D, como os elementos descritivos do projeto de edifícios. A investigação usou várias tecnologias de ponta baseadas em computador para produzir estes tipos de elementos. O uso de prototipagem rápida permitiu uma visualização tangível dos resultados gerados pelas implementações informáticas e, particularmente, da interpretação de Alberti da arquitetura clássica, facilitando assim a afinação das gramáticas e ampliando os impactos didático-pedagógicos dos resultados da investigação.

**Seleção de técnicas de prototipagem rápida**

O objetivo desta subtarefa foi experimentar e selecionar técnicas de prototipagem rápida apropriadas à produção de modelos físicos a partir dos modelos digitais gerados automaticamente pelas implementações informáticas. Algumas das técnicas testadas e utilizadas para o projeto já estavam disponíveis nas instituições participantes no projeto (corte a laser, impressão 3D, fresadoras CNC, etc.), enquanto que outras foram adquiridas no âmbito do projeto para aumentar as capacidades de fabricação durante e além do projeto.

**A produção de modelos físicos utilizando técnicas de prototipagem rápida**

O objetivo foi estudar e ilustrar as qualidades espaciais e formais da interpretação Albertiana da arquitetura clássica e a sua influência na arquitetura Portuguesa no período da Contra-Reforma. Foi assim possível obter uma melhor compreensão da complexidade do pensamento de Alberti sobre a implementação e conceção de edifícios sagrados e profanos, nomeadamente sobre a relação entre o pensamento discursivo e não discursivo. Isto é evidente quando Alberti inventa novos termos para descrever os elementos do sistema de coluna, tais como *rudens* (rudentura em Português).

O resultado desta tarefa foi um conjunto de modelos físicos e digitais que foram incluídos na exposição no final. Estes modelos foram úteis primeiro para obter uma melhor compreensão do tratado de Alberti e do seu impacto na arquitetura Portuguesa e, depois, para produzir material visualmente atraente para a exposição final, alcançando assim os objetivos didáticos e pedagógicos do projeto[320].

**Tarefa 3: Implementação das gramáticas**

A codificação do tratado em várias gramáticas, combinadas no final, numa única gramática composta, possibilitou a geração completa de sistemas de colunas e de edifícios de acordo com as regras estabelecidas por Alberti. A implementação informática das gramáticas tornou tal geração mais eficiente e permitiu a exploração interativa em tempo real do espaço de soluções de projeto definido pelo tratado.

**Seleção do ambiente informático**

Foi necessário escolher a plataforma de computador a utilizar na implementação das gramáticas, isto é, no desenvolvimento dos chamados interpretadores gramaticais. Isto incluiu a escolha do paradigma de

---

[320] EDUARDO CASTRO E COSTA. *Modelação Computacional e Materialização Digital de Elementos Clássicos de Arquitetura: Sistematizando a Coluna de Alberti*. Tese de mestrado. Lisboa, Faculdade de Arquitetura da Universidade Técnica de Lisboa, 2012.

implementação e da linguagem de programação. Com base em experiências anteriores de desenvolvimento de interpretadores para gramáticas semelhantes, rapidamente se chegou à conclusão que não seria necessário implementar a propriedade das gramáticas da forma conhecida por "emergência", o que tornou mais fácil e rápido o desenvolvimento da implementação. No final, a escolha do ambiente informático recaiu sobre o Rhinoceros e as linguagens de programação associadas, nomeadamente, o RhinoScript (linguagem de alto nível) e o Grasshopper (linguagem visual). Os critérios utilizados para escolher a linguagem de programação adequada foram o tipo e a complexidade das formas que se pretendiam gerar, por exemplo, a complexidade geométrica do capitel coríntio (Livro VII), bem como a facilidade e celeridade da implementação informática.

### Implementando a gramática do sistema da coluna

Esta tarefa concentrou-se na execução do interpretador para as ordens do sistema da coluna. Na verdade, não foi implementado um interpretador devido: por um lado, à dificuldade e ao tempo exigido para a implementação direta das gramáticas pela inexistência de um ambiente informático adequado e, por outro, à ausência de propriedades de emergência nas gramáticas desenvolvidas. Esta características das gramáticas do tratado permitiu a sua conversão em vários modelos paramétricos, bastante mais fáceis de implementar. No entanto, esta conversão manteve as propriedades descritivas do tratado devido aos objetivos científicos do projeto, nomeadamente, a comparação entre as diversas gramáticas de raíz Albertiana e a explicitação das suas regras por razões didático-pedagógicas.

A execução dos modelos paramétricos tomou em consideração questões de interface com o utilizador, visando maximizar o alcance dos objetivos didático-pedagógico do projeto para tornar mais facilmente apreensíveis as descrições da forma dos objetos arquitetónicos contida no tratado e o complexo sistema de relações formais estabelecidas.

## Implementando a gramática do tipo de edifício

Esta tarefa concentrou-se no desenvolvimento da implementação informática da gramática para o tipo particular de edifício selecionado como caso de estudo. Tal como acontece com o interpretador da gramática do sistema da coluna, esta implementação tomou em consideração questões de interface com o utilizador para enfatizar e descobrir as relações espaciais entre alçados e plantas, bem como entre as diferentes partes de cada representação 2D.

O resultado destas tarefas foi dois programas de computador, um implementando a gramática do sistema da coluna e o outro a do tipo de edifício selecionado. Estes programas tornaram possível testar e afinar as gramáticas e explorar o universo de soluções definido pelos algoritmos codificados. No final, eles constituiram a base do software educacional que se desejava implementar, o qual foi completado com a conceção de um interface num ambiente de realidade virtual (Fig. 6). Este interface permitiu efetivamente atingir os objetivos didático-pedagógicos do projeto ao possibilitar a interação amigável com os utilizadores e a exploração intuitiva do universo de projeto de Alberti.

Fig. 6 – Ambiente de realidade virtual desenvolvido para explorar interativamente as regras de Alberti no desenho do sistema da coluna e de templos.

## 6. Comparar a gramática do tratado

Apesar do tratado estabelecer regras escritas muito claras, a falta de ilustrações na *editio princeps* sublinha a intenção de Alberti de deixar espaço para a interpretação na conceção de edifícios reais e evitar pôr em risco o rigor das descrições textuais devido a erros aculumados na reprodução de ilustrações de manuscrito para manuscrito. Nesta tarefa, compararam-se edifícios projetados por Alberti com as regras do tratado com a finalidade de identificar possíveis desvios relativamente aos cânones e levantaram hipóteses para explicar a origem de tais desvios. Em seguida compararam os edifícios construídos no espaço do antigo império Português com a obra construída e escrita de Alberti. A base comparativa foi constituída pelas gramáticas subjacentes a cada caso.

**Comparar a gramática do tratado com a gramática da obra construída**

Nesta subtarefa, o objetivo foi comparar edifícios reais Albertianos, nomeadamente, a igreja de Santo André em Mântua, o templo Malatestiano em Rimini e o palácio Rucellai em Florença, com as regras do tratado a fim de determinar em que medida as regras do tratado foram respeitadas por Alberti na conceção destes edifícios. Esta tarefa baseou-se na obra "Transformations of Languages of Design" de Terry Knight, já referida, para explicar com rigor os desvios dos cânones tratadistas como alteração, subtração ou adição de regras ao tratado. O resultado foi um mapa das eventuais transformações efetuadas à gramática do tratado para conseguir explicar a geração da obra construída de Alberti. Este mapa identifica claramente que regras foram alteradas, subtraídas ou adicionadas, tendo servido de base para explicar por que motivo tais transformações foram necessárias na conceção de edifícios reais. Este mapa foi depois comparado com os exemplos projetados e construídos no território do antigo império Português.

**Mapeamento das transformações do *De re aedificatoria***

O objetivo desta subtarefa foi relacionar as transformações da gramática do tratado identificadas na tarefa anterior com a distribuição geográfica dos casos de estudo selecionados. A ideia foi possibilitar explicar as variações estilísticas encontradas na área geográfica do antigo império como transformações sucessivas da gramática do tratado em gramáticas locais e ligar tais transformações à necessidade de dar resposta a condicionantes práticas de construção ou a características climáticas ou, ainda, a influências arquitetónicas, culturais, ou políticas ou outras influências contextuais. Nesta tarefa, utilizou-se novamente o enquadramento teórico proposto por Terry Knight referido anteriormente, segundo o qual a transformação de um estilo noutro pode ser explicada pela alteração, subtração ou adição de regras à gramática inicial para obter a nova gramática.

O resultado final foi a extensão do mapa de transformações da gramática do tratado na gramática da obra construída de Alberti para incluir a transformação destas gramáticas nas gramáticas do sistema da coluna e das igrejas em Portugal, no Brasil e na Índia no período em estudo. Este mapa foi necessário para compreender a extensão de tais transformações e, desta forma, determinar a possível influência de Alberti na arquitetura do Império português. O mapa tornou ainda possível formular hipóteses sobre a fonte de tais transformações, nomeadamente condicionantes construtivas ou influências contextuais.

## 7. Conclusão

Esta comunicação descreve a metodologia seguida no projeto de investigação Alberti Digital, em que um dos objetivos principais foi, através do uso de meios computacionais, estudar a eventual influência Albertiana na arquitetura de raiz clássica portuguesa. Através do uso deste meios, foi possível traduzir o tratado em gramáticas da forma e, em seguida, determinar o possível grau de tal influência, verificando em que medida tais gramáticas conseguiam descrever a geração de edifícios clássicos portugueses. Mais especificamente, verificando o número de regras e parâmetros usados sem alteração na derivação do sistema da coluna e do tipo de edifício selecionado como caso de estudo – templos, isto é, igrejas – foi possível determinar o grau de proximidade aos cânones Albertianos especificados no tratado. Complementarmente, ao descobrir o número de regras que necessitavam de ser alteradas, eliminadas e adicionadas para o efeito, foi possível determinar o grau de desvio do caso Português relativamente aos princípios de Alberti. Atendendo a estes resultados, o uso desta metodologia é proposto em complemento ao uso tradicional de fontes documentais. O argumento é que as gramáticas oferecem um método rigoroso para testar hipóteses levantadas pelo uso de tais métodos tradicionais.

Agradecimentos

O projeto Alberti Digital foi financiado pela Fundação para a Ciência e a Tecnologia (FCT), Portugal, com a bolsa PTDC/AUR-AQI/108274/2008, acolhido pelo Centro de Estudos Sociais da Universidade de Coimbra e coordenado por Mário Krüger. O trabalho de F. Coutinho e B. Figueiredo no projeto foi ainda financiado pela FCT, através das bolsas de doutoramento SFRH/BD/66029/2009 e PTDC/AUR-AQI/108274/2008. Os autores agradecem ainda a T. Knight, G. Stiny e W. J. Mitchell o seu apoio como consultores do projeto. Tristemente, Bill Mitchell faleceu a 11 de junho de 2010, quando o projeto se desenrolava. Agradecemos profundamente o seu apoio e amizade ao longo dos anos, sentindo profundamente falta de ambos.

# V. Ordem e Forma: a Cidade

# Alberti e Filarete:
## da Perspetiva à Cidade Ideal

Vítor Murtinho

**Resumo**

Leon Battista Alberti e Antonio Averlino (conhecido como Filarete) são, inexoravelmente dois importantes personagens renascentistas. Com capacidades multifacetadas, distinguiram-se na prática da arquitetura, tendo para o efeito ambos escrito um tratado sobre esta disciplina. Apesar de terem percursos profissionais e pessoais bem distintos, é possível encontrar, também, inúmeras similitudes. Neste campo é de referir os interesses pelo desenho e pela perspetiva. Este artigo pretende fazer o confronto entre as competências, virtudes e percursos destes destacados homens renascentistas.

Alberti; Filarete; Arquitetura; Biografia

**Résumé**

Leon Battista Alberti et Antonio Averlino – connu sous le nom de Filarete – sont inexorablement deux personnages importants de la Renaissance. Avec des capacités polyvalentes, les deux se sont distingués dans la pratique de l'architecture et, à cette fin, ils ont écrit un traité sur ce sujet. Bien qu'ils aient très différents parcours professionnels et personnels, nous pouvons également trouver de nombreuses similitudes. Dans ce domaine, il convient de noter l'intérêt par le dessin et par la perspective. Cet article vise à la

DOI: http://dx.doi.org/10.14195/978-989-26-1015-3_12

confrontation entre les compétences, les vertus et les routes de ces illustres hommes de la Renaissance.

Alberti; Filarete; Architecture; Biographie

**Abstract**

Leon Battista Alberti and Antonio Averlino di Pietro Averlino (known as Filarete, from the Greek for *lover of excellence*) are, inexorably, two important renaissance personalities. With multifaceted capabilities, both distinguished themselves in the practice of architecture, and to this end both written a treatise on this subject. Although they have very different professional and personal paths, its possible to find also many similarities. In this field it should be noted the interest by drawing and of geometric perspective. This article aims at the confrontation between the skills, virtues, and routes of these outstanding Renaissance men.

Alberti; Filarete; Architecture; Biography

Battista Alberti e Antonio Averlino são inquestionavelmente dois importantes personagens que, cada um à sua maneira, marcaram indelevelmente o pensamento ainda no século que os viu nascer, como cumulativamente em períodos posteriores.[321] Todavia não constitui um propósito aqui colocar num mesmo patamar personalidades tão diferentes, com produções que divergem quantitativa e qualitativamente. Por esse facto, o que se pretende é encontrar pontos de toque, similitudes e pontos de convergência, num processo determinante que tem o seu principal desenvolvimento em pleno século XV.

No caso, não se conhece na extensa obra escrita de Leon Battista Alberti, nenhuma referência ou algum dado que permita descortinar alguma influência de Antonio Averlino.[322] No entanto são profícuas e notórias as influências, diretas ou indiretas, que Battista Alberti teve sobre Averlino, designadamente naquilo que configura as suas fontes escritas. Paralelamente, conhecendo as biografias e as especificidades de cada um destes renascentistas é possível encontrar algumas semelhanças que os podem aproximar nalgumas particularidades. Ambos ensaiaram a arte da escrita, Alberti de modo desmedido, quase roçando o sobre-humano, Filarete de modo mais modesto, ficando pela produção efetiva e segura de uma única publicação. Na realidade, a diversidade da obra literária albertiana – segundo Francesco Furlan – pode ser dividida, genericamente, em três tipos, identificados segundo a forma de escrita, designadamente, o *tratado*, o *diálogo* e o *lúdico*.[323] Em rigor, este enquadramento estabelece três grandes grupos ou eixos, que complementarmente abarcam a diversidade do trabalho de aquisição de conhecimento, seja ele formulado segundo metodologia *construtiva* ou *reativa*. Assim, se no caso do *tratado*,

---

[321] Battista Alberti, natural de Génova, nasceu em 1404 e faleceu em 1472 em Roma; Antonio Averlino, natural de Florença, deverá ter nascido em 1400 e admissivelmente falecido em Roma por volta de 1469.

[322] Mais conhecido por Filarete.

[323] Esta catalogação é aquela que, em nossa opinião, melhor estabelece a tipificação da obra de Alberti e foi proposta por uma das pessoas que na atualidade melhor conhece os seus escritos e que tem dedicado a maior parte da sua investigação precisamente a esse estudo e interpretação (ver, por exemplo, FRANCESCO FURLAN, *Studia Albertiana. Lectures et lecteurs de LEON BATTISTA ALBERTI*, Vrin, Paris, 2003, pp.7 e seg.).

este se debruça sobre questões relacionadas com o mundo sensível e o *diálogo* com o mundo das ideias e das experiências, o *lúdico* enfatiza o lado mais obscuro dos dois mundos referidos colocando em questão a validade científica e dando destaque às sensações e opiniões.[324]

Efetivamente Filarete limitou os seus escritos, pelo menos naquilo que historicamente se conhece, ao seu texto basilar designado pelo próprio de *libro de architetttura* e publicado sob o título *Trattato di Architettura*.[325] Porém, no próprio texto filaretiano é referida a existência de uma outra sua publicação, ou pelo menos do início da sua escrita, em duas circunstâncias diferentes, versando o assunto da agricultura.[326] Concretamente e no contexto desta afirmação, no *livro XXI* do *Trattato* é acrescentado ainda a consulta suplementar, caso o leitor queira adquirir mais amplos conhecimentos, a leitura do texto enciclopédico *História Natural* de Plínio o Velho.[327]

Tendo, biograficamente, Alberti e Filarete nascido e morrido em anos muito próximos, faz com que, plausivelmente, no seu período de vida tenham certamente pisado os mesmos solos ou servido um mesmo mecenas. Uma dessas coincidências é indubitavelmente o serviço ao Papa Eugénio IV[328], já que Alberti integrou por muitos anos a corte papal e Filarete concebeu e coordenou a execução das portas principais da antiga Basílica de S. Pedro em Roma, empreendimento que mobilizou os seus esforços entre 1431 e 1445.[329] Por fatalidade de Filarete, estando

---

[324] Ibidem

[325] Não existem dados seguros sobre o período exato de escrita do *trattato*, no entanto as opiniões têm convergido para o intervalo entre 1460 a 1464 ou mesmo até 1465. A melhor fonte sobre esta problemática continua a ser JOHN R. SPENCER, "La datazione del trattato del Filarete desunta dal suo esame interno", *Rivista d'Arte*, vol XXXI, 1956.

[326] FILARETE, *Trattato di Architettura*, edição de Anna Maria Finoli e Liliana Grassi, Edizioni il Polifilo, Milão, 1972, Libro XXI, p. 637 e Libro XXIV, p. 682.

[327] Apesar desta referência explícita é provável que Averlino tenha ainda em mente o *De re rustica* de Marco Terêncio Varrão (séc. I a. C.), mas também o livro com o mesmo nome de Lucius Junius Moderatus, conhecido como Columella (séc. I), ou então o *Opus agriculturae* de Ruttilio Tauro Emiliano Palladio (sec. IV), entre muitos outros.

[328] Foi Papa entre 3 de março de 1431 a 23 de fevereiro de 1447.

[329] Provavelmente devido ao facto de ter colaborado com Ghiberti na segunda porta do Batistério de Florença, e segundo consta ter conhecimentos sólidos na fundição de peças em metal com grandes dimensões, Filarete terá sido convidado por Eugénio IV a

ele a laborar em Roma, em 1447, foi acusado do roubo da relíquia da cabeça de S. João Batista, motivo que provocou a sua prisão e tortura. Segundo consta, esta acusação era motivada pela rivalidade e inveja de alguns colegas de profissão, que aproveitando a morte do papa seu protetor, tiveram oportunidade para consumar um eventual desejo de vingança. Felizmente o novo papa, Nicolau V, optou por facilitar a sua libertação sem que Filarete, estranhamente, tivesse que restituir a relíquia em falta.[330] Curiosamente o cognome de Filarete, que designa em grego algo do género *amante da virtude*, pode estar relacionado com uma tentativa psicológica de reabilitação da sua imagem após este triste e fatal incidente que manchou a sua idoneidade e honestidade. E, se Antonio Averlino adotou o epíteto de Filarete, Alberti, talvez tentando denotar a sua capacidade empreendedora, opta por autodenominar-se como Leon que surge imediatamente antes do nome de batismo de Battista Alberti, enfatizando eventualmente a coragem que lhe foi necessária em momentos mais difíceis da sua vida.

Não consta que Alberti enquanto homem maduro tenha tido algum constrangimento análogo ao de Filarete. Todavia, também este primeiro, em período que se estendeu até idade adulta, se viu privado de pisar solos paternos devido a exílio forçado desta ala da sua família. De facto,

---

desenvolver a conceção e posterior execução das portas centrais da Basílica Vaticana. Essa construção viria posteriormente a ser demolida pelo papa seguinte, Nicolau V, depois das comemorações do Jubileu de 1450. Sobre o mesmo local foi construída a nova basílica cujo primeiro projeto era de Bernardo Rossellino, discípulo e amigo de Leon Battista Alberti. Esta importante igreja teve sucessivos projetos e intervenções de importantes arquitetos, entre eles, Giuliano da Sangallo, Bramante, Rafael Sanzio, Baldassare Peruzzi, Antonio de Sangallo, Miguel Ângelo, Vignola, Carlo Maderno, entre outros. Todavia, foi já com Carlo Maderno e no papado de Paulo V, no início do séc. XVII que este último decidiu a reposição das portas filaretianas na entrada principal, obrigando a um acrescento da altura destas. Sobre a história da Basílica de S. Pedro e concretamente das portas centrais de bronze elaboradas por Filarete ver ANGELA CIANFARINI, *Luoghi Vaticani*, Libreria Editrice Vaticana, Roma, 2002, principalmente capítulos IV e VI.

[330] Segundo parece, o trabalho que Filarete estava a levar a cabo correspondia ao mausoléu em memória do Cardeal de Portugal, Antão Martins de Chaves na Igreja de São João de Latrão. Este terá falecido em Roma em 11 de julho de 1447 e dado a incompletude do trabalho, terá mais tarde, em 7 de fevereiro 1449, a Senhoria de Florença solicitado que Antonio Averlino pudesse entrar de novo na cidade eterna com o objetivo de terminar a tarefa iniciada e assim poder honrar os seus compromissos (consultar EUGÈNE MUNTZ, "Les mésaventures du sculpteur-architecte Filarete 1448-1449", *Courrier de l'Art*, nº 3, 1883, p. 33).

as circunstâncias políticas que provocaram o desterro da sua linhagem paterna de Florença, desde os finais do século anterior (1387), motivaram o nascimento de Battista em solos diferentes dos paternos, fruto ainda de uma relação não legalizada à luz dos preceitos da época entre Lorenzo di Benedetto Alberti e a viúva Bianca Fieschi.[331] No caso de Filarete, o afastamento deste relativo à cidade de Roma foi assunto superado com o ingresso ao serviço de Francesco Sforza, em Milão, onde em 1451 surge já com responsabilidades acrescidas na reconstrução do castelo da cidade que se encontra em profunda remodelação para albergar condignamente e com segurança a família do então recentemente proclamado duque.

Verificada a influência direcionada no exclusivo sentido de Alberti sobre Filarete, impõe-se a consolidação e definição das fontes e da averiguação efetiva dos pontos de contato. Na realidade, conhecendo os desempenhos de cada uma destas individualidades, as afinidades encontram-se mais circunscritas ao campo das artes em geral e da arquitetura em particular. Com efeito, estas duas personalidades partilham um gosto pelas artes em geral e em particularidade a eleição da arquitetura enquanto arte maior ou expoente máximo do processo intelectual que permite as criações mais primorosas. Em rigor, as suas laborações arquitetónicas foram precedidas por intenso trabalho ou especulação em torno da arte da pintura ou da

---

[331] As dificuldades de subsistência de Alberti são motivadas por uma sucessão de acontecimentos que levaram a uma alteração substancial do seu meio e estrutura familiar no início da sua juventude. A sua mãe faleceu em 1406, tendo o seu pai, passados dois anos, contraído matrimónio com Margherita Benini, do qual não resultaria nenhum descendente. Acontece que não tendo Lorenzo Benedetto legalizado a relação anterior, quer Battista, quer o seu irmão Carlo (nascido em 1403) ficaram condenados à situação de ilegítimos. Obviamente que com o seu pai vivo, não havia problemas de subsistência, já que esta era assegurada por este, contudo após o seu falecimento em maio de 1421 a sua realidade estava prestes a degradar-se. Se num primeiro momento, o seu tio Ricciardo se assumiu como tutor dos órfãos, após o seu falecimento no ano seguinte ao do seu progenitor a sua situação financeira viria a agravar-se, devido ao não-reconhecimento dos seus direitos hereditários. E, se o desterro dos Alberti relativamente a Florença seria definitivamente sanado com a interferência do papa Martinho V em 1428, Leon Battista só veria o seu defeito de ilegitimidade resolvido aquando da implementação de uma bula papal para efeitos de absolvição por Eugénio IV e pela sua nomeação como reitor em 1432 tendo em vista o benefício eclesiástico no prioriado de *San Martino a Gagalandi* (*Lastra a Signa*) pertencente à diocese de Florença. Sobre a biografia mais detalhada da sua vida, ver a entrada de CECIL GRAYSON, "Leon Battista Alberti" in *Dizionario biografico degli italiani*, volume 1, Roma, 1960, pp. 702-9; e, de modo mais desenvolvido, GIROLAMO MANCINI, *Vita di Leon Battista Alberti*, seconda edizione completamente rinnovata con figure illustrative, Bardi Editore, Roma, 1967.

escultura. Se no caso de Filarete são fidedignos os seus antecedentes no âmbito da escultura, no caso de Alberti, este conhecimento é somente confirmado através de processo de escrita, com textos importantes e basilares sobre metodologia e prática conceptual.

Tanto um como outro se apresentaram como indivíduos habilitados para o estudo e desenvolvimentos de construções que pretendiam satisfazer determinadas necessidades. Para esse exclusivo efeito, quer Averlino, quer Battista se assumiram como arquitetos, enaltecendo, cada um à sua maneira, a arquitetura que haviam herdado dos tempos romanos e que um estilo mais bárbaro impedia, nalguns círculos, de emergir. A autoridade de Alberti, no domínio do projeto de arquitetura deveu-se sobretudo, em primeira instância, às suas investigações e inquirições cujo resultado foi o seu tratado *De re aedificatoria*. Após a receção deste importantíssimo texto fundador da teoria da arquitetura renascentista, foi tal o reconhecimento de Alberti enquanto sábio das questões da arte edificatória que naturalmente este aparece ligado como consultor ou como autor de um conjunto vasto de obras. Sendo difícil nalguns casos discernir qual a profundidade do trabalho por este desempenhado, a verdade é que a crítica assume como certa a participação de Alberti em destacadas obras como as fachadas do *Palazzo Rucellai* e de *Santa Maria Novella*, em Florença, de *San Francesco* em Rimini ou de *San Sebastiano* e de *Sant'Andrea* em Mântua. No entanto é seguro que, sendo o acompanhamento destas feito à distância ou de modo descontínuo, Alberti tinha em permanência no estaleiro da construção um arquiteto que fazia as necessárias pontes e que na rotina do quotidiano garantia o pretendido cumprimento do seu projeto. Para esse efeito, no *Palazzo Rucellai* colaborou Bernardo Rossellino, em *Santa Maria Novella* colaborou Giovanni di Bertino, no templo malatestino de Rimini colaborou Matteo de' Pasti; em San Sebastiano e em Sant'Andrea contou com o apoio decisivo de Luca Fancelli.[332] Todas estas obras têm na sua génese algum contributo de Alberti, mas nenhuma delas, pelo menos no modo como chegou à atualidade, são algo que possamos

---

[332] Cf. DOMINGOS TAVARES, *Leon Battista Alberti, Teoria da Arquitetura*, Dafne Editora, Porto, 2004, p. 10.

atribuir à sua exclusiva autoria. Ou se trata de obras restringidas e meramente mais de fachada, como o caso de *Santa Maria Novella*, do templo malatestiano e do *Palazzo Rucellai* ou obras que, apesar de mais abrangentes, não apresentam definição total que permita dizer com rigor qual a solução preconizada por Leon Battista. Um desses casos é, por exemplo, qual seria a definição da escadaria e da fachada de San Sebastiano, se é que o projeto inicial não seria mesmo térreo.[333] E, sobretudo, muitas das tarefas nalgumas das obras referidas ou a sua totalidade, terem sido feitas já após o falecimento de Alberti, dificultando, ainda mais, as análises ou a caracterização do seu efetivo contributo.[334]

Por sua vez, Filarete, que sistematicamente defendia a presença do arquiteto no ambiente da obra, tem reconhecida a autoria ou participação em vários projetos milaneses, não tendo nenhum destes tido a conclusão durante o período da sua vida. No entanto, no contexto do círculo de domínio de Francesco Sforza, Averlino acabou por estar envolvido nas construções que tiveram mais importância e que marcaram o grande estaleiro deste importante ducado. Para além da já referida fugaz colaboração do Castelo de Milão, designadamente na zona da entrada principal de acesso ao castelo, concretamente na definição da alta torre quadrada e ainda no desenho de inúmeros elementos decorativos e de alguns dos frisos[335], importa narrar os contributos dados no *Duomo* ou no projeto

---

[333] Sobre a possibilidade de San Sebastiano ter um único piso Cf. ROBERT TRAVENOR, *On Alberti and the Art of Building*, Yale University Press, New Haven, 1998, pp. 127-147.

[334] Corolário desta afirmação são, por exemplo, as obras de Santo André de Mântua, basílica que deveria albergar uma relíquia com Sangue de Cristo e cujos trabalhos foram iniciados precisamente dois meses antes da morte de Alberti e imediatamente após a demolição da antiga igreja medieval. Esta circunstância, com vicissitudes inerentes no decurso da obra fazem com que a fachada não esteja terminada antes de 1488, e os trabalhos haveriam de se prolongar por muitos anos, correspondendo a quatro campanhas distintas com desvio dos preceitos albertianos e culminados finalmente no final do século XVIII com a cúpula de Juvarra e o restauro de Andrea Pozzo. Outro caso é a abside da Igreja de San Martino a Gagalandi cuja intervenção foi desenvolvida entre 1473 a 1476, segundo a indicação testamentária de Alberti (MASSIMO BULGARELLI, "Alberti a Mantova. Divagazioni intorno a Sant'Andrea", *Annali di architettura*, n° 15, 2003, p. 11; EUGENE JOHNSON S. *Andrea in Mantua*, Pensylvania State University Press, London, 1975, pp. 8 a 42; GABRIELE MOROLLI, "Da un Brunelleschi apocrifo a un Alberti postumo" in *San Martino a Gargalandi*, Edifir Edizioni, Firenze, 2001, pp. 36 a 48).

[335] Cf. GIANFRANCO PERTOT, "La fabbrica viscontea: sopravvivenze e integrazioni" in *Il Castello Sforzesco di Milano*, Skira, Milão, 2005, pp. 80 a 81.

do *Ospedale Maggiore* da mesma cidade. Como admitidas intervenções filaretianas, acrescem os casos de um projeto de um arco celebrativo para Cremona e o *Duomo de Bergamo* (*Chiesa Maggiore*). Nestes últimos casos, admite-se que a solução proposta se aproxime de imagens específicas que Filarete apresenta e descreve no seu tratado. Segundo parece, no caso concreto de Bérgamo, o desenho de Filarete não é muito diferente da estrutura espacial que, pelo menos até ao século XVII, aparece como hipótese recorrente. Por outro lado, a representação averliana da vista frontal da igreja assemelha-se muito à *Cappella Colleoni*, situada nas imediações, cujo projeto é da autoria de Giovanni Antonio Amadeo e que foi construída durante a década de setenta do século XV.[336] O empreendimento mais importante que Filarete teve em mãos e que maior impacto teve em termos da história da arquitetura foi, inequivocamente, o projeto do *Hospital maior de Milão*, também conhecido como *Ca' Granda*. É seguro que o contributo averliano se resumiu muito mais à definição do modelo organizativo e concetual do que ao processo de concretização física, já que este se arrastou por período muito posterior à vida do próprio arquiteto. Porém, o desenvolvimento físico da estrutura do edifício, sob o ponto de vista organizativo e de implantação, respeita em muito o propósito filaretiano, atestando a importância que o projeto inicial terá tido em termos da consolidação da forma final do edifício construído. De facto, durante o século XV somente foi executada uma das duas cruzes gregas claustrais, correspondendo à parte situada entre as vias *Festa del Perdono* e *S. Lazaro*; o claustro central, sem igreja a meio e de largura mais reduzida, bem como a outra cruz grega somente teriam

---

[336] No *Trattato*, Filarete descreve uma cidade imaginária designada como Sforzinda onde, entre outras coisas, explica com algum detalhe e ilustra o castelo do senhor e as respetivas portas. No caso da entrada do castelo, o desenho correspondente, que aparece no livro sexto, tem sido descrito como sendo uma aproximação do projeto que Filarete teria feito para o arco em Cremona (TAV. 21, f. 42r.); por sua vez, a Catedral de Bérgamo aparece representada de modo indireto quando Averlino faz uma proposta para uma igreja em memória de São Jerónimo e afirma ser esta igual à que havia projetado precisamente para Bérgamo (TAV. 95, f. 123v.). No caso do Arco de Cremona ver MICHELE LAZZARONI e ANTONIO MUNOZ, *Filarete, scultore e architetto del secolo XV*, Roma, Modes editore, 1908, pp. 180 a 182; sobre s Catedral de Bérgamo consultar GRAZIELLA COLMUTO ZANELLA, "L'Architettura" in *Il Duomo di Bergamo*, Edizioni Bolis, Bergamo, 1991, pp. 136 a 173.

o seu início em pleno século XVII. Estas circunstâncias dão relevo ao projeto filaretiano que apesar de não estar logo totalmente evidente nas primeiras intervenções, foi um guião que condicionou substancialmente o desenho na sua evolução para a solução definitiva.[337]

No campo da escrita, como já se referiu, reconhece-se fulgor desequilibrado entre Alberti e Filarete, sabendo da proficuidade do primeiro, perdendo-se nos estilos e na polivalência de conteúdos, do segundo subsiste escrita discreta e sumariamente enquadrada entre o romance, com diálogo e informação dispersa sobre inúmeros assuntos, mas mais incisivos na arte da arquitetura. Alberti inicia o seu processo de escrita como corolário de um processo formativo muito exigente e eventualmente alterna estilos e saberes consoante as solicitações ou as agruras da vida assim o determinam. Quando, em período subsequente à perda do pai, Alberti é atingido por tendências depressivas, refugia-se no estudo e desenvolvimento da matemática e das artes, provavelmente menos exigentes em termos de memória, para conjuntamente com uma prática desportiva frequente, conseguir superar tão periclitante ciclo. Se bem que o âmbito das pesquisas albertianas explodem em inúmeros temas problemáticos, uma das suas obras maiores, principalmente pelo impacto que teve no exercício posterior da arte arquitetónica é, sem sombra de dúvida, o seu *De re aedificatoria*. Nesta contextura, este texto constituindo uma alternativa moderna aos vitruvianos *dez livros sobre arquitetura*, pressupõe e dá nota de um domínio anormal dos preceitos da edificação clássica, afirmando-se como um verdadeiro tratado desta arte maior. Esta obra incorpora todo um saber recolhido pacientemente a partir de toda a bibliografia existente à época, contemporânea ou mais antiga, permitindo a construção de uma publicação que para além de possuidora de uma inegável erudição, constitui-se como um texto exemplar e simultaneamente fundacional da teoria da arquitetura.

---

[337] Sobre a evolução do Hospital de Milão sugere-se a consulta do livro de LILIANA GRASSI, *Lo 'Spedale di Milano, Storia e Restauro*, Universitá degli Studi di Milano, Milão, 1972. De notar que esta arquiteta foi a autora da conversão da construção para efeitos de edifício universitário, após o tremendo impacto que sofreu durante os bombardeamentos na Segunda Guerra Mundial.

Neste preciso domínio o *De re aedificatoria* apresenta uma linguagem disciplinar própria, alicerçar, fornecendo modelos conceptuais e que de certo modo prescreve o modo ou os modos de fazer boa arquitetura. No caso particular de Filarete, escreveu um livro que genericamente autodenominou como *arquitetónico livro*[338] e que ardilosamente podendo assemelhar-se a um tratado análogo ao de Vitrúvio ou de Alberti, corresponde a uma escrita sob a forma romanceada e que de algum modo exalta aquilo que poderá ter sido ou aquilo que este gostaria de ter sido, o seu desempenho e labuta por terras milanesas.[339]

Sabe-se que nas terras lombardas devido à particularidade do clima e das características dos terrenos havia uma limitada oferta em termos de pedra, pelo que o mais comum era o recurso à construção em tijolo. Esta circunstância tinha como evidência a existência de múltiplos interesses ligados a este material, bem como localmente um enorme domínio deste sistema construtivo. Como Filarete era um arquiteto com formação classicizante e que fazia a apologia da utilização preferencial das rochas ornamentais, é particularmente manifesto que esta sua prerrogativa gerava forte contestação nos meios locais milaneses. Por outro lado, muita da pormenorização que Averlino defende em termos de execução de obra não era a mais adequada para um ambiente tão húmido como aquele que encontrou em Milão, sendo várias, por exemplo, as referências a problemas derivados a infiltrações no Hospital de Milão. Ora, estes fatos, entre outros, foram certamente explorados até à exaustão, sendo absolutamente claro, durante a sua estada na Lombardia, a incidência de uma opinião muito determinada quanto à sua

---

[338] FILARETE, *Trattato di Architettura*, p. 7

[339] Não deixa de ser curioso o facto de, quer o *Trattato* de Filarete, quer o *De re aedificatoria* de Alberti só terem sido publicados depois da sua morte. Outra questão importante tem a ver com a presença de três textos sobre arquitetura, Vitrúvio, Alberti e Filarete na biblioteca privada de Mattia Corvino (1443-1490), monarca do importante *Regno di Ungheria*. Como se sabe, o *De re aedificatoria* foi publicado pela primeira vez em 1485 numa edição ao cuidado de Angelo Poliziano. Mas, por outro lado, precisamente por encomenda de Mattia Corvino, seria elaborado pelo humanista Antonio Bonfini uma versão latina de texto filaretiano, que teria a sua conclusão precisamente na mesma década da edição albertiana. Ver ANTONIO BONFINI, *La Latinizzazione del Trattato d'Architettura di Filarete*, edição ao cuidado de Maria Beltramini, Scuola Normale Superiore Pisa, Pisa, 2000; consultar ainda PÉTER FARBAKY, "Il ruolo dela teoria e dela prassi dell'architettura rinascimentale nela rappresentanza del podere di Mattia Corvino", in *Mattia Corvino e Firenze*, Giunte Editore, Florença, 2013, pp. 118 a 125.

competência e capacidade para gerir os diferentes estaleiros onde colaborou. No caso da região de Milão, existiam *lobbies* muito visíveis, quer em termos da defesa de um tipo de arquitetura ainda muito formatada nas formas góticas, quer na quase imposição de um clã de arquitetos socialmente bastante reconhecidos, cujos elementos mais destacados pertenciam à família dos Solari.[340] Ora, sendo segura a dificuldade de Filarete em se conseguir impor como arquiteto ducal, principalmente entre os seus pares nativos, é percetível que naturalmente surja um processo de escrita como estratégia de afirmação da sua competência e enaltecimento do seu profundo conhecimento, principalmente nas matérias da arquitetura.

Numa época em que se assiste a uma consciente revivescência dos valores clássicos, consagrada como verdadeira tradição italiana, é corrente muitos artistas, designadamente aqueles que se dedicam às artes da esculturas, fazerem reproduções de elementos ou artefatos mais antigos, denotando o desenvolvimento por um gosto *antiquário*. Assim, são inúmeras as reproduções de moedas com efígies de imperadores romanos, ou então outras plaquetas[341] ou pequenas esculturas como é o caso da célebre miniatura

---

[340] A influência da família Solari está associada à própria história do *Duomo* de Milão, sendo que um dos primeiros nomes a aparecer foi Marco da Carona (Carona era uma pequena vila situada junto ao logo de Lugano, atualmente pertencente à Suíça), patriarca desta dinastia, em 1389. Em 1401, no calor da celebrizada discussão sobre se o perfil da catedral deve ser *ad quadratum* ou *ad triangulum*, cujo episódio é bem descrito por Ackerman, é precisamente o nome de Marco da Carona que lidera o grupo de engenheiros lombardos que debita argumentos contra o arquiteto francês Jean Mignot, autor a esse propósito da celebrizada frase: *ars sine scientia nihil est*. Esta frase acutilante, provavelmente feriu o orgulho milanês e, sendo certo que Mignot desapareceu definitivamente da história do desenvolvimento construtivo do *duomo*, Marco continuou como responsável pelos trabalhos. Este episódio deve ter sido determinante para gerar grandes anticorpos na comunidade relativamente a arquitetos estrangeiros. Dos três filhos de Marco da Carona (Alberto, Pietro e Giovanni Solari), todos ligados a questões relacionadas com a construção ou escultura, pelo menos Giovanni apareceu ligado à *Fabbrica* durante a década de 1450. Seria ainda o seu filho, Guiniforte, quem em 1459 desempenha a tarefa de conduzir os trabalhos no *duomo* até à sua morte em 1481; foi também este quem substituiu Filarete nos trabalhos do *Ospedale Maggiore de Milano* após a saída deste em 1465 (ver CHARLES MORSECHECK, "The Solari Dynasty in Milan in the Fifteenth and Sixteenth Centuries, *Magistri d'Europa*, EdiNodo, Milão, 1996, pp. 193 a 199; JAMES ACKERMAN, "*Ars Sine Scientia Nihil Est*: Gothic Theory of Architecture at the Cathedral of Milan", *Distance Points, Essays in Theory and Renaissance Art and Architecture*, pp. 211 a 268).

[341] Sobre o trabalho de Filarete em termos de placas em metal fundido, tarefa em que de algum modo este artista é especialista, sugerimos a leitura de PIETRO CANNATA, "Le Placchette del Filarete", *Italian Plaquettes*, National Gallery of Art, Washington, 1985, p.35 a 52; sobre a questão em geral, consultar os restantes artigos do mesmo volume.

da estátua equestre de Marco Aurélio feita por Filarete e oferecida conjuntamente com a versão aumentada do seu *Trattato di Architettura* a Piero Cosimo de' Medici, pai de Lorenzo il Magnifico, aquando do seu regresso a Florença, após o abandono definitivo das terras lombardas.[342]

É provavelmente nesta senda e contexto revivalista que ambos os artistas, Alberti e Filarete, elaboram ou mandam elaborar um medalhão com autorretrato numa das faces. Na outra face aparecem elementos encomiásticos que tentam enquadrar de algum modo a respetiva personalidade. A verdade é que, sendo estes dois relevos contemporâneos destes arquitetos, certamente que a sua existência é indubitavelmente um excelente veículo para o seu reconhecimento enquanto indivíduos e para a sua afirmação enquanto personalidade. De notar que na tradição romana, a representação de efígie de um imperador ou a sua reprodução em estátua era uma forma eficaz de tornar amplamente conhecida a sua imagem e obviamente a sua pessoa. Mesmo que num contexto mais restrito, a verdade é que qualquer representação gráfica ou tridimensional que permite a associação entre esta e uma pessoa determinada cumpre este desígnio, possibilitando que ela seja divulgada, apreciada e conhecida.[343] No caso de Alberti, a plaqueta apresenta no anverso a sua efígie e no reverso uma representação de olho alado. Esta última representação, tendo em vista o trabalho desenvolvido por Alberti no campo da perspetiva e conhecendo o enorme potencial que esta transporta através do desenho ou da pintura, permite especular que a sua intenção seria projetar o seu saber para domínios tão altos e tão distintos como aqueles que um olho

---

[342] O monumento a Marco Aurélio antes de ir para o Campidoglio, posição que ocupa atualmente, esteve pelo menos desde a segunda metade do século VIII numa praça adjacente à Catedral de Laterano, situado no lado norte, em estreita relação com este edifício e o palácio público, o *Patriarchio*. Esta estátua deveria constituir em Roma um monumento com valor civil e jurídico excecional, motivo por que foi valorizado e preservado. Admissivelmente a reprodução de Filarete poderia ter sido o resultado da vontade papal de restauro ao mesmo tempo que decorriam as obras do grande portal de S. Pedro, mas talvez somente fundido quando Filarete estava já ao serviço de Francesco Sforza (sobre a história do monumento ver globalmente o livro *Marco Aurélio, Storia di un monumento e del suo restauro*, Silvana Editoriale, Milão, 1989; particularmente sobre o conjunto no período medieval e renascentista ver o artigo desta publicação de Lachenal, Lucilla, "Il monumento nel Medioevo fino al suo trasferimento in Campidoglio", pp. 129 a 155.

[343] Cf. LUKE SYSON, "Alberti e la ritrattistica" in *Leon Battista Alberti*, Milão, 1994, pp. 46 a 53.

omnipresente e omnisciente consegue congregar. Nesse âmbito, a sua visão estabelece-se como transportadora de uma visão inteligente, abrangente e sábia. Também Filarete, no anverso da sua medalha apresenta perfil rodeado por abelhas, autoproclamando-se em escrito como arquiteto e, no reverso, clarifica que tal "como o sol fornece as abelhas, assim o príncipe dá as comodidades da vida".[344] Este aforismo tem subjacente a premissa da co-identificação da figura de Filarete com as abelhas, numa lógica de que este apídeo era visto como inseto trabalhador, zeloso, responsável e um notável construtor. Por outra via admite-se alguma correlação entre a feitura do medalhão e o facto de poder extrapolar-se para a circunstância de os arquitetos em geral estarem ao serviço de príncipes e, em particular, Averlino estar ao serviço de Francesco Sforza, senhor que lhe dava guarida e que de alguma forma garantia o seu sustento.

Recentrando a análise no interior da escrita arquitetónica destes dois exímios manipuladores da ciência do espaço, é imediatamente emergente a influência, para não dizer a raiz vitruviana para a estruturação e desenvolvimento do pensamento de ambos. Obviamente que esta particularidade, por si só, não constitui facto inovador pois, na contextura das artes arquitetónicas, este é um manual utilizado de modo amiúde e de faceta quase incontornável. Num período em que as reflexões sobre arquitetura não estão suficientemente maturadas e estabilizadas em torno de modelos intemporais, o percurso normal dos exímios manipuladores dos sistemas construtivos e dos programas edificatórios é tentarem encontrar alicerces em reflexões preexistentes e temporalmente validadas. Neste estrito sentido, os dez livros de arquitetura de Vitrúvio funcionam como alimento para todas estas mentes ávidas de suporte teórico e de enquadramento imagético.[345] No entanto e complementarmente, ambos os tratados

---

[344] A frase que aparece na medalha de Filarete, escrita em latim, diz o seguinte: "UT SOL AUGET APES SIC NOBIS COMODA PRINCEPS". Cf. GUY DE TERVARENT, *Attributs et symboles dans l'art profane*, Droz, Geneva, 1997, pp. 19 a 20.

[345] O recurso a fontes mais antigas é algo que está latente nos dois textos renascentistas, apesar de o ser de modo mais coerente, metódico e sustentado em Alberti. No caso de Filarete, as fontes surgem de modo mais disperso e avulso, não transparecendo um domínio tão consistente das fontes clássicas como é percetível em Alberti. Para além de Vitrúvio, é digna de nota a referência à *História Natural* de Plínio o Velho, mais uma vez

renascentistas ajudam a fundar os conceitos humanistas e são determinantes para a definição do modo como a partir daí se formaliza e apresenta a arquitetura. Quer Alberti, quer Filarete fazem ampla e consciente apologia do ato de projeto enquanto laboração intelectualizada mas formalizada do edifício. Nessa esfera, aproveitando um raciocínio de Pierre Caye no caso aplicado a Alberti, mas segundo nós extensível aos dois autores, estes promovem, declaradamente, a instituição do desenho enquanto processo que se contrapõe à ideia.[346] Se no caso mais tradicional, o processo de obra é ainda muito delimitado pelo decurso dos trabalhos e pela interação com as entidades promotoras, estando subjacente um princípio mais abstrato e menos palpável, norteador do destino da construção, sucessivamente flexível e adaptável, os dois textos renascentistas promovem e incentivam a laboração e discussão antecipada, induzindo a que o processo concretizador seja meramente uma etapa de uma ação prévia e totalmente controlada. De modo enfático é sobrevalorizado o todo sem detrimento das partes. Nesse domínio, tal como havia já ensaiado Vitrúvio, o par de pensadores renascentistas exaltam a necessidade de domínio dos instrumentos reguladores das formas, designadamente a geometria e o desenho.[347] Neste campo de ação, a exaltação do desenho enquanto elemento fundamental para a produção da arquitetura implementa uma dinâmica de que, de modo sistemático e abrangente, todo o processo concetual é controlado, completo e íntegro, num processo que Carlos Brandão designou como *a construção do todo*.[348]

Também em acerto metodológico, Alberti e Filarete, para além dos instrumentos concetuais, aferidores e exploradores do espaço, propõem

---

em Filarete em passagem esporádica e em Alberti de modo mais organizado e com o intuito de fortalecimento de cuidada argumentação.

[346] Cf. PIERRE CAYE, *Empire et Décor. L'architecture et la question de la technique à l'âge humaniste et classique*, Librairie Philosophique J. Vrin, Paris, 1999, pp. 48 a 50.

[347] Concretamente Leon Battista Alberti, no seu *De Pictura* procede à sublimação declarada do processo de representação através do desenho, obviamente alicerçado em rigorosos procedimentos e conhecimentos geométricos. Já por exemplo Averlino, no Livro I diz expressamente que o arquiteto deve "saber muito de geometria e de desenho e tantas outras coisas." Consultar neste último caso, FILARETE, *Trattato di Architettura*, I, p. 8.

[348] CARLOS ANTÔNIO LEITE BRANDÃO, *Quid Tum*, Editora UFMG, Belo Horizonte, 2000, p. 184 sgg.

o recurso aos modelos físicos, normalmente lígneos, suscetíveis de fornecer informação estável e precisa. Num contexto corrente de ausência do arquiteto do estaleiro de obra, estes modelos poderiam funcionar como preciosos auxiliares em termos de progressão dos trabalhos. Obviamente que, de um modo geral, estes seriam, neste circuito, mais úteis em Alberti do que em Filarete, já que este último pugnava, por princípio, pela presença mais sistemática no estaleiro da obra. E, se curiosamente ambos aparentam ter enorme prazer nas artes do desenho, na verdade os textos albertianos são elaborados sem recurso à parte gráfica e o tratado filaretiano usa sistematicamente o desenho como complemento imagético do texto. Mas paradoxalmente os efeitos são os mesmos pois Alberti deliberadamente não recorre ao desenho, denotando enorme preocupação com a questão da reprodução do livro e se tiver um texto suficientemente detalhado e objetivo, certamente que os desenhos a partir daí produzidos terão idêntica formalização; Filarete, certamente com menos recursos discursivos, intencionalmente acrescenta o desenho como dado complementar que converge na enfatização da matéria discursiva. Neste sentido, na aparência o método seguido é supostamente difuso, mas a preocupação com o resultado é em tudo muito semelhante: rigor, precisão e objetividade. Nessa índole, de valorização do processo criativo, Filarete sublinha a importância do entendimento e da extração das medidas a partir do projeto para efeitos da construção do edifício, elementos sem os quais não se poderá concretizar este de modo conveniente.[349]

Se dúvidas houvesse, o que emerge como peculiar nestas três personalidades – Vitrúvio, Alberti e Filarete – é um total apego às artes de conceção e manipulação dos lugares, com uma enorme preocupação no espaço que é dentro e em redor dos edifícios, local privilegiado onde se desenvolve e desenrola a maior parte do teatro humano. Para efeitos de qualificação do construído, é imperativo o recurso sistemático ao legado romano, contagiando toda e qualquer atividade projetual ou construtiva. O crédito vitruviano é inexoravelmente algo que se impregna naturalmente no artefato construído, é algo que no caso de

---

[349] Cf. FILARETE, *Trattato di Architettura*, I, p. 9.

Filarete constitui um recurso legítimo, fundador e normativo; e, no caso de Alberti é mais um elemento histórico, é algo que presumivelmente está no seu ponto de partida mas não constitui ponto de chegada.

Curiosamente, Filarete, naquilo que genericamente pode ser referido como fonte primária no tocante à questão dos meios para a inteligibilidade do projeto na sua vertente operativa, propõe dois autores, o recorrente Vitrúvio e o contemporâneo Alberti. Porém, se expectativa houvesse que esta referência conduzisse ao expectável *De re aedificatoria*, o modo como é feito mais sugere e induz a um conhecimento mais aprofundado antes do *De pictura* e dos *Elementi di pittura*.[350] No caso do texto Filaretiano a única circunstância em que aparentemente pode ser visado o texto sobre arquitetura de Alberti é precisamente no contexto do Libro I, onde este explicita que Battista Alberti "é entendidíssimo em geometria e em outras ciências; tendo agora feito em latim uma obra elegantíssima."[351] Em toda a obra, esta é inequivocamente a única situação onde pode eventualmente ser referenciável no *Trattato* uma alusão ao importante texto Albertiano. Todavia, a existir, ela é suficientemente vaga e pouco conclusiva. Ainda mais, num contexto onde as referências são normalmente objetivas e concretizáveis, aquilo que se pode concluir é somente que eventualmente Filarete teria ouvido falar do *De re aedificatoria*, mas ter pouca noção do seu efetivo conteúdo. Dado o valor que este texto albertiano tem para a prática arquitetónica, seria praticamente impossível, se Filarete o conhe-

---

[350] Segundo Filarete, Alberti era perito máximo na arte do desenho, a qual por sua vez constitui o fundamento das artes que são executadas através do uso da mão. Ver FILARETE, *Trattato di Architettura*, edição de Anna Maria Finoli e Liliana Grassi, p. 10. Noutro excerto, por exemplo, ao falar da distinção entre corpo e superfície utiliza a linguagem constante nos *Elementi di pittura*: "Questo cotale dispartimento del corpo e della superfice si chiama lembo, escondo che 'l sopradetto Battista Alberti disse ne' suoi Elementi, e questi quasi come costure d'uno panno l'asomiglia, discrimen;" (FILARETE, *Trattato di Architettura*, Libro XXII, p. 641). Para uma análise detalhada sobre a influência do *De pictura* em Filarete consultar o detalhado estudo de LUCIA BERTOLINI, "Ancora su Alberti e Filarete: per la Fortuna del De pictura Volgare", in *Gli Antichi e i Moderni*, Edizioni Polistampa, Tomo I, Florença, 2010, pp. 125-166.

[351] "Battista Alberti, il cale a questi nostri tempi uomo dottissimo in più faculta è in questa molto perito, massime nel disegno, il quale è fondamento e via d'ogni arte che di mano si faccia, e questo lui intende otimamente, e in geometria e d'altre scienzie è intendentissimo; lui ancora ha fatto in latino opera elegantissima." FILARETE, *Trattato di Architettura*, I, pp. 10-11.

cesse, limitar-se a uma referência tão genérica e abstrata. E, se o fizesse intencionalmente, seria mais razoável ignorar totalmente as referências albertianas do que fazê-lo através de outras obras que no contexto da arquitetura são inequivocamente menores quando comparadas com a dimensão teórica e de impacto do *De re aedificatoria*. Porém, naquilo que tem a ver com as questões da representação em perspetiva, matéria crucial quer nas artes do desenho quer da pintura, mas também artefato prospetivo em termos da arquitetura, são absolutamente claras as influências da autoridade albertiana sobre Filarete. É certo que Filarete terá estudado com minúcia o texto sobre pintura de Alberti, designadamente com mais acutilância para a escrita entre os seus livros XXII e XXIV do *Trattato*. Não será inocente a referência explícita ao conceito de *finestra* quando pretende caracterizar a superfície que suporta a representação e enquadra a cena que se pretende desenhar.[352] Não obstante Filarete ser fiel aos conceitos albertianos naquilo que tem a ver com a organização do espaço dito euclidiano, no modo como formaliza a sua metodologia para concretizar a representação, esta é feita de modo original em termos literários e construtivos. No Livro I do *De pictura*, Alberti descreve o método para construção de uma perspetiva recorrendo a duas representações autónomas e obtendo as medidas de um desenho para outro, através de medição e transposição direta. No caso concreto de Filarete, procede-se à fusão de ambos os procedimentos, convergindo-se para um único desenho e desse modo toda a representação é feita de modo mais direto e pragmático. Esta metodologia só tem equivalência geométrica bastante posteriormente, num desenho de Leonardo da Vinci.[353] E, convenhamos, a síntese na representação é claramente uma descoberta essencial para todo o processo de laboração intelectual e de visibilidade. Em rigor e com

---

[352] "Perché ogni cosa che l'uomo vuol fare si è mestiero di pigliare uno certo principio e forma, e com quello ordine che quela tal cosa merita seguir ela cosa proposta, sì che adunque noi prima fingeremo astare a una certa finestra, e per quela vedere tutte quelle cose le cali noi vorremo nel nostro antescritto piano discrivere e disegnare." (FILARETE, *Trattato di Architettura*, pp. 651 a 652).

[353] A construção referida aparece no Manuscrito A, existente atualmente no Instituto de França. Sobre a *costruzione legitima* recomendamos a leitura de ALESSANDRO PARROCHI, "Il Filarete, Francesco di Giorgio e Leonardo sul a "costruzione legitima"", in *Rinascimento*, Rivista dell'Istituto Nazionale di Studi sul Rinascimento, seconda serie, volume quinto, Sansoni Editore, Florença, 1965, pp. 155 a 167.

rigor naquilo que tem a ver com as construções intelectualizadas através da ciência da perspetiva, o pensamento perdeu a soberania abstrata e encontrou um método eficaz e fidedigno, com reversibilidade, para tornar visível a *razão* e dar razão ao *visível*.[354]

Admitindo que existiram dois caminhos distintos e autónomos, um que verteu para o *De re aedificatoria* e outro que verteu para o *Trattato di Architettura*, é óbvio que as fontes escritas, os testemunhos e os ambientes que lhes deram origem tiveram que, em muitos dos casos, ser semelhantes. Não admira, portanto, que A *História Natural* com o seu saber enciclopédico, de Plínio o Velho, seja um recurso partilhado por ambos os pensadores. Mas, igualmente são transversais ao pensamento e à metodologia discursiva autores como Platão e Aristóteles.[355] É óbvio que a estrutura do texto filaretiano em forma de diálogo tem particulares similitudes com aquilo que constitui toda a base estrutural da filosofia platónica. Por outro lado parece plausível que na efabulação das cidades idealizadas de *sforzinda* e *plusiapolis* terá estado uma influência, mais próxima ou mais distante, tanto da *política* de Aristóteles como a *biblioteca histórica* de Diodoro Sículo.[356]

Mas, se existe elemento claramente distinto do tratado filaretiano, é o facto de este propor e detalhar uma nova cidade, que batizou como *sforzinda*, claramente em homenagem ao duque de Milão, Francesco Sforza. Esta cidade que influenciou bastante as sucessivas propostas renascentistas para cidades feitas de raiz, apresenta uma configuração exterior baseada num duplo quadrado rodado e constitui, ainda hoje, uma realização intelectual muito interessante e deveras inovadora.[357] De fato, Alberti preocupou-se

---

[354] Cf. VITOR MURTINHO, "Capítulo Quarto" de *Perspetivas: O espelho maior ou o espaço do espanto*, e|d|arq, Coimbra, 2000.

[355] Sobre as fontes de Alberti e Filarete ver JOHN ONIONS, "Alberti and Filarete. A Study in Their Sources", *Jounal of the Warburg and Courtauld Institutes*, 1971, pp.96-114.

[356] Parecendo mais evidente a relação com Aristóteles e Platão, será oportuna relativamente a Diodoro Sículo a consulta, por exemplo, de LILIANA GRASSI, "Sforzinda, Plusiapolis, Milano: città ideale, città del mito, città dela storia nel trattato del Filarete", *Studi di Leteratura Francese*, XI, Leo Olschki Editore, 1985, p. 26 e sgg. Para perceber melhor a influência de Platão sobre Filarete recomenda-se a leitura de GIORGIA BOLDRINI, "L'umanesimo volgare del Trattato di Architettura", *in Teatro e Storia*, Bulzoni Editore, Roma, 2000, p. 213 a 240, sobretudo pp. 237 a 239.

[357] A descrição de *sforzinda* é um assunto muito transversal a quase todo o tratado filaretiano, mas a descrição da sua forma urbana aparece no final do *Libro II*.

com a caracterização tipológica dos diversos edifícios que satisfaziam as necessidades correntes da época, mas quase ignorou o modo de estes se organizarem de maneira consistente. Para esse efeito são determinantes os capítulos que se referem ao *ornamento de edifícios sagrados* e ao *ornamento de edifícios profanos*, respetivamente *livro sétimo* e *livro oitavo*. É muito incisiva a explicitação por parte de Alberti da caracterização de uma cidade muito orientada para as necessidades das pessoas, mas tendo como base uma reconstituição quase *arqueológica* de um passado glorioso mas efetivamente já distante. Por sua vez, a lógica filaretiana é a da explanação de um modelo organizacional, entremeado com laivos utópicos e adicionados a realidades distintas como a da cidade próxima de Milão ou da mais distante cidade de Veneza.[358] A forma da cidade de *sforzinda* parece assemelhar-se à configuração imagética de Milão já que se tratava também de uma cidade rodeada por muralhas e com uma cadência quase regular de portas de entrada; por sua vez, o conjunto de canais que caracterizam a morfologia de *sforzinda*, podendo ser identificados com Milão, era uma característica particularmente reconhecida em Veneza.

Paralelamente, no campo das analogias, induzidas para a caracterização de determinados elementos arquitetónicos ou da própria arquitetura, ambos recorreram, de modo peculiar mas diverso a relações antropomórficas. Obviamente que nesta linha de raciocínio está a teoria vitruviana como inegável suporte. Também em cumplicidade, estes dois arquitetos, induzem a edifícios com formas reguladas e de matriz centralizada, demonstrando estarem ambos em sintonia e serem arautos daquilo que serão os novos ventos que orientarão as opções formais e espaciais. Em rigor, a adoção de pensamentos direcionados para preocupações com o bem-estar humano e a definição de palcos onde o homem enquanto sujeito produtor e intelectual é objetivamente uma figura central e tutelar, a experimentação de arquitetura com espaços centralizados, colocam particular ênfase sobre a realidade mundana e confirmam o desenvolvimento e definição de valores humanistas. Estes caminhos convergentes na definição de rumos valorativos do papel do homem no universo favorecem uma enorme liberdade de espírito e,

---

[358] Cf. GIANNI CARLO SCIOLLA , *La Città Ideale nel Rinascimento*, UTET, Turim, 1975, p. 35.

simultaneamente, provocam a alavancagem de valores que possibilitam a supressão das capacidades e o advento de rumo de progresso e de mudança.

Não constituiu propósito desta argumentação enfatizar uma óbvia diferença de estatuto que marcadamente permite distinguir estas duas eminências renascentistas. As evidências, a singularidade de inúmeras coincidências, de factos análogos e de circunstâncias aparentemente similares, potenciam e estimulam a reflexão em torno de dois caminhos que de modos diferentes, mas certamente muito valiosos, contribuíram para a consolidação de determinadas teorias e práticas da arquitetura. E, por tudo aquilo que tenham influenciado e marcado os exercícios desta notável arte que modela e influencia o comportamento e o pensamento dos homens, é sobretudo contagiante pensar que cada um à sua escala e proporção, são ainda hoje mensageiros credíveis para a formação e consolidação das teorias e das arquiteturas mais modernas e atualizadas.

Fig. 1 - FILARETE: Codex Magliabechianus, f. 123r. Desenho da fachada da Igreja dos Eremitas de San Girolamo (Segundo Averlino, igual à de Bérgamo).

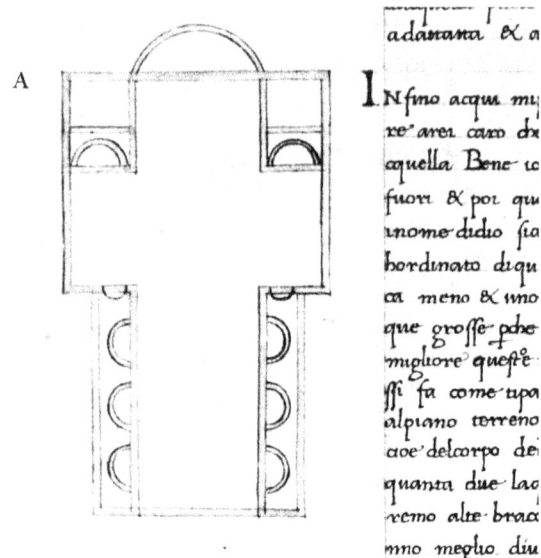

Fig. 2 - FILARETE: Codex Magliabechianus, f. 123v. Desenho da planta da Igreja dos Eremitas de San Girolamo (Segundo Averlino, igual à de Bérgamo).

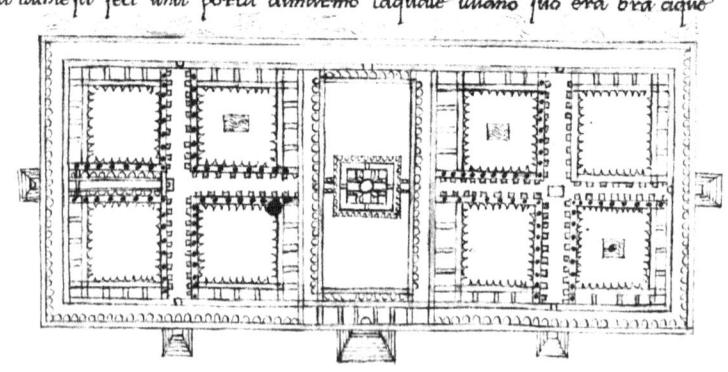

Fig. 3 - FILARETE: Codex Magliabechianus, f 82v. Desenho da planta do hospital de Sforzinda (igual à do Hospital maior em Milão).

Fig. 4 - MATTEO DE' PASTI: Medalha com busto de Leon Battista Alberti e Olho Alado

Fig. 5 - FILARETE: Medalha autorretrato

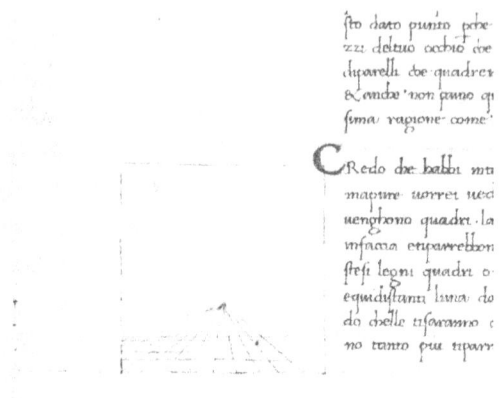

Fig. 6 - FILARETE: Desenho com construção de perspetiva

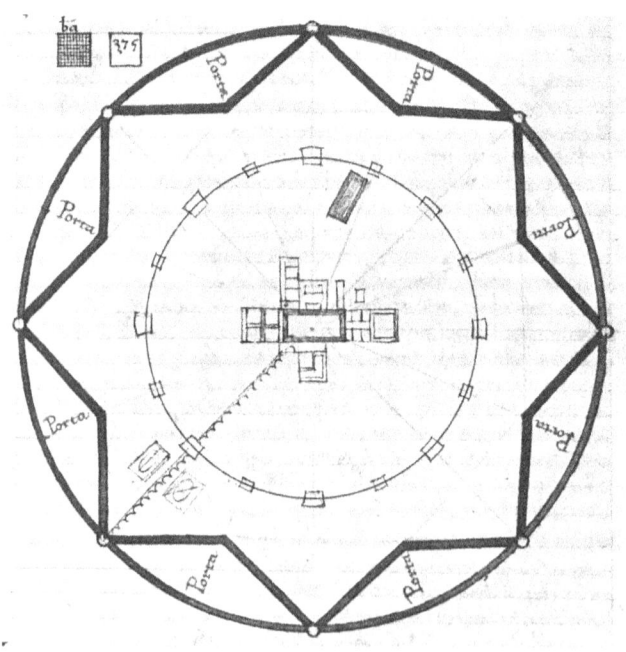

Fig. 7 - FILARETE: Codex Magliabechianus, f. 43r. Desenho com Planta da cidade de Sforzinda.

# La Albertiana del Orden y la Ciudad Latinoamericana

Elvira Fernández

**Resumo**

Os processos de construção das cidades modernas americanas de modelo renascentista tiveram o seu auge no século 19 e início do século 20. Um exemplo interessante de urbanização do século 20 é a primeira expansão da cidade de Córdoba, a leste. É precisamente o bairro "San Vicente" que é usado como um caso de estudo. O segundo exemplo que apresentamos é uma operação urbana que realizamos com uma equipe e que tinha como objetivo restabelecer a ordem, articular em rede e construir novos espaços públicos nesta cidade que está a passar por um enorme processo de crescimento. Esta operação urbana cria espaços laterais para construir os novos monumentos da cidade, de acordo com a perspetiva renascentista que liga fortemente arte e arquitetura na construção de uma cidade e dá aos edifícios e aos monumentos a qualidade final da cidade.

Modelo Renanscentista; Território Americano; Monumentos; Urbanização

**Résumé**

Le processus de construction des villes du modèle de la Renaissance en terres américaines a eu son apogée dans le XIXe siècle et la première moitié du XX siècle. Un exemple intéressant d'urbanisation du XIX siècle est celui de la première expansion vers l'est de la ville de Cordoba. Plus précisément le quartier San Vicente.

L'exemple qu'on montre à continuation est celui d'une opération urbaine qu'on a réalisée avec une équipe et qui avait pour but rétablir l'ordre, l'articulation et de nouveaux espaces publiques à cette ville qui traverse ce processus de croissance magmatique. Cette opération urbanistique générait des espaces latéraux pour construire les nouveaux monuments de la ville suivant la vision de la Renaissance qui lie fortement art-architecture dans la construction d'une ville et délègue aux bâtiments et ses monuments la qualité finale de celle-ci.

*Modèles* De La *Renaissance*; Territoire Américain; Monuments; Urbanisation

**Abstract :**

The processes of building in American modern cities following the renaissance model had its peak in the 19th century and early 20th century.

An interesting example of 20th century urbanization is the first expansion of the city of Córdoba to the east. It is the neighborhood "San Vicente" which is used as a study case. The second example we present is one of an urban action we conducted with a team. We looked to reestablish order, network articulation and the building of new public spaces in this city that is going through a huge growth process.

This urban action creates lateral spaces where new monuments are going to be set, following the renaissance vision that gives architecture a leading role in making an urban image and lets buildings and monuments set the final quality of the city.

Renaissance Model; American Territory; Monuments; Urbanization

El pensamiento de Leon Battista Alberti sobre la ciudad se construye a partir del hombre. Sus profundas reflexiones tienen este origen y destinatario, su ideal es antropocéntrico. Trata sobre el valor y la posición del hombre en el mundo, considerado este como la creación perfecta.

Es interesante volver a rescatar este enfoque ya que la sociedad contemporánea ha descuidado al hombre al construir un paradigma dominante del sujeto histórico identificado con aquellos sectores que estarían llamados a impulsar y a protagonizar los cambios. Los sujetos contemporáneos son coletivos, no individuales.

A este paradigma habría que volver a confrontarlo con el valor del individuo.

La ciudad en su teoría es una construcción que se origina a partir del rol del hombre dentro de la misma. Este rol que Alberti rastrea desde la antigüedad griega y en su devenir histórico parte de la misión de los hombres dentro de la comunidad y lo lleva a comprender y reformular un concepto importante: el concepto de ciudadanía.

Este concepto debilitado fuertemente en época de la monarquía absoluta, vuelve con todo vigor con la aparición del contratualismo y sus nociones filosófico-políticas del contrato social, cuya finalidad es garantizar las libertades y derechos que de forma natural disfrutan los individuos.

Este concepto en su uso atual implica libertad, igualdad, pertenencia, dignidad, respeto y refleja la relación entre ciudadano y estado y conlleva deberes morales hacia la comunidad.

Alberti y los autores renacentistas tratan de rescatar al menos parcialmente la visión y el patrimonio filosófico y cultural grecolatino para aplicarlo en las ciudades estado italianas.

Hoy se puede constatar que los procesos globales económicos y el capitalismo transnacional debilitaron el rol de los estados nacionales reforzando el rol de las ciudades que vuelven a ser unidades de significación, que se relacionan entre sí, generan redes y compiten entre ellas como otrora lo hicieran las renacentistas.

Los cambios sociales trajeron una fuerte revalorización de la urbanidad. Asistimos al momento de la ciudad, la globalización ha producido algunas paradojas. Por una parte ha dado suma importancia a la ciudad, la ha convertido en una unidad preeminente sobre anteriores esquemas regionales o distritales, la población es fundamentalmente urbana, pero por otra parte estas ciudades no son estado al estilo renacentista, no pueden garantizar a la población su permanencia en la misma, ni la de sus fuentes productivas.

Un desafío atual es cómo restablecer el límite de quienes están comprendidos en la condición de ciudadanos de acuerdo a lo construido en el proceso de universalización de los derechos humanos.

En el caso de las ciudades latinoamericanas se plantean dos graves problemas, uno tiene relación con los fenómenos migratorios y la dificultad para que el inmigrante sea considerado ciudadano con plenos derechos y otro trata de los grupos excluidos del sistema porque son marginales a los procesos productivos.

Acertadamente Alberti interpreta la ciudad como contenedora de los hombres, cada uno con su rol y actividad. De su rastreo histórico concluye en dividir el conjunto de los ciudadanos según las partes del cuerpo humano: una parte la de aquellos que gobiernan equitativamente, con su conocimiento y prudencia, el conjunto en su totalidad; otra la de aquellos que castigan las injusticias con las armas, la tercera la de aquellos que proporcionan y suministran los alimentos con que se nutren los ancianos y los soldados.

Alberti concluye diciendo entonces que de acuerdo al repaso histórico efectuado es posible afirmar que todas las partes analizadas son parte del estado y a cada parte del Estado le corresponde un edificio particular.

El grave problema de la sociedad latinoamericana no es sólo que un alto porcentaje de la comunidad no tiene ningún rol laboral sino la cronicidad del fenómeno que tiende a perpetuarse en el tiempo.

La sociedad no termina de aceptar esta situación y se sirve de eufemismos para disimular que en un esquema conceptual donde la ubicación social de las personas está asentado en su pertenencia a algún esquema laboral con roles preestablecidos la no pertenencia los segrega de la ciudad, lo que traducido a términos físico espaciales se verifica en conglomerados llamados villas de emergencia.

Este término Emergencia oculta lo de permanencia que tiene el problema.

No es casual que estos asentamientos hayan perdido el orden geométrico de la distribución del espacio, el sentido de la calle como articuladora de funciones, al orden oponen el caos, a la organización jerárquica el arbitrio, los ámbitos comunes desaparecen. El ciudadano se convierte en ocupante, sin ningún sentido de pertenencia.

La tendencia de los estados era la de erradicar estas personas de la ciudad y trasladarlas a otras localizaciones donde se les entregaba una vivienda mínima, en lote propio.

Al banalizar el problema y reducirlo a la falta de vivienda, al no interpretar lo que el sentido humanista renacentista plantea de la construcción de la ciudadanía, este habitante sigue siendo un extraño en la ciudad que no siente como propia, de la que no se enorgullece, de la que no disfruta sus espacios públicos entre otros problemas por su falta de movilidad.

En los últimos años se han realizado algunas experiencias más propias del espíritu humanista. Estas experiencias apuntan a reurbanizar el caos, a generar una trama conectiva interna y de vinculación con la trama urbana, a generar espacios comunes para la relación de los vecinos, a generar alguna calidad en el espacio público que genere un sistema de lugares propicio para el encuentro.

Alberti dedica mucho pensamiento a la defensa de la ciudad y sus murallas y dice: "...es consustancial con ellos que no haya un límite prefijado para su afán de posesión y su ambición, tanto en el terreno público como en el privado: de ahí únicamente ha surgido todo abuso de las armas. Si ello es así, ¿quién va a negar que hay que juntar defensa sobre defensa y muralla sobre muralla?..."[359]

Esta situación defensiva no se plantea en Argentina donde las murallas fueron efímeras construidas con palos de madera, con una sola puerta que dejaba pasar los carros y aprovisionamientos y una posición vigía en una torreta de madera que controlaba el territorio de los ataques de malones indígenas. Esto sucedió en los primeros tiempos de la conquista del territorio.

---

[359] LEON BATTISTA ALBERTI. *De Re Aedificatoria*, Prologo: Javier Rivera, Tradución: Javier Fresnillo Núñez, Livro IV, Ediciones Akal, 1991, Madrid, p. 178.

Sin embargo una sociedad que planteó la construcción de las ciudades sin enemigos, sin puertas que marcaran el adentro y afuera de lo urbano vuelve a construir murallas. Esta vez las murallas no son periféricas, sino internas a la ciudad. La polis construida como una unidad se desintegra al no poder construir ciudadanía para todos sus habitantes y se aceleraran los procesos de ghetificación.

La posición humanista repudia este hecho e insiste sobre la necesidad de una ciudad integradora y abierta a todos los ciudadanos, pero en los hechos se multiplican las murallas que van aislando sectores urbanos, dejando corredores conectivos, degradando el espacio público y violentando la máxima Albertiana de la accesibilidad de los espacios públicos a todos los habitantes.

Estas murallas ya no son trabajosas construcciones de piedra, son alambrados que remiten a tipologías carcelarias.

La falta de ciudadanía de muchos produce la pérdida del sentido de ciudadanía de los sectores más ricos de la población, los que ya no donan obras para el embellecimiento de la misma, no muestran su riqueza y poderío a través de casas importantes, la riqueza se hace invisible.

El proceso de construcción de ciudades de modelo renacentista en tierras americanas tuvo su proceso de esplendor en el siglo XIX y primera mitad del siglo XX. Un ejemplo interesante de urbanización del siglo XIX es el de la primera expansión de la ciudad de Córdoba hacia el este, llamado Barrio San Vicente.

Este ejemplo remite a conceptos tales como: ciudad integradora de funciones, jerarquía espacial, organización de espacios públicos, calidad en la propuesta vial.

Cerca de 1880 un Señor acaudalado llamado Agustín Garzón propone al municipio una urbanización que quiere desarrollar y que financiará con capital propio y la venta de lotes. Esta propuesta es aceptada y comienzan los trabajos. El sector colinda con el centro histórico separado por la traza del ferrocarril y es un bolsón geográfico limitado al norte por el río, al sur y al este por barrancas.

El diseño comienza con la traza vial que sigue la tradición de la manzana de la ley de indias de 120 mts x 120 mts. La estructura vial es jerárquica con una calle principal donde se localiza como remate de la vía el mercado de alimentos y bienes. A su alrededor hay grandes parcelas donde se alojarán las residencias veraniegas de la época de los sectores más pudientes y la plaza principal para solaz de los habitantes.

Sobre los bordes se preveen lotes grandes para asentamientos industriales. En esa época eran curtiembres sobre el río y calera y molino harinero sobre la barranca.

Se asigna un lote para escuela y se propone la subdivisión para la venta a particulares menores. Se diseña el sistema de transporte público y el sistema de movimientos de abastecimiento, flujos de personas y cosas. Entre los servicios se dispone el solar para correo, iglesia y teatro. Este teatro es el segundo de la ciudad. Hasta se construyó una casa de Eiffel.

Muy interesante para la época es que se proyecta un sector del barrio para residencia de obreros, este sector conocido por el nombre del arquiteto que lo diseñó: Juan Kronfuss es el primer barrio obrero de la ciudad.

El proyecto de modernización urbana pensado por la elite de la época presuponía una serie de valores tales como: higiene, salubridad, orden estético. Preceptos que significaban normas que determinaban formas de uso del espacio, atividades y funciones.

Los parques y plazas barriales fueron pensados desde la urbanidad como espacios privilegiados de vivenciar el verde. Debían ser ámbitos que invitaran al disfrute al aire libre de los tiempos de ocio a través del estímulo de los sentidos y accesibles a todos los vecinos. Había música por las tardes, juegos infantiles y confiterías.

El trazado de San Vicente fue muy cuidadoso en respetar las jerarquías urbanas, la integración de todas las funciones que debe albergar una ciudad y dio como resultado un lugar donde el sentido de ciudadanía y apropiación era notable.

Al atender todos los aspectos, que según Alberti son importantes y deben ser tenidos en cuenta en la organización de la ciudad, se logró el orgullo de los habitantes que comenzaron hace mucho tiempo a denominar al barrio La República de San Vicente. El término República da cuentas de este éxito urbano.

Terminada la primera expansión de la ciudad en barrios pericentrales que hoy denominamos barrios pueblos y que mantuvieron el orden jerárquico de la ciudad como el caso antes descripto, comienza el segundo proceso de expansión después de los 50 cuando la ciudad crece en forma veloz debido al proyecto industrialista de la época.

Los paradigmas urbanos habían cambiado, la rutura con la tradición urbana es total. Apelando al criterio funcionalista del reparto de la ciudad en áreas homogéneas por los diferentes usos, aparecen las áreas residenciales, las industriales, persistiendo el viejo centro histórico como referente polifuncional, donde las personas y las cosas se encuentran en densidad.

No existe ninguna propuesta jerárquica fuera de él. Tal vez por ello en el imaginario coletivo el centro histórico seguía siendo la Ciudad. En el centro nadie se siente afuera. Por esa característica esencial de ser un área de indiferenciación social, manifiesta la síntesis de la situación social de la ciudad y cumple una importante función de integración.

Se olvidó el discurso Albertiano: "...una ciudad no debe emplearse únicamente para servirnos de sus techos y cubrir una necesidad, sino que debe también dársele un empleo tal, que haya espacios agradabilísimos y una variedad de lugares que abarquen desde los destinatarios a asuntos públicos hasta el ornato y el placer que procuran las plazas, los carruajes, los jardines, los paseos, las piscinas, etcétera..."[360].

La ciudad de Córdoba presenta una fuerte imagen de recinto debido a sus particularidades topográficas. Es un pequeño valle rodeado de barrancas atravesada por un río. Las barrancas jugaron por mucho tiempo el rol de murallas naturales hasta que fueron superadas por el proceso de urbanización, la síntesis para el imaginario coletivo es *"el pozo"*.

Una de las principales características de un pozo es la centripeticidad y la falta de drenaje. Al haber construido la ciudad a espaldas del río, organizando la trama urbana lejos de sus bordes, quitó a la ciudad la percepción del elemento continuo, el drenaje natural del valle, anulando la continuidad y reforzando sus límites las barrancas.

Las particularidades topográficas fueron definitorias a los fines de la urbanización posterior y jugaron algunas malas pasadas al modelo cuadricular que antes se rompía que se deformaba.

---

[360] LEON BATTISTA ALBERTI. op. *cit*, p.176.

Los nuevos barrios de la ciudad tiene el sentido del *"alto"* a tal punto que muchos de ellos están vinculados al concepto por su nombre.

Con excepción de los primeros barrios de la ciudad organizados poli--funcionalmente, el gran conjunto residencial conlleva la monotonía.

El modelo Albertiano del orden funcionó muy bien para ciudades de población limitada, aunque él mismo ya en su época hablaba de la necesidad de dejar tierras vacantes para la expansión de la ciudad. Este modelo fue puesto a prueba con el crecimiento desmesurado de la población urbana. El caso Córdoba nos muestra un crecimiento que va de 70.000 habitantes a fin de siglo XIX a 1.600.000 a fines del XX.

El ejemplo que se muestra a continuación es el de una operación urbana que realizamos con un equipo y que estuvo destinada a restituir orden, articulación y nuevos espacios públicos a esta ciudad que atraviesa este proceso de crecimiento magmático.

Dice Alberti *"Las calles hacen a la importancia y la imagen de la ciudad"*. En total concordancia con el espíritu Albertiano esta pregunta nos la formulamos hace 25 años con el equipo que trabajábamos en la municipalidad de Córdoba. ¿Cómo plantear los lugares de la nueva ciudad? ¿Cómo leer la escala de la ciudad a través de sus espacios públicos ¿Cuáles son las operaciones urbanísticas posibles de realizar en una ciudad que expandió de 100.000 habitantes a una de 1.600.000?

Nuestra propuesta fue plantear la necesidad de generar un espacio urbano público que articulara todos los sectores urbanos posibles y que construyera una nueva cara urbana.

El único elemento con potencial de articular fragmentos urbanos era el espacio que contenía el río que atraviesa la ciudad ya que la distancia entre planos edificables superaba los 100 mts.

Este río llamado Primero es un río de montaña, que tiene crecidas estivales muy importantes que producían inundaciones en el valle, razón por la cual la ciudad fundacional se había edificado a prudente distancia del mismo. La primera acción de refuerzo de identidad fue la de rebautizar al río, con su antiguo nombre indígena *"Suquía",* desde entonces se lo conoce así.

Córdoba fue creciendo dándole la espalda, con la sola excepción del área central, pero nunca construyó un lugar de solaz para los habitantes.

La primera operación fue la de diseñar y construir dos sistemas viales costeros que en el decir de Alberti tuvieran " 'la misma naturaleza de la plaza' la de ser espacios 'agradabilísimos' y una variedad de lugares que abarquen desde los destinatarios a asuntos públicos hasta el ornato y el placer que procuran las plazas, los carruajes, los jardines, los paseos, las piscinas, etcétera..."[361]

Desde donde habla Alberti cuando dice de las calles rectas y de las calles curvas diseñadas así para que la ciudad parezca más grande "¿cuándo llegaré a una ciudad, si su población es ilustre y poderosa, es oportuno que tenga calzadas derechas y muy anchas que contribuyan al honor y la gloria de la ciudad..." la calle más corta "... no será, como dicen los geómetras, las más recta, son la más segura; y prefiero una algo más larga a otra poco adecuada..."[362]

Su ideología urbana está estrechamente relacionada al vínculo arte-arquitetura y a una mirada paisajística en la que el desarrollo de la perspetiva tiene un rol preponderante y que cambiaría la forma de acceder y apreciar el mundo, al vincular la realidad creada o artificial con datos basados en la experiencia real del espacio.

Este descubrimiento de la perspetiva lineal introdujo la precisión en la relación entre el observador individual y los objetos visualizados en un momento dado, así como también la relación del observador con el mundo en función de la distancia o el ángulo de observación.

Este método de imitar y representar el espacio medible en una superficie plana, se convierte en lección de cómo diseñar el espacio urbano "qué importante es que les vayan surgiendo gradualmente a los paseantes perspetivas nuevas de los edificios; que la salida y la fachada de cada casa arranquen del centro mismo de la calzada,..."[363]

A los conceptos inspirados por Alberti para hacer ciudad, le incorporamos un ingrediente básico de la sociedad contemporánea: el de la velocidad del observador. La cuarta dimensión, la del tiempo es importante a la hora de abordar los diseños urbanos.

---

[361] LEON BATTISTA ALBERTI. *op. cit*, p. 176
[362] Ibidem, p. 183.
[363] Ibidem, p. 184.

Cómo obtener "placer y deleite" del espacio urbano percibido a 50 kms por hora, que al mismo tiempo ofrezca placer al peatón ¿Cómo incorporar la situación dual de que era tan importante el diseño del desplazamiento (lo móvil) como el de los lugares (lo fijo)?

Para lograr esto se plantearon dos niveles de uso en el área central.

El nivel reservado para la circulación rápida. En este se diseñaron en forma de pausa miradores y bajadas al río. El segundo nivel bajo para uso exclusivamente de los peatones en contato con el agua.

El problema era el inverso al que realizara Alberti de que la ciudad debía generar calles curvas para que la ciudad parezca más grande. Era el de lograr un espacio urbano público que por su escala e importancia diera cuenta de la gran ciudad. Para ello era necesario realizar una operación que tomara todo el río en su recorrido por el área poblada.

El otro concepto de génesis Albertiana, la del máximo respeto por la intervención arquitetónica preexistente, como lo demostró a lo largo de su obra, se aplicó sobre el paisaje preexistente al que se trató con gran respeto superando la tentación de la arquitetura y el diseño contemporáneo de proyectar su deseo como si no hubiera preexistencias y el espacio estuviera vacío.

No es necesario meterse en el territorio para encontrar la naturaleza, la propia ciudad en su crecimiento fue encerrando fragmentos naturales de gran valor.

Las obras que se realizaron de costanera a costanera, en ambas márgenes del Río Suquía revelaron paisajes naturales preexistentes de alta calidad, no eran paisajes a ser creados sino develados.

La percepción que los habitantes teníamos de la ciudad se modificó. Muchos de estos lugares se incorporaron efetivamente a la trama urbana, se generaron nuevas y sorprendentes visuales de la propia ciudad que se comenzó a vivenciar de otra manera.

Esta operación urbanística generaba espacios laterales donde construir los nuevos monumentos de la ciudad apuntando a la concepción renacentista que vincula fuertemente arte- arquitetura en el hacer ciudad y delega en los edificios y sus monumentos la calidad final de la misma.

La calidad artística de algunos espacios urbanos y de algunas ciudades en su conjunto va muy asociada a la cualidad de *"unicum"* que hace que sean mejores de otras de calidades similares. La calidad artística es una expresión no muy empleada entre los profesionales de la ciudad, habiendo todo tipo de eufemismos que reemplazan el concepto por otros aparentemente más racionales. El discurso estético en general es el gran ausente.

Con la mutación del concepto de ciudad eficaz por el de ciudad diferenciada y apta para el espectáculo, creemos que ha llegado el momento de incluir la dimensión artística (tan presente en el renacimiento) en el estudio y la praxis urbana.

Las experiencias artísticas se presentan como un modelo de búsqueda más sólida y como generadores de *"diversidad"* en el sentido que los ecologistas le dan al término.

Según la subjetiva relación que se dé al binomio ética-estética aparecen distintas interpretaciones que pueden ser inspiradoras para abordar la experimentación de nuevos modelos de espacios urbanos.

Si bien en el decir de Deleuze no se puede hablar de una estética dominante sino de varias plataformas de lanzamiento con producciones muy diversas hay en arquitetura distintas posiciones estéticas derivadas o muy vinculadas con expresiones artísticas contemporáneas.

Pero todas ellas apuntan a otorgar sentido a nuestras ciudades y cumplir el deseo Albertiano de ciudadanos orgullosos de su ciudad.

## Alberti y la Arquitetura de la Ciudad: un Corpus Dotado de un Orden que Construye Sentido.

Hugo R. Peschiutta

**Resumo**

En América Latina, la ciudad proyectada nació con la colonización española, fuertemente inspirada en la tradición griega. Los conquistadores han implementado las normas contenidas en la Ordenanza real llamado Leyes de Indias, cuyos requisitos dibujaron en la tradición urbana de ancianos, por los arquitetos humanistas del Quattrocento italiano, entre las cuales emerge la figura de Leon Battista Alberti, el más brillante sus teóricos. Las Leyes de Indias, subrayan el papel primero de la ciudad como una representación del poder real.
Bajo la dominación española, aunque el renacimiento nos ha legado sólo unas pocas intervenciones parciales y algunos ejemplos de ciudades fundadas ex novo, comprobamos sin embargo la influencia de una nueva racionalidad bajo los supuestos de albertiens. Los valores relacionados con la dignitas han sido transferidos en nuestras ciudades, erigido en los órganos de control y organización de los territorios circundantes que estaban subordinados. Tal sentido seguía siendo legible incluso en los nuevos rastros de los siglos siguientes, esto nos permite afirmar que la persistencia de las formulaciones de albertiennes ha sido una constante en el proceso de urbanización y ordenamiento territorial en América Latina y Argentina en particular.

Renovación; Arquitetura; Transmisión; Sud americana

DOI: http://dx.doi.org/10.14195/978-989-26-1015-3_14

**Résumé**

En Amérique latine, la ville projetée naît avec la colonisation espagnole, fortement inspirée par la tradition gréco-latine. Les conquistadors ont mis en œuvre les normes contenues dans l'ordonnance royale appelée Leyes de Indias, dont les prescriptions puisaient dans la tradition urbaine des Anciens, réinstaurée par les architectes humanistes du Quattrocento italien, parmi lesquels émerge la figure de Leon Battista Alberti, le plus brillant de ses théoriciens. Aux Leyes de Indias, elles soulignent le rôle premier de la ville comme lieu de représentation du pouvoir royal.

Sous la domination espagnole, bien que la Renaissance ne nous ait légué que quelques interventions partielles, et peu d'exemples aboutis de cités fondées ex-novo, on vérifie toutefois l'influence d'une nouvelle rationalité relevant des postulats albertiens.

Les valeurs liées à la dignitas ont été privilégiées dans nos villes, érigées en organes de contrôle et d'organisation des territoires environnants qui leur étaient subordonnés. Un tel sens demeura lisible même dans les nouveaux tracés des siècles suivants, ce qui nous permet d'affirmer que la persistance des formulations albertiennes a été une constante dans les processus d'urbanisation et d'aménagement du territoire en Amérique latine, et en Argentine en particulier.

Transmission; Renouvellement; Architecture; Sud americana

**Abstract**

In Latin America, the projected city was born with Spanish colonization, strongly inspired by the Greek tradition. The conquerors have implemented the rules contained in the Ordinance real called laws of the Indies, whose requirements your theorists drew in the urban tradition of elders, by the humanists of the Italian Quattrocento architects, among which emerges the figure of Leon Battista Alberti, the brightest. The laws of the Indies, highlight the first city's role as a representation of the reality of power.

Under Spanish domination, although the Renaissance has left us only a few partial interventions and examples of cities founded ex novo, however check the influence of a new rationality under the assumptions of albertiens. Values related to the dignitas have been transferred in our cities, erected in the organs of control and organization of the surrounding territories were subordinated. This sense was still readable even in the new traces of the following centuries, this allows us to say that the persistence of albertiennes formulations has been a constant in the process of urbanization and land-use planning in Latin America and Argentina in particular.

Renewal; ArchiTecture; Transmission; South America

Leon Battista Alberti y sus ideas no han sido ajenos a la racionalidad promovida por los conquistadores españoles para la creación de nuevas ciudades en América Latina, y sus ideas persisten en los trazados de aquellas ciudades hasta nuestros días.

La llegada de los españoles a "*las Américas*" a finales del siglo XV introdujo una profunda transformación en el continente, tanto estos – como luego, los portugueses–, recorrieron palmo a palmo la totalidad del espacio territorial americano para poseerlo, dominarlo y explotarlo.[364] Trasladaron sus sistemas de organización socio-cultural, económico-político reproduciendo especularmente la realidad de la Península Ibérica.

La evangelización del nuevo mundo ligada a la creación de una sociedad cristiana, como proyecto utópico, implico la reestructuración del territorio con la introducción e imposición de nuevas jerarquías. En todos los casos predomino una convicción acerca de la importancia de la arquitetura y el urbanismo en la implementación de un cambio profundo y radical a nivel cultural.

Por ello paralelo al avance colonizador español y a la tarea evangelizadora se puso en marcha un novedoso proceso de construcción y estructuración del espacio territorial centro y sud-americano, lo que pretendió marcar diferencias entre el mundo pagano precolombino y la nueva sociedad.

Si bien las nuevas ciudades respondieron a una doble intención, en todos los casos se enfatiza el "*orden*", tanto las que cumplían un importante rol estratégico ya que actuaban como instrumento de control, por excelencia, de las tierras incorporadas al dominio de la corona como aquellas otras que poseían un rol en sí mismas como núcleo concentrador de la población y por lo tanto reunían el gobierno, la administración de la justicia y la actividad religiosa de toda un área de influencia.

En poco más de un siglo fueron fundadas alrededor de 330 ciudades[365], a las que se les aplico, en la mayoría de los casos, sobre un terreno

---

[364] PAUL VIRILIO, "La guerra de Kosovo tuvo lugar en el espacio orbital"; entrevista de John Armitage, en *Pasajes*, n°. 24, Año 3, Madrid: febrero2001, pp. 38–41.

[365] JORGE ENRIQUE HARDOY; CARMEN ARANOVICH, "Urbanización en América Hispánica entre 1580 y 1630" en *Boletín del Centro de Investigaciones Históricas y Estéticas* No. 11, Caracas: UCV, FAU, mayo, 1969, pp. 21–89.

natural, una estricta geometría provocando así un profundo cambio de las topografías locales.

A partir del siglo XVI y coherentemente con lo formulado en el decreto promulgado por Felipe II, conocido como *"Leyes de Indias"*, se implantaron en las tierras americanas nuevas estructuras urbanas. Todas ellas fueron organizadas en función de calles y manzanas idénticas expandidas en ejes ortogonales a partir del vacío central, constituido por la Plaza Mayor.

> "El plano de la ciudad, con sus plazas, calles y solares se trazará mediante mediciones con regla y cordel, empezando por la plaza principal donde deben converger las calles que conducen a las puertas y caminos principales y dejando espacios libres suficientes de manera que si la ciudad crece pueda siempre ampliarse de forma simétrica".[366]

Lo valioso de esta experiencia resulta la puesta en juego de una concepción que adquiere valor paradigmático, ya que actúa a la manera

---

[366] Decreto de 1573: Ley Urbanística de Felipe II. En la Real Ordenanza expendida por Felipe II en San Lorenzo del Escorial el 3 de mayo de 1576. Se establecieron una serie de Ordenanzas destinadas a descubrimientos, poblaciones y pacificaciones. Artículo 112. La plaza mayor, de donde se ha de comenzar la población, siendo en costa de mar, debe hacerse al desembarcadero del puerto, y siendo en lugar mediterráneo, en medio de la población. La plaza, sea en cuadro, procurando que por lo menos tenga de largo una vez y media de su ancho, porque este tamaño es el mejor para las fiestas de a caballo y cualquiera otras que se vayan a hacer.

Artículo 113. La grandeza de la plaza sea proporcionada a la cantidad de los vecinos, teniendo en consideración que en las poblaciones de indios, como son nuevas, se van, y es con intento de que han de ir en aumento y por eso, la plaza será teniendo en cuenta que la población habrá de crecer. La plaza no será menor de 200 pies en ancho y 300 pies en largo, ni mayor de 800 pies en largo y 300 en ancho. De mediana y de buena proporción es de 600 pies de largo y 400 de ancho.

Artículo 114. De la plaza salgan cuatro cales principales; una por medio de cada costado la plaza, y dos calles por cada esquina de la plaza. Las cuatro esquinas de la plaza miren a los cuatro vientos principales, porque de esta manera, saliendo las calles de la plaza, no están expuestas a los cuatro vientos principales, que serían de mucho inconveniente.

Artículo 115. Toda la plaza, a la redonda, y las cuatro calles principales que de ella salen, tengan portales, porque son de mucha comodidad para los tratantes que aquí suelen concurrir. Las ocho calles que salen de la plaza por las cuatro esquinas, lleguen libres a la plaza, sin encontrarse con los portales, retrayéndolas, de manera que hagan acera derecha con la calle de la plaza.

Artículo 116. Las calles, en lugares fríos, sean anchas, y en los calientes, angostas; pero para la defensa, donde haya caballos, son mejores anchas.

Artículo 117. Las calles se prosigan desde la plaza mayor, de manera que aunque la población venga en mucho crecimiento, no vengan a dar en algún inconveniente que sea de afear lo que se hubiere edificado, o perjudique su defensa y comodidad.

de una *"ciudad tipo"*, condicionada, justamente, por esta norma general dictada por un monarca para las tierras donde se pretendía expandir el dominio de su corona.

Lo que de alguna manera se aproxima al planteo de Tomas Moro y su isla de Utopía, donde una de las 54 ciudades que se encuentran en ella se describe como "casi cuadrada", aproximándose a un diseño ortogonal. La Utopía, como sociedad modelo, como alternativa de la realización del sueño de la sociedad perfecta.

Preguntarse, entonces, acerca del origen de este programa exige tener presente la existencia, en la Península Ibérica, por aquellos años, de algunos ejemplos trazados en base a patrones urbanos regulares, exempli gratia: Castellón de la Plana, ciudad fundada en 1251 o Villarreal de los Infantes, fundada aproximadamente en 1274.[367]

No menos importantes resultan también aquellos centros urbanos fundados por los Reyes Católicos en España hacia 1492, Foncea, atual Provincia de La Rioja y Santa Fe en la atual Provincia de Granada.

Si bien se reconocen estos casos como antecedentes de las fundaciones coloniales, hay una convergencia en la opinión de diversos autores[368] cuando afirman que podemos ver en las realizaciones americanas la concreción del los conceptos ideales, especialmente los que derivan

---

[367] Existen numerosas experiencias de construcción de ciudades con un plano regular durante el Medioevo tardío. Entre 13i1-1386 el Franciscano Catalán Francesc Eiximenic escribió una Enciclopedia "El Crestía", la que fue impresa en Valencia en 1483, donde aparecía una ciudad cuadrada con la catedral en el centro. Similar es la concepción que exhibe Rodrigo Sanchez de Avevalo, Obispo de Palencia, el que era secretario de Juan II de Castilla en su obra: Suma de la Política, que fabla como deven ser fundadas e edificadas las ciudades e villas.

[368] Cueca Goitia considera que la traza de las ciudades americanas fue producto del encuentro e interacción de ideas humanísticas y la tradición militar de las ciudades medievales de la Europa occidental, por su parte Leonardo Benevolo considera estas ideas como derivación de la tradición medieval, sobre todo a partir de la experiencia de las bastidas francesas y de la cultura renacentista. Kubler en su libro dedicado al urbanismo en el capítulo donde se ocupa de las urbanizaciones en la "Nueva España" plantea que las plazas como aparecen el urbanismo latinoamericano son "anti-medievales" explicando su origen a partir de Europa y las teorías italianas de los siglos XV y XVI. Por su parte Francoise Choay al referirse al urbanismo habla de básicamente dos mecanismos de generación del espacio construido, uno relacionado a los tratados de la arquitetura - ligado a los principios y reglas - y el otro que depende de la utopía-sobre todo consistente en la reproducción de modelos. Para este autor en el caso americano los modelos renacentistas fueron los que contribuyeron de manera decisoria, sobre todo ligados al pensamiento utópico y a los esquemas provistos por los tratadistas.

del tratado de Vitruvius, así como de los teóricos de la arquitetura y la urbanística renacentista italiana; cuyos escritos eran ya conocidos en la España de aquel entonces.

Entre estos tratados especial importancia reviste el escrito por Leon B. Alberti, quien en el *De re aedificatoria*, libro IV, se ocupa extensamente de la ciudad y su trazado. Testimonia tal interés el manuscrito del tratado de Filarete hecho para la corona aragonesa hacia finales del siglo XV, el que se ocupa de algunos aspectos de la teoría de Alberti.[369]

En 1513 las *"Instrucciones"*[370] para Pedrarias Dávila y en 1523 para Cortés, anteceden lo expuesto en la ordenanza de Felipe II en el año 1573. En ambos escritos es fácilmente reconocible la influencia Vitruviana, la de Santo Tomás de Aquino[371] y aquella de los teóricos europeos de la urbanística del renacimiento, sobre todo Alberti[372].

Felipe II dio a conocer su ordenanza el 13 de Julio de 1573, constaba de 148 párrafos de los cuales 20 se refieren exclusivamente al trazado de los planos y la construcción de nuevas ciudades.

Las indicaciones intentan garantizar la bondad del asentamiento y garantizar las mejores condiciones de vida posible, entre otras cosas, hacen referencia al sitio para la fundación de la nueva ciudad, sobre todo recomendando la salubridad del mismo, avanzando además sobre la consideración de estos requerimientos de acuerdos a distintas condiciones topográficas.

Coincidentemente Alberti en su tratado también se ocupaba de ello y recomendaba: "…emplazar la ciudad misma sobre la, como dice la gente, orgullosa cresta de una montaña, resulta adecuado no solo con vistas a su decoro sino sobre todo a hacerla agradable y, muy en especial, saludable y sana…"[373].

---

[369] El manuscrito se hallaba alrededor del año 1513 en un claustro jeronimiense, en las proximidades de Valencia. Este texto pudo ser consultado tanto por los monjes como por los Conquistadores.

[370] Colección de documentos inéditos relativos al descubrimiento, conquista y organización de las antiguas posesiones españolas en América y Oceanía sacados de los Archivos del Reino y muy especialmente del de Indias completamente autorizado, t.XXXIX, Madrid, 1883, pp. 284-286.

[371] De Regimine principium, Santo Tomas de Aquino.

[372] LEON BATTISTA ALBERTI, Libri *de re aedificatoria* decem, Firenze 1485, libro IV, cap. 2

[373] LEON BATTISTA ALBERTI. cap. II Libro IV , p. 172.

En Alberti la ciudad era considerada como un objeto complejo, en ella se conciliaban regularidad e irregularidad, y el hombre al adaptarse dócilmente al terreno y al ambiente cósmico armonizaba también con la naturaleza.

Si bien existen variaciones en los documentos y los trazados finalmente ejecutados en América Latina, es imposible pasar por alto las coincidencias que permiten afirmar la presencia de la enseñanza albertiana en estas tierras.

Sobre todo cuando se refiere al trazado de la ciudad y sus calles encontramos importantes coincidencias. Alberti estableció una diferencia entre ciudades y al referirse a las que denomina como grandes ciudades, sobre todo de acuerdo al rol que debe desempeñar en su territorio, recomienda el trazado de calles rectas y anchas ya que le proporcionan amplitud majestuosa.

> "... cuando llegare a una ciudad, si su población es ilustre y poderosa, es oportuno que tenga calzadas derechas y muy anchas que contribuyan al honor y la gloria de la ciudad..."[374]

Las ciudades fundadas en tierras americanas por los conquistadores estaban destinadas a cumplir un rol importante en el territorio circundante, generalmente reunían una serie de instituciones que representaban la presencia real en esas tierras. Esto las aproxima a aquellas, según el pensamiento Albertiano, consideradas como grandes ciudades. El importante rol estratégico militar y político, comercial y civil hace de estas ciudades centros rectores de sus territorios.

Sobre todo Alberti reconoce que existen diversas circunstancias que determinan el trazado final de la ciudad y a ello se refiere cuando expresa: " ...Comprendemos que el contorno de una ciudad y la distribución de sus partes son diversos en función de los distintos lugares..."[375]. Con

---

[374] LEON BATTISTA ALBERTI, cap. IV, Libro IV, p. 183.
[375] LEON BATTISTA ALBERTI. *De Re Aedificatoria*, Prologo: Javier Rivera, Traducción: Javier Fresnillo Núñez, Livro IV, cap.III, Ediciones Akal, 1991, Madrid, p. 175.

estas palabras se señala la diferencia entre la construcción del edificio y de la ciudad, ya que esta es sobre todo un hecho dinámico, es vista como un marco donde caben muchos edificios y también muchos planeamientos consecutivos.

En América Latina se ensayaron diversas soluciones desde ciudades amuralladas como Cartagena de Indias, centros costeros y de enlace para flotas y galeones como Santo Domingo y la Habana, ciudades dos veces imperiales como el Cuzco, o la de los Reyes como Lima o de los Palacios como México, hasta aquellas otras destinadas a la extracción de metales preciosos como Potosí, entre otras.

Todas ellas se concentran en dos tipos fundamentales: uno de estructura rígida y geométrica, de trazo en damero o tablera de ajedrez, posible en terrenos planos, llanuras o amplios valles, con diseño de calles rectas y perpendiculares, el otro, en forma irregular y sinuosa, moldeándose o terrenos difíciles y accidentas para zonas montañosas, que originó calles tortuosas e inclinadas, muy pintorescas, sistema de reminiscencia mora y medieval.

Sin embargo en ambos casos hay sobre todo una recomendación que nos remite a las ideas Albertianas, ya que la Ley establecía que al trazar la nueva ciudad se dejase una cantidad adecuada de espacio libre, para que la ciudad a medida que se desarrollase y aumentase el número de sus habitantes pudiese urbanizarse con libertad.

La idea de un proceso dinámico de población de la ciudad y por lo tanto la necesidad de contar reservas de tierra para posibilitar cambios en el futuro de la ciudad fue propagado por Alberti en su tratado especialmente cuando dice: "…preferiría la ciudad que me permitiera acoger con absoluta comodidad a un número considerable de ciudadanos, incluso aumentado, …"[376].

La ordenanza de Felipe II coincide con Alberti al establecer que cuando se trazaba el plano de una nueva ciudad era necesario dejar una cantidad adecuada de espacio libre, para que pudiesen ser absorbidos en el

---

[376] Ibidem, Libro IV, capítulo III, p. 176

tiempo los distintos aumentos de población y los distintos crecimientos no coartaran la libertad de urbanización.[377]

Sobre todo en los territorios periféricos, en el horizonte colonial, como fue el Virreynato del Rio de la Plata o la Capitanía de Chile los trazados de las nuevas ciudades se atuvo a lo prescripto. De ello resulto la emergencia de numerosas ciudades coloniales sud-americanas que pueden servir de ejemplo. Tales son los casos de Córdoba, Buenos Aires, Santa Fe en la República Argentina. En todos estos casos predomino un trazado ortogonal centrado en la plaza, a partir de la cual parten las calles más importantes del nuevo centro urbano.

Esta urbanización extensa y de muy baja densidad constituyo el terreno que permitió y condicionó los sucesivos crecimientos de las ciudades en el continente americano.

Para finalizar y como síntesis de lo expresado, con sus similitudes y diferencias, consideramos que la ciudad latinoamericana privilegia la cuestión representativa por sobre la defensiva, por lo menos la de origen español y sobre todo las intervenciones realizadas a partir del siglo XIX en adelante.

En la mayoría de los casos el esfuerzo esta puesto en consolidar un centro de prestigio que pueda ejercer el control de una región, más que en una polis-fortaleza para defensa de sus vecinos, hay una intención que excede el límite de la ciudad.

Esto consideramos se relaciona perfectamente con el papel pensado por los humanistas, renacentistas italianos, sobre todo por Alberti, quienes abandonando la consideración defensiva de la ciudad medieval entienden la ciudad como un centro de poder, sede del príncipe, capaz de irradiar cultura y mejorar las condiciones de vida de las personas.

La racionalidad albertiana no fue sustituida en los sucesivos crecimientos, experimentados por nuestras ciudades, llegando hasta nuestros días y sirviendo aun como orientación para futuras intervenciones.

---

[377] "Fundación de Pueblos en el siglo XVI", *Boletín del Archivo General de la Nación*, 1935, 1ª Serie, vol. 6, n°. 2 p. 349.

| PERIODO | CIUDAD | PLANO | ROL | CRECIMIENTO | LÍMITES | TRAZADO | ESP. PUBLICOS SIGNIFICATIVOS | EDIFICIOS SIGNIFICATIVOS | CONCEPTO |
|---|---|---|---|---|---|---|---|---|---|
| RENACIMIENTO | FLORENCIA | | Centro de intercambio comercial y cultural | Planificado s/ ciudad existente | Muralla regular | Regular | La Plaza Regular La Calle Rectilínea | La Catedral Los palacios Las lonjas | |
| | PIENZA | | Ciudad ideal renacentista | Planificado s/ ciudad existente | Territorio Natural | Regular | La Plaza Regular | La Catedral Los Palacios | |
| | SFORZINDA PALMANOVA | | Ciudad ideal renacentista | Planificado | Muralla regular | Regular | La Plaza Ppal Las Plazas Sec. | La Iglesia El Palacio comunal El mercado Las parroquias | LA CIUDAD COMO ESPACIO CULTURAL |
| RENACIMIENTO EN AMERICA | MEXICO | | Ciudad colonial americana | Planificado s/ ciudad existente | Agua (Lago) | Regular | La Plaza Mayor | La Catedral El Cabildo | |
| | LIMA | | Ciudad colonial americana | Planificado | Muralla regular | Regular | La Plaza Mayor | La Catedral El Cabildo | |
| | CORDOBA | | Ciudad colonial americana | Planificado | Territorio natural | Regular | La Plaza Mayor | La Catedral El Cabildo | |

DIPLOMATURA EN PLANIFICACIÓN URBANA Y GESTIÓN TERRITORIAL 2011 - MODULO I Visión Histórica y Sociológica de la ciudad desde una perspectiva interdisciplinaria. Coordinador Arq. Hugo Pecchiutta. Docentes: Arq Victoria Cebrian/ Arq. María Lorena Fernandez

Fig. 1 - Elaboración personal confeccionada con la colaboración de la Arq. Victoria Cebrian para un curso de Planificación Urbana dada en una Tecnicatura de Urbanismo dictada en la ciudad de Córdoba que estubo organizado por la Sociedad de Arquitetos y la Universidad Siglo XXI de esa ciudad.

Fig. 2 - Plano de Córdoba - reproducción del plano fundacional que permanece depositado en el Archivo Historico Municipal de la Ciudad de Córdoba.

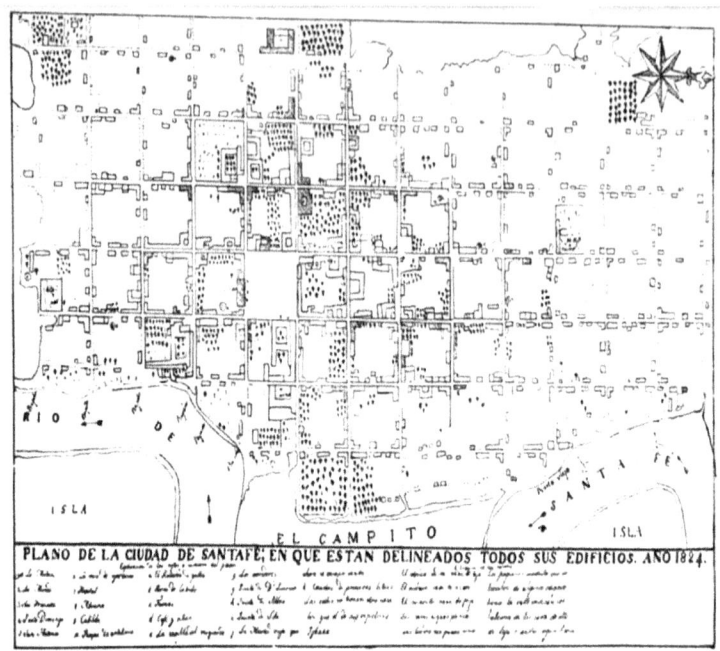

Fig. 3 - Plano de Santa Fe - depositado en la Casa de Gobierno de la ciudad de Santa Fe. Argentina.

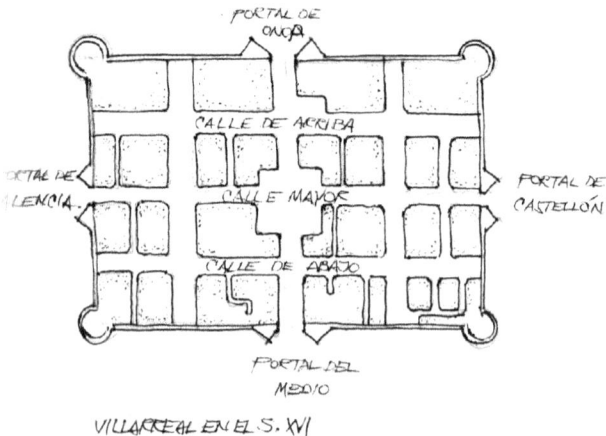

Fig. 4 - Villareal de los Infantes. España. Siglo XVI. Dib. Arq. Aristides Gomez Luque.

Fig. 5 - Santo Domingo, Centro America. Dib. Arq. Aristides Gomez Luque.

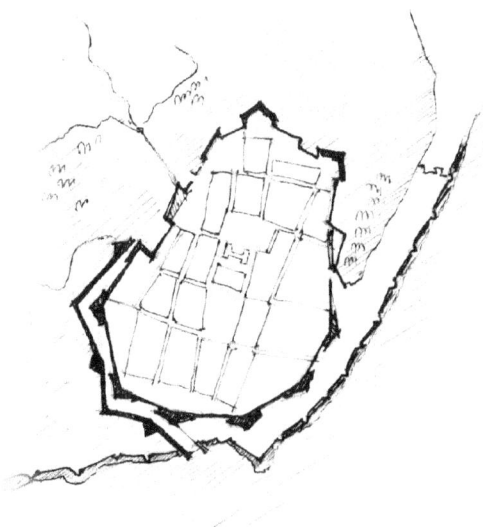

Fig. 6 - Cartagena de Indias. Colombia. Sud.America. Dib. Arq. Aristides Gomez Luque.

Fig. 7 - San Luis de Potosi, Bolivia. Sud. America. Dib. Arq. Aristides Gomez Luque.

Fig. 8 Castellon de la Plana. España. Dib. Arq. Aristides Gomez Luque.

# O Colapso da Ordenação Urbana e o Surgimento do Labirinto. Do Mito Racional ao Labirinto de Buenos Aires no *El Cantor de Tango* de Tomás Eloy Martínez

Ernesto Pablo Molina Ahumada

**Resumo**

Este trabalho propõe uma leitura de um romance argentino contemporâneo, investigando os pontos de contato e de divergência em relação à visão projetista da cidade ocidental. Nossa leitura tenta distinguir nessa construção ideológica duas linhas em estado de tensão, o projeto racional e a violência necessária para a sua execução, buscando a harmonização na proposta de Leon Battista Alberti partindo de um discurso controlado sob a retórica técnica-científica do tratado. A proposta de Alberti é examinada em sua tensão constitutiva básica como um sinal de um momento específico da expansão da cultura Europeia Ocidental, que projetada sobre os novos territórios da América envolverá uma complexidade dessa tensão inicial.

Romance; Mito; Cidade; Labirinto

**Résumé**

Notre travail propose une lecture d'un roman argentin contemporain, en recherchant les points de contact et de divergence à l'égard de la vision projetée de la ville occidentale. Notre regard essaie de distinguer dans cette construction idéologique deux lignes dans une tension, celui-là du dessin rationnel et celui-là de la violence requise pour son implémentation, que cherchent à être harmonisés dans la proposition albertiana à partir d'un discours contrôlé sous la rhétorique scientifique-technique du traité. La proposition de Leon Battista Alberti est recherchée dans sa tension basique constitutive comme signe d'un moment spécifique d'expansion de la culture européenne occidentale que, projetée sur les nouveaux territoires de l'Amérique, ils impliqueront une forme complexe de cette tension initiale.

Roman; Mythe; Cité; Labyrinthe

**Abstract**

This work intends an analysis of a contemporary Argentine novel, by means of investigating both contact and divergence points in relation to the designer's view of the western city. Our reading attempts to distinguish, in this ideological construction, two lines in "state of tension", the rational project and the necessary violence for its implementation, looking for the harmonization in Léon Battista Alberti's proposal starting from a speech guided by the scientifical and technical rhetoric of the treaty. The basic constituent tension of Alberti's proposal is analyzed as a sign of a specific moment of the expansion of the Western European culture, which projected over the new territories of America, will involve the complexity of that initial tension.

Novel; Myth; City; Labyrint

*A cidade é a realização do antigo sonho humano do labirinto.*

Walter Benjamin[378]

*Nós não sabemos onde o labirinto acaba, nem se ele acaba. Há uma parte externa, além de suas paredes? O leitor será quem decida (veja) se ele tem ou não.*

Ricardo Gullón[379]

## A cidade de Alberti e a ordenação mítica ocidental

O sono da razão produz monstros, disse Goya. Também labirintos, ajuntamos desde uma perspetiva latino-americana que pretendemos convocar aqui, neste livro que reúne artigos bem perto e longe do continente americano, simultaneamente. Perto, porque as cidades latino-americanas estão ligadas à Europa pela genealogia, isto é, são o resultado da interseção entre o olhar europeu utópico e as condições topográficas, climáticas, políticas e sociais do continente conquistado. Como observa Fernando Aínsa[380], a extensão e a novidade do novo mundo têm impulsionado o desejo do conquistador, do projetista e do missionário de criar um mundo novo, mas negando a textura particular do continente americano, que persistiu como seu pano de fundo e seu solo. América foi imaginada como uma terra desconhecida e inédita, que "era una invitación a conquistarlo y a 'bautizarlo' con palabras nuevas, apasionantes 'grafías' con las que se construyeron progresivamente los paisajes arquetípicos con que ahora se lo caracteriza."[381]

Mas o ato de possuir dos territórios foi amalgamado em breve com esta mecânica da escrita que validava a conquista do território[382] e criou uma

---

[378] WALTER BENJAMIN, *Libro de los pasajes*. Madrid, Akal, [1927] 2005. La traducción es nuestra.

[379] RICARDO GULLÓN, *Espacio y novela*. Barcelona, Bosch, 1980. La traducción es nuestra.

[380] *Del topos al logos. Propuesta de Geopoética*. Madrid, Iberoamericana, 2006.

[381] Ibidem, p. 37.

[382] Cf. ÁNGEL RAMA, *La ciudad letrada*. Montevideo, Arca, 1998; JOSÉ LUIS ROMERO, *Latinoamérica: las ciudades y las ideas*. Buenos Aires, Siglo XXI, 2004 [1986].

aliança íntima entre a palavra e o espaço. As cidades latino-americanas são uma amálgama de elementos materiais, utopia e signos, planos sobrepostos que definem sua identidade complexa e instável e que conferem um papel privilegiado tanto ao projetista como ao letrado, ambos criadores do urbano. Esta preeminência do projetista aparece no tratado *De re aedificatoria* (1482) de Alberti[383], especificamente no proêmio, onde o autor dá ao arquiteto um lugar transcendente não só na construção do cosmo urbano senão também do cosmo social. De acordo com Paolo Rossi[384], a intenção explícita - comum a outros tratados do XV e XVI - de misturar atividade técnica e conhecimento científico é suportada por este louvor da figura heroificada do arquiteto como uma metáfora da síntese entre ciência, técnica e trabalho manual e, além disso, como uma personagem principal de um texto (o *Tratado*) que expressa uma mudança fundamental na cultura: a preocupação por uma construção teórica do urbano, a substituição de um regime material por outro simbólico, um regime de signos que constrói um modelo da cidade e um ponto de vista autorizado, isto é, com plena autoridade para validar epistemologicamente um saber/fazer sobre o mundo (Furlan, 2013). Neste ponto é onde a cidade utópica torna-se pensável, mas também a cidade não utópica, a não-cidade como possibilidade imaginária alternativa que constantemente ameaça com sua desordem essa construção racional.

Por esse motivo Alberti situa-se na gênese do pensamento moderno: porque participa da cristalização que Enrique Dussel[385] designa "o mito (europeu) da modernidade", definido como a implantação de certa visão de mundo que se torna universal e global, constituindo a um tempo só como sua periferia as outras culturas. A cidade torna-se, a este nível, o artefato privilegiado que garante a extensão efetiva da narração ou mito ocidental e devém mito mobilizador do Ocidente[386]. Mas a cidade

---

[383] LEON BATTISTA ALBERTI, *De Re Aedificatoria*. Madrid, Akal, 1991.

[384] PAOLO ROSSI, *Los filósofos y las máquinas. 1400-1700*. Barcelona, Labor, 1970 [1966].

[385] ENRIQUE DUSSEL, "Europa, modernidad y eurocentrismo" en *Lander*, Edgardo (comp) *La colonialidad del saber: eurocentrismo y ciencias sociales. Perspetivas Latinoamericanas*. Bs. As, CLACSO, 2000, pp. 41-53.

[386] OLIVER MONGIN, *La condición urbana. La ciudad a la hora de la mundialización*. Bs. As, Paidós, 2006.

projetada por Alberti escapa da desordem e do labiríntico porque tudo isso é relegado para o lugar do negado ou desnecessário, e prevalece pelo contrário aquilo que é necessário (*neccesitas*), confortável (*commoditas*) e agradável (*voluptas*). Ruas largas, clima moderado, disposição calculada, tudo isso concentra-se nesta cidade projetada e orientada para o necessário e belo (a *concinnitas* de Alberti), qualidades que são harmonizadas em torno de um todo orgânico, em analogia com o organismo dos cidadãos em um nível microscópico e com o Estado no nível macroscópico. A ordenação da cidade reproduz e garante a ordenação do mundo, e vice-versa. A arquitetura aparece como a chave e a senha que avalia essa classificação, mas no coração dessa construção racional albertiana reside o paradoxo da modernidade: a existência de um núcleo racional que depende de um processo de violência exercida efetivamente para transformar essa projeção em real. Esta tensão está na base mesma desse pensamento de Alberti, como aponta Aluffi Begliomini:

> "La consciencia y la denuncia de los aspectos absurdos e inquietantes de la realidad por un lado, y por otro la contemplación y la construcción de un mundo racional y armónico, son dos actitudes que se entrecruzan y retornan invariablemente en la obra de Alberti, y que son la base de su pensamiento y de su personalidad. Están presentes contemporáneamente en todo momento, incluso cuando uno domina y prevalece sobre el otro."[387]

O *cogito ego* na base do mito racional moderno supõe a violência do *ego conquiro* aplicada sobre o Outro, que se torna seu duplo e seu fantasma. Neste ponto, a tensão entre a geografia americana e as formas pré-colombianas de organização territorial por um lado, e a ordenação urbana europeia introduzida desde 1492 por outro aparecem como exemplo inevitável, porque é dessa fricção no coração mesmo do projeto moderno que ganha realidade a condição instável das cidades latino-americanas.

---

[387] Cf. JAVIER RIVERA, "Prólogo" en LEON BATTISTA ALBERTI, *De Re Aedificatoria*. Madrid, Akal, 1991, p. 18. La traducción es nuestra.

## O tabuleiro e o labirinto

Dissemos que na visão humanista de Alberti coexistem dois paradigmas ou visões de mundo simultâneas e contraditórias, particularmente visíveis se nós confrontamos seus *tratados* sobre pintura, escultura e arquitetura com suas obras de caráter literário: torna-se visível ali um conflito entre um paradigma racional versus um paradigma do absurdo[388] ou, de acordo com a profunda análise que desenvolve Francesco Furlan[389], mostra-se uma tensão entre gêneros que mascara abordagens diferenciadas epistemologicamente no mapa da proposta filosófica de Alberti. De acordo com nossa perspetiva, essa tensão contínua é expressão do próprio nó insolúvel do mito modernizante como observamos anteriormente, tensão que se prolonga também ao mesmo tempo sobre os territórios americanos como um paradoxo persistente desde a sua fundação.

Esta tensão, tão sutilmente presente em Alberti, como é projetada sobre os textos artísticos contemporâneos na América Latina? Na literatura argentina, por exemplo: como é lido o núcleo urbano referencial da cidade ordenada e planeada?

A arte é, talvez, a linguagem da cultura capaz de fazer constar esta condição relativa e precária, sempre no ar, da ordenação urbana racional. Em particular, usando metáforas espaciais como o tabuleiro ("damero") e o labirinto, funcionando algumas vezes como pólos de oposição e outras como anverso e reverso dentro da mesma cidade. Esta última possibilidade é explorada de forma notável por um romance contemporâneo do escritor argentino Tomás Eloy Martínez, *El cantor de tango*. Diz o romance no seu inicio:

> "Con el paso de los días, fui aprendiendo que Buenos Aires, diseñada por sus dos fundadores sucesivos como un damero perfecto, se había

---

[388] MARIANA SVERLIJ, "La razón y el absurdo en la obra de Leon Battista Alberti" en *Studia Aurea*, 6, 2012, pp. 155-177.

[389] Curso de posgrado ofrecido por el Dr. Francesco Furlan, "Leon Battista Alberti. Rasgos de una nueva racionalidad", octubre de 2013, Facultad de Arquitectura-Facultad de Artes y Facultad de Lenguas, Universidad Nacional de Córdoba, Córdoba, Argentina.

convertido en un laberinto que sucedía no sólo en el espacio, como todos, sino también en el tiempo."[390]

O romance narra a pesquisa dum estrangeiro após dois passos de um cantor de tango misterioso que, como dizem aqueles que foram capazes de ouvir-lhe, canta melhor do que o Gardel. E poucos foram capazes de ouvi-lo porque suas aparições são tão inesperadas e irregulares, que logo tornam ao cantor em uma figura fantasmagórica e a história de sua busca, em uma tarefa de investigação tingida com o gênero literário policial. O particular é que essa pesquisa se inicia através das sendas regulares do "damero" de Buenos Aires (ruas reconhecíveis, monumentos e sítios icônicos, marcos turísticos) e ganha complexidade à medida que o protagonista do romance revela os segredos que estão escondidos lá. Deste modo, a cidade acaba-se tornando um labirinto intrincado apesar de ter sido construída segundo um traço regular; ela se distancia do plano para devir um espaço dinâmico com volume, desenvolvido ao longo do tempo, incitadora de coreografias heroicas particulares: segundo Hermann Kern, em todo labirinto "The walls themselves are unimportant. Their sole function is to mark a path, to define choreographically, as it were, the fixed pattern of movement."[391]

Existe uma operação análoga entre o olhar científico e o olhar da literatura sobre a cidade neste sentido: a construção de um modelo metafórico que descreve e inventa a realidade material de que parte, permitindo pensar em diferentes ordenações retóricas (científicas e artísticas) que apelam para a produtividade de um tropo mesmo para construir um ordenamento de realidade[392]. A diferença reside em que, enquanto a visão projetista de Alberti orienta as contribuições da geometria, matemática, retórica ciceroniana e estética para uma totalidade harmônica metaforicamente equiparada com o organismo vivo, a cidade metafórica

---

[390] TOMÁS ELOY MARTÍNEZ, *El cantor de tango*. Bs. As, Emecé, 2004, p. 49.

[391] HERMANN KERN, *Through the Labyrinth. Designs and meanings over 5000 years*. Munich-London-New York, Prestel, 2000, p. 23.

[392] SILVIA BAREI, "Perspetivas retóricas", en: Silvia Barei y Pablo Molina, *Pensar la cultura I: Perspetivas retóricas*. Córdoba, GER, 2008.

que inventa o romance de Tomás Eloy Martínez apela para a explosão desses componentes e explora, não obstante, sua insuficiência, sua ineficácia, o reverso invisível e contraditório que persiste nesta visão racional do projetista. Como uma hipótese, podemos considerar até mesmo que o romance oferece a imagem desse caráter labiríntico como um rasgo emergente engendrado no coração mesmo deste modelo mítico racional.

Isto aparece claramente no romance na metáfora do labirinto invertido, ou seja, aquele que se projeta a partir dos espaços vazios entre as paredes divisórias do labirinto. Mas a complicação do desenho deriva também do caráter policêntrico da geografia, invalidando assim qualquer possibilidade de uma única trajetória, autorizada ou desejável. Deste modo, Buenos Aires torna-se um território móvel, continuamente descentrado por causa do nomadismo do herói que é quem ativa a cidade. Não há espaço aqui para esse olhar de cima do projetista, o olho totalizante e onividente que Michel de Certeau[393] equipara metaforicamente a ânsia de Dédalo, em oposição com as estratégias inteligentes e desobedientes dos transeuntes em seus efêmeros caminhos através da cidade. A viagem do herói, como aquela de Ulisses no poema homérico, exige o enceguecimento deste olho totalitário para continuar, o olho do ciclope Polifemo, que também é o olho do deus Poseidon. Desta forma, o romance de Martinez mostra como o desenho geométrico projetado revela-se como um labirinto, e como essa condição complicada se torna uma maldição ao mesmo tempo em que fonte de produtividade (política, artística, memorialística) da América Latina cidade:

> "Eso es Buenos Aires [...] : un delta de ciudades abrazado por una sola ciudad, breves ciudades anoréxicas dentro de esta obesa majestad única que consiente avenidas madrileñas y cafés catalanes junto a pajareras napolitanas y templetes dóricos y mansiones de la Rive Droite, más allá de todo lo cual –le había insistido el taxista- están sin embargo el mercado de hacienda, el mugido de las reses antes del sacrificio y el

---

[393] MICHEL DE CERTEAU, *La invención de lo cotidiano. 1. Artes de hacer*. México, Univ. Iberoamericana, 1997.

olor a bosta, es decir el relente de la llanura, y también una melancolía que no viene de parte alguna sino de acá, de la sensación de fin del mundo que se siente cuando se mira los mapas y se advierte cuán sola está Buenos Aires, cuán a trasmano de todo."[394]

A ambivalência do labirinto encontra-se neste jogo entre contorno e conteúdo, segundo o qual o complexo arquitetônico é uma circunstância do padrão de movimento que ocorre dentro do labirinto e segurá-lo, como se fossem aqueles espaços de possíveis coreografias os que constituem realmente o labirinto. Esta inversão complica a metáfora mítica do labirinto como construção complexa e limitada, para construir aquela do território móvel ativado pelos percursos dos personagens. A existência do labirinto invertido no romance que analisamos destaca-se pela sua condição de cenário tenso sobreposto a um fundo dolorido e não apaziguado, uma cidade de infinita crueldade e violência sem interrupção que esconde, após os nomes de suas ruas e praças, uma longa série de crimes impunes que revelam a face mais inóspita da cidade. A viagem do herói do romance de Martinez propõe uma hipótese de leitura sobre o sentido que encerra o labirinto construído pelo cantor através de suas aparições, mas também construído pela própria desordem que está conquistando a Buenos Aires conforme se aproxima dezembro de 2001, quadro temporal em que os eventos do romance acontecem. dezembro de 2001 é um momento traumático para a Argentina pela violência da explosão social que ocasionou a situação de crise política profunda por vários meses. O clima, o humor das pessoas, a rotina urbana, tudo se torna conflituoso aos olhos do estrangeiro que descobre que Buenos Aires tornou-se com o passar das horas, um labirinto social.

O labirinto de Buenos Aires neste romance representa de certa forma o inverso do mito da cidade planeada, porque nasce como a escrita desobediente dos sujeitos à margem da escrita oficial. Se a cidade latino-americana, como assinala Ángel Rama[395], nasce da confluência entre o

---

[394] TOMÁS ELOY MARTÍNEZ, Ibidem, p. 63.
[395] ÁNGEL RAMA, Ibidem,

gesto de uma violência efetivamente realizada (a espada) e o signo que confere-lhe identidade simbólica (a letra), poderíamos reconhecer uma dupla articulação que torna visível a profunda compenetração do tabuleiro com o labirinto e a ordenação racional com a violência irracional. Walter Benjamin intuía com grande acerto isto quando ele propôs que todo documento da cultura é simultaneamente um documento da barbárie. Da mesma forma nós temos pensado com Dussel o paradoxo da modernidade e, também, o próprio significado do romance que aposta pelo confronto entre esta representação ordenada da cidade, imagem de longa permanência e poder na memória da cultura ocidental, e a exploração de seu reverso labiríntico nas dobras do tabuleiro, iluminando seus lugares vazios ou esvaziados por causa do olvido imposto e a violência da memória oficial. Um exemplo claro desta tensão entre o anverso e reverso urbano aparece na novela na cena em que o herói visita e fica extraviado no bairro labiríntico de Parque Chas[396]. O herói, que tem sido impulsionado lá pela pista do cantor, se introduz sozinho e desamparado pela área inóspita cujo desenho regular (circular) devém, no entanto, uma zona de "alta densidade" que torna confusa a distinção entre a realidade da cidade e as ficções que falam sobre ela:

> "Cientos de personas se han perdido en las calles engañosas de Parque Chas, donde parece estar situado el intersticio que divide la realidad de las ficciones de Buenos Aires. En cada gran ciudad hay, como se sabe, una de esas líneas de alta densidad, semejante a los agujeros negros del espacio, que modifica la naturaleza de los que la cruzan."[397]

**Descrever e escrever a cidade**

Quando Benjamin sugere que a cidade é a materialização do antigo sonho humano do labirinto, a ideia inquieta por causa da significação que

---

[396] Site oficial do bairro na Internet: http://www.parquechasweb.com.ar/ [10/08/2012]
[397] TOMÁS ELOY MARTÍNEZ, Ibidem, pág. 164.

adota esta metáfora mítica na atualidade. Nós associamos o labiríntico com a desordem, o irracional, confuso e intrincado, talvez também com a periculosidade e a prisão. De acordo com Paolo Santarcangelli[398] e Karl Kerényi[399], existem ao longo da história da cultura tempos de floração e invisibilidade daquela metáfora do labirinto, dependendo da direção que cada sociedade atribui-lhe e do modelo com o qual confronta-lo. Em alguns casos, o labirinto tem a forma do intrincado irracional, mas em outros, de desenho perfeitamente regular que propõe um desafio lógico para sua resolução. Após um longo período de boom medieval entre 1100 e 1300 d.C., a importância da figura do labirinto diminuiu até seu desaparecimento no século XVI e reapareceu na conceção dos jardins cortesãos do século XVII e XVIII. O barroco tornou-o, de fato, um tema obsessivo, e a racionalidade do século XIX, eminentemente anti-labiríntica, restringiu-o ao âmbito dos jogos infantis. O traçado de um labirinto representa um gesto de racionalização do espaço. Ainda o labirinto de uma só via, construído por uma única senda em linha reta até o fim da história (como, por exemplo, no conto "A morte e a bússola" ["La muerte y la brújula"] de Jorge Luis Borges), dialoga com outros labirintos mais complexos, policêntricos ou sem centro, com múltiplas possibilidades de viagens e resolução. Ou seja, que não só as cidades americanas nasceram como um gesto de escrita do espaço, senão, em essência, toda cidade é um efeito da escrita. Aí reside o poder dos epigrafes que abrem o nosso artigo e também a validade de uma leitura em perspetiva mítica e literária da cidade: tanto as cidades ordenadas de Alberti como as cidades regulares planeadas pelos agrimensores e arquitetos em território americano no século XVI. E também aquelas cidades que descreve T. Eloy Martínez como nascidas a partir da fricção entre trajetórias sobrepostas que delineiam uma cartografia complexa e não apaziguada; todas estas cidades respondem ao mesmo princípio da racionalização (e violência) implicado no estabelecimento desta modelagem.

---

[398] PAOLO SANTARCANGELLI, *El libro de los laberintos*. Madrid, Siruela, 1997.
[399] KARL KERENYI, *En el laberinto*. Madrid, Siruela, 2006.

Descrição implica, portanto, a escrita do espaço, sua organização num sistema discreto que determina as formas da ordenação e a desordem cultural. Mas se em *De re aedificatoria* Alberti orienta as estratégias retoricas e cognitivas para processos de classificação, definição e descrição como sustento do discurso científico do *Tratado*, no romance *El cantor de tango* se apela bastante para a confusão deliberada destas retóricas (científica, mítica, aquela do discurso turístico, da vida cotidiana, etc.) para construir a imagem de uma cidade extensa e profunda, geologicamente complexa com seus múltiplos planos e níveis, sujeita a conflito na luta entre aquilo que se esquece e se lembra, intensamente conhecida e desconhecida ao mesmo tempo. Espaço mítico ideal, em uma palavra, para que um herói casual experimente uma viagem iniciática que, longe de qualquer caminho épico, assegure a aquisição de conhecimento, mas não uma mudança transcendental nesse mundo de partida, onde fica intacta essa fecunda desordem inicial. A imagem do labirinto torna visível a existência destas lógicas em tensão e, portanto, não só no desenho, senão também nos olhos de quem olha está a chave para esquadrinhar a complexidade do processo de racionalização: "Onde o labirinto acaba?", pergunta Ricardo Gullón[400]; onde o leitor determina, ele responde e nós respondemos com ele.

Alberti é, além dum criador, um leitor notável do seu tempo que sistematiza e sintetiza um complexo sistema cultural através de uma particular modelação do espaço proposta como desejável nos seus tratados de arquitetura. O paradoxo emerge no momento de ler sua produção literária[401] em paralelo. Sua cidade é, neste sentido, uma hipótese de leitura que se enuncia numa destas formas (a arquitetônica) como vereda da escrita desejável para ordenar o universo humano através da gestão racional dos elementos da cidade. Mas seu projeto implica, no profundo e tal como evidencia a leitura em contraponto da sua obra literária, a coexistência do anverso racional com um reverso violento, porque a implantação do próprio projeto racional (no qual ele está imerso) requer isso como sua

---

[400] RICARDO GULLÓN, Ibidem,
[401] MARIANA SVERLIJ, Ibidem,

condição de possibilidade. O mito moderno ocidental, mobilizado a partir deste artefato mítico moderno que é a cidade, traslada esse modelo para todo o mundo e faz, pela primeira vez na história, traço global. Estritamente falando, o "mundo ocidental" não existe antes deste processo de globalização que desenvolveu a Europa ocidental a partir de 1492. Mas lá também, paradoxalmente, prevalece junto ao projeto racional, "o lado mais sombrio da Renascença" segundo expressa Walter Mignolo.[402]

A cidade de Buenos Aires, no romance que analisamos, torna visível, mais do que a limitação deste projeto, seu estatuto íntimo de figura paradoxal. Como o deus latino Janus, Buenos Aires é construída em *El cantor de tango* com duas faces: uma pitoresca e tranquila que alimenta o turismo e a memória oficial; e outra terrível de morte, violência e intolerância que é o substrato das suas ruas e sua atmosfera. Também como o deus Janus, o semblante de Buenos Aires aponta para dois lugares diferentes: no seu passado de modelo regular e aparência pacífica (o tabuleiro [damero]); e no seu presente e seu futuro de labirinto intrincado e insolúvel. O labirinto emerge da cidade planeada, porque isso sempre existiu; não é tanto o efeito de uma invasão ou uma infecção, senão mais bem a irrupção desde o interior das desobediências, as deslealdades e as divergências contra a hegemonia, seja planeada ou não.

---

[402] WALTER MIGNOLO, *The Darker Side of the Renaissance: Literacy, Territoriality, and Colonization*. Ann Arbor, The University of Michigan Press, [1995] 2003.

## VI
### Ética, Decoro & Ornamenta

# A NOÇÃO DE *NUMERUS* NO *DE RE AEDIFICATORIA*

Mário Krüger
Maria da Conceição Rodrigues Ferreira

**Resumo**

O *numerus* é uma das principais noções, a par da *finitio* e da *collocatio*, em que se condensa a conformidade e a aliança de todas as partes do conjunto a que pertencem, isto, é da *concinnitas*.

Os numerais para Alberti não apresentam uma dimensão exclusivamente quantitativa, mas também qualificativa, onde é atribuída uma qualidade aos números pares e impares, do ternário até, em relação aos primeiros, ao número dez e, em relação aos segundos, até ao número nove.

Os fundamentos das relações de base musical propostos por Alberti não se resumem aos números inteiros, mas são extensíveis às correspondências inatas, hoje designadas de números irracionais, bem como aos números perfeitos 6 e 10, admitidos como tal pelos autores da antiguidade clássica, nomeadamente nos trabalhos de Aristóteles e Euclides, mas ainda passíveis de serem detetados nos levantamentos das suas obras construídas.

Em resumo, Alberti refere-se implicitamente aos números poligonais e explicitamente aos números harmónicos, perfeitos e às correspondências inatas, que são classificados não hierarquicamente e se apresentam com *rationes* seriadas, com termos ordenados, além de mostrarem simultaneamente dimensões quantitativas, qualitativas, bem como relacionais.

DOI: http://dx.doi.org/10.14195/978-989-26-1015-3_16

Esta plasticidade nas possíveis utilizações do conceito de *numerus* permite a sucessiva requalificação dos sistemas numéricos utilizados na conceção e no projeto edificatório, como um contínuo processo de reflexão em ação, conforme é assinalado por Alberti no tratado.

Leon Battista Alberti; *De re aedificatoria*; *Numerus*; Sistemas Pitagóricos; Conversões Decimais; Convergências Racionais.

**Résumé**

Le *numerus* est l'une des notions clés, aux côtés de *finitio* et *collocatio*, où se condense l'engagement de toutes les parties de la série à laquelle ils appartiennent, c'est à dire de la *concinnitas*. Cependant, les chiffres pour Alberti ont une dimension non seulement quantitative mais aussi de qualification où une qualité est attribuée à nombres pairs et impairs, jusqu'à nombre dix, pour le premier cas, et jusqu'à nombre neuf pour l'autre.

Ces relations ne se limitent pas à nombres entiers, mais des correspondances innées, aujourd'hui appelé nombres irrationnels, et aussi les nombres parfaits 6 et 10, admis comme tel par les auteurs de l'Antiquité classique, en particulier dans les œuvres d'Aristote et d'Euclide, mais encore capable d'être détecté dans les sondages de leurs œuvres construites.

En résumé, Alberti se réfère implicitement à nombres polygonaux, harmoniques, parfaits et des correspondances innées, qui ne sont pas classés hiérarchiquement, mais avec des *rationes* présentées en série et des termes ordonnés simultanément par ses dimensions: quantitatives, qualitatives, et enfin, relationnelles.

Cette plasticité dans les utilisations possibles de la notion de *numerus* permet le reclassement ultérieur des systèmes numériques utilisés dans la conception et projet des édifices comme un processus continu de réflexion dans l'action, comme le montre Alberti dans le traité.

Leon Battista Alberti; *De re aedificatoria*; *Numerus*; Systèmes De Pythagore; Conversions Décimales; Convergence Rationnelle.

**Abstract**

The *numerus* is one of the main notions, along with *finitio* and *collocatio*, that condenses the harmony of all parts to the set they belong, *i.e.* to *concinnitas*.

The numerals for Alberti do not have a purely quantitative dimension but also a qualifying one, where quality is assigned to odd and even numbers, up to the number ten, in relation to the former ones and, for the latter ones, up to the number nine.

These are the foundations of musical *rationes* based on relations proposed by Alberti which are not limited to integers, but are extensible to innate correspondences, called today irrational numbers, and also to perfect numbers 6 and 10, accepted as such by authors of classical antiquity, particularly in the works of Aristotle and Euclid, and still likely to be found in surveys of his built works.

In short, Alberti implicitly refers to polygonal numbers and explicitly to harmonic and perfect numbers and *innate correspondences*, which are not classified hierarchically, but present serial *rationes,* with ordered terms and also simultaneously display the following dimensions: quantitative, qualitative and, at last, relational dimensions.

This plasticity in the possible uses of *numerus* concept allows the subsequent reclassification of number systems used in the design and project of buildings as an ongoing process of reflection in action, as is shown by Alberti in the treatise.

Leon Battista Alberti; *De re aedificatoria*; *Numerus*; Pythagoric Systems; Decimal Conversions; Rational Convergences.

## Introdução: a qualidade do número e as suas circunstâncias

A noção de número no *De re aedificatoria*[403] comparece na definição tripartida de Alberti sobre o conceito central da arte edificatória — a concinidade —, constituída por *numerus, finitio* e *collocatio* para que a beleza seja "... a conformidade e a aliança de todas as partes no conjunto a que pertencem, em função do número determinado, da delimitação e da disposição observada"[404], de forma tal que aquele "princípio absoluto e primeiro da natureza" esteja sempre presente na obra de arquitetura.

Apesar de esta comunicação não se centrar no estudo das proporções das obras edificadas de Alberti estudadas, entre outros autores, por Wittkower[405] e March[406], a noção de número participa na definição das relações dimensionais presentes naquelas obras, como também para assinalar eventos e datas.

Com efeito, se reparamos, a título exemplificativo, na faixa epigrafada do frontão da Igreja de Santa Maria Novella, em Florença, podemos constatar os seguintes dizeres: IOHANES • ORICELLARIVS • PAV • F • ANSAL • MCCCCLXX, isto é, "Giovani Rucellai, filho de Paolo, no ano da salvação, 1470" (Fig. 1).

---

[403] LEON BATTISTA ALBERTI, *L'Architettura. De re aedificatoria*, texto latino e trad. ital. de Giovanni Orlandi. Intr. e notas de Paolo Portoghesi [...], 1966. Milão: Edizioni Il Polifilo, 2 vols; *idem*, *De re aedificatoria*, fac-símile da *editio princeps*, ed. de H.-K. Lücke, tomo IV do *Alberti Index*, *Leon Battista Alberti, De re aedificatoria*, 1975, Florença, 1485.

[404] LEON BATTISTA ALBERTI, *Da Arte Edificatória*, Tradução, notas e revisão disciplinar de Mário Krüger, tradução de A. M. do Espírito Santo, Lisboa, Fundação Calouste Gulbenkian, 2011, Livro IX, cap. 5.

[405] RUDOLF WITTKOWER, *Architectural Principles in the Age of Humanism*. Londres: Academy Editions, 1949.

[406] LIONEL MARCH, "Renaissance mathematics and architectural proportion in Alberti's *De re aedificatoria*": *Architectural Research Quartely*, 1996, vol. 2, pp. 54-65; *Idem*, *Architectonics of Humanism. Essays on Number in Architecture*. Londres: Academy Editions, 1998; *Idem*, "Proportional design in L. B. Alberti's Tempio Malatestiano, Rimini": *Architectural Research Quartely*, vol. 3, 1999, pp. 259-270.

Fig. 1 Delineamento do frontão da fachada da Igreja de Santa Maria Novella, Florença[407].

Se bem que a data escrita naquela faixa esteja redigida em numerais romanos, isto é, em letras romanas, para assinalar a conclusão da fachada de Santa Maria Novella, Alberti, de forma a acautelar a transmissão de dados numéricos nas cópias manuscritas do seu tratado, pede aos copistas "que refiram os números que forem utilizados, não pelos seus símbolos, mas pelas suas palavras completas, para que não sejam deturpados pelos erros"[408].

---

[407] Reprodução parcial do desenho executado pelo Arq. Bruno Figueiredo, cedido em agosto de 2013. O *braccio* mantuano é equivalente a 467 mm.
[408] LEON BATTISTA ALBERTI, *op. cit.*, Livro VII, cap. 9.

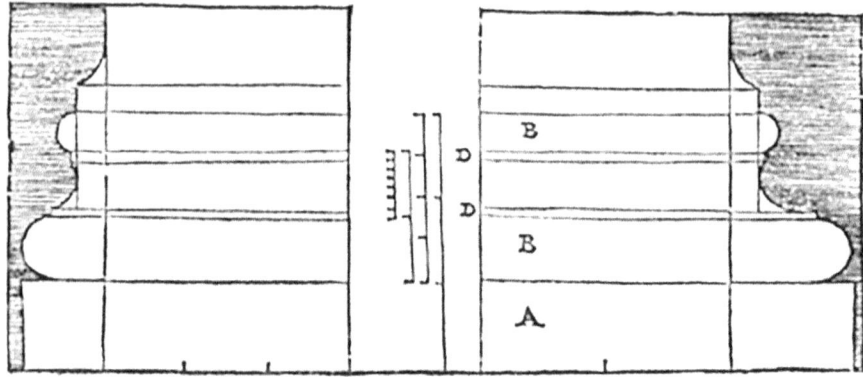

Fig. 2 Base do sistema de coluna Dórico de acordo com a interpretação de Bartoli, 1550[409].

Esta advertência é integralmente cumprida, ao longo do *De re aedificatoria*, sempre que Alberti se refere a descrições numéricas de projetos e obras de arquitetura, como sucede na apresentação da base do sistema de coluna Dórico: "Dividiram a altura da base em três partes, das quais atribuíram uma parte à altura do plinto. A altura total da base era, pois, o triplo da altura do plinto, e a largura do plinto era também o triplo da altura da base. Excluído o plinto, dividiram o que restava da altura na base em quatro partes, das quais destinaram a de cima ao toro superior. A altura que fica no meio, entre o toro por cima e o plinto por baixo, dividiram-na ainda em duas partes, das quais atribuíram a inferior ao toro inferior e vazaram a superior para a escócia que está comprimida entre ambos os toros. A escócia consta de um canal vazado e de dois filetes que rodeiam os bordos do canal. Ao filete deram a sétima parte e vazaram o resto"[410] (Fig. 2).

Aquela advertência de Alberti sugere, contudo, que o controlo de obra era muito mais eficaz que o da reprodução de manuscritos, onde concorriam diversos estilos oscilantes de caligrafia, enquanto nas incisões epigrafadas nas suas obras construídas somente era utilizada a

---

[409] LEON BATTISTA ALBERTI, *L'Architettura di Leon Batista Alberti, tradotta in lingua fiorentina da Cosimo Bartoli [...] con la aggiunta di disegni*, 1550, Florença: Lorenzo Torrentino.
[410] LEON BATTISTA ALBERTI, *op. cit.*, Livro VII, cap. 7.

letra imperial romana restaurada, o que levanta algumas questões sobre a inteligibilidade da sua utilização manuscrita.

Para entendermos esta questão podemos cogitar em comparar numerais escritos numa notação posicional com uma sígnica. A notação posicional, como é o caso da numeração árabe, distingue-se de outras notações dado que utiliza o mesmo símbolo para diferentes ordens de magnitude, enquanto numa notação sígnica, como é a numeração romana, os números são representados por sinais numéricos em função da ordem de grandeza que representam.

Com efeito, os numerais romanos face aos algarismos árabes têm sido objeto, na contemporaneidade, de análises no domínio cognitivo, nomeadamente no que se refere ao aumento da velocidade e da precisão de leitura dos algarismos, quando comparados com os da numeração romana[411]. Também, mais recentemente, o estudo promovido por Wu et alii [412] mostrou que regiões cerebrais com diferentes padrões de ativação para operações aritméticas, elaboradas com numerais romanos e árabes, evidenciaram heterogeneidade funcional cerebral durante o processo de cognição, bem como confirmaram diferentes velocidades de resposta e níveis de precisão, tanto em termos de identificação como de cálculo.

No entanto, apesar de a numeração árabe ter sido introduzida no ocidente a partir do séc. XI, somente com a influência estabilizadora da imprensa é que os algarismos começaram a ser aceites de forma generalizada a partir do séc. XVI[413], o que sugere a diminuta pertinência destes estudos cognitivos para se entender as questões relacionadas com a inteligibilidade da utilização dos numerais romanos no tempo de Alberti.

Reparemos, em vez disso, para as sucessivas redundâncias e sobreposições que se verificam entre o número de letras necessárias para a descrição de numerais romanos de I a X.

---

[411] Cf. DALLIS K. PERRY, "Speed and Accuracy of Reading Arabic and Roman Numerals", in *Journal of Applied Psychology*, Vol. 36, 5, Oct. 1952, p. 346.

[412] SARAH S. WU *et alli*, "Functional Heterogeneity of Inferior Parietal Cortex during Mathematical Cognition ... ": *Cereb Cortex*. December, 2009, 19 (12), pp. 2930-45.

[413] Cf. GEORGES IFRAH, *Histoire Universelle des Chiffres. L'Intelligence des Hommes Racontée par les Nombres et le Calcul*, Paris, Robert Laffont, 1994, p. 360.

| Número de Letras | Numerais Romanos |
|---|---|
| 1 | I |
| 2 | II |
| 3 | III |
| 2 | IV |
| 1 | V |
| 2 | VI |
| 3 | VII |
| 4 | VIII |
| 2 | IX |
| 1 | X |

Tabela 1 Numerais romanos de I a X e número de letras necessários para a sua descrição.

Com efeito, na Tabela 1 podemos constatar que os numerais I, V e X necessitam de uma letra romana para serem descritos, os numerais II, IV, VI e IX precisam de duas, os numerais III e VII de três e, finalmente, o numeral VIII de quatro. Esta simples constatação mostra uma distribuição não uniforme de letras pelos numerais o que induziria, mais facilmente, a ocorrência de erros na sua transposição de manuscrito para manuscrito.

Além disso, também podemos verificar que o número de letras necessárias para a descrição dos numerais de I a CI segue um padrão repetitivo que gera sucessivas e alternadas redundâncias capazes de aumentar a ocorrência de erros na sua transcrição (Fig. 3).

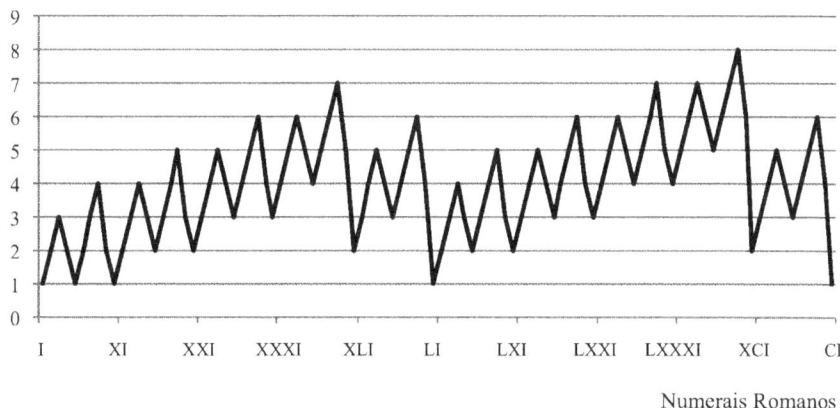

Fig. 3 Numerais romanos de I a CI e número de letras necessárias para a sua descrição.

Em síntese, o número de letras necessárias para expressar os numerais romanos cresce de forma regular e cíclica à medida que se aumenta a sua cardinalidade, o que é um dos principais impedimentos para a sua correta representação e manipulação.

Apesar daquelas precauções os erros de transcrição ainda persistem no *De re aedificatoria* como pode ser constatado na descrição que Alberti faz das dimensões dos templos de planta central:

> "Nos templos circulares, alguns tomaram três quartos do seu diâmetro, a grande maioria dois terços, ninguém menos de metade e com essas medidas erguiam o muro interior até à abóbada. Mas os mais peritos dividiram o perímetro dessa área circular em quatro partes e endireitaram uma dessas linhas e ergueram o muro interior com esse comprimento, que correspondia a uma proporção de onze para quatro (*undecim ad quattuor*)"[414].

---

[414] LEON BATTISTA ALBERTI, *op. cit.*, Livro VII, cap. 10.

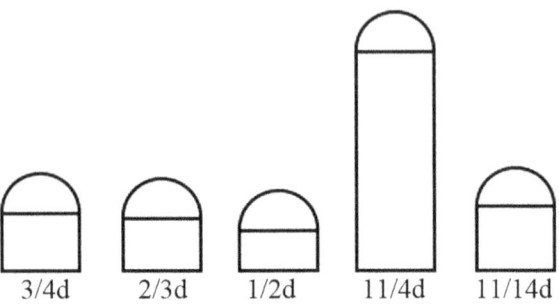

Fig. 4 Alturas de templos circulares em função do respetivo diâmetro.

Neste caso, possivelmente ocorreu um lapso, que Alberti queria a todo custo evitar, na transcrição da proporção 11/4 (*undecim ad quattuor*) a partir do manuscrito original, visto que a relação π d/4 (onde d representa o diâmetro da área circular) é equivalente a cerca de 11/14 d (*undecim ad quattuordecim*).

Assim, nos templos circulares, a altura do muro interior até à abóbada, que correspondia à retificação de um quarto de circunferência, era equivalente a 11/14 d e não a 11/4 d (Fig. 4)[415].

Com efeito, nas anotações aos *Elementa Geometriae* de Euclides (circa 325-270 a.C.), traduzida por Campano da Novara (1255), existente na Biblioteca Nazionale Marciana, cod. Lat. VII 39 (3271- f. 135v), Alberti apresenta o seguinte comentário à obra de Arquimedes *De mensura circuli*: "Proportio aree omnis circuli ad quadratum diametri sue est sicut XI ad XIIII" (O *ratio* entre a área do círculo para o quadrado do seu diâmetro é 11/14)[416], o que reforça a hipótese de um erro de transcrição no *De re aedificatoria*.

---

[415] Comunicação do Prof. Lionel March, junho 2010; Cf. KIM WILLIAMS, LIONEL MARCH - STEPHEN R. WASSEL, *The Mathematical Works of Leon Battista Alberti*, 2010, Basel: Springer, pp. 211-212.

[416] Cf. PAOLA MASSALIN - BRANKO MITROVIĆ, "Alberti and Euclid", in *Albertiana*, Vol. XI-XII, 2008-9, pp. 172 e 192.

Como se isso não bastasse, a notação da numeração romana, ainda no séc. XVI, não estava totalmente estabilizada, como sucede na obra *Mysticae numerorum significationis* ..., uma tentativa para harmonizar a doutrina pitagórica com a cristã, de Petro Bongo[417] e publicada em CIƆIƆXXCV, isto é, em MDLXXXV (1585), onde CIƆ equivale a M, IƆ a D, XXC a LXXX e somente V se mantêm inalterado em relação à notação utilizada nos tempos de Alberti.

Estas considerações confirmam e justificam a insistência de Alberti em sugerir, no *De re aedificatoria*, a descrição dos numerais romanos de forma textual, de forma a evitar erros de transcrição de manuscrito para manuscrito.

## As dimensões pitagóricas dos sistemas de números albertianos

As reflexões de Alberti sobre os sistemas de numeração utilizados, para além de serem descritos pela notação romana, apresentam uma base nitidamente pitagórica, a que não é estranha uma inerente dimensão qualitativa.

De acordo com esta tradição Alberti omite a descrição dos números um e dois, dado que são a nascente de todos os outros, e começa por descrever os remanescentes como pares ou ímpares intimamente relacionados, por lado, com arte edificatória: "Seguindo a natureza, nunca dispuseram em parte alguma em número ímpar os ossos do edifício, isto é as colunas, os ângulos e outros elementos do mesmo género. Pelo contrário, em nenhuma parte puseram aberturas em número par" e, por outro, com o corpo humano e o firmamento: "Efetivamente, todos os filósofos afirmam que a natureza consta de um princípio ternário. E quanto ao quinário, como é o caso das mãos dos homens, com razão o considero divino. E com o septenário sabemos que se delicia extraordinariamente o supremo artífice do universo. Ainda entre os números ímpares celebram o número nove em cujo número estão as esferas que a engenhosa natureza

---

[417] PETRO R. D. BONGO, *Mysticae numerorum significationis liber in duas divisus partes*. Bergomi: typis Comini Venturae, & socij: sumptibus... Francisci Franc. Senensis. 1685.

implantou no firmamento"[418]. Ainda justifica os restantes números pares em considerações de ordem filosófica e refere-se aos números perfeitos nestes termos: "De entre os números pares houve filósofos que, consagrando o número quaternário, o dedicaram à divindade e por meio dele quiseram prestar-lhe os juramentos mais solenes. E, entre pouquíssimos, designaram como perfeito o senário porque é a soma de todos os seus divisores inteiros. Está à vista que o octonário desempenha um papel importante na natureza. Excepto no Egipto, vemos que não sobreviviam as crianças que nasciam de oito meses. Aristóteles considerava que o número dez era tido pelo mais perfeito de todos, talvez, como se pensa, porque o seu quadrado é formado pela soma dos seus primeiros quatro cubos consecutivos"[419].

Estas referências, baseadas na numeração romana, são transversais no tratado de Alberti e compreendem todos os géneros de números expressos em língua latina, designadamente os cardinais (quantos): *unus, duo, tres, quattor, quinque, sex, septem,* ...; os ordinais (ordem numérica): *primus, secundos, tertius, quartus, quintus,* ...; os distributivos (partição): *singuli, bini, terni, quaterni, quini, seni, septeni,* ...; os advérbios numerais (quantidade de vezes): *semel, bis, ter, quater, quinquies* ...; os multiplicativos (número de classes): *simplex, duplex, triplex, quadruplex,* ... e, ainda, os proporcionais (uma ou mais vezes): *simplus, duplus, triplus, quadrupulus,* ...[420].

Como vimos, na sintética descrição que Alberti faz da base do sistema de coluna Dórico (Fig. 2), são utilizados diversas vezes os cardinais uma, duas, três e quatro, bem como o ordinal sétima e o proporcional triplo, o que mostra uma constante exposição dos numerais pelas suas palavras.

A cultura aritmética de Alberti[421] é, de igual modo, extensa apesar de expressamente declarar que não pretende ser um "Nicómaco com os números"[422]. Com efeito, começa por citar este autor que, na sua

---

[418] LEON BATTISTA ALBERTI, *op. cit.*, Livro IX, cap. 5.
[419] LEON BATTISTA ALBERTI, Ibidem,
[420] Cf. HANS-KARL LÜCKE, *Index verborum*, Munique, Prestel, 1975, p. 892.
[421] LEON BATTISTA ALBERTI, *op. cit.*, Livro IX, cap. 10.
[422] LEON BATTISTA ALBERTI, *op. cit.*, Livro III, cap. 2. Este autor chega a fazer diversas referências a uma obra de sua lavra sobre aritmética e geometria (*Comentarii rerum mathematicarum*) que não foi encontrada, até hoje, no seu espólio.

*Introdução à Aritmética* (c. 60-120 d.C.), apresenta tabelas de sucessões de inteiros nas proporções de 1-2-3 e 1-3-4, bem como números poligonais para gerar tanto as consonâncias musicais, como as formas de templos de planta central e basilical, tendo por fundamento a máxima de Pitágoras: " 'É certíssimo que a natureza é absolutamente igual a si mesma em todas as coisas.'[423] Assim é de fato. Os números, pelos quais se faz com que a concinidade das vozes se torne agradabilíssima aos ouvidos, são os mesmos que fazem com que os olhos e o espírito se encham de um prazer maravilhoso"[424].

Esta problemática, no que se refere à controvérsia inatismo-construtivismo, não é exclusiva das áreas das artes e da arquitetura, mas está também presente na investigação sobre os processos cognitivos na aprendizagem da aritmética (um dos alicerces dos sistemas proporcionais em Alberti), como sugere Ferreira, ao analisar as estratégias de problemas de estrutura aditiva em crianças de 5/6 anos de idade, onde assinala que estas "[...] muito antes de compreenderem a noção de conservação das quantidades numéricas, são capazes de resolver problemas que incluem transformações numéricas, de pequenas quantidades. No entanto, levanta-se a questão se essas capacidades são de natureza inata, ou se o processo de desenvolvimento do conhecimento numérico se baseia numa construção demorada e complexa, essencialmente de natureza ontogenética".[425]

Todavia, para os pitagóricos não só todo o número tem uma representação espacial, como toda a figura apresenta um número inato, daí a importância atribuída à década e à *tectractys*, que mostra que o número 10, representado por uma forma triangular com pontos equidistantes, é a soma dos números 1, 2, 3, 4: ∴ .

---

[423] Cf. PSEUDO-PITÁGORAS, in *Aurea verba, I versi aurei di Pitagora*, Trad. It., intr. e notas de A. Farina, Nápoles, Libreria scientifica, 1962, p. 52.

[424] LEON BATTISTA ALBERTI, *op. cit.*, Livro IX, cap. 5.

[425] MARIA DA CONCEIÇÃO RODRIGUES FERREIRA, *Análises das Estratégias de Resolução de Problemas de Estrutura Aditiva em Crianças de 5-6 anos de Idade*. Tese de Doutoramento apresentada na Faculdade de Psicologia e de Ciências da Educação da Universidade de Coimbra, Coimbra, 2003, p. 86.

| | | | | | | | | | | | | | |
|---|---|---|---|---|---|---|---|---|---|---|---|---|---|
| 1 | 2 | 4 | 8 | 16 | 32 | 64 ... | | 1 | 3 | 9 | 27 | 81 | 243 | 729 ... |
| | 3 | 6 | 12 | 24 | 48 | 96 ... | | | 4 | 12 | 36 | 108 | 324 | 972 ... |
| | | 9 | 18 | 36 | 72 | 144 ... | | | | 16 | 48 | 144 | 432 | 1296 ... |
| | | | 27 | 54 | 108 | 216 ... | | | | | 64 | 192 | 576 | 1728 ... |
| | | | | 81 | 162 | 324 ... | | | | | | 256 | 768 | 2304 ... |
| | | | | | 243 | 486 ... | | | | | | | 1024 | 3072 ... |
| 1 | 2 | | | | | 729 ... | | 1 | 3 | | | | | 4096 ... |
| | 3 | | | | | | | | 4 | | | | | |

Tabela 2 – Tabelas de sucessões de números inteiros nas proporções de 1-2-3 e 1-3-4, apresentadas por Nicómaco de Gerasa (II, 12) na "Introdução à Aritmética" (*Arithmetike eisagoge*).

Este princípio da harmonia universal pode ser descrito pelas sucessões de números inteiros, nas proporções de 1-2-3 e 1-3-4, de Nicómaco de Gerasa (Tabela 2) que, por seu lado, se reveem na noção de número harmónico de Philippe de Vitry, conforme exposto na *Ars nova*[426].

Um número harmónico (H) é qualquer inteiro não divisível por nenhum número primo, como mostrado por Lenstra[427], excepto pelos números 2 ou 3, isto é, $H = 2^m 3^n$, onde m e n são números inteiros (Tabela 3).

---

[426] PHILIPPE DE VITRY, "Ars nova", c.1322-23. In *Philippe de Vitry's 'Ars Nova': A Translation*. Trad. ingl. de L. Plantinga. Journal of Music Theory, Vol. 5, No. 2, 1961, pp. 204-223. Vitry estabelece uma teoria da notação musical, introduz inovadores sistemas rítmicos e formula a noção de número harmónico que pode ser escrito como uma potência de 2 multiplicado por uma potência de 3.

[427] HENDRIK LENSTRA, "Aeternitatem cogita": *Nieuw Archief voor Wiskunde*, 2001, 5/2, n.º 2, pp. 23-26.

| m/n | 0 | 1 | 2 | 3 | 4 | 5 | 6 |
|---|---|---|---|---|---|---|---|
| 0 | 1 | 3 | 9 | 27 | 81 | 243 | 729 |
| 1 | 2 | 6 | 18 | 54 | 162 | 486 | |
| 2 | 4 | 12 | 36 | 108 | 324 | 972 | |
| 3 | 8 | 24 | 72 | 216 | 648 | | |
| 4 | 16 | 48 | 144 | 432 | | | |
| 5 | 32 | 96 | 288 | 864 | | | |
| 6 | 64 | 192 | 576 | | | | |
| 7 | 128 | 384 | | | | | |
| 8 | 256 | 768 | | | | | |
| 9 | 512 | | | | | | |

Tabela 3 Números harmónicos derivados a partir da relação $H = 2^m 3^n$, onde $n = 0, ..., 6$ e $m = 0, ..., 9$.

Esta Tabela apresenta os números harmónicos de Philipe de Vitry, também patentes nas tabelas de sucessões de números inteiros descritas anteriormente por Nicómaco de Gerasa[428] (Tabela 2). Este, por seu lado, ainda introduz a noção de número poligonal, como sendo uma combinação geométrica regular de pontos igualmente espaçados de modo a formarem um polígono regular (Tabela 4).

| | | | | | | | | | | |
|---|---|---|---|---|---|---|---|---|---|---|
| Triangulares | 1 | 3 | 6 | 10 | 15 | 21 | 28 | 36 | 45 | 55 |
| Quadrados | 1 | 4 | 9 | 16 | 25 | 36 | 49 | 64 | 81 | 100 |
| Pentagonais | 1 | 5 | 12 | 22 | 35 | 51 | 70 | 92 | 117 | 145 |
| Hexagonais | 1 | 6 | 15 | 28 | 45 | 66 | 91 | 120 | 153 | 190 |
| Heptagonais | 1 | 7 | 18 | 34 | 55 | 81 | 112 | 148 | 189 | 235 |

Tabela 4 Números poligonais de acordo com Nicómaco de Gerasa (II, 12)[429]. Os números a negrito estão representados por figuras geométricas na Fig. 4.

Estes números poligonais, que representam a quantidade de pontos equidistantes que as figuras triangulares, quadradas, pentagonais,

---

[428] NICÓMACO DE GERASA, *Introduction to Arithmetic*. Trad. ingl. de M. L. D'Ooge. Winnipeg: St. John's College Press, 1960.

[429] Cf. NICÓMACO DE GERASA, *op. cit.*, p. 248.

hexagonais e heptagonais podem apresentar, são um traço de união entre uma descrição aritmética e uma geométrica de uma harmonia cósmica universal.

A adesão a este sistema de números é afirmada por Alberti[430]: "Por isso, antes de mais estaremos atentos a que todas as coisas, mesmo as mais pequenas, sejam dispostas com o nível e o cordel e de acordo com os números, a forma e a figura, de tal modo que as da direita correspondam inteiramente às da esquerda, as de cima às de baixo, as próximas às próximas, as iguais às iguais, para ornamento do corpo de que hão-de ser partes".

De acordo com Sbacchi[431], Alberti somente se refere a questões geométricas na obra *Ludi rerum mathematicarum* o que sugere, dada a ausência de referências explícitas a métodos euclidianos no *De re aedificatoria*, a primazia das *rationes* numéricas sobre figuras geométricas, o que não pode ser aceite de acordo com o levantamento, elaborado mais recentemente por Massalin – Mitrović[432], das anotações feitas por Alberti no tratado de Euclides, traduzido por Campano da Novara em 1255, e que mostram um completo entendimento das relações entre aritmética e geometria.

---

[430] LEON BATTISTA ALBERTI, *op. cit.*, Livro IX, cap. 5.A

[431] MICHELE SBACCHI (2001) *"Euclidism and Theory of Architecture"*: *NEXUS Network Journal*, 2001, V. 3, n.º 2, pp. 25-28.

[432] PAOLA MASSALIN - BRANKO MITROVIĆ, "Alberti and Euclid": *Albertiana*, 2008-9, Vol. XI-XII, p. 172 e 192.

Fig. 5 Números poligonais, representados a negrito na Tabela 4, para figuras geométricas triangulares, quadradas, pentagonais, hexagonais e heptagonais.

Com efeito, Alberti[433] propõe nove geometrias possíveis "de acordo com os números, a forma e a figura" para os templos com plantas central e basilical: o círculo ("a forma eleita pela natureza"), cinco polígonos (quadrado, hexágono, octágono, decágono e dodecágono) e três rectângulos (um duplo quadrado, um quadrado e meio e um quadrado e um terço)[434]. (Fig. 6)

---

[433] LEON BATTISTA ALBERTI, *op. cit.*, Livro VII, cap. 4.

[434] Note-se que os números octogonais, decagonais e dodecagonais também são números poligonais, apesar de Nicómaco de Gerasa não se referir explicitamente aos mesmos (Tabela 4).

Este pensamento de origem pitagórica centra-se numa ideia matemática, metafísica e estética sobre o conceito de número. Os números combinam-se entre si formando uma harmonia de opostos (par-ímpar, limitado-ilimitado, etc.) que produz um acordo de ordem estética musical.

Esta ideia de uma harmonia universal, que permeia todos os campos do saber como das atividades humanas, é inteiramente assumida por Alberti[435]: "Dizemos que a harmonia é uma consonância agradável aos ouvidos. Os sons dividem-se em graves e agudos. Um som grave ressoa a partir da corda mais comprida, e os agudos a partir das cordas mais curtas. As várias diferenças destes sons produzem as várias harmonias que os Antigos, tendo em conta a comparação entre as cordas consoantes, reuniram num conjunto de números fixos".

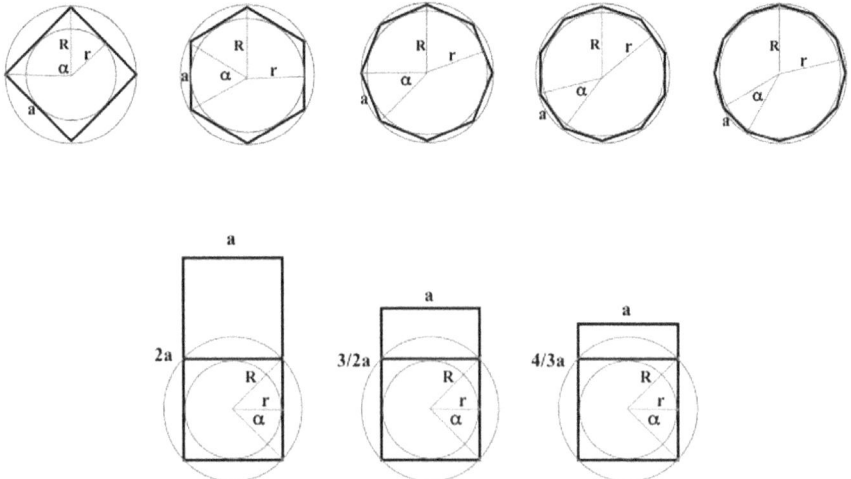

Fig. 6 As nove geometrias possíveis para os templos com plantas central e basilical sugeridas por Alberti (VII, 4), onde R é o raio invariante da circunferência circunscrita às formas poligonais, r o raio da circunferência inscrita, a um lado da forma poligonal e α o ângulo que subtende um lado desta forma[436].

---

[435] LEON BATTISTA ALBERTI, op. cit., Livro IX, cap. 5.

[436] A descrição destas formas geométricas por meio de linhas e ângulos, elaborada por Alberti (op. cit., Livro VII, cap. 4), mostra a variabilidade de dimensões lineares e angulares, bem como algumas formas poligonais se podem derivar de outras com menor número de lados.

Deste modo, as comparações são feitas entre o comprimento de uma corda e a altura de um som, o que permite estabelecer uma quantificação numérica entre duas ou mais notas musicais e, consequentemente, transformar uma proporção harmónica numa aritmética e vice-versa.

Assim, por exemplo, 1/2 equivale ao intervalo de uma oitava, onde o número 2 representa a nota mais baixa e o 1 a mais elevada. Com efeito, se acrescentarmos a uma corda todo o seu comprimento, ela soará a um intervalo de oitava abaixo (mais grave) em relação à corda original. De modo inverso, se dividirmos uma corda em duas partes iguais, cada uma delas soará uma oitava acima (mais agudo) em relação à corda original.

A partir desta argumentação Alberti[437] sugere a transposição das relações musicais greco-medievais para definir relações proporcionais entre duas medidas, quer estas se refiram a áreas pequenas, médias ou grandes, a saber[438]:

Áreas pequenas
Quadrado 1/1 : uníssuno,
Sesquiáltera 2/3 : quinta perfeita,
Sesquitércia 3/4 : quarta perfeita.

Áreas médias
Dupla 1/2 : oitava,
A Sesquiáltera duplicada (2/3)(2/3) = 4/9 : duas quintas,
A Sesquitércia duplicada (3/4)(3/4) = 9/16 : duas quartas.

Áreas grandes
A Tripla (1/2)(2/3) = 1/3 : uma oitava mais uma quinta perfeita,
A Dupla Sesquitércia (1/2)(3/4) = 3/8 : uma oitava mais uma quarta perfeita.
A Quádrupla (1/2)(1/2) = 1/4 : duas oitavas[439].

---

[437] LEON BATTISTA ALBERTI, Ibidem,

[438] Apesar de Alberti não definir o que entende por áreas pequenas, médias e grandes, que se reportam à sua geometria retangular e não à sua dimensão, existe um sentido de proporcionalidade das áreas grandes, com menores valores numéricos (as duas oitavas), para as áreas pequenas com maiores valores (o uníssuno). Ver Tabela 4.

[439] Na terminologia utilizada por Alberti *sesqui* refere-se à palavra latina que significa um e meio, *pente* à palavra grega que significa cinco e *dia* corresponde ao elemento de formação de palavras gregas e que traduz a ideia de passagem, de intervalo ou de separação.

Neste sistema proporcional as *rationes* compostas por outras harmónicas mais simples, revelam partições numéricas cujas dimensões são consonantes com os intervalos da escala musical. Assim, tanto a aritmética como a edificatória, à semelhança da música, era vista como um símbolo visível de uma ordem universal, como se fosse uma manifestação da harmonia do cosmos.

Neste sentido, um elemento construtivo, seja uma parede, um piso ou uma abertura, que apresente as proporções de 1/2, a que equivale musicalmente uma oitava, é composta de duas *rationes*, dado que 1/2 = (2/3) (3/4), a que corresponde uma experiência espacial em uníssono com a ordem matemática do cosmos. Do mesmo modo que harmonias musicais governavam o movimento dos planetas, que produziam a música das esferas, não percetível, também se estabelecia na edificatória um sistema de proporções não visível, cuja validade cósmica não era posta em causa, como Alberti[440] faz questão de sublinhar, como vimos, ao referir-se às "esferas que a engenhosa natureza implantou no firmamento".

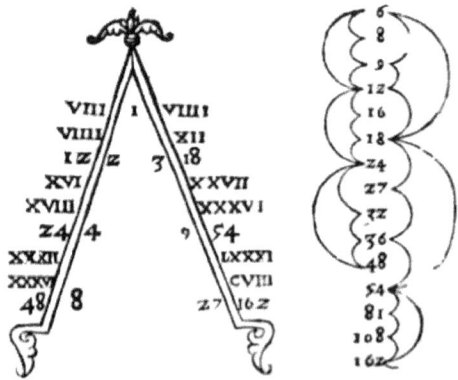

Fig. 7 O lambda (Λ) pitagórico com progressões de 2 e 3 formulado por Francesco Giorgi na obra *De harmonia mundi totius cantica tria*, 1525.

No entanto, apenas os números harmónicos 1, 2, 3, 4, 8, 9 e 16 de Philipe de Vitry (Tabela 4) é que participam na formação destas

---

[440] LEON BATTISTA ALBERTI, *op. cit*, Livro IX, cap. 5.

consonâncias musicais oriundas das teorias pitagóricas adotadas por Alberti, o que indica que estas são demasiado restritivas em relação ao universo de números harmónicos.

Francesco Giorgi[441] na obra *De harmonia mundi totius cantica tria*, publicada em 1525, representa o lambda (Λ) pitagórico com progressões de 2 e 3, onde os números são multiplicados por 6 para eliminar as frações e os intervalos e sub-intervalos musicais são ilustrados por arcos (Fig. 7). Neste caso, os números 9, 27, 81, 6, 18, 54, 162, 12, 36, 108, 8, 24, 16, 48, 32 já constam da Tabela de Philipe de Vitry.

## Números perfeitos e *correspondentiae inatae*

Talvez por as consonâncias musicais de Alberti serem limitadas na utilização de números harmónicos é que são introduzidas mais duas categorias de números: os números perfeitos e as *correspondentiae inatae*, de forma a obter um universo mais alargado de *rationes*.

Com efeito, Alberti indica, em relação a estas relações, que "na definição das medidas há proporções inatas que não se podem determinar de forma alguma por meio dos números, mas se conseguem representar mediante raízes e potências"[442].

Um número inteiro diz-se perfeito quando é idêntico à soma de todos os seus divisores. Assim, 6 = 1+2+3, 28 = 1+2+4+14 e 496 = 1+2+4+8+16+31+62+124+248 são os três primeiros números perfeitos.

Euclides postulou que, "se vários números, começando pela unidade, se dispuserem em proporção duplicada [em potências de dois] e o conjunto de todos eles [a sua soma] for um número primo, o produto deste conjunto pelo último será um número perfeito"[443]. Por outras palavras, se $1+2+2^2+...+2^{n-1}$ for um número primo, então o produto

---

[441] FRANCESCO GIORGI, "De harmonia mundi totius cantica tria". Veneza: in *aedibus Bernardini de vitalibus chalcographi*, 1525.

[442] LEON BATTISTA ALBERTI, *op. cit.*, Livro IX, cap. 6.

[443] EUCLIDES, *Elementa Geometriae*. Veneza. The Bancroft Library; University of California, Berkeley, 1482.

$(1+2+2^2+ \ldots +2^{n-1})$. $2^{n-1}$ é um número perfeito. Os números 6, 28 e 496 satisfazem esta relação.

O número 10 era igualmente considerado por Aristóteles[444] perfeito, apesar de este utilizar outro critério para o definir, na medida em que o seu quadrado deveria corresponder à soma dos cubos dos quatro primeiros inteiros ($10^2 = 1^3+2^3+3^3+4^3$). Por dedução, mostra-se que o somatório de n números cúbicos ($1^3+2^3+3^3 +\ldots+n^3$) é igual a $[½ n (n+1)]^2$ [445]. Assim, os números 1, 3, 6, 10, 15, 21, 28, ... , também podem, segundo esta definição, ser considerados números perfeitos.

Contudo, o número 10 não é idêntico à soma dos seus divisores, i.e. $10 \neq 1+2+5$ e, consequentemente, não é um número perfeito na aceção de Euclides. Entre os números menores ou iguais a 10, somente o 6 satisfaz, simultaneamente, os critérios de Aristóteles e de Euclides, para número perfeito.

Como vimos, Alberti[446] aceita como número perfeito o senário, bem como o número dez, o que significa que utiliza diferentes critérios, seja baseado em Euclides[447], ora em Aristóteles[448], para definir estes números[449].

Além dos sistemas proporcionais baseados em números inteiros, sejam oriundos das analogias musicais ou dos números perfeitos, Alberti[450] também se refere às proporções a partir das *correspondentiae inatae*, que podem ser definidas a partir de um cubo unitário, em que as faces apresentam uma diagonal idêntica a $\sqrt{2}$, o cubo uma diagonal igual a $\sqrt{3}$ e, para um rectângulo de lados iguais a $\sqrt{3}$ e 1, uma diagonal idêntica a $\sqrt{4} = 2$ (Fig. 8).

---

[444] ARISTÓTELES, Metafísica, Intr. de M. Candel e trad. Esp. de P. Azcárate. Espasa Calpe, S.A., Madrid, 2007, Livro I, Cap. 5.

[445] Cf. JAN GULLBERG, *Mathematics: From the Birth of Numbers*, W. W. Norton & Company, Nova Iorque, 1997, p. 294.

[446] LEON BATTISTA ALBERTI, *op. cit*, Livro X, cap. 5.

[447] EUCLIDES, Ibidem,

[448] ARISTÓTELES, Ibidem,

[449] Se exceptuarmos o número 2, tanto as representações numéricas das consonâncias musicais, como os números perfeitos referidos por Alberti, podem ser entendidos como números poligonais na aceção de Nicómaco de Gerasa.

[450] LEON BATTISTA ALBERTI, *op. cit.*, Livro IX, cap. 6.

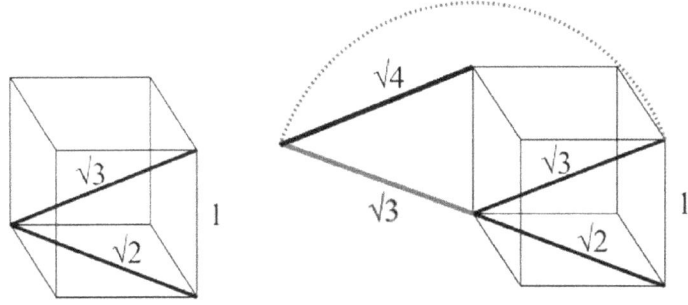

Fig. 8 Geração de √2, √3 e √4 a partir de um cubo unitário.

De acordo com a proposição II, 10 dos *Elementa geometriae* de Euclides duas grandezas são comensuráveis se existe uma terceira grandeza de tal modo que as duas primeiras são múltiplas da terceira. Caso contrário, são incomensuráveis. Assim, Euclides não afirma que a raiz quadrada de dois é um número irracional, mas prova que a diagonal de um quadrado é incomensurável com o seu lado. Além disso, nas proposições XIII, 14 e 15, este raciocínio é transposto para a descrição das diagonais de um cubo.

Consequentemente e dado que para Alberti "... a própria unidade não é um número mas a nascente [de acordo com a emanação de origem neo-platónica] dos números que se contém a si mesma e se derrama, talvez seja legítimo dizer que o primeiro número é a dualidade"[451], isto significa que também vai utilizar um cubo, para definir as correspondências inatas, mas com duas unidades de aresta, o que origina uma medida de √8 nas diagonais das faces e outra de √12 nas diagonais do cubo. Por outras palavras, em relação a um cubo unitário os valores de √2 e √3 foram duplicados, não se alterando, no entanto, a sua interpretação como números irracionais ou incomensuráveis.

---

[451] LEON BATTISTA ALBERTI, *Ibidem*.

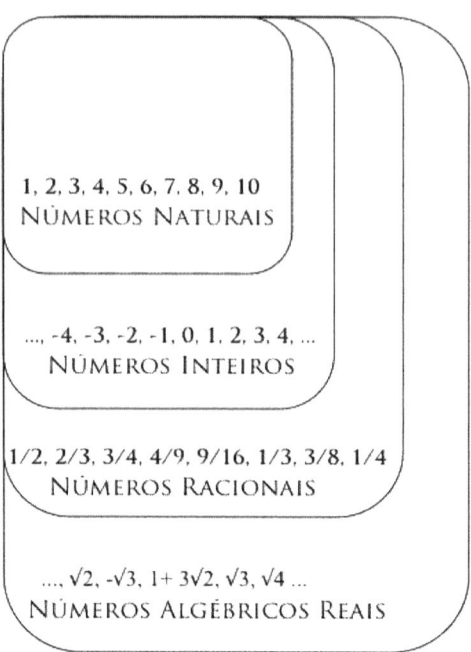

Fig. 9 O universo dos sistemas numéricos de Alberti, sistematizado a partir da atual noção de número.

Para um leitor contemporâneo os números perfeitos e os resultantes das consonâncias musicais podem ser vistos como um subconjunto dos números naturais {1, 2, 3,...,10}, bem como dos números inteiros {0, 1, 2, 3,...,10}, se excetuarmos os números negativos e atendermos a que Alberti utiliza o zero na *Descriptio Urbis Romae*[452], para descrever o plano desta cidade, por meio de coordenadas polares que indicam a direção e a distância (*horizon* e *radius*) a partir do Capitólio, que se apresenta com coordenadas nulas[453]. Também as proporções aritméticas resultantes das consonâncias musicais podem ser consideradas como números racionais expressos como uma fração

---

[452] LEON BATTISTA ALBERTI, *Descriptio urbis Romae*, 1450. Ed. crítica, trad. fr. e comentário de M. Furno e M. Carpo, 2000. Paris: Droz.

[453] O número zero foi introduzido no ocidente por Leonardo de Pisa, dito Fibonacci, e publicado em 1202: "As nove cifras indianas (*figurae indorum*), são as seguintes: 9, 8, 7, 6, 5, 4, 3, 2, 1. Com estas nove cifras (*novem figuris*), juntamente com símbolo 0, que se chama *zephirum* em árabe, escrevem-se todos os números (*numerus*) que se quiser". Cf. FIBONACCI, *Liber Abbaci*. Trad. de E. L. Sigler, 2002, *Fibonacci's Liber Abaci*. Nova Iorque: Springer-Verlag.

de um inteiro {1/2, 2/3, 3/4, 4/9, 9/16, 1/3, 3/8, 1/4} e, por último, as correspondências inatas como um subconjunto dos números algébricos reais ou irracionais, desde que excetuemos os valores negativos {$\sqrt{2}$, $\sqrt{3}$, $\sqrt{4}$} (Fig. 9).

No entanto, esta generalização dos números naturais para os irracionais, dos números comensuráveis para incomensuráveis, de uma representação finita para uma infinita é contrária ao entendimento que os antigos tinham da noção de número. Com efeito, Nicómaco de Gerasa[454] define o número como *plêthos hôrismenon*, isto é, como multiplicidade limitada onde não se pode "deduzir o infinito a partir do finito, mas de conter o infinito pelo finito"[455], como sugere a analogia da flauta de Boécio[456], onde os orifícios das suas extremidades são imutáveis e quando se abrem ou se fecham os restantes produzem-se novas e variadas sonoridades, enquanto os extremos permanecem constantes gerando-se, dentro daqueles limites, as respectivas proporções aritméticas[457].

## Conversões Decimais

Para que estes diferentes sistemas numéricos sejam comparáveis numa mesma linha de base iremos proceder a duas transformações aritméticas: as conversões decimais e as convergências racionais.

A primeira transformação não teria sido possível de fazê-la no tempo de Alberti dado que os números decimais somente foram introduzidos por Simon Stevin[458] em 1585 na obra *De Thiende* (*A Arte dos Dez*) e,

---

[454] NICÓMACO DE GERASA, *op. cit.*, II, p. 50 e 1.

[455] PIERRE CAYE, *A Questão da Proporção. Reflexões para um Humanismo do quadrivium*, Belo Horizonte, Editora UFMG, 2013, p. 280.

[456] BOÉCIO, *Boethian number theory. A translation of the* De Institutione Arithmetica. Trad., intr. e notas de M. Masi, 2006. Amesterdão: Editions Rodopi.

[457] Note-se que a noção de número como multiplicidade limitada também comparece em Aristóteles (*op. cit.*, 1020a13): a "multiplicidade, quando limitada é um número"; bem como em Plotino: "... a multiplicidade é um afastamento da Unidade, o infinito é a ausência completa, uma inumerável multiplicidade, e é por isso que o não limitado é um mal ... ", não se restringindo aquele conceito de número aos autores anteriormente citados, isto é, a Nicómaco de Gerasa (*op. cit.*) e a Boécio (*op. cit.*). Cf. PLOTINO, *The Enneads*. Trad. ingl. de S. MacKenna, 1991, Londres: Penguin Books, VI, p. 6 e 1.

[458] SIMON STEVIN, *De Thiende*, Ed. de A. J. E. M. Smeur, 1965. De Graaf, Nieuwkoop.

mesmo assim, com uma notação arcaica como sucede, por exemplo, na consonância musical sesquitércia duplicada, expressa pela relação 9/16 = 0,5625, que seria escrita como 0⓪5①6②2③5, onde os números no interior dos círculos corresponderiam às sucessivas casas decimais. Apenas a partir de 1691, após o estabelecimento da notação simplificada de Moderna, é que os números decimais passaram a ter uma aceitação plena[459].

Note-se, também, que a descrição das proporções para Alberti pode ser obtida por meio de operações exclusivamente geométricas, como mostrou March[460] ao analisar o sistema proporcional do templo Malatestiano, em Rimini, não sendo, por isso, necessária a manipulação de frações numéricas, nem evidentemente a utilização do ponto decimal.

|  | Numerador | Denominador | Ordenação | Seriação | Numerador | Denominador |  |
|---|---|---|---|---|---|---|---|
| Áreas Pequenas | 1 | 1 | 1 | 0,25 | 1 | 4 | Áreas Grandes |
|  | 2 | 3 | 0,666 | 0,333 | 1 | 3 |  |
|  | 3 | 4 | 0,750 | 0,375 | 3 | 8 |  |
| Áreas Médias | 1 | 2 | 0,500 | 0,444 | 4 | 9 | Áreas Médias |
|  | 4 | 9 | 0,444 | 0,500 | 1 | 2 |  |
|  | 9 | 16 | 0,562 | 0,562 | 9 | 16 |  |
| Áreas Grandes | 1 | 3 | 0,333 | 0,666 | 2 | 3 | Áreas Pequenas |
|  | 3 | 8 | 0,375 | 0,750 | 3 | 4 |  |
|  | 1 | 4 | 0,250 | 1 | 1 | 1 |  |
| Números Perfeitos | 10 | 6 | 1,666 | 1,144 | 2 | √2 | Correspondentia Inatae |
|  | 2 | √2 | 1,144 | 1,666 | 10 | 6 | Números Perfeitos |
| Correspondentia Inatae | 3 | √3 | 1,732 | 1,732 | 3 | √3 | Correspondentia Inatae |
|  | 2 | 1 | 2 | 2 | 2 | 1 |  |

Tabela 5 Conversões decimais das consonâncias musicais, dos números perfeitos e das *correspondentiae inatae*, de acordo com a ordenação com que comparecem no *De re aedificatoria*, bem como na sua seriação, do menor para o maior valor.

---

[459] Cf. TOBIAS DANTZIG, *Número: A Linguagem da Ciência*, Zahar Editores, Trad. port. de S. G. de Paula, Rio de Janeiro, 1970, p. 223.

[460] LIONEL MARCH, *Proportional design in L. B. Alberti's Tempio Malatestiano, Rimini*, Quarterly Architectural Research, 1999, vol. 3, pp. 259-270.

As conversões decimais das *rationes* propostas por Alberti permitem, no entanto, comparar numa mesma linha de base os diferentes sistemas numéricos, assentes em consonâncias musicais, correspondências inatas e números perfeitos, como aparecem mencionados no *De re aedificatoria*. No lado esquerdo da Tabela 5 apresentam-se as conversões decimais das relações aritméticas das consonâncias musicais para as áreas pequenas, médias e grandes, bem como dos números perfeitos 6 e 10 e das *correspondentiae inatae* para $\sqrt{2}:1$, $\sqrt{3}:1$ e $\sqrt{4}:1$, de acordo com a ordem de apresentação de como comparecem no Livro IX, cap. 5, do *De re aedificatoria*.

**Ordenação**

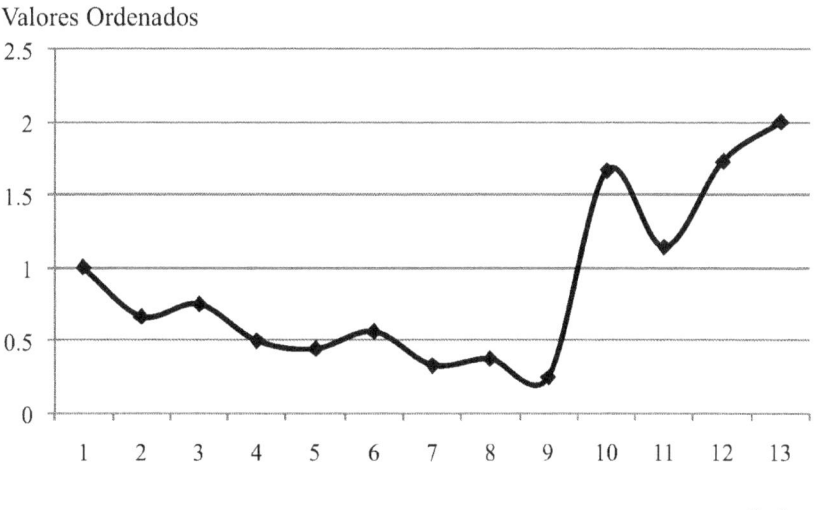

Fig. 10 Ordenação das consonâncias musicais, números perfeitos e *correspondentiae inatae* de acordo com a sequência de como comparecem no *De re aedificatoria*.

## Seriação

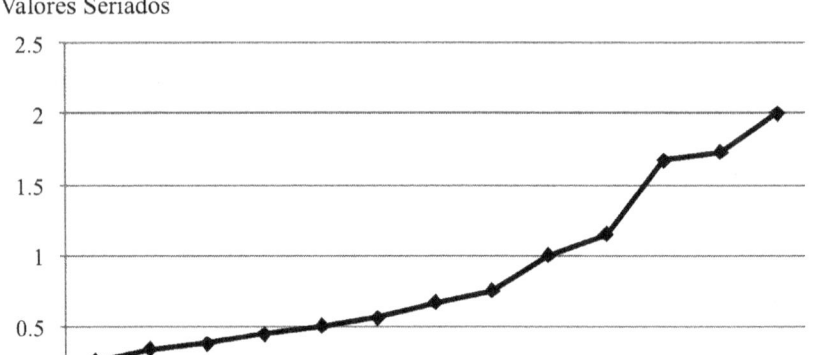

Fig. 11 Seriação de forma crescente e monotónica, do menor para o maior valor, das consonâncias musicais, números perfeitos e *correspondentiae inatae*.

No lado direito desta Tabela comparecem as mesmas conversões decimais, mas agora seriadas de forma crescente, do menor para o maior valor.

Podemos notar que, ao contrário da ordenação proposta por Alberti, a sua seriação altera a posição relativa das relações aritméticas das consonâncias musicais dado que as áreas grandes trocaram de posição com as áreas pequenas e que a relação entre os números perfeitos 6 e 10 ficou agora intercalada entre as *correspondiae inatae*.

Os gráficos apresentados nas Figs. 10 e 11 mostram, respetivamente, a ordenação (conforme comparecem no *De re aedificatoria*) e a seriação (de acordo com as conversões decimais) das relações aritméticas daquelas *rationes*. Alberti sugere implicitamente uma seriação de valores, desde 1/4, que corresponde a duas oitavas, até à *correspondentiae inatae* de $\sqrt{4}:1$, apesar de no seu tratado esta sequência não ter sido levada em consideração para ordenar a forma de apresentação destas relações.

Em síntese, Alberti cobre de forma sistematizada e progressiva a seriação do universo das treze *rationes* descritas no *De re aedificatoria*[461], apesar de as ordenar sequencialmente pelas suas qualidades numéricas como consonâncias musicais, números perfeitos e *correspondentiae inatae*.

## Convergências racionais

Para finalizar a comparação entre os diferentes sistemas numéricos sugeridos por Alberti, sujeitos a uma mesma linha de base, iremos estabelecer convergências racionais, o que possibilita transformar números irracionais em proporções de inteiros e, consequentemente, comparar numa mesma base comum os diferentes sistemas numéricos utilizados no *De re aedificatoria*.

A obra *Elementa geometriae* de Euclides[462] fornece um algoritmo (ἀνθυφαίρεσις – antifairese[463] ou subtração recíproca) para se estimarem, por meio de números inteiros, medidas incomensuráveis, como é o caso de $\sqrt{2}:1$ e $\sqrt{3}:1$: "Quando a menor de duas magnitudes desiguais for sucessivamente subtraída da maior e a restante nunca medir a precedente, então as magnitudes serão incomensuráveis"[464].

---

[461] A rigor trata-se de somente doze *rationes* dado que os números perfeitos 6 e 10 não são apresentados no *De re aedificatoria* como um *ratio*. No entanto, Tavernor mostrou que as proporções de nembos e vãos das faces das capelas laterais do templo de *Sant'Andrea*, em Mântua, segue rigorosamente esta proporção, bem como as cotas do desenho da igreja de *San Sebastiano*, em Mântua, elaborado por Antonio Labbaco apresentam igualmente dimensões múltiplas deste *ratio*. Cf. ROBERT TAVERNOR, *Concinnitas in the architectural theory and practice of Leon Battista Alberti*, 1985. Tese PhD. Universidade de Cambridge, pp. 24 e 68.

[462] EUCLIDES, *op. cit.*, X, 2, 2.

[463] A antifairese, derivada do termo grego *aphaíresis* e do latim *aphaeresis*, relaciona-se com a ação de separar ou retirar.

[464] Seguimos nesta apresentação da antifairese as demonstrações de DAVID FOWLER: "Ratio in Early Greek Mathematics": Bulletin of the American Mathematical Society, Vol. 1, n. 6, November, pp. 807-846; *The Mathematic's of Plato's Academy. A New Reconstruction*, 2003, Oxford: Oxford University Press, pp. 30-64.

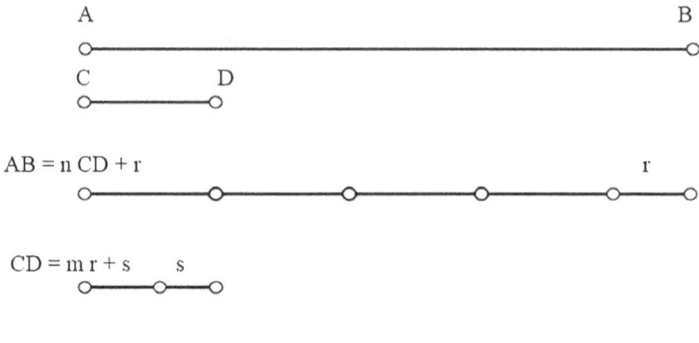

Fig. 12 Antifairese dos segmentos de reta AB e CD, onde AB>CD, r e s são restos ou diferenças incomensuráveis e n e m são fatores de multiplicação.

Assim, dados dois segmentos de reta AB e CD, em que AB>CD, subtrai-se do maior (AB) um múltiplo do menor (n CD), de forma a que a sua diferença ou resto (r) seja inferior à dimensão do menor segmento (CD). Subtraindo continuamente o menor segmento do maior, se o que restar nunca medir exatamente o anterior, as grandezas são incomensuráveis (Fig. 12)[465].

O tratado de Euclides, traduzido por Campano da Novara (1255) e existente na Biblioteca Nazionale Marciana, apresenta profusas anotações, tanto escritas como desenhadas de Alberti, que mostram o perfeito entendimento pelo processo de antifairese ou de subtração recíproca.

Com efeito, ao anotar os *Elementa geometriae* de Euclides[466], Alberti faz o seguinte comentário: "detrahatur ex b quotiens potest et sit residuum e"[467] (sempre que [a] pode ser removido a partir de b obtém-se um resto e), equivalente no desenho apresentado na Fig. 12 a "sempre que [CD] pode ser removido a partir de AB obtém-se um resto r". Este

---

[465] Na contemporaneidade a *antifairese* é também conhecida por teoria das frações contínuas de números reais maiores que um. Esta enunciação é rejeitada por Fowler (*op. cit.*, p. 30), dado que a descrição de grandezas incomensuráveis é feita, neste caso, por divisão de números, enquanto na antifairese é realizada, de acordo com o processo sugerido por Euclides, por subtrações repetidas.

[466] EUCLIDES, *op. cit.*, X, 2, 69v.

[467] Cf. PAOLA MASSALIN - BRANKO MITROVIĆ, *op. cit.*, pp. 172 e 192.

"pode" significa que se trata de medidas incomensuráveis, como sucede no processo de antifairese para se estimarem as convergências racionais.

A partir de Euclides[468] é possível reconstruir a antifairese para se calcular, de forma aproximada e por *rationes* de números inteiros, os valores de $\sqrt{2}$ e $\sqrt{3}$.

Sejam p, q, r e s números inteiros e p:q e r:s estimativas de $\sqrt{2}:1$, respetivamente por defeito e por excesso, então (p+r):(q+s) será uma aproximação mais adequada do que qualquer daquelas estimativas anteriores.

Esta antifairese está descrita na Tabela 6, onde se assume que p:q = 1 é uma estimativa por defeito de $\sqrt{2}:1$ e r:s = 2 uma aferição por excesso, de que resulta (p+r):(q+s) = 3:2, isto é, uma nova estimativa por excesso, dada pela razão da soma de ambos numeradores com a adição dos respetivos denominadores. Na iteração seguinte, o anterior valor de r:s = 2:1 é substituído pela nova estimativa por excesso, isto é, por 3:2, obtendo-se uma nova aferição de 4:3 por defeito. O processo é repetido iterativamente, por soma dos numeradores e denominadores das *rationes* e da sua substituição, seja por excesso, seja por defeito, até ao grau de precisão desejada, de forma a se representar $\sqrt{2}:1$ exclusivamente por números racionais.

| p:q | r:s | (p+r) : (q+s) | |
|---|---|---|---|
| defeito | excesso | defeito | excesso |
| 1:1 | 2:1 | | 3:2 |
| 1:1 | 3:2 | 4:3 | |
| 4:3 | 3:2 | 7:5 | |
| 7:5 | 3:2 | | 10:7 |
| 7:5 | 10:7 | | 17:12 |
| ... | | | |

Tabela 6 Processo de antifairese para se obter uma aproximação de $\sqrt{2}:1$ exclusivamente por números racionais[469].

---

[468] EUCLIDES, *op.cit.*, X, Caps. 2, 3 e 4.
[469] Cf. DAVID FOWLER, *op. cit.*, p. 824.

A Fig. 13 mostra graficamente o processo de aproximação, baseado na antifairese, para se obter uma convergência racional que represente o número √2, a partir dos números inteiros 1 e 2, respetivamente por defeito e por excesso.

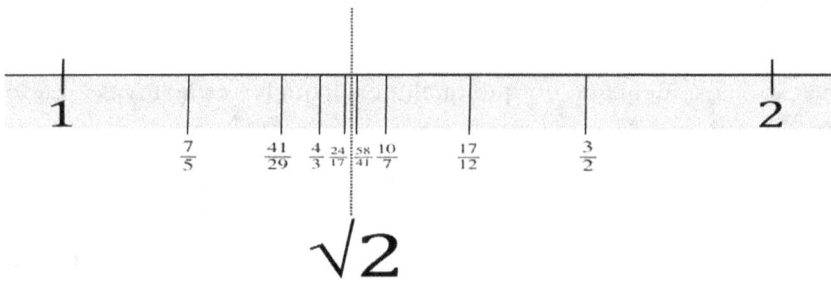

Fig. 13 Processo de aproximação sucessiva, por antifairese, para se obter uma representação de √2 por números racionais.

A problemática que agora se coloca é saber qual o limite para, no âmbito do *De re aedificatoria*, prosseguirmos esta convergência racional para √2:1. Com efeito, se observarmos a Tabela 7, podemos constatar que o processo de convergência pode continuar indefinidamente[470].

| | | | | | |
|---|---|---|---|---|---|
| 1:1 | **3:2** | **7:5** | 17:12 | 41:29 | ... |
| 2:1 | **4:3** | **10:7** | 24:17 | 58:41 | ... |

Tabela 7 Convergências racionais para √2:1. A negrito as convergências com numeração igual ou inferior a 16.

A primeira questão a atender é verificar que convergências são aceitáveis no âmbito do *De re aedificatoria*, dado que Alberti não utiliza, nos diferentes sistemas descritos, números com valores superiores a 16 unidades. Consequentemente, descartamos as convergências racionais

---

[470] Cf. DAVID FOWLER, *op. cit.*, pp. 41-51.

que utilizam numeração com valores superiores (Tabela 7), o que significa que estamos em conformidade com a noção de número dada por Nicómaco de Gerasa[471] como uma multiplicidade limitada que se gera entre dois extremos.

Para os restantes casos, aceitáveis dentro destes limites, podemos constatar que a convergência 10:7 = 1,4185 ... é a que apresenta menor discrepância em relação ao valor de $\sqrt{2}$ = 1,4142 ... , isto é, uma diferença de apenas 0,0043 ... , pelo que será a estimativa mais adequada para representar aquele número irracional.

| 1:1 | 2:1 | 5:3 | 7:4  | 19:11 | 26:15 | 71:41  | ... |
|-----|-----|-----|------|-------|-------|--------|-----|
| 3:1 | 3:2 | 9:5 | 12:7 | 33:19 | 45:26 | 123:71 | ... |

Tabela 8 Convergências racionais para $\sqrt{3}:1$[472]. A negrito as convergências com numeração igual ou inferior a 16.

De igual modo procedemos para estimar a convergência racional para $\sqrt{3}:1$ e o resultado mais aproximado é 7:4 = 1,75, dado que é o *ratio* que apresenta menor discrepância em relação ao valor de $\sqrt{3}$ = 1,7320 ... ou seja, uma diferença de apenas 0,0180 ... , que é sempre menor quando comparada com as restantes convergências (Tabela 8).

Se agora pusermos num gráfico de dispersão os valores dos números inteiros das consonâncias musicais (marcadas a preto), bem como das convergências racionais das *correspondentiae inatae* (marcadas a cinzento) podemos verificar (Fig. 14) que, tanto num caso como noutro, à medida que o numerador aumenta, também se verifica uma tendência para o denominador progressivamente crescer o que significa, dados os resultados anteriores relativamente à seriação das *rationes* albertianas, que o sistema de proporções utilizados no *De re aedificatoria* é relativamente uniforme, pois cobre de forma sistemática e sem hiatos o universo das

---

[471] NICÓMACO DE GERASA, *op. cit.*, II, 1, 2.
[472] *Idem*.

possíveis relações aritméticas e, por outro, não fomenta discrepâncias entre os valores atribuídos aos numeradores e denominadores daquelas *rationes*. Por outras palavras, o sistema de proporções albertiano sugere uma concinidade de propósitos para as finalidades com que foi construído, *i.e.* de estabelecer uma harmonia universal, via sistemas proporcionais, para as formas edificadas.

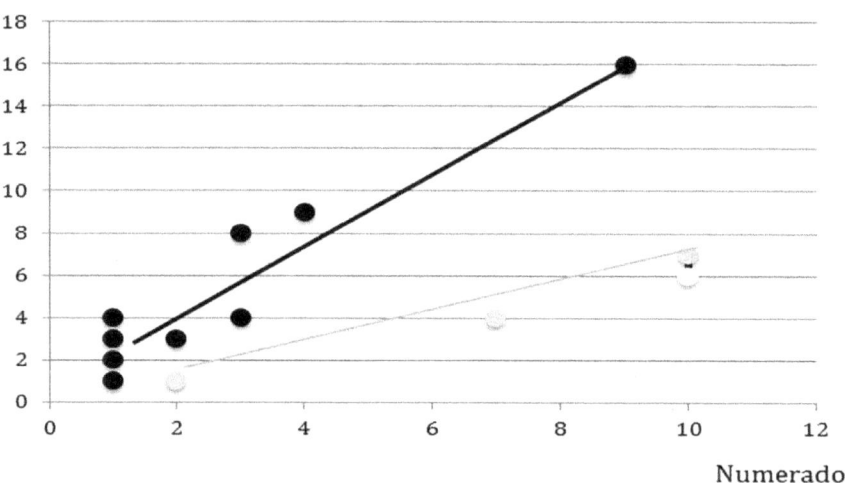

Fig. 14 Gráfico de dispersão dos numeradores e dos denominadores das *rationes* das consonâncias musicais (a preto), das *correspondentiae inatae* (a cinzento) e dos números perfeitos (a branco).

No entanto, neste gráfico, o ponto que representa os números perfeitos (marcado a branco) é uma exceção que importa considerar no âmbito dos sistemas proporcionais desenhados por Alberti. Na verdade, os números perfeitos 10 e 6 sugeridos por Alberti[473] definem uma proporção 5:3, que não faz parte da escala pitagórica.

---

[473] LEON BATTISTA ALBERTI, *op. cit.*, Livro IX, cap. 5.

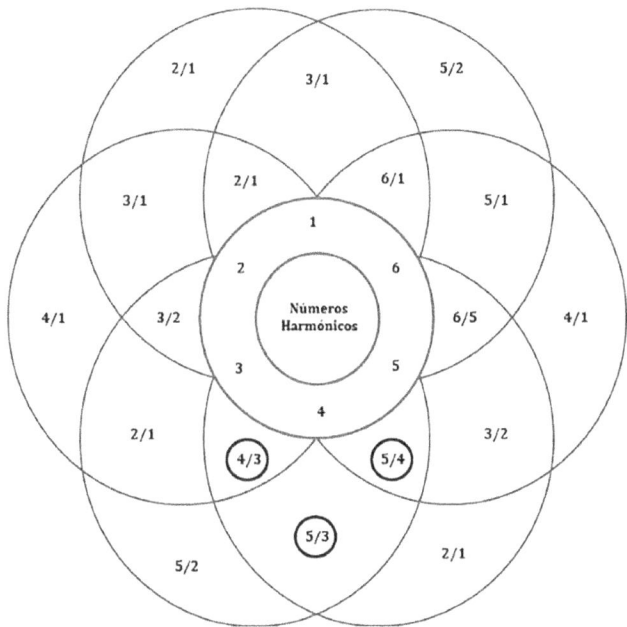

Fig. 15 Ilustração desenhada, para efeitos de legibilidade, a partir do Número Senário in *Istutitione Harmoniche, Prima Parte*, Cap. 15, de Giosieffo Zarlino, 1588.

Somente com o trabalho de Giosieffo Zarlino[474] nas *Le Istituzioni Armoniche* e nos *Sopplimenti Musicali* é que se começaram a considerar intervalos musicais compostos pelas proporções 3:4:5. Zarlino notou que as consonâncias musicais eram formadas pelos primeiros seis inteiros: a oitava (2:1), a quinta (3:2), a quarta (4:3), a terceira maior e a menor (5:4 e 6:5) e a sexta maior (5:3). Da sexta maior Zarlino refere que é uma consonância composta, dado que entre os seus limites 3 e 5 ocorre o termo médio 4, *i.e.* 5:3 = 5:4 • 4:3. Esta relação é considerada como um intervalo musical composto pelas proporções 3:4:5.

---

[474] GIOSEFFO ZARLINO, *Istituzioni armoniche*, 1558. Trad. de O. Strunk, in Source Readings in Music History,1950. Nova Iorque: W.W. Norton & Co.; *Idem*, Sopplimenti Musicali, cap. 16, p. 34 . Veneza: Francesco dei Franceschi Senese, 1588.

O Número Senário, conforme concebido por Zarlino (Fig. 15), mostra o universo das harmonias musicais, onde se incluem as relações 5:3, 5:4 e 4:3, construídas a partir dos números harmónicos 1, 2, 3, 4, 5 e 6, dando um sentido global às consonâncias musicais adotadas por Alberti[475] no *De re aedificatoria*.

Neste caso, cabe fazer uma referência à citação "Nihil est enim simul et inventium et perfectum"[476] (*Nada é ao mesmo tempo novo e perfeito*) que remata o Livro III do tratado *De pictura*, de Alberti[477], para justificar que "não há arte que não tenha inícios imperfeitos".

## Sistemas de numeração e arte edificatória

A noção de *numerus* desenvolvida por Alberti tem uma clara implicação na arte edificatória, não se resumindo a uma temática de raízes exclusivamente pitagóricas mas que, para além disso, se apresenta como indispensável na concretização do edificado. Tomemos como exemplo a fachada da igreja de San Sebastiano em Mântua, parcialmente completada em meados de 1470 (Fig. 16).

---

[475] LEON BATTISTA ALBERTI, Ibidem,

[476] Cf. MARCUS TULLIUS CÍCERO, *Brutus*, Intr., trad. port. e notas de J. S. M. Fernandes. Tese de Mestrado em Literatura Latina. Lisboa: Faculdade de Letras da Universidade de Lisboa, 1987, XVIII, p. 71.

[477] LEON BATTISTA ALBERTI, *De pictura*. Org. de C. Grayson, 1980. Bari: Laterza, III, p. 63.

Fig. 16 Delineamento da fachada da Igreja de *San Sebastiano* em Mântua[478].

---

[478] Reprodução parcial do desenho executado pelo Arq. Bruno Figueiredo, cedido em agosto de 2013.

| Dimensões mm | Braccia Mantuanas 468 mm | Inteiros |
|---|---|---|
| 1200 | 2,56 | |
| 1950 | 4,17 | 4 |
| 1525 | 3,25 | |
| 1770 | 3,78 | |
| 1270 | 2,71 | |
| 2260 | 4,83 | 5 |
| 1290 | 2,76 | |
| 1780 | 3,8 | |
| 1560 | 3,33 | |
| 1940 | 4,14 | 4 |
| 1200 | 2,56 | |
| | | |
| 17745 | 37,92 | 38 |
| | | |
| 0 | 0 | 0 |
| 1240 | 2,65 | |
| 4660 | 9,96 | 10 |
| 0 | 0 | 0 |
| 600 | 1,28 | |
| 660 | 1,41 | |
| 1920 | 4,1 | 4 |
| 1799 | 3,84 | |
| 2260 | 4,83 | 5 |
| 0 | 0 | |
| 2300 | 4,91 | 5 |
| | | |
| 2100 | 4,49 | |
| 2700 | 5,77 | |
| 2100 | 4,49 | |
| 0 | 0 | 0 |
| 3340 | 7,14 | 7 |
| 9460 | 20,2 | 20 |
| 3330 | 7,11 | 7 |
| | | |
| 16130 | 34,46 | 34 |
| | | |
| 0 | 0 | |
| 3370 | 7,2 | 7 |
| 9460 | 20,21 | 20 |
| 3300 | 7,05 | 7 |
| | | |
| 16130 | 34,46 | 34 |
| | | |
| 0 | 0 | 0 |
| 192 | 0,41 | |
| 3840 | 8,2 | 8 |
| 2880 | 6,15 | 6 |
| 5080 | 10,85 | |
| 10800 | 23,08 | 23 |

Tabela 9 Levantamento das dimensões do piso superior da fachada da igreja de *San Sebastiano*, Mântua, realizado por Tavernor (1985).

O resultado do escrupuloso levantamento das principais dimensões da parte superior desta fachada foi elaborado por Tavernor[479] e encontra-se descrito na Tabela 9. Consequentemente, podemos notar que neste levantamento foram utilizados três tipos de medidas: as dimensões lineares em mm, a sua conversão para *braccia* mantuanas (1 *braccio* equivale a 486 mm) e, por último, uma aproximação, tanto por excesso como por defeito a menos de 5%, a números inteiros.

Podemos verificar, assim, que ocorrem na coluna dos inteiros tanto números pares como ímpares, em quantidades sensivelmente semelhantes, como na coluna das *braccia* se verifica uma enorme variabilidade de dimensões (Fig. 17), que contrasta com as dimensões dadas pelos números inteiros, aproximados por excesso ou por defeito, que se apresentam somente com 38% do universo total dos valores levantados (Fig. 18).

Não estamos a sugerir que estas dimensões levantadas por Tavernor seriam as inicialmente cogitadas por Alberti para este edifício do culto religioso que ficou incompleto e sofreu diversas intervenções ao longo dos tempos, a ponto de se considerar que o que resta da conceção original praticamente se resume a pouco mais do que a sua planta.

No entanto, ao inspecionarmos a Tabela 9 podemos verificar que, entre os números inteiros, são passíveis de se estabelecerem, entre outras, as seguintes *rationes*, subjacentes a uma harmonia universal: $4/4 = 1$ uníssuno; ; $5/10 = 1/2$ oitava; $6/8 = 3/4$ quarta perfeita; $5/4$ terça maior; $10/6 = 5/3$ sexta maior (números perfeitos); $6/5$ sexta menor; $7/4 \approx \sqrt{3}$ *correspondentiae inatae*; $10/7 \approx \sqrt{2}$ *correspondentiae inatae*.

---

[479] ROBERT TAVERNOR, *Concinnitas in the architectural theory and practice of Leon Battista Alberti*, Tese PhD. Universidade de Cambridge, 1985, pp. 396-7.

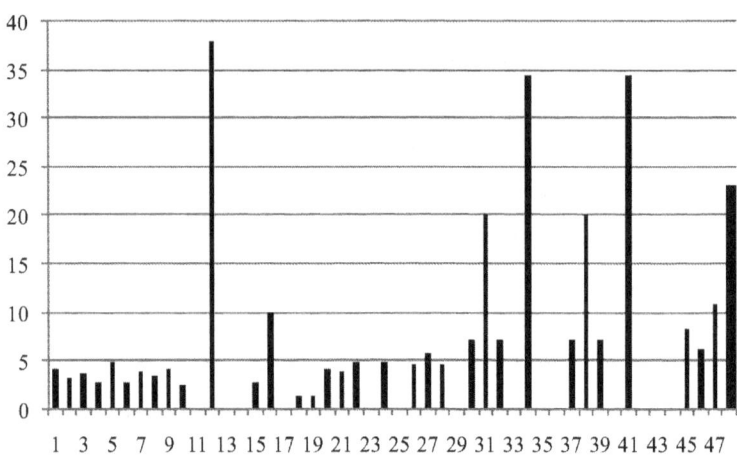

Fig. 17 Levantamento em *braccia* da fachada da igreja de *San Sebastiano*, em Mântua.

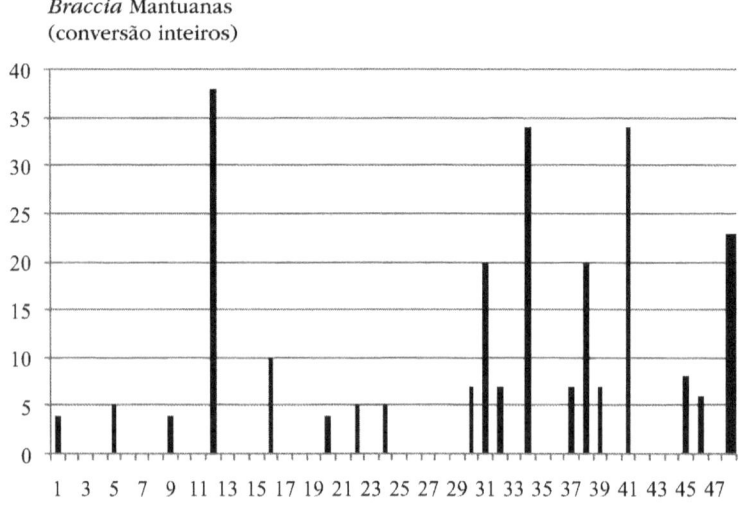

Fig. 18 Levantamento em *braccia*, aproximado a números inteiros, da fachada da igreja de *San Sebastiano*, em Mântua.

Consequentemente, estamos a chamar a atenção para o fato de a maior parte dos sistemas numéricos sugeridos por Alberti no *De re aedificatoria*, ainda encontrarem acolhida nas suas obras, apesar de aquelas terem sofrido alterações da mais diversa ordem, seja através de números inteiros, seja através de números racionais ou mesmo, se for o caso disso, de números irracionais que, por antifairese, se podem transformar naqueles últimos.

Por outras palavras, o sistema proporcional sugerido por Alberti para a arte edificatória anuncia uma harmonia cósmica como um saber fundado, à semelhança da inaudível música das esferas, no *numerus* entendido como uma manifestação inteligível da subjacente ordem matemática do universo.

## Considerações finais

O aparente paradoxo, presente na teoria arquitetónica de Alberti, é de como a partir de uma conceção inatista se constrói o processo criativo na conceção em arquitetura, que é constantemente confrontado com as raízes do pensamento clássico sobre a teoria universal da beleza.

Alberti chega mesmo a afirmar que, para a apreciação da beleza, não é a opinião que conta mas uma certa faculdade inata da alma, uma *ratio* inata, da qual não procura saber qual a sua génese. Com efeito, no Livro IX, cap. 5, *Da Arte Edificatória* ao discursar sobre quais as razões por que se prefere mais um corpo belo do que outro, afirma: "Não é uma opinião, mas sim um princípio inato no espírito, que fará com que possas emitir um juízo acerca da beleza".

É neste contexto que Alberti se refere implicitamente aos números poligonais e explicitamente aos números harmónicos, perfeitos e às correspondências inatas (números naturais, inteiros, racionais e algébricos reais), que são hierarquicamente classificados, apresentam *rationes* seriadas, com termos ordenados, além de terem simultaneamente dimensões:

Quantitativas – cardinais, ordinais, distributivas e adverbiais;
Qualitativas – pares/ímpares; ternário, quaternário, quinário, senário, septenário, octonário e os números nove e dez;
Relacionais – multiplicativas e proporcionais.

Assim, o conceito de *numerus* para Alberti ao apresentar dimensões quantitativas, qualitativas e relacionais remete para as categorias de quantidade, qualidade e de relação de Aristóteles[480], bem como de simultaneidade: "Cada uma das coisas mencionadas em si e por si não constitui nenhuma afirmação, mas pela combinação delas com outras produz-se uma afirmação"[481].

Esta plasticidade nas possíveis utilizações do conceito de *numerus* permite a sucessiva requalificação dos sistemas numéricos utilizados na conceção e no projeto edificatório, como um contínuo processo de reflexão em ação conforme assinala Alberti:

> "Acerca de mim declaro o seguinte: com muitíssima frequência me ocorreram à mente muitas ideias de obras, que nesse momento me mereciam toda a minha aprovação; ao reduzi-las a linhas, dava-me conta de erros precisamente naquela parte que mais me tinha agradado e que bem precisavam de correção; quando examinei de novo os desenhos e comecei a pô-los em proporção, descobri a minha negligência e censurei-a; finalmente, ao fazê-los à escala e em maquete, sucedeu-me, às vezes, revendo cada um deles, que me apercebi de que me tinha enganado nas contas"[482].

A sistematização da perfeição do edificado, na qual o conceito de *numerus* participa integralmente, seja por meio de consonâncias musicais, seja por números perfeitos, seja por *correspondentiae inatae*, acaba por ser também um processo mental de natureza construtiva, a que só um método de trabalho, baseado numa constante reflexão em ação na conceção da obra, pode dar resposta: "Grande é o contributo que o tempo traz à execução de todas as obras, fazendo com que repares e reflitas atentamente naquilo que te escapara, por mais perspicaz que sejas"[483].

---

[480] ARISTÓTELES, *Categorias*, Porto Editora, Porto, 1995, Caps. VI-VIII.
[481] *Idem*, VI, 2a.
[482] LEON BATTISTA ALBERTI, *op. cit.*, Livro IX, cap. 10.
[483] LEON BATTISTA ALBERTI, *op. cit.*, Livro IX, cap. 10; Livro II, cap. 1.

Este tempo apresenta uma dimensão operativa na conceção e na elaboração do projeto, realizada pela ponderada articulação entre o *numerus*, a *finitio* e a *collocatio*, na medida em que a arte edificatória é tempo criador que se converte em desejo pelo delineamento que, ao conformar a matéria, aspira a ser concretizado na plenitude da obra construída.

É neste sentido que, ao apresentar os principais pressupostos no que se refere à construção das primeiras representações numéricas, Ferreira adverte sobre "a importância de se manter o debate sobre o construtivismo e o inatismo enquanto referências epistemológicas na educação matemática"[484], à semelhança do entendimento que podemos fazer sobre o conceito de *numerus* em Alberti, anunciador de uma harmonia cósmica que se liberta inicialmente de todas as amarras contextuais e renasce, nos seus princípios fundamentais, ao ser concretizado na arte edificatória.

Nota Final: Este trabalho é resultante do projeto de investigação "Digital Alberti", desenvolvido no Centro de Estudos Sociais da Universidade de Coimbra e financiado pela Fundação para a Ciência e Tecnologia (FCT), no âmbito do COMPETE/FEDER, Portugal (PTDC/AUR — AQI/108274/2008).

---

[484] MARIA DE CONCEIÇÃO RODRIGUES FERREIRA, *A construção do número: a controvérsia construtivismo-inatismo*, São Paulo, Educ. Mat. Pesqui., 2008, v. 10, n. 2, p. 247.

# De Alberti às Contradições da Bauhaus – uma Noção Moderna do Conceito de Arquitetura

Domingos Campelo Tavares

**Resumo**

Leon Battista Alberti enunciou um conceito de arquitetura que torna clara a distinção entre o artista e o artífice. Clarificou que a ação essencial do arquiteto se concentra sobre o projeto arquitetónico, trabalho de natureza intelectual. Esta noção fez parte da história da arquitetura durante cinco séculos. Em oposição, Walter Gropius colocou o ensino da arquitetura ao nível da manualidade do artífice, pretendendo romper com o enunciado básico da arquitetura moderna estabelecido pelos humanistas do primeiro Renascimento. Contradição que o século XX não quis ultrapassar e a ideia sobre as qualidades necessárias ao arquiteto apresenta-se hoje dividida, oscilando entre os que advogam a capacidade artística e os que pretendem competência técnica.

Alberti; Walter Gropius; Artista; Artífice

**Résumé**

Leon Battista Alberti a énoncé un concept d'architecture qui rend claire la distinction entre l'artiste et artifice. Il a rendu claire que l'action essentielle de l'architecte se concentre sur le projet architectural, travail de nature intellectuelle. Cette notion a fait partie de l'histoire de l'architecture pendant cinq siècles. Par contre,

Walter Groupius a mis l'enseignement de l'architecture au niveau du manuel de l'artisan, essayant une rupture avec l'énoncé basic de l'architecture moderne, établi par les humanistes de la première Renaissance. Cette contradiction que le XX$^{\text{ème}}$ n'a pas voulu dépasser et l'idée sur les qualités nécessaires à l'architecte se présente aujourd'hui divisée, oscillant parmi ceux qui défendent la capacité artistique et ceux qui veulent la compétence technique.

Alberti; Walter Gropius; Artiste; Artifice

**Abstract**

Leon Battista Alberti articulated an architectural concept that makes clear the distinction between the artist and the craftsman. He clarified that the essential work of the architect focuses on the architectural design, that is an intellectual work. This notion was part of the history of architecture for five centuries. In contrast, Walter Groupius put the teaching of architecture in terms of manuality of the craftsman, intending to break with the basic statement of modern architecture established by the humanists of the early Renaissance. This contradiction that the 20$^{\text{th}}$ century would not overcome and the idea about the qualities necessary to the architect presents now divided, ranging from advocates of artistic ability and those who claim expertise.

Alberti; Walter Gropius; Artist; Crafstman

Tomamos Alberti como sistematizador do moderno conceito de arquiteto, o que, no essencial, conduz e delimita o modo de fazer arquitetura no quadro profissional contemporâneo, tal como foi consolidado no espaço da cultura europeia ao longo dos últimos seiscentos anos. Conceito estabilizado entre as elites dos países do sul penetrou com maiores hesitações nas sociedades do norte e acompanhou a expansão colonial do ocidente para muitos outros lugares do mundo. Se hoje não está completamente instalado no funcionamento das estruturas produtivas da construção, por onde se infiltram muitos interesses apressados de especulação económica, é estrategicamente reconhecido como recomendável para o bom desempenho social da moderna edificação, ultrapassando entendimentos mesquinhos e auto-suficientes, incapazes de compreender a importância da produção da arte em articulação com as necessidades de espaços socialmente úteis, com valor simbólico.

A chave para a compreensão da tese de Alberti encontra-se expressa logo nas primeiras linhas do seu tratado *Da Arte Edificatória*. Defende que se encontram na história dos nossos antepassados os saberes que contribuem para que a vida seja feliz. E que, de entre eles, a dignidade da arquitetura e a competência dos arquitetos se impõem na construção da forma mais bela para responder às mais importantes necessidades do homem. E quando os edifícios são concebidos com esmero, acrescentados do ornamento que os enriquecem, conferem honra e dignidade às famílias e à cidade. Desde logo ressalta nesta tese o recurso à história como exemplo e ao saber antigo dos escritores latinos, os seus enaltecidos antepassados romanos. Não só Cícero ou Quintiliano, mas também Vitrúvio, que enunciou os princípios básicos de decoro e ornamento. A compostura das obras, a conformidade de tamanho, posição e harmonia entre as partes expressa na simetria, constituem a melhor resposta às necessidades do homem.

Os mecanismos que conduziram a evolução da sociedade burguesa pós-medieval até aos alvores da idade contemporânea, mostraram uma progressiva perda do significado original de um dos principais valores de referência da teoria de Alberti como era o ornamento. A crise ideológica que desorientou Roma no tempo do imperador Carlos V e lançou a crise entre os países europeus no início do século XVI, conduziu esse princípio vitruviano a um exclusivismo de sujeição normativa e a linha dominante da arquitetura da lição clássica foi-se perdendo nos meandros da superficialidade das formas. Até que alguns atores da racionalidade perturbada durante o Iluminismo, foram capazes de apelar à consciência dos arquitetos. Tentando inverter os caminhos excessivos em que o preciosismo francês do Rococó vinha transformando a decoração clássica, afastando-a da sua função primária, pugnaram pelo retorno à pureza dos antigos gregos para não se perderem nos meandros da vacuidade. A simplicidade e a conveniência dos edifícios voltaram à ordem do dia.

Estávamos na França do antigo regime face à sociedade industrial nascente quando Ledoux e Boulée, cada um comprometido à sua maneira com o poder em perda e assustados com o grito popular da revolução, se puseram a investigar sobre o mundo das formas através da utopia. Boullée retomou o enunciado essencial de Alberti para distinguir o artista do artífice e para encontrar as razões da cultura por oposição às motivações circunstanciais de índole mais prática ou funcional. Assim, tomou a arquitetura como a arte de conceber. Afastou-se de Vitrúvio que, em sua opinião, comete o equívoco de tomar o efeito pela causa, colocando os instrumentos técnicos no centro da disciplina e desvalorizando a componente artística que se exerce ao nível da imaginação, antecedendo a realização em obra. Sendo a arquitetura coisa mental, um ato de invenção ao nível da poesia ou da pintura. Livre, sem dependência de princípios convencionados como a distribuição, a decoração ou as ordens predefinidas do vocabulário clássico que constituem apenas aspetos da sua parte científica. A imaginação deveria preceder a razão preservando a liberdade criativa, ainda que a construtibilidade tivesse de ser tida em conta para salvaguardar a dimensão operativa que se lhe haveria de seguir. Mas entendida com a margem de erro que pudesse garantir ao artista o direito de alternativa.

Motivado pelas ruturas artísticas do século XX, Adolf Loos associou ao movimento funcionalista que descobriu na América nos anos da sua juventude, o gosto pela conceção do espaço habitável, conferindo à arquitetura um novo referencial temático. Trabalhando a modelação dos interiores como matéria central de projeto, resultava a caixa de volumetrias neutras a que não atribuía desempenho particular como caracterizador estético. Por oposição ao delírio ornamental da moderna Escola de Viena, que considerava um sucedâneo dos estilos tradicionais, pugnava pela eliminação do ornamento exterior. O ornamento implica força de trabalho, desperdício de saúde e consumo inútil de material, o que tudo junto significa capital desperdiçado. Colocava-se no debate da época sobre o conflito entre a utilidade e a beleza, defendendo a utilidade como razão primeira da arquitetura. Era um sinal do racionalismo que invadia a arquitetura europeia, tendo no movimento neo-plástico um sucedâneo no campo da exploração poética da abstração formal.

Mas foi a Bauhaus quem objetivamente assumiu o programa da abstração artística, na sequência da investigação linguística e sua interferência na produção da obra pública quando, na segunda década do século XX, por entre os horrores da guerra, os movimentos futuristas se isolaram nas capelas da inteligência, assumindo-se como uma nova aristocracia da desejada sociedade democrática. À volta da escola de Weimar, na Alemanha derrotada, concentraram-se alguns dos principais atores da nova plástica, ausente de ornamento e com um programa de ligação da arte ao artesanato, do artesanato à indústria e de funcionalidade depurada como resposta à circunstância de cada momento. Por seu lado, dando corpo ao programa de dar prioridade ao trabalho criador, Walter Gropius entendia a arquitetura como algo mais importante do que a definição dos aspetos materiais da configuração do espaço. Para a realização de uma nova visão espacial, superando o imperativo da economia estrutural ou da perfeição funcional, importava a satisfação da alma humana.

Baseado na crença que o artesão medieval era um criador independente representando a cultura do seu tempo, gozando de total autoridade sobre o produto do seu labor, admitia que a moderna oficina herdeira da organização artesanal perdera espaço de ação e a sua componente criadora. O indivíduo, mestre ou aprendiz, submetido aos ditames das estruturas comerciais complexas, passou a estar rodeado pela mecanização sem sentido, perdendo progressivamente o instinto criador e o prazer no seu trabalho. Visão ingénua assente numa mítica indemonstrável, porque nunca, em tempo algum, o artesão do produto utilitário para a organização da vida quotidiana em todas as suas dimensões, foi um criador independente. Sempre se sentiu submetido à ordem social das organizações corporativas, por definição castradoras da criatividade na geração de bens em sociedade estabilizada. Gropius acreditava no exemplo desse artesão mítico para a recuperação do gosto pelo trabalho individual do artista e, ao mesmo tempo, nas virtualidades da aprendizagem em grupo.

Numa fase mais recente de revisão crítica do movimento moderno, o pensamento arquitetónico europeu vem extraindo do enunciado, discursivo mas sistemático, expresso por Alberti no *De re aedificatoria*, as bases para uma teoria geral referente à construção da cidade, entendendo esta como artefato de produção colectiva e intemporal. Assim, o desenvolvimento daqueles princípios teóricos no suporte da produção contemporânea seria posto ao serviço do equilíbrio do espaço humanizado e, como tal, integradores de uma cultura do sensível e do belo. Convencionou-se entender esse texto de referência como o documento inaugural da arquitetura moderna, conferindo ao seu autor o estatuto de arquiteto que soube estabelecer a perfeita ligação da teoria à prática. Ora, a teoria de Alberti assenta no projeto como ideia. O projeto arquitetónico enquanto instrumento base da ação do arquiteto foi extraído do enunciado de Vitrúvio, mas a caracterização das suas componentes enquanto valor operacional, que permite a passagem da ideia à realização, passou a depender do trabalho intelectual entendido como criação autónoma e antecedente da sua transmissão.

Esta formulação do trabalho do arquiteto enquanto ideia procura uma clarificação definitiva da sua ação, distinguindo o artista do artífice, colocando a prática da arquitetura como categoria intelectual. Tratou-se, então, de uma clarificação histórica por confronto com as mestranças medievais, conferindo à noção de projeto a extensão da vontade imaginada. Sendo objetivo da arquitetura transformar o mundo edificado para satisfazer necessidades do homem, quer materiais quer sensitivas, cabe ao arquiteto encontrar as soluções formais no plano das ideias e preparar os meios para chegar à realização dos edifícios, os componentes da constante transformação das cidades. Os edifícios são corpo feito de desenho e matéria, pelo que o artista extrai da mente o desenho que há-de conduzir a ação, conferindo por essa via a dignidade à obra. A matéria é própria da natureza e ao arquiteto compete selecioná-la, imaginar a transformação e utilizar os *operari* que empregam as mãos como instrumento de trabalho. À mão do artífice pertencerá, enfim, aplicar, talhar e polir, realizando as acções que importam à obtenção de graciosidade, assim se fazendo arquitetura.

No quadro teórico que suportou a ação pedagógica da Bauhaus não existe esta contraposição entre artista e artesanato. Aqui surge uma primeira e radical diferença entre os pressupostos teóricos de Alberti e o programa de ação defendido por Gropius. Assentando no princípio da cidadania comum para todas as formas de arte, o arquiteto alemão conduziu a problemática da sociedade moderna para a resolução do conflito entre o produto industrial e a tradição da artesania, entendida como manualidade criativa. Fortemente marcado pelo impacto deformador da produção maciça gerada pela economia maquinista, procurou integrar os princípios herdados da corporação medieval numa nova arte do desenho, entendida para além da sua dimensão intelectual ou material. O artista teria de ser valorizado como intérprete da realidade quotidiana, quando os produtos elaborados pela máquina pareciam invadir o mundo. O artífice inteligente do passado deveria constituir o paradigma para uma arte integradora do futuro industrializado.

A Bauhaus assumiu um programa completo e coordenado de todas as manualidades, organizando o trabalho coletivo sob a recusa das especialidades, incorporando nos saberes do artista arquiteto a totalidade dos campos interessando à planificação do objeto imaginado. A ideia de artista fundia-se, assim, com a de artesão, para desenhar os bens saídos da lógica fabril. Neste quadro, a arquitetura perdia a sua referência metodológica enquanto conceção da peça singular. É certo que os problemas da reconstrução maciça das cidades após a destruição da Grande Guerra colocavam a exigência da resolução dos problemas de habitação ao nível de uma lógica nova, na base de uma economia de repetição. O modelo de organização industrial de produção em série levou igualmente Le Corbusier a inventar a Casa Citroën, quando procurou sugestionar o empresário produtor de automóveis populares. Para ele desenhou também um protótipo do que viria a ser o admirado "dois cavalos".

Apesar da obsessão pelos valores repetitivos da tradição artesanal, transferidos para a experimentação em práticas de trabalho coletivo, apesar da constante submissão das decisões particulares à ditadura do planeamento operativo, quer na descoberta de formas artísticas capazes de responder às ambições financeiras dos patrões da nova economia, quer na autodisciplina para os processos de construção nas cidades, os arquitetos que conduziram os destinos da Bauhaus até ao seu encerramento definitivo pelos nazis, nunca se eximiram de produzir a obra singular. Walter Gropius no próprio edifício da escola em Dessau, Hannes Meyer com a Peterschule de Basileia e Mies van der Rohe desenhando o pavilhão da Alemanha para a Exposição de Barcelona. Depressa se tornou claro que os pressupostos necessários ao desenho para os objetos de produção industrial não se confundiam com o processo motor da edificação e respetivos mecanismos da conceção arquitetónica.

Alberti constrói a sua teoria pelo estudo, pela observação, pela experimentação, pela formulação de juízos críticos. Chegou a uma ideia de arquitetura inventada sobre a cultura do seu tempo, num processo mais poético e criativo que alguma vez o mundo clássico pode produzir em matéria de edificação. No seu entender predominam os valores inerentes à organização da vida em comunidade, de entre os quais extrai a importância da beleza para a felicidade coletiva. Sendo a cidade o artefato motor da estruturação da sociedade, compreende o princípio do aditivo na dimensão sempre limitada do organismo urbano, caracterizado pelo desenho ordenado dos edifícios e da relação que entre si estabelecem. O tratado de Alberti sobre a edificação tem por objetivo clarificar os enunciados de um método de conceção, onde impera a proporção e a ordem. O arquiteto procura a elegância e apuro de todas as partes no conjunto a que pertencem, na casa do homem como na cidade de todos, de modo que em cada uma delas nada possa ser adicionado ou subtraído. Em suma, procura o mito da perfeição.

Na linha cultural que torna o programa de recuperação do ideal clássico como guia para a orientação da moderna sociedade burguesa, inspirava-se no humanismo que procura extrair lições dos mais ilustres escritores da Roma antiga. Esse vinha sendo já o labor dos professores que o inspiraram em Pádua e Bolonha, bem como dos colegas eclesiásticos da cúria papal, quando se perdiam nas ruínas dos foros imperiais. Estendia a vontade de enaltecimento dos escritos antigos ao estudo criterioso desses vestígios dos monumentos do passado, cruzando interpretações gráficas com a vivência geométrica, os enunciados da ótica e a reflexão sobre o método de pensar em arquitetura. Não se fixa na tríade de Vitrúvio, e embora reconhecendo que as construções devam responder à necessidade, sendo adequadas às suas funções oferecendo a maior solidez e duração, afirma o primado da graciosidade e sensação aprazível expressa na condição mais necessária, a beleza. E, pelo ornamento tomado das práticas da história, conduz toda a energia criativa pela afirmação simbólica do visível enquanto qualidade plástica dos elementos da configuração arquitetónica.

Alberti considera que o ornamento, de natureza artificial, complementa a beleza tornando-a mais transparente, embora afirme que o principal ornamento consiste na ausência de tudo o que não é adequado. Para Gropius, a arte e a história da arte não devem ser confundidas. Ao artista compete criar uma ordem nova e é ao historiador que cabe redescobrir e explicar as ordens do passado, como fator da cultura do seu próprio tempo. Ambas as tarefas são indispensáveis mas têm objetivos distintos. Os arquitetos do futuro deveriam criar, através da sua obra, uma expressão original, construtiva, das necessidades materiais e espirituais da vida humana, renovando o espírito do tempo em vez de reproduzir o pensamento e ação de épocas anteriores. Deveria actuar como organizador e coordenador da mais ampla experiência que, partindo de conceções sociais da vida, conseguisse integrar pensamento e sentimento, estabelecendo a harmonia entre propósito e forma.

Existe uma moral subjacente ao discurso de Alberti sobre a arquitetura, a qual considera a importância do comportamento ético nas relações a estabelecer entre o artista escolhido para dirigir a realização de uma obra e o encomendante que o convida. É percetível que o seu objetivo passa mais pela divulgação de ideias úteis capazes de melhorar os níveis de qualidade das respostas que os intervenientes nos processos da edificação poderiam alcançar do que fazer qualquer demonstração de erudição pessoal ou enciclopedismo adquirido no vasculhar da literatura antiga. O tratado de Alberti dirige-se aos arquitetos e aos patronos das obras novas, numa linguagem direta e compreensível para assim poder ganhar reais capacidades operativas. Ao arquiteto exige-se competência profissional e perfeito domínio das condições para a realização da obra de arte, não só ao serviço da encomenda particular mas de toda a comunidade submetida ao impacto da transformação, porque toda a arquitetura tem, em última análise, caráter público. Ao patrono que tenha confiança absoluta no arquiteto contratado e um nível de cultura sobre as matérias da arte.

Assim, o projeto surge como um instrumento técnico capaz de permitir a passagem da ideia à sua concretização. Nesta circunstância, o desenho de projeto deve conter informação rigorosa e medidas precisas, o que só é possível utilizando o sistema de projeções paralelas. Vitrúvio preconizou as três modalidades de representação, a iconografia ou projeção horizontal, a ortografia ou projeção vertical e a cenografia identificada como perspetiva. Alberti nega a validade da perspetiva em projeto de arquitetura em favor do uso de medidas absolutas." Entre o desenho de um pintor e o de um arquiteto há esta diferença: aquele esforça-se por mostrar relevo com sombreados, linhas e ângulos reduzidos; o arquiteto, rejeitando os sombreados, num lado coloca o relevo obtido a partir do desenho da planta, e noutro lado apresenta a extensão e a forma de qualquer fachada e dos flancos, mediante linhas invariáveis e ângulos reais, como quem pretende que a sua obra não seja apreciada em perspetivas aparentes, mas sim observada em dimensões exactas e controladas" (Livro II, Cap. 1). " (Livro II, Capitulo 1).

Por certo a formulação técnica do projeto arquitetónico compreendida a partir da natureza especulativa, inventiva e experimental do grupo dos intelectuais operando à volta de Filippo Brunelleschi, pairava sobre a vontade inovadora da sociedade florentina. Este imparável movimento estimulou a curiosidade do jovem humanista que era Battista Alberti quando, vindo do norte, de Pádua e Bolonha, descobriu o poder de intervenção social da construção se emulado pela vontade artística. Aprendeu que a mimetização da forma imaginada era contrária à eficácia necessária para a execução da ideia enquanto proposta de forma verdadeira. Descobriu que o pintor, com os instrumentos do desenho perspético, apenas simulava a realidade. Mas o arquiteto, tal como o escultor, actuando diretamente sobre a matéria e o espaço vivencial, transformava o real no plano das coisas concretas. A complexidade e responsabilidade social dessa tarefa exigiam um grande rigor operativo. O modo virtual das representações, em perspetivas ou modelos, dificilmente poderia alcançar esse rigor necessário à ação efetiva sobre a transformação do espaço de vida das comunidades.

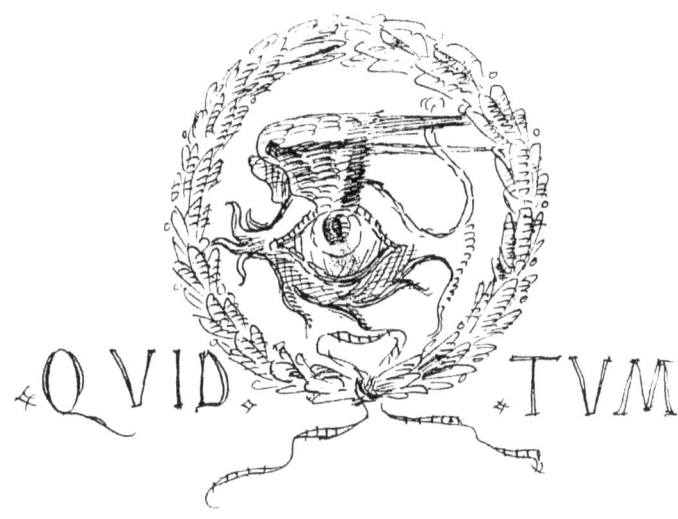

Fig. 1 – Qvid Tvm, desenho de Alberti.

Fig. 2 – LEON BATTISTA ALBERTI, Igreja de San Sebastiano, Mântua (foto do autor).

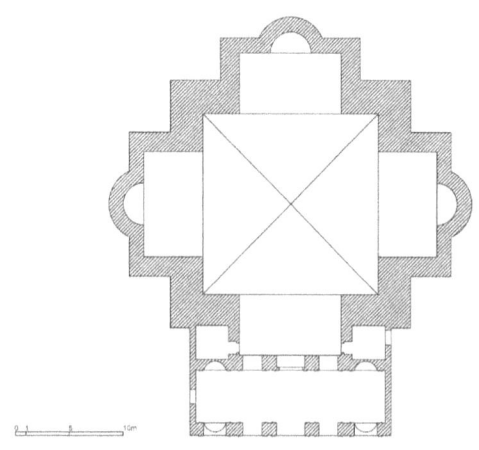

Fig. 3 – LEON BATTISTA ALBERTI, planta da Igreja de San Sebastiano (desenho do autor).

Fig. 4 - CLAUDE-NICOLAS LEDOUX, Salinas de Chaux (foto do autor).

Fig. 5 – Étienne-Louis Boullée, Cenotáfio de Newton.

Fig. 6 – Walter Gropius, edifício da Bauhaus (foto Mewes).

## Referências bibliográficas

LEON BATTISTA ALBERTI, *Da Arte Edificatória*, Lisboa, Fundação Calouste Gulbenkian, 2011.

ÉTIENNE-LOUIS BOULLÉE, *Architecture, Essai sur l'art*, Paris, Hermann, 1968 (Edição organizada por PÉROUSE DE MONTCLOS, Jean-Marie).

ANTHONY GRAFTON, *Leon Battista Alberti master builder of the Italian Renaissance*, London, Penguin Books, 2001.

WALTER GROPIUS, *Scope of total architecture*, New York, Harper and Brothers Publishers, 1955 (Edição em castelhano, Buenos Aires, Ed. La Isla, 1956).

DOMINGOS TAVARES, *Leon Battista Albert, teoria da arquitetura*, Porto, Dafne Editora, 2004.

DOMINGOS TAVARES, *Claude-Nicolas Ledoux, formas do iluminismo*, Porto, Dafne Editora, 2011.

# Ressonâncias Albertianas: o Problema do Ornamento desde Adolf Loos

José Miguel Rodrigues

**Resumo**

Pelo menos desde Adolf Loos, o ornamento enquanto instrumento basilar da arquitetura como ofício tem sido posto em causa. A recusa da possibilidade de um ornamento moderno, a sua progressiva supressão na obra moderna e, por fim, o vaticínio da sua extinção absoluta, constituem, concomitantemente, fatores para o ressurgimento da ideia de ornamento que conhecemos a partir de Leon Battista Alberti: uma espécie de beleza auxiliar ou complementar, um atributo acessório, "acrescentado mais do que inato", em última instância, uma forma de corrigir aspetos defeituosos das obras quando a raridade da beleza inata não se manifesta e, também, podemos pensá-lo, uma forma de corrigir os edifícios a quem o Livro Décimo do *De re aedificatoria* é dedicado. Ernesto Nathan Rogers e, através dele, Giorgio Grassi – retomando ambos *o problema do ornamento* enquanto aspeto essencial e decisivo do ofício do arquiteto – constituem o testemunho do que propomos ver como ressonâncias albertianas.

Ornamento; Beleza; Moderno; Proporção.

**Résumé**

Au moins depuis Adolf Loos, l'ornement a été remis en cause, en tant qu'instrument basilaire de l'architecture comme métier.

Le refus de la possibilité d'un ornement moderne, sa progressive supression dans l'œuvre moderne et, finalement, la prophétie de sa disparition absolue constituent, simultanément, des facteurs pour le resurgissement de l'idée de l'ornement telle qu'on l'a appris depuis Leon Battista Alberti: une espèce de beauté auxiliaire ou complémentaire, un attribut accessoire, "rajouté plutôt qu'inné", finalement une manière de corriger des aspects défectueux des œuvres quand la rareté de la beauté innée ne se manifeste pas. C'est aussi, on peut le penser, une manière de corriger les bâtiments auxquels le Dixième Livre du *De re aedificatoria* a été dédié. Ernesto Nathan Rogers et, à travers lui, Giorgio Grassi - reprenant tous les deux *le problème de l'ornement* en tant qu'aspect essentiel et décisif du métier d'architecte - constituent le témoignage de ce qu'on propose de voir comme des résonances albertiennes.

Ornement; Beauté; Moderne; Proportion.

**Abstract**

At least since Adolf Loos the ornament as a fundamental instrument of architecture considered as a métier has been called into question. The rejection of the possibility of a modern ornament, its gradual phasing out in modern buildings and, finally, the prediction of its absolute extinction, are, concomitantly, fators in the resurgence of ornament idea that we know from Leon Battista Alberti: a kind of beauty assist or complement, an accessory attribute, "added more than innate", ultimately, a way to correct defective aspects of the building when the rarity of the innate beauty is silent and, also, we can think, a way to step in buildings addressed in the Book Ten of the treaty. Adolf Loos and Ernesto Nathan Rogers and, through them, Giorgio Grassi – resuming the problem of ornament as a crucial and decisive aspect of the architect's métier – establish the testimony of what we propose to see as albertians resonances.

Ornament; Beauty; Modern; Proportion.

## 1. Abertura: ornamento albertiano

Para Leon Battista Alberti o ornamento não foi, certamente, um problema menor. Uma simples contabilização da palavra *ornamento* nas entradas do índice do *De re aedificatoria* comprova a sua importância para o autor.

Uma releitura de algumas passagens escolhidas do *tratado* (a nosso ver, a este respeito decisivas) permitir-nos-á mostrar como o ornamento adquiriu uma caracterização singular – até aí nunca traduzida por escrito – possibilitando-lhe resistir até hoje enquanto instrumento insubstituível do projeto arquitetónico, mesmo depois do surgimento das vanguardas do movimento moderno.

Não será possível, todavia, compreender inteiramente o seu papel na teoria e na prática arquitetónicas de Alberti sem tomar em linha de conta três requisitos indispensáveis à *estética albertiana*.

O primeiro, é a elevação da *venustas* à condição de quinta-essência de entre os três vértices do triângulo vitruviano.

> "Das três partes concluídas as duas primeiras, (...) resta a terceira" – a apetência para proporcionar graciosidade e sensação aprazível[485] – "de todas a mais nobre e a mais necessária."[486]

Os efeitos desta consideração primordial da *venustas* são tão consideráveis que as suas consequências se estendem muito para além da importância conferida ao ornamento enquanto agente da *venustas*. Mário Krüger, por exemplo, refere como a subordinação da *firmitas* e *utilitas* à *venustas* demonstra como "apesar de não cessar de explorar, observar, medir e esboçar atentamente as obras do passado," a abordagem de Alberti "à Antiguidade Clássica é, essencialmente, arquitetónica e não

---

[485] Reescrita da responsabilidade do autor utilizando as mesmas palavras referidas na passagem citada, mas, por uma questão de inteligibilidade da questão em apreço, recompondo a sua ordem.
LEON BATTISTA ALBERTI, *Da Arte Edificatória* [*De Re Aedificatoria*], (tradução do latim: Arnaldo Monteiro do Espírito Santo; introdução, notas e revisão disciplinar: Mário Júlio Teixeira Krüger), Lisboa, FCG, 2011, p. 375.

[486] LEON BATTISTA ALBERTI, op. cit., p. 375.

arqueológica, na medida em que se apresenta sempre com uma finalidade interventiva e prepositiva."[487]

O segundo requisito da estética albertiana será a consideração da arquitetura enquanto arte racional e, terceiro, a consequente aceitação de que o juízo da *venustas* não é relativo.

> "(...) quem edifica de modo a pretender a aprovação daquilo que edifica – como deve querer quem tem bom senso – deixa-se mobilizar por critérios racionais seguros; (...) Mas há quem não concorde com estes princípios e diga que é uma opinião inconstante e sem fundamento aquela com que emitimos um juízo acerca da beleza e de qualquer edificação e que a forma dos edifícios varia e muda ao bel-prazer de cada um, sem estar vinculada a nenhum preceito das artes. É comum este vício da ignorância: declarar que não existe aquilo que se desconhece. Estou determinado a eliminar este erro; (...)"[488]

Ou seja, de acordo com esta terceira premissa, a apreciação da *venustas* – ou, à maneira kantiana, o juízo da beleza –, não sendo relativa, é discutível. Precisamente como o gosto – e até, sobretudo, por causa dele – que, como Maria Filomena Molder refere, Kant demonstrou "contra todas as aparências e contra um dito sábio popular cujo prazo ainda não cessou, [...] se há qualquer coisa que por inerência é para se discutir, essa qualquer coisa é o gosto." [489]

Elevada, assim, a *venustas*, à dupla condição de mais importante e discutível (no equilíbrio das três forças do triângulo vitruviano) será a sua *concinidade* (palavra, diga-se, com grande mestria, recuperada na

---

[487] Nota 998 de Mário Krüger: Leon Battista Alberti, *Da Arte Edificatória* [*De Re Aedificatoria*], op. cit., p. 375.

[488] LEON BATTISTA ALBERTI, op. cit., p. 378, 379.

[489] MARIA FILOMENA MOLDER, "*Equivalências e* Intempestivas" (Introdução à *Desumanização da Arte*) in José Ortega Y Gasset, *A Desumanização da Arte*, Lisboa, Vega, 2000, p. 16.
Cf. JOSÉ MIGUEL RODRIGUES, *O Mundo Ordenado e Acessível das Formas da Arquitetura, Tradição Clássica e Movimento Moderno, dois exemplos*, Porto, Afrontamento, Fundação Marques da Silva, 2013, p. 376, 377.

tradução portuguesa do *De re aedificatoria*) que guiará o processo "no jogo sábio, correto e magnífico dos volumes reunidos sob a luz,"[490] na expressão de Le Corbusier surgida cinco séculos mais tarde.

Mas, i.) em que consiste e ii.) como se obtém, para Alberti, a *concinidade*? E, por outro lado, respondidas estas duas questões: de que modo a *concinidade* pode ser reencontrada na Arquitetura Contemporânea, depois da anunciada morte do ornamento clássico? Ou, ainda, por último, parafraseando Mark Twain: terão sido *as notícias da morte do ornamento clássico manifestamente exageradas*?

Começando pelo princípio: em que consiste a *concinidade*? A resposta a esta questão por Alberti encontra-se no seu também mais citado aforismo que, apesar do contexto (entre tantos especialistas e devotos albertianos), não podemos deixar de recordar:

> "(...) a beleza é a concinidade, em proporção exata, de todas as partes no conjunto a que pertencem, de tal modo que nada possa ser adicionado ou subtraído, ou transformado sem que mereça reprovação."[491]

Ou, como durante anos, com base na minha própria tradução tendenciosa, *de cor* recitei aos estudantes de projeto:

> "(...) a beleza é a harmonia entre todas as partes num todo organizado com base numa ideia precisa, de tal modo que nele nada se possa acrescentar, retirar ou modificar, sem que seja para pior."[492]

Isto é, para Alberti a *venustas* é discutível – e, por isso, não relativa – e a sua indiscutibilidade – a beleza – um estatuto que lhe é conferido pela concinidade.

---

[490] LE CORBUSIER, "*Trois Rappels a Messieurs les Architectes*" in *Vers une Architecture*, Paris, Éditions Vincent, Fréal & C.ª, 1966 (1ª ed. 1923), p. 16.

[491] LEON BATTISTA ALBERTI, *op. cit,* p. 377.

[492] Tradução livre a partir de: Leon Battista Alberti, *L'Architettura* [*De Re Aedificatoria*], (texto em latim e tradução ao cuidado de Giovanni Orlandi, introdução e notas de Paolo Portoghesi), Milano, Edizioni Il Polifilo, 1966 (1ª ed. 1485), tomo II, p. 446.

(O caráter absoluto da concinidade albertiana pode parecer – mas não é – estranho ao princípio da discutibilidade do gosto, na medida em que, com o referido dito popular *de que o gosto não se discute*, o que se procura salvaguardar são as diferenças entre sujeitos ajuizadores que, assim, tornariam a beleza uma característica relativa – uma ideia a que Alberti abertamente se opunha – *Estou determinado a eliminar este erro* – foram as suas palavras. Ou, dito de outra maneira, a indiscutibilidade da beleza, proporcionada pela concinidade, precisa do pano de fundo *do discutível* para nele se poder manifestar.)

Respondida a primeira questão – em que consiste a *concinidade*? – como propõe Alberti aspirar ao absoluto que ela representa? O autor delineia-nos dois caminhos habitualmente e no seu tempo concomitantes.

No livro sexto (o livro no tratado inteiramente dedicado ao ornamento *em geral*), a propósito da distinção entre beleza e ornamento – que conduzirá ao já referido aforismo *a beleza é a concinidade* – Alberti coloca a questão do que distinguirá a beleza do ornamento.[493] A beleza faz nascer o *magnífico e divino, raramente*, porém, *concedida, mesmo à própria natureza*, notará Alberti:

> "Quantos jovens[494] belos existem em Atenas! – questiona, citando uma personagem de Cícero – E esse mesmo observador de formas entendia que, naqueles que não aprovava, faltava ou havia a mais alguma coisa que não condizia com as proporções da beleza. Isto foi-lhes conferido, se não me engano, pelos adornos acrescentados, disfarçando e encobrindo o que havia de disforme ou enfeitando e lustrando as partes mais belas, para que as desagradáveis fossem menos chocantes e as agradáveis deleitassem mais."[495]

---

[493] Para acentuar a dificuldade da questão dirá: "*Mas o que são em si mesmos a beleza e o ornamento ou em que se distinguem, talvez com mais clareza o entenderemos na alma do que eu sou capaz de explicar com palavras.*"
LEON BATTISTA ALBERTI, *Da Arte Edificatória* [*De Re Aedificatoria*], op. cit., p. 377.

[494] Por uma questão de apreensibilidade mais imediata, preferimos utilizar o vocábulo "jovens", em substituição da palavra "efebos" escolhida pelos tradutores da versão portuguesa.
LEON BATTISTA ALBERTI, op. cit., p. 378.

[495] LEON BATTISTA ALBERTI, op. cit., p. 377, 378.

O que, muito significativamente, conduz Alberti à seguinte caracterização de ornamento:

> "Assim, se isso for convincente, o ornamento será realmente uma espécie de luz subsidiária da beleza e como que o seu complemento. Daqui penso que se torna evidente que a beleza é como que algo de próprio e inato, espalhado por todo o corpo que é belo; ao passo que o ornato é da natureza do artificial e acrescentado mais do que do inato."[496]

Ora é precisamente esta definição de ornamento que, apesar do seu caráter complementar, a torna um instrumento único e insubstituível da *arte edificatória*,[497] como Mário Krüger nota, ao referir que:

> "Na distinção entre beleza (pulchritudo) e ornamento (ornamentum), Alberti sugere que a primeira se relaciona com a dimensão global da obra e a segunda com a local, na medida em que esta é acrescentada e aquela é inerente ou inata. Em consequência, na sua teoria artística o ornamento assume um valor simultaneamente corretivo e complementar (...)."[498]

Ao tempo, a consideração subsidiária do ornamento teve, evidentemente, várias aplicações. Desde logo permitiu a recuperação – por assim dizer ornamental – dos elementos do mundo formal clássico, muito particularmente, da coluna: "em toda a arte edificatória o principal ornamento consiste sem dúvida nas colunas – afirmava Alberti."[499] Mas não só. As representações ornamentais, à superfície, a coluna, – isto é, a pilastra e a lesena[500] (projeções planas da coluna) – foram certamente permitidas e encorajadas pela ideia de ornamento como elemento complementar e

---

[496] LEON BATTISTA ALBERTI, op. cit, p. 378.
[497] Título da versão portuguesa do tratado.
[498] Ibidem p. 378.
[499] Ibidem, p. 419.
[500] Esta última, uma espécie de ícone da coluna, tão abstrato e bidimensional que, consuetudinariamente, perde a ênfase imprescindível à *coluna*, dispensável à *pilastra* e à *lesena* e absolutamente desnecessária ao *pilar*, particularmente, ao *pilar de secção quadrangular*.

corretivo da construção. Uma importância que, na arquitetura de Alberti, com facilidade, pode confirmar-se na sua obra construída: pense-se nas pilastras que desenham a fachada principal de Sant'Andrea de Mântua ou nas lesenas que conferem ritmo à "contextual" fachada do palácio Rucellai em Florença. Pense-se, ainda, nos inúmeros edifícios antigos com problemas construtivos e estruturais (alguns dos quais tão graves, como a basílica primitiva de São Pedro que ameaçava ruína)[501] que, em paralelo com as ações de reforço estrutural, exigiam, igualmente, operações de redecoro ornamental como forma de dignificar a sua aparência formal, ocultando as marcas infligidas pelo tempo e amenizando os defeitos construtivos que este tinha posto a nu. É precisamente disso que Alberti nos fala quando, após descrever o longo e cuidadoso processo de reforço das paredes laterais da basílica de São Pedro, afirma:

> "E não desprezamos a elegância da obra. Se acaso os muros forem de uma altura descomunal, aplica-lhes cornijas ou secções pintadas que dividam a altura em lugares apropriados. Se, porém, o muro for demasiado comprido, acrescenta-lhes de cima a baixo colunas – [ou pilastras ou lesenas, poder-se-ia também dizer]."[502]

Aquilo que hoje podemos ver e apelidar de estética albertiana[503] apresenta, contudo, mais uma nuance que, na medida em que nos interessa identificar marcas evidentes do seu efeito ressonante, importa sem dúvida considerar. Referimo-nos a uma subdivisão, contemplada pelo próprio Alberti, quanto à origem da energia decorativa emanada pelo ornamento.

> "Aquilo que agrada nas coisas mais belas e mais ornamentadas ou provém da invenção e dos raciocínios do engenho ou da mão do artífice, ou é implantado pela natureza nas próprias coisas. Pertencerá ao engenho a escolha, a distribuição, a disposição e outras ações do mesmo

---

[501] Cf. Ibidem, p. 690.
[502] Cf. Ibidem, p. 690, 691.
[503] A teoria artística de Alberti nas palavras de Mário Krüger.

teor que à obra possam conferir dignidade; à mão do artífice pertencerá acumular, aplicar, desbastar, talhar em redor, polir e outras ações do mesmo teor que à obra possam conferir graciosidade; atributos implantados nas coisas pela natureza serão o peso, a leveza, a densidade, a pureza, a resistência ao envelhecimento e outras qualidades semelhantes que à obra conferem admiração. (...)"[504]

Ou seja, em si mesmo, o ornamento pode ter atributos inatos que lhe são conferidos pela dimensão conatural do material, ou, em alternativa, o ornamento pode, por iniciativa e engenho humanos, adquirir um estatuto artificial, comparável ao do fabrico de artefatos humanos.

Ultrapassada a beleza inata de uma qualquer obra, o material base do ornamento, na medida em que foi extraído em bruto à natureza (a pedra, por exemplo), transporta desde logo consigo – e sem mais intervenções – uma parte ornamental, potencialmente bela (ou *graciosa*, nas palavras de Alberti) cujos atributos lhe foram infligidos pela natureza: *o peso, a leveza, a densidade a pureza, a resistência ao envelhecimento e outras que conferem admiração* – isto é, por hipótese, o veio do mármore, não por acaso, apelidado *pedra ornamental*.

Afirmámos ao início que a teoria arquitetónica de Alberti nos punha à disposição dois caminhos distintos em direção à *venustas* habitualmente e no seu tempo concomitantes. O primeiro – perceber-se-á agora melhor que ao início – é o domínio do inato, isto é: a obra no que possui de imprescindível à sua auto-sustentação é bela sem precisar de mais cosmética. É o caminho mais raro, mais "natural" e, por isso, também, mais difícil de perseguir e alcançar: é, na nossa perspetiva, o caminho da mestria e do génio. O segundo é o do ornamento, isto é, um atributo complementar da beleza, acrescentado à obra pura, não inato e artificial. É um caminho extraordinariamente importante à praxis edificatória porque permite *emendar a mão* durante o decurso da obra. É extremamente humano, aberto ao reconhecimento do erro e potenciador do aperfeiçoamento: é na nossa perspetiva o caminho da acumulação da experiência

---

[504] LEON BATTISTA ALBERTI, *op. cit.*, p. 383.

e da partilha dos conhecimentos adquiridos ao longo dos séculos, numa palavra, é a própria tradição.

Aliás, se – como proporemos – ornamento e decoração puderem ser considerados as duas faces da mesma moeda, o duplo significado do verbo decorar (simultaneamente querendo dizer ornamentar e fixar) terá certamente origem nesta ambiguidade de que ornamentar significa *saber de cor* e repetir o cânone fixado pela tradição, sem esquecer – como lembrou Siza – *que repetir nunca é repetir*.[505]

\*

Abordada a natureza do ornamento na teoria albertiana, valerá a pena analisar como na prática ela foi aplicada na obra construída do autor.

Observem-se os seguintes aspectos no Palácio Rucellai construído em Florença entre 1446 e 1451: i.) a sua fachada inacabada; ii.) a plausível relação deste fato com a praça que enquadra o palácio conferindo-lhe importância, dignidade e, sobretudo, escala; iii.) pense-se, por fim, no estranhamento que, um século depois, a solução albertiana continuava a provocar quando Giorgio Vasari *o jovem* (1562-1625) ousou desenhar uma versão "alternativa" – acabada – para a fachada do palácio Rucellai. Nela corrigiu a assimetria motivada pelo inacabamento da obra, talvez interpretando-a enquanto *acidente de percurso* no encontro do projeto ideal de Alberti com a realidade concreta da cidade. (Fig. 1 e 2)

Reflita-se, com mais empenho, sobre o estranhamento de Vasari *o jovem* perante o projeto semiconstruído de Alberti que terá conduzido à sua *proposta corretiva* para o palácio Rucellai (*proposta corretiva* na medida em que a sua ideia retoma e mantém os mesmos elementos compositivos que caracterizam a proposta albertiana: a lesena, o entablamento, a janela de dois lumes, o simulacro da estereotomia da pedra que desenha o pano de fundo da fachada, etc.). A sua alteração processa-se fundamentalmente a dois níveis: i.) ao nível da dimensão do módulo base usado na

---

[505] ÁLVARO SIZA, "*Repetir nunca é repetir*" em *Imaginar a Evidência*, Lisboa, Edições 70, 1998, p. 15.

composição da fachada; e ii.) ao nível do regime da alternância adotado entre módulos com, ou sem porta, isto é, o que no projeto *ideal* (mas construído) de Alberti se traduz na modulação a-a-b-a-a-b-a-***a'*** (em que ***a'*** é um módulo *a* virtual – iniciado, mas não completamente terminado) tem correspondência, no projeto *idealizado* (mas não construído) de Vasari *o jovem,* na modulação a-b-a-a-a-b-a (em que *a* é um módulo com porta e *b* sem porta).

Independentemente da validade e das razões que explicam a proposta alternativa (estaria o autor incrédulo quanto à qualidade da proposta albertiana? pensaria que, inacabada, teria perdido a sua *concinidade*?) a verdade é que Vasari *o jovem* continua a equacionar o ornamento a partir dos mesmíssimos princípios de Alberti: isto é, como instrumento potencialmente corretivo e enquanto recurso secundário, não inato, capaz de restituir a beleza, na perspetiva de Vasari *o jovem*, perdida. Ou seja, não só os elementos compositivos são os mesmos – as lesenas, os entablamentos, o almofadado, etc., como o efeito pretendido – a beleza através do ornamento superficial da fachada –, os instrumentos desse efeito – o ritmo, a modulação e a proporção – e a estratégia global do desenho do alçado – em três estratos com ordens de lesenas sobrepostas – são precisamente os mesmos (a proposta de Vasari *o jovem* é na verdade um redesenho *idealizado*, enquanto a de Alberti, na medida em que permaneceu inacabada, um desenho *ideal*).

Regresse-se, todavia, à proposta do próprio Alberti – que, como refere Domingos Tavares,[506] reveste a parede neutra do palácio numa relação com o seu interior não determinante – e reconheça-se como, nela, a prioridade é dada à relação com a cidade e à sua dimensão pública – representada na praça e na *loggia* Rucellai – aí residindo precisamente a sua singularidade e, talvez, até, uma das suas principais qualidades.

A dimensão ornamental deste projeto surge, assim, por duas vias: a.) no desenho de pormenor dos elementos ornamentais envolvidos na composição, isto é, nomeadamente, na conceção dos temas formais

---

[506] DOMINGOS TAVARES, *Leon Baptista Alberti, teoria da arquitetura*, Porto, Dafne, 2004, p. 101.

que desenham os capiteis de ordens sobrepostas que percorrem toda a fachada; b.) mas, também, no conjunto resultante que é a fachada do palácio que surge delineada de acordo com uma modulação precisa, na qual *repetição* e *diferença* se constituem enquanto materiais do projeto de arquitetura e da arquitetura da cidade: a repetição resultado da reprodução de módulos enquadrados por lesenas e entablamentos; e a variação dada pela opção no piso térreo: entre i.) porta ou ii.) janela encimada por soco-banco junto ao chão.

Em suma, na proposta de Alberti, em qualquer dos casos referidos, – a.) mera composição ornamental da superfície da fachada e b.) desenho "desejável" da cidade a partir dessa composição "inacabada" – o ornamento é usado como atributo complementar à obtenção da beleza. Assim sendo, porém, o que distingue as duas propostas e, sobretudo, qual a mais bela? Na nossa perspetiva, é evidente, a proposta de Alberti. Não só, nela, a concinidade é mais complexa – parte (palácio) e todo (cidade) foram tornados inseparáveis – como é igualmente mais completa – a concinidade do palácio e a concinidade da cidade foram inextricavelmente implicadas uma na outra. Uma observação de outro ângulo poderá todavia inclinar-se para a solução acabada de Vasari *o jovem*, aparentemente mais conseguida, ou seja, menos problemática do que a "inacabada" de Alberti. Esta inclinação, contudo, ao retirar da *concinidade albertiana* dois elementos – a praça e a *loggia* Rucellai – altera *para pior* a solução global do projeto da fachada do palácio Rucellai.


## 2. Adolf Loos: ornamento clássico

Durante os quatro séculos seguintes, e apesar da estética albertiana muitas vezes, e por longos períodos, ter sido posta em causa, a sua visão do ornamento permaneceu crucial em todos os desenvolvimentos futuros, mais ou menos clássicos. No Maneirismo, o ornamento afastou-se da tradição e adquiriu o estatuto de *marca de água* do artista. No Barroco, foi elevado à categoria de beleza primordial ao nível da *venustas* inata. No Romantismo, procurou outras origens – *não-clássicas*. No Neoclassicismo um *novo* regresso às origens – clássicas. E com a Arte Nova e os artistas da Secessão a procura, por fim, de um *novo ornamento moderno*.

Adolf Loos nasce, assim, no fim de um longo ciclo que encontra na industrialização acelerada do final do século XIX e nas revolucionárias vanguardas artísticas do início do século XX os ingredientes de uma radical transformação que se anuncia.

Adolf Loos é habitualmente responsabilizado pela morte do ornamento clássico. Nesta atribuição – a nosso ver claramente exagerada – valoriza-se uma leitura sectária e finalista do seu, não por acaso, mais célebre escrito – *Ornamento e Delito* – refira-se, muitas vezes erroneamente pronunciado *Ornamento é delito*.[507] Neste texto de 1908 – admito – Loos avançou com uma denúncia – não contra todo o ornamento, como habitualmente se diz – mas contra o ornamento *estéril e inútil*. Como refere Aldo Rossi, para Loos, "o ornamento é delito, não por moralismo abstrato, mas antes quando se revela uma forma de idiotez, de degeneração, de repetição inútil."[508]

Refira-se que, também neste ponto, é possível estabelecer um paralelo com Alberti na sua crítica do ornamento como meio de ostentação:

> "(...) Com o crescimento do império cresceu tanto o luxo (...) na cidade que (...) houve alguém da família dos Gordianos que construiu uma casa na via Prenestina com duzentas colunas com o mesmo fuste e igual tamanho, cinquenta das quais (...) mumídicas, cinquenta claudianas, cinquenta simíades [e] cinquenta tisteias. E que dizer em relação àquilo que Lucrécio menciona? Pela casa havia estátuas de ouro. Que na mão direita seguravam tochas acesas, para darem luz aos banquetes noturnos. A que propósito vem isto tudo? A fim de que, com o exemplo deles, eu fundamente aquilo que em outro lugar dissemos: que agrade aquilo que é à medida da dignidade de cada um. E se me ouvires,

---

[507] ADOLF LOOS, *"Ornamento y Delito"* (*"Ornament und Verbechen"*, Conferência de 1908, primeira edição desconhecida, publicado em *Caibers d'aujourd'hui* em 1913, publicado no Frankfurt Zeitung em 1929) in *Escritos I* (Adolf Opel, Josep Quetglas, eds.), Madrid, El Croquis Editorial, 1993, p. 346-355.

[508] ALDO ROSSI, *"La Arquitetura de Adolf Loos"* in Benedetto Gravagnuolo, *Adolf Loos, teoria y obras*, Madrid, Nerea, 1988 (1.ª ed. 1981), p. 15.

prefiro que, nos edifícios privados, aos mais ricos falte alguma coisa que contribua para o ornamento, a que os mais pobres e mais poupados critiquem o luxo dos ricos (...). E, embora declarando que devem ser censurados aqueles que excedem os limites, considero, todavia, dignos de maior censura aqueles que edificarem com tão grandes gastos (...) que as suas obras não possam ser ornamentadas (...)"[509]

Isto é, para Alberti – como para Loos – o ornamento criticável é o ornamento inútil (e Loos também constrói a sua crítica a partir do excesso e do desperdício), mas, porém no final, para Alberti – como também para Loos – uma das razões para evitar o excesso é justamente dar lugar ao ornamento (como parece plausível, desejavelmente, também não excessivo).

A não ser assim – isto é, se Loos estivesse de fato *contra todo o ornamento* – que sentido dar às suas igualmente afirmativas declarações a favor do ornamento, em especial clássico:

"A nossa educação baseia-se na formação clássica. Um arquiteto é um pedreiro que estudou latim. Os arquitetos modernos parecem contudo ser esperantistas. O ensino do desenho deve nascer do ornamento clássico."[510]

"E, por isso, pensamos que o arquiteto do futuro deverá ter uma formação clássica. Com efeito, pode-se desde logo afirmar que, de entre todas as profissões, a arquitetura será a que exige a mais rigorosa instrução clássica. Mas, por outro lado, para se ajustar às necessidades materiais do seu tempo, ele deverá [também] ser um homem moderno."[511]

Ou seja, para Loos o ornamento clássico está moribundo, mas não morto. Fará tão pouco sentido mantê-lo nesse estado de letargia agonizante, como assassiná-lo. A saída para este impasse – que constitui a principal encruzilhada que indicará o caminho à arquitetura do Movimento

---

[509] LEON BATTISTA ALBERTI, op. cit., p. 574, 575.
[510] ADOLF LOOS, "*Ornamento y Educacion, Respuesta a una Encuentra*" ("*Ornament und Erziehung*" originalmente publicado na *Wohnungskultur*, n.º 2/3, 1924) in *Escritos II* (Adolf Opel, Josep Quetglas, eds.), Madrid, El Croquis Editorial, 1993, p. 218.
[511] ADOLF LOOS, "*La Vieja Tendencia y la Nueva en el Arte de Construir*", p. 125.

Moderno – na sua perspetiva, só poderá ser uma de duas. O ornamento clássico, ou não tem substituto moderno (a sua tese em *Ornamento e Delito*), ou só encontrará substituto quando representar um avanço (a sua tese aperfeiçoada em *Ornamento e Educação*):

> "Não há mudanças conscientes? questiona – Também existem. Os meus alunos sabem que é possível uma mudança sempre e quando ela implique um aperfeiçoamento da forma antiga. (...) As novas descobertas produzem grandes ruturas na tradição, na construção tradicional."[512]

Apesar desta ideia, Loos salvaguarda duas importantíssimas condições. Primeira: que o ornamento sincero dos artesãos seja salvaguardado – o sentido da sua pequena história sobre o sapateiro (que ficaria infeliz se lhe encomendarmos um par de sapatos sem "furinhos", ainda que com um honorário maior). Segunda: que a progressiva desornamentação dos artefatos e da arquitetura (implícita na sua teoria do ornamento) não se transforme em mais uma roupagem estilística (*com estilo queriam dizer ornamento* – criticava Loos os que lamentavam que a sua época não tivesse um estilo).

Se tivermos razão, Loos não prescinde do ornamento na sua teoria da arquitetura. Mas mais, ao mesmo tempo que para ele o ornamento é clássico, a desornamentação só fará sentido se for progressiva, isto é, quando não impedir a felicidade do artesão e representar um aperfeiçoamento. Por outro lado, a transformação do ornamento clássico segue esta última regra. Por isso, como os romanos foram capazes de aperfeiçoar a ordem dórica grega dotando-a de base – assim criando a ordem dórica romana – ou aperfeiçoar todas as ordens clássicas dotando-as de pedestal (sempre que a escala o exigisse), também Loos propõe o seu

---

[512] Noutra edição, esta afirmação de Loos surge com a seguinte formulação, porventura, mais elucidativa:
"*Mis alumnos saben que es possible un cambio siempre y cuando implique un perfeccionamiento en la forma antigua*". Isto é: "*Os meus alunos sabem que é possível uma mudança sempre e quando ela implique um aperfeiçoamento da forma antiga*".
ADOLF LOOS, "*El Arte Popular ("Heimat Kunst)*" in Adolf Loos, *Ornamento y Delito y Otros Escritos*, p. 235.

aperfeiçoamento: a coluna dórica grega – sem base e – monumentalizada através de um pedestal com a escala da cidade corrente – a sua proposta de arranha-céus para o concurso do Chicago Tribune.[513]

## 3. Ernesto Nathan Rogers: ornamento moderno

Se perscrutarmos mais ressonâncias albertianas a este propósito, à medida que nos afastamos do século XIX e de Adolf Loos, deparamo-nos com uma dificuldade crescente em encontrar autores-arquitetos para quem este problema permaneça crucial e decisivo. Ernesto Nathan Rogers constitui porém, deste e de outros pontos de vista, uma extraordinária exceção à regra. Para este autor, sem ornamento não há decoração, ao mesmo tempo que sem a sua *energia* não há arquitetura.

> "O ornamento é a exteriorização formal da energia decorativa, em todas as suas aceções, como a palavra na poesia; os frisos são só um dos aspetos desta exteriorização e ocupam um lugar análogo ao da rima nos poemas.
> Muitos são os que pensam que a arquitetura moderna não requer decoração porque carece de frisos. Reequacionando algumas das qualidades essenciais da decoração e alguns dos seus porquês, pode-se captar com maior profundidade o espírito arquitetónico em geral e o moderno em particular.
> A luz de um cristal não pode ser isolada da sua forma; a decoração é um aspeto congenial da arquitetura. Não se pode ter energia sem matéria; da mesma maneira não se pode ter decoração sem ornamento. Os frisos, os arabescos e as modinaturas são instrumentos do ornamento, mas um contraponto de planos curvos, uma parede branca, uma textura de tijolo à vista, uma superfície monocromática, são formas igualmente válidas de decoração."[514]

---

[513] A propósito deste enigmático projeto, Rossi sugere que "*a forma que já não é geometria ou simples função* (...) *é* – em Loos – *usada como elemento de composição* (...)."Na nossa perspetiva, o projeto para o Chicago Tribune apenas confirma a natureza albertiana do ornamento na arquitetura do autor.
ALDO ROSSI, "*La Arquitetura de Adolf Loos*", p. 15.

[514] ERNESTO NATHAN ROGERS, *Experiencia de la Arquitetura* (*Esperienza dell'architectura*), Buenos Aires, Ediciones Nueva Visión, 1965 (1ª ed. 1958), p. 81.

Se – como pensamos – Rogers tiver razão, o ornamento como recurso foi atualizado pela abstração de uma parede pintada, na qual a cor é o ornamento e a decoração a sua exteriorização formal. E, significativamente, sem prescindir da ideia albertiana de ornamento, bem como das condições impostas por Loos para a sua supressão:

> "A orquestração, a medida, a relação recíproca destes instrumentos constitui a atividade específica da decoração, do mesmo modo que as relações entre os instrumentos práticos (materiais e medidas físicas) são atos de energia construtiva. A decoração interpreta os instrumentos práticos e confere-lhes validez estética no tempo."[515]

Ou seja, materiais e medidas físicas – i.e. os *atos de energia construtiva* – constituem a beleza primária e inata, na aceção de Alberti, enquanto a orquestração, a medida e a sua relação recíproca – i.e. *a decoração* – constituem o ornamento enquanto beleza complementar e subsidiária, também na aceção de Alberti (refira-se, a propósito, a coincidência da *medida* enquanto variável comum da *beleza inata* e do *ornamento*). A diferença, porém, é que para Rogers *um contraponto de planos curvos, uma parede branca, uma textura de tijolo à vista, uma superfície monocromática, são formas igualmente válidas de decoração* – ideia que clarifica a posição aparentemente contraditória de Loos ao defender, simultaneamente, a supressão do ornamento e o ornamento clássico.
A este propósito Rogers sublinhará a importância da tradição, em consonância com o ponto de vista de Loos:

> "Enquanto as formas construtivas surgem da interpretação puramente técnica, a decoração estabelece uma tradição, sem se preocupar criticamente com a justificação das formas."[516]

> "Preferimos antes uma decoração que exalte o objeto na sua dimensão real: que um copo seja um copo e uma cidade uma cidade. Isto

---

[515] ERNESTO NATHAN ROGERS, op. cit., p. 81.
[516] Ibidem, p. 82, 83.

não significa sacrificar o objeto mas expressar a sua realidade sem analogias nem alegorias. Quando, há cinquenta anos, Adolf Loos escreveu *Ornamento e Delito*, o aspeto delituoso do ornamento identificava-se com a aberração voluntária das características do objeto (por uma fuga analógica ou por uma extrapolação alegórica). Hoje, quando rebocamos um muro, estamos a ornamentar intencionalmente e a assinalar o valor essencial do plano da parede; um muro de tijolo à vista, ainda que sem frisos, não é menos decorativo: o desenho regular, o tom natural do tijolo, o seu valor táctil pode possuir uma forte tensão expressiva. Para nós é suficiente, para a coerência da nossa linguagem, que a ação decorativa – ainda que livre na escolha do ornamento – não distorça o caráter dos objetos, mas antes, ajude a expressá-lo e a exaltar o seu significado."[517]

Nas épocas coletivas, arquitetura e decoração tendem a um equilíbrio e a um classicismo; cliente e artista sacrificam-se então perante uma conceção objetiva da obra de arte, cuja beleza perfeita é, para dizer como Winckelmann, *como a água pura que não tem nenhum sabor particular*.[518]

Ao atualizar o problema do ornamento antigo através da ideia de decoração moderna, Rogers empreende a mais significativa operação de resgate em relação à ideia albertiana de ornamento. O autor não fala explicitamente nas características do ornamento albertiano.[519] Porém, a sua

---

[517] Ibidem, p. 89, 90.

[518] Ibidem, p. 89.

[519] Rogers identifica três possibilidades para enfrentar o problema da decoração. A primeira *"consiste em negar através do ornamento a realidade construtiva, criando surpresas e ilusões"* (o Barroco). A segunda, *"pelo contrário, tende a exaltar expressivamente, através do ornamento, a realidade construtiva enfatizando os seus elementos (Brunelleschi, Francesco di Giorgio, etc.)."* A terceira, *"dialeticamente entre as outras duas, procura através do ornamento exteriorizar a obra de arte, não apenas na sua dimensão objetiva e estrutural, mas desdobrando o tema e, com frequência, idealizando-o literariamente. O espírito místico de um templo egípcio está implícito na disposição da planta; a organização social de Roma pode reconstruir-se a partir da distribuição urbana do fórum ou da estrutura da casa de Pompeia: se a cada função da arquitetura corresponde um determinado organismo, quer dizer, uma determinada lógica, parece claro, em relação a este terceiro ponto de vista, que o espírito da obra, a sua função histórica, o seu sentimento ético, são explicáveis pelo ornamento."*
A última hipótese é claramente a preferida de Rogers, ainda que, como ele próprio reconhece, contenha os seus perigos (a Fontana de Trevi) e também as suas obras-primas (o Partenon).
ERNESTO NATHAN ROGERS, op. cit., p. 84, 85.

leitura das várias saídas para o problema da decoração, não deixa margem para dúvidas: a energia decorativa de Rogers é o ornamento de Alberti.

Poder-se-ia, agora, analisar as ressonâncias albertianas num arquiteto ativo hoje. Isto é, cremos que estarão agora reunidas as condições para as dar a ver, na teoria e na prática, num arquiteto como Giorgio Grassi. Ficará, porém, para outra ocasião.

Fig. 1 - WILHELM LÜBKE, MAX SEMRAU, Desenho do Palazzo Rucellai (de acordo com a realidade construída por Alberti), 1908.
Fonte: http://commons.wikimedia.org/wiki/File:Rucellai.jpg?uselang=it

Fig. 2 - GIORGIO VASARI IL GIOVANE, Desenho do Palazzo Rucellai (versão "alterada e corrigida" pelo autor), 1600 aprox. *Fonte:* © *Firenze, Gabinetto Disegni e Stampe degli Uffizi (inv. n.º 4937 A)*

# DE ALBERTI AOS CIAM: EM DIREÇÃO A UMA ABORDAGEM HUMANISTA DO ENSINO DA ARQUITETURA E DO HABITAT

Gonçalo Canto Moniz, Nelson Mota

**Resumo**

No final da década de 1940, a obra e o pensamento de Leon Battista Alberti são revisitados por uma nova geração de arquitetos e historiadores que pretendem repensar a arquitetura moderna a partir da sua relação com o Homem. Esta geração envolve-se num debate sobre a arquitetura onde se exploram outros caminhos na procura de uma abordagem disciplinar mais humanista, suportada por um novo paradigma, o humanismo moderno.

Num primeiro momento, este artigo pretende identificar a origem desta nova abordagem, nomeadamente a partir de uma leitura crítica a uma obra chave, o livro *Architectural Principles in the Age of Humanism*, publicado em 1949 pelo historiador de arte Rudolf Wittkower (1901--1971). Num segundo momento, interessa analisar o impacto que o humanismo moderno teve nos debates internacionais sobre arquitetura na década de 1950, concretamente nos CIAM e na fundação do grupo que viria a ser conhecido como TEAM 10, tanto na construção de um ensino humanista como de uma arquitetura humanista. Num terceiro momento, verifica-se que este debate teve também desdobramentos na Escola Superior de Belas Artes do Porto, através da ação dos seus jovens docentes, tanto na prática pedagógica, como na prática profissional. Deste modo, pode-se estabelecer uma ponte entre o humanismo albertiano e a construção de uma forma de pensar, de ensinar e de fazer arquitetura na Escola do Porto, que foi fundamentalmente protagonizada por Fernando Távora e Octávio Lixa Filgueiras.

Arquitetura; Alberti; Humanismo; CIAM; Escola do Porto

**Résumé**

À la fin des années 1940, le travail et la pensée de Leon Battista Alberti sont revisités par une nouvelle génération d'architectes et d'historiens qui souhaitent repenser l'architecture moderne de sa relation avec l'homme. Cette génération prend part à un débat sur l'architecture où s'explorent d'autres chemins à la recherche d'une approche plus humaniste de la discipline, soutenue par un nouveau paradigme, l'humanisme moderne.

Initialement cet article est d'identifier l'origine de cette nouvelle approche, en particulier à partir d'une lecture critique d'un ouvrage clé, *Architectural Principles in the Age of Humanism*, publié en 1949 par l'historien d'art Rudolf Wittkower (1901-1971 ). Deuxièmement, il est intéressant d'analyser l'impact que l'humanisme moderne avait dans les discussions internationales sur l'architecture dans les années 1950, en particulier dans le CIAM et dans la fondation du groupre Team 10, à la fois dans la construction d'une éducation humaniste comme d'une architecture humaniste. Troisièmement, il semble que ce débat a également eu des répercussions à l'École des Beaux-Arts de Porto, par l'action de leurs jeunes enseignants, tant dans la pratique de l'enseignement, comme dans la pratique professionnelle. Ainsi, on peut établir un pont entre l'humanisme albertienne et la construction d'une façon de penser, d'enseigner et de faire de l'architecture à l'École de Porto, qui a été principalement réalisée par Fernando Távora et Octavio Lixa Filgueiras.

Architecture; Humanisme; Alberti; CIAM; École de Porto

**Abstract**

In the late 1940s, Leon Battista Alberti's work and thinking were reconceptualised by a new generation of architects and historians that aimed at reconciling Man and modern architecture. Indeed, this generation triggered an architectural debate that pursued a more humanistic approach to architecture, supported by a new paradigm, modern humanism.

The first part of this article aims at identifying the background against which this new approach came about, through a critical review of a key work, the book *Architectural Principles in the Age of Humanism*, published in 1949 by the art historian Rudolf Wittkower (1901-1971). Then, the article discusses the extent to which the idea of modern humanism influenced the international architectural debate in the 1950s on architectural education and design, especially in post-war CIAM and in the outset of Team 10. Finally the article examines the impact of this debate in Porto's School of Fine Arts, through the performance of its young teachers, both in their educational approach as well as in their professional practice. The article concludes that there is a bridge between Alberti's humanism and the construction of a new way of architectural thinking, teaching and designing at the School of Porto, which was chiefly built up by Fernando Távora and Octávio Lixa Filgueiras through their interpretations of the idea of modern humanism.

Architecture; Humanism; Alberti; CIAM; School of Porto

## *De re aedificatoria* e o movimento moderno

O discurso albertiano, nomeadamente aquele que fixou no *De re aedificatoria*, construiu um novo paradigma arquitetónico sobre os escombros da Idade Média. Pretendia edificar um mundo novo, ordenado e racional, a partir dos elementos da Antiguidade clássica. Este novo mundo destinava-se também a um homem novo. Em meados do século XX, numa época de crise política mas também disciplinar, o legado albertiano foi recuperado com o objetivo de refundar a arquitetura e a cidade, mas principalmente com o objetivo de reestabelecer a relação entre a arquitetura e o homem. O fim da 2ª Guerra Mundial gerou precisamente esta vontade de recolocar o problema da arquitetura e da própria sociedade. Neste contexto, assiste-se a uma reforma das instituições, do pensamento hegemónico e, claro, da arquitetura. Se as Nações Unidas redigem a Carta dos Direitos Humanos (1948), na arquitetura multiplicam-se as Declarações que exigem uma nova forma de pensar e de agir - nos CIAM (Congressos Internacionais de Arquitetura Moderna), no Congresso Nacional dos Arquitetos (1948) ou mesmo nas Escolas de Arquitetura, tanto portuguesas como internacionais.

A reorientação dos CIAM a partir de 1947, no CIAM VI, o primeiro depois da guerra, espelha esta vontade de reformular os postulados do movimento moderno, nomeadamente da sua própria Carta de Atenas (1933). É neste espaço de debate que se encontram os arquitetos portugueses da nova geração, entre eles Fernando Távora, com os seus congéneres ingleses, holandeses e italianos, com particular destaque para Peter e Alison Smithson, Aldo van Eyck, Giancarlo de Carlo. Esta nova geração irá questionar alguns dos princípios fundadores dos CIAM e fundar um novo grupo, o TEAM 10, empenhado numa abordagem mais humanista da arquitetura, bem patente no manifesto de Doorn e significativamente influenciada pelo livro que retoma explicitamente o pensamento albertiano para a contemporaneidade: *Architectural Principles in the Age of Humanism* (1949) de Rudolf Wittkower. O processo de humanização da arquitetura moderna no final dos anos 40 desenvolve-se em diversos palcos, mas é nos CIAM que as diversas perspetivas se confrontam, nomeadamente a portuguesa e a inglesa.

## O regresso ao humanismo

A presença do discurso albertiano no debate moderno, da arquitetura moderna, é pontual e acontece principalmente no final da década de 40 com o regresso aos clássicos para reencontrar os fundamentos da arquitetura.

É claro, que podemos associar aspetos do discurso moderno ao discurso de Alberti, como sugere Mário Krüger através de Le Corbusier, mas só com Wittkower e Colin Rowe se aposta efetivamente no regresso de Alberti, de Palladio e mesmo de Vitrúvio. De fato, é na segunda metade do século XX que, ainda segundo Krüger, se concentram a grande maioria das traduções da obra de Alberti, nomeadamente em inglês, 1955; em checo, 1956; em polaco, 1960; em italiano e latim, 1966[520].

De fato, a influência do texto fundacional de Alberti, *De re aedificatoria*, foi precedida pela publicação, em 1949, do livro de Rudolf Wittkower com o título *Architectural Principles in the Age of Humanism* e do texto do seu discípulo, Collin Rowe, *The Mathematics of the Ideal Villa* (1947), ambos investigadores do Warburg Institute. O texto de Wittkover conquista a atenção dos arquitetos, tanto dos profissionais como dos diletantes e principalmente dos mais jovens, que veem aqui a possibilidade de renovação da arquitetura moderna e um contributo para a redefinição dos princípios arquitetónicos. Atestando este interesse, numa carta para o editor do *RIBA Journal* publicada em fevereiro de 1952, Alison e Peter Smithson escreviam que o "Dr. Wittkower is regarded by the younger architects as the only art-historian working in England capable of describing and analysing buildings in spatial and plastic terms, and not in terms of derivations and dates"[521].

---

[520] Cf. MÁRIO KRÜGER, "A Receção ao Da Arte Edificatória", em Leon Battista Alberti, *Da Arte Edificatória*, Lisboa, Fundação Calouste Gulbenkian, 2011, pp. 75–129

[521] ALISON SMITHSON & PETER SMITHSON, "Correspondance: Architectural Principles in the Age of Humanism", em *The Journal of the Royal Institute of British Architects*, n.º 59(4), 1952, p.1.

## *Charte de l'Habitat*: "A cidade é uma casa em ponto grande"

No final de janeiro de 1954, seis jovens membros dos grupos CIAM Holandês e Inglês encontraram-se em Doorn, na Holanda. Neste encontro, foi elaborado o famoso *Manifesto de Doorn*, onde esta nova geração de membros do CIAM criticava os seus "pais espirituais", Le Corbusier, Gropius e Giedion. Estavam especialmente interessados em sublinhar a inadequação dos princípios da Carta de Atenas, argumentando que "Urbanism considered and developed in the terms of the Charte d'Athene [sic] tends to produce 'towns' in which vital human associations are inadequately expressed."[522]

O grupo era explicitamente contra a ideia de uma avaliação do ambiente construído através da lógica das quatro funções propostas na Carta de Atenas, que não considerava outros "campos ecológicos" para além de cidades. Em vez do determinismo funcional, eles argumentaram que era necessário ter em consideração a comunidade como um todo, independentemente do seu tamanho. Cada comunidade deveria ser vista como um "complexo total e único". O resultado desta nova abordagem metodológica foi a definição do conceito de "escalas de associação", inspirada pela "Valley Section", um esquema proposto no início do século XX pelo sociólogo Patrick Geddes.[523]

Uma das consequências mais marcantes desta proposta, foi uma mudança deliberada de uma abordagem universalista, a Carta de Atenas, para uma outra mais preocupada com a "atmosfera" específica, como Peter Smithson lhe chamava, que deveria ser a base para a criação da *Charte de l'Habitat*. Este grupo de jovens membros dos CIAM também criticavam a separação entre arquitetura e planeamento urbano, que tinha sido incorporada no discurso entre guerras do CIAM. "In the past of CIAM", Smithson argumenta, "[there was] too much dualism between

---

[522] AA.VV., *Statement on Habitat*, em Doorn Meeting. Doorn. 1954. NAi - BAKEg26

[523] Para mais informação sobre Patrick Geddes e o Team 10 Cf. V.M. WELTER, "In-between space and society. On some British roots of Team 10's urban thought in the 1950s", em Max Risselada & Dirk van den Heuvel, eds. *Team 10 1953-81. In search of a Utopia of the present*. Rotterdam, NAi Publishers, 2005, pp. 258–263.

house and city, without realising the interrelation"[524]. Peter Smithson foi, juntamente com seus futuros companheiros do TEAM 10, chamando a atenção para uma nova compreensão da disciplina, que deveria ser apoiada pela ideia de relacionamento entre as diversas componentes do ambiente construído. Esta abordagem evoca a famosa frase de Alberti, já sugerida por Platão, que estabelece que "a cidade é uma casa em ponto grande e, inversamente, a casa é uma cidade em ponto pequeno"[525], trazendo desta forma, na década de 1950, uma importante contribuição para uma mudança de paradigma disciplinar.

## A influência de Alberti no CIAM e no Team 10

Alguns anos depois, em dezembro de 1954, no texto com as instruções para os grupos nacionais para as comunicações a apresentar no congresso CIAM 10, a Comissão Organizadora pediu que os grupos apresentem os seus projetos para um habitat humano ideal, "reconhecendo e explorando a realidade da suas várias situações". Estes projetos deverão ser apresentados de acordo com as escalas de associação inspiradas na *Valley Section* de Geddes, "Metrópole", "Cidade", "Aldeia", e "Campo", que são também conhecidas como "símbolos de uma série muito mais complexa de relacionamento."[526]

Tanto a ideia das escalas de associação, como a atenção à circunstância particular, acarinhados neste momento pela geração mais jovem, tem eco numa parte do *De re aedificatoria* de Alberti. Este aspeto, contudo, foi ignorado por Wittkower. No entanto, o paralelismo entre o humanismo de Alberti e a tentativa de encontrar na década de 1950 uma alternativa para a abordagem mecanicista da ortodoxia moderna no período de entre-guerras, parece-nos merecedora de mais atenção. No seu tratado, Alberti define claramente que "a edificação consta de seis partes, a saber:

---

[524] AA.VV. *Notes from first meeting*, em Team 10 Meeting, Door, 1954. NAi - TTEN7
[525] LEON BATTISTA ALBERTI, *Da Arte Edificatória*, Lisboa, Fundação Calouste Gulbenkian, 2011, Livro I, cap. IX, p. 157. Introdução, notas e revisão disciplinar de Mário Krüger, tradução de Espírito Santo.
[526] TEAM 10, *Draft Framework 5 - CIAM X - Instructions to Groups*. In CIAM 10, 1954.

a região, a área, a compartimentação, a parede, a cobertura, a abertura"[527].

Assim, os elementos de que todo o edifício é composto são: *regio* (os arredores do edifício), a *area* (o local da construção), *partitio* (partição), *paries* (parede), *tectum* (telhado ) e *Apertio* (abertura).

Os descritores de Alberti para sistematizar as partes da edificação parecem estar visivelmente assumidos nos famosos *5 Points d'une Architecture Nouvelle*, publicado originalmente por Le Corbusier e Pierre Jeanneret em 1927[528]. Na sua primeira publicação em alemão, Le Corbusier argumentou que esta "Nova Arquitetura" foi estabelecida contra a arquitetura do passado, alegando que "Il ne ici demeure plus rien des enseignements à la lettre des écoles", e que "Il ne rest, plus rien de l'architecture ancienne."[529] Apesar deste confronto, tanto quanto sabemos, Le Corbusier nunca se referiu a Alberti como fonte ou referência para os seus manifestos e outros escritos. No entanto, com exceção do descritor *regio* (região) de Alberti, Le Corbusier e Pierre Jeanneret seguirão à risca os outros descritores de Alberti na formulação dos *Points d'une Architecture Nouvelle*[530].

Contudo, o descritor de Alberti que não foi considerado por Le Corbusier e Jeanneret nos "5 Points", região, aparece mais tarde como a primeira cláusula de um outro importante manifesto, a Carta de Atenas. Neste texto podemos observar, mais uma vez, uma certa familiaridade entre o conceito empregue por Le Corbusier e o de Alberti. Na verdade, para o último, região era tanto atmosfera envolvente do edifício como os aspetos geográficos em torno do lugar, enquanto que para o primeiro, *La Région* era um "ensemble économique, social et politique."[531]

---

[527] LEON BATTISTA ALBERTI, *op.cit.*, Livro I, cap. IX, p. 147.

[528] WERNER OECHSLIN, "5 Points d'une Architecture nouvelle", em JAQUES LUCAN (ed.), *Le Corbusier, une encyclopédie*, Paris, Éditions du Centre Pompidou, Spadem, 1987, pp. 92–95

[529] Estas frases foram reescritas na publicação de 1929 num tom mais suave: Cf. WERNER OECHSLIN, *op.cit.*, p. 93.

[530] Os pilotis de Le Corbusier são uma substituição da *area* de Alberti; a planta livre é uma resposta ao *partitio*; a fachada livre desafia o conceito de *parie* de Alberti; a ideia do terraço-jardim de Le Corbusier pode ser posta em paralelo com o *tectum* albertiano ainda que com uma abordagem distinta; e a janela *"en longueur"* relaciona-se com *apertio*. CF. MÁRIO KRÜGER, *op.cit.*, pp. 110-113.

[531] Cf. JOHN R. GOLD, "Creating the Charter of Athens: CIAM and the Functional City, 1933-43". Em *The Town Planning Review*, n.º 69, 1998, pp. 225–247.

No início de 1950, direta ou indiretamente, Le Corbusier e Alberti viriam a ser novamente atores principais no debate disciplinar. De facto, na sua carta ao editor do *RIBA Journal*, os Smithsons também relatam que

> "Dr. Giedion at a lecture at the I.C.A. earlier in the year stated that during 1950 at seminars both in Zurich and at the M.I.T. the most discussed books of the year were Le Modulor and The Architectural Principles of the Age of Humanism, both concerned with proportion. Dr. Wittkower was furthermore the only representative from this country invited to the recent International Congress on Proportion at Milan when mathematicians, artists and architects met to discuss this vital subject."[532]

Assim, os Smithsons classificaram os sistemas de proporção como um "tema vital". Mais ainda, no mesmo número do *RIBA Journal*, John Voelcker, do grupo britânico dos CIAM, também refere a importância do livro de Wittkower. Ele afirma que "for many of our (younger) generation this application of number illuminates for a fleeting instant the immediate and, I speculate, the eternal quest for coherence and rapport in our actions, and more specifically in our building." E termina a sua carta citando a conferência de Wittkower em 1951 no congresso *De Divina Proportioni*,

> "This examination of the purely historical (systems of proportion) can, I believe, give us a direction concerning our contemporary problems, the time of non-Euclidian geometry and of the fourth dimension. Our idea of time and space is, by necessity, different from that of past centuries, and there is no short cut to a new understanding of proportion.[533]

Por isso, gostaríamos de sugerir que o conceito de Escalas da Associação proposto pelo TEAM 10, embora inspirado pela "Valley Section" de Patrick Geddes, também é tributário de uma negociação crítica dos

---

[532] ALISON SMITHSON & PETER SMITHSON, *op.cit.*, p. 140.
[533] JOHN VOELCKER, "Correspondence: Architectural Principles in the Age of Humanism", em *The Journal of the Royal Institute of British Architects*, n.º 59, 1952, p.141.

elementos de construção e dos sistemas de proporção de Alberti, com os "5 pontos" e a Carta de Atenas de Le Corbusier. Além disso, a ênfase sobre a ideia de relacionamento, destacado como um dos conceitos mais importantes que resultaram da reunião em Doorn, sugere uma reconcetualização da Carta de Atenas através de uma perspetiva que segue a ideia de Alberti que propõe "a cidade como uma casa em ponto grande e, inversamente, a casa como uma cidade em ponto pequeno". Esta reconcetualização explora também uma transição de um humanismo racional/intelectual enraizada na Antiguidade Clássica, de Platão em diante, para um humanismo físico/fenomenológico, emergente no rescaldo da Segunda Guerra Mundial.

Esta reconcetualização seria influente para o debate do pós-guerra sobre as questões da habitação e das políticas de identidade, que encontrou nos congressos CIAM um palco privilegiado através da eleição da ideia de "Habitat" como tema central das suas reuniões. A tensão entre essas duas manifestações diferentes de humanismo viria a ser sintetizado na participação de uma fação periférica do CIAM, o grupo Português. Assim, para ilustrar o resultado de tal debate, vamos analisar a sua participação nos congressos CIAM do pós-guerra, avaliando-o num contexto de mudança de metodologias no ensino de arquitetura e na definição da própria disciplina.

**CIAM Porto: formação social e humanista**

O grupo CIAM Português, conhecido por CIAM Porto, foi formado por um número relativamente pequeno de arquitetos reunidos em torno do grupo ODAM, Organização dos Arquitetos Modernos, criado em 1947, e da Escola de Belas Artes do Porto. Empenhados na luta pela defesa da arquitetura moderna, desde cedo se destacaram os arquitetos Mário Bonito, Arménio Losa e Alfredo Viana de Lima, sendo este o primeiro a frequentar os CIAM e a estabelecer contatos com Sigfried Giedion. Junto com Viana de Lima estavam também alguns jovens arquitetos e assistentes da Escola do Porto. Entre eles, dois acabariam por dar um contributo fundamental para o trabalho apresentado nos congressos CIAM: Fernando Távora e Octávio Lixa Filgueiras.[534]

Estes jovens arquitetos incorporavam a mudança de paradigma que a formação do arquiteto na Escola do Porto estava a explorar no início de 1950. O líder desse processo foi o diretor da escola, Carlos Ramos, que, desde 1940, incentivava o "ensino coletivo" na cadeira de Arquitetura[535]. Ramos, promoveu a fusão de uma abordagem pedagógica humanista clássica com métodos pedagógicos modernos. Assim, nas suas aulas convergiam tanto o texto de Vitrúvio como as ideias de Walter Gropius. Por um lado, Carlos Ramos usa a definição vitruviana de Arquiteto para reforçar a relação entre a teoria e a prática, tal como Alberti inicia o seu tratado *De re aedificatoria*[536]. Por outro lado, propõe o trabalho de equipa, o método de "aprender fazendo" (learning by doing) de John Dewey e a interrelação entre arquitetura, construção e cidade, acompanhando a pedagogia de Walter Gropius.

Carlos Ramos reconhece a sua proximidade com Gropius e traduz para português o manifesto "Training the Architect"[537] escrito para a apresentação do arquiteto alemão em Harvard, e divulgado na Comissão de Educação dos CIAM entre 1949 e 1954[538]. Este texto seria, aliás, a base da desejada Carta de Educação promovida com Ernesto Rogers, que apenas foi debatida na reunião de abril de 1950 do Secretariado dos CIAM, realizado em Paris[539].

O próprio Rogers associa a ação de Gropius à atitude albertiana, que poderíamos ver também em Carlos Ramos, e escreve no seu famoso ensaio *A Arquitetura depois da geração dos mestres*, traduzido em 1961 por Sílvia Viana de Lima e publicado pelo ainda denominado grupo CIAM Porto.

---

[534] Alfredo Viana de Lima (1913-1991); Fernando Távora (1923-2005); Octávio Lixa Filgueiras (1922-1996). O grupo CIAM-Portugal foi oficialmente criado em 1951, depois da participação de Viana de Lima e Távora congresso CIAM VIII de Hoddesdon.

[535] CARLOS RAMOS, "Arquitetura. Algumas Palavras e o seu Verdadeiro Significado", em *Sudoeste*, n.º 3, pp.36–37, 1935.

[536] LEON BATTISTA ALBERTI, *op.cit.*, p.138.

[537] WALTER GROPIUS, "Training the Architect", *Twice a Year*, n.º 2, 1939, pp.142-151.

[538] The Educational Committee funciona entre 1947 e 1953, desaparecendo no CIAM 10.

[539] Cf. ANA TOSTÕES & GONÇALO CANTO MONIZ (eds.), *Docomomo Journal, Training the Architect*, n.º 49, 2014.

"Gropius é a maior consciência do movimento moderno; é a nossa consciência; pedagogo, o seu rigor lógico analisa a problemática da arquitetura e sintetiza-a; é o criador de um método que vence os princípios 'a priori' dos estilos tradicionais e facilita-nos a compreensão das coisas, torna-nos capazes de atingir os problemas e dá lógica e harmonia à sua forma e espírito. Gropius é o Leon Battista Alberti da nossa época"[540].

O apreço de Rogers pela abordagem pedagógica de Gropius evidencia a continuidade entre o humanismo de Alberti e o pensamento moderno que relaciona Ciência e Homem. Esta continuidade entre humanismo e modernidade, que podemos denominar de "humanismo moderno"[541], é explorada também pela pedagogia de Carlos Ramos na Escola do Porto.

A proposta de Ramos será ampliada a toda a Escola com a sua nomeação para diretor, em 1952, e com a entrada de novos assistentes e ex-alunos, como Fernando Távora, em 1950, e Octávio Lixa Filgueiras, em 1958. A Escola será então um espaço coletivo com uma forte atividade cultural dinamizada pelo Centro de Estudos de Arquitetura e Urbanismo que realiza conferências, exposições e publicações. Esta dinâmica leva os professores e alunos do Porto a participar nos encontros internacionais, desde os CIAM, a UIA ou a Bienal de São Paulo.

A formação no Porto não promove só as capacidades artísticas e técnicas, mas desenvolve também a consciência crítica e social, apoiada numa forte formação teórica. Esta abordagem irá promover, entre outras, uma investigação sobre a arquitetura popular que será desenvolvida a diversos níveis, nomeadamente por Távora com a organização do "Inquérito às expressões e técnicas tradicionais portuguesas", e por Filgueiras, na elaboração da sua tese (CODA), *Urbanismo: um tema rural*, ambos realizados em 1953. Mas o contributo de Távora e Filgueiras será exponenciado

---

[540] ERNESTO N. ROGERS, *A arquitetura moderna desde a geração dos mestres*, Porto, Edições CIAM Porto, 1960, p.16-17. Tradução Sílvia Viana de Lima,

[541] Humanismo Moderno é definido por Corliss Lamont (1902-1995), em *The Philosophy of Humanism* (1949), como "uma filosofia naturalista que rejeita todo supernaturalismo e repousa basicamente sobre a razão e a ciência, sobre a democracia e a compaixão humana". Lamont estudou em Oxford com Julian Huxley, primeiro diretor da UNESCO, e em Columbia com John Dewey, fundador da pedagogia moderna e do método "learning by doing".

a partir do longo trabalho de investigação realizado no *Inquérito à Arquitetura Regional Portuguesa* (IARP), onde dirigiram, com estudantes da Escola, a equipas do Norte de Portugal. Este estudo sobre as razões arquitetónicas, sociais, culturais e geográficas da arquitetura popular iria constituir a base para pensar outras formas de habitar, através de uma proposta apresentada pelo grupo CIAM Porto ao CIAM X.

## CIAM Porto: debate sobre o habitat

Segundo o presidente dos CIAM, Josep Lluis Sert, o principal objetivo do congresso de Dubrovnik seria o de promover uma nova abordagem para a estrutura do habitat humano. Para perseguir esse objetivo, foram apresentadas e discutidas em Dubrovnik trinta e cinco "grelhas". O grupo Português contribuiu com um projeto para uma comunidade agrícola, desenvolvido por Alfredo Viana de Lima, Fernando Távora e Octávio Lixa Filgueiras, com a colaboração de Arnaldo Araújo e Carlos Carvalho Dias. O projeto, intitulado "Habitat Rural. Nouvelle Communauté Agricole" deveria ser implantado numa área rural no nordeste de Portugal, integrada na zona II do IARP, coordenado pela equipa de Filgueiras. (Fig.1)

O projeto, apresentado em Dubrovnik por Viana de Lima e Távora, foi desenvolvido para uma comunidade de quarenta famílias, que era o tamanho médio das comunidades típicas da região. Essas comunidades também foram a referência para o traçado urbano do projeto, implantado ao longo das duas margens de um pequeno rio. De acordo com o texto enviado ao Congresso, a equipa Portuguesa argumenta que no seu projeto "foram adotados um traçado e uma composição muito simples, muito naturais, admitindo, caso necessário, um crescimento fácil da aglomeração."[542]

A opção do grupo Português para apresentar uma comunidade agrícola no CIAM 10, destaca a sua preocupação em discutir a escala de um aglomerado rural como uma outra possibilidade de utilização dos princípios de desenho urbano do movimento moderno. De facto, na descrição do

---

[542] CIAM-PORTUGAL, *"X Congresso CIAM"*, em *Arquitetura*, n.º 64, 1959, p. 23.

projeto, o grupo afirma que o seu plano pode contribuir para a Carta do Habitat, reafirmando "a importância do Habitat rural, que os CIAM não podem ignorar se pretendem que as suas propostas sejam realmente universais"[543]. Ou seja, o grupo pretende demonstrar que os princípios do CIAM não podem ser apenas relacionados com as grandes cidades e com metrópole, mas também com as pequenas comunidades esquecidas pela abordagem heróica de geração entre guerras do CIAM.

Na verdade, este projeto revela uma tentativa de conciliar os princípios do CIAM entre guerras com a nova abordagem defendida pelo TEAM 10. Por um lado, quanto à estrutura urbana, o projeto é influenciado pela ideia de zoneamento, com a separação habitação, trabalho, e áreas de lazer bem definida, criando um sistema servido por uma rede de circulação, que articula os diversos setores. Por outro lado, o grupo é crítico da ideia moderna de autonomia disciplinar, e do papel heróico do arquiteto como autor de uma obra de arte total (*gesamtkunstwerk*). Eles argumentam que:

> "A posição do arquiteto que não é mais o ditador que impõe a sua própria forma, mas o homem natural, simples, humilde, que se dedica aos problemas dos seus semelhantes não para se servir, mas para os servir, criando assim uma obra talvez anónima mas apesar de tudo intensamente vivida."[544]

O grupo tenta demonstrar esta perspetiva através do uso de referências vernaculares no seu projeto. De fato, o projeto revela uma ambição deliberada de traduzir referências vernaculares numa linguagem moderna, por exemplo, na organização da unidade habitacional, na tecnologia de construção e na conceção dos volumes. Além disso, destacaram também o caráter evolutivo do projeto. De acordo com a descrição da "Grelha", a planta das habitações "permite uma grande variedade de tipos adaptáveis ao crescimento do aglomerado familiar, o qual poderia, por si próprio,

---

[543] Ibidem, p. 24.
[544] Idem.

tomar a iniciativa da realização dos trabalhos indispensáveis para adotar [sic] a sua casa às necessidades do momento"[545].

Para além da questão vernacular, o diálogo com as populações locais e principalmente com os futuros ocupantes através de um embrionário processo participativo com os utilizadores ganha nesta abordagem especial destaque, bem patente no desejo de "uma colaboração franca e permanente de todos os homens nas obras de arquitetura e de urbanismo, colaboração que lhes dá o direito de dizer a *minha* casa, a *minha* aldeia"[546]. Assim, o CIAM Porto revela o seu envolvimento na adoção de uma abordagem mais humanista à habitação e ao urbanismo, onde a variedade é elogiada em vez da uniformidade, e a espontaneidade é valorizada em vez do determinsmo idealista.

## Para um Humanismo Social

Assim, podemos considerar que o humanismo clássico e o ensino moderno de Carlos Ramos deram a Távora e a Filgueiras as competências metodológicas para participar neste debate dos CIAM sobre a abordagem humanista ao habitat. O resultado desta formação é precisamente o projeto aqui apresentado mas também, num tempo mais longo, uma renovação do ensino da arquitetura em direção a um "novo humanismo".

Távora, que participou em Otterlo e Raymount, reivindicou uma "organização do espaço", "à escala do homem"[547], enquanto Filgueiras defendeu a *Função Social do Arquiteto* argumentando que o "arquiteto, para realizar-se tem de saber fazer e, ao mesmo tempo conhecer as coisas, e o homem, e o mundo e a vida (...)"[548].

Esta pedagogia é ilustrada pela disciplina, Arquitetura Analítica, lecionada por Filgueiras, ao longo da década de 60 através de um exercício

---

[545] Idem.
[546] Idem.
[547] FERNANDO TÁVORA, *Da Organização do Espaço*, Porto, FAUP, 1996, p.14 (1962)
[548] OCTÁVIO LIXA FILGUEIRAS, *Função Social do Arquiteto*, Porto, FAUP, 1985, p.16 (1962)

escolar denominado "Inquéritos Urbanos". Com um método de análise apoiado no desenho e na fotografia, os alunos estudaram a habitação popular urbana nos centros históricos (Fig. 2). O objetivo dos exercícios era conhecer o modo de habitar destas comunidades para melhor compreender e intervir.

O interesse de Filgueiras pela perspetiva humanista é ancorado tanto na *The Architectural Review*, especialmente a rubrica *Townscape* de Gordon Cullen e nos artigos de Rayner Banham, como nas ideias de Lúcio Costa, apresentadas na Escola do Porto, em 1961 na palestra *Um novo humanismo científico e tecnológico*. É também neste período que Filgueiras consolida as suas ideias com a tese *Da Função Social do Arquiteto. Para uma teoria da responsabilidade numa época de encruzilhada*, de 1962. Neste texto, Filgueiras enquadra o seu ponto de vista sobre a responsabilidade social do arquiteto com referência a Ernesto Rogers e Lúcio Costa, mas também a Alberti e Wittkower. Assim, denomina a sua perspetiva de "anti-lápis--maravilhoso" e explica, citando Rogers: "o arquiteto não é um elegante elaborador de formas de variados gostos, mas antes um moralista cuja tarefa é aumentar a alegria da vida e dela extrair os símbolos necessários para lhe dar forma"[549].

Neste livro, Filgueiras entra em diálogo com Wittkower, destacando a importância do seu livro *Architectural Principles* para uma nova interpretação científica da Natureza, promovida pelos artistas do Renascimento. Contudo, Filgueiras considera os princípios arquitetónicos renascentistas como ecléticos e regressivos, tendo "a marca da aculturação proveniente do conúbio impossível entre dois mundos antagónicos, e muito principalmente, a adoção dum vocabulário cheio de compromissos com um mundo já distante"[550]

Esta declaração clarifica a crítica de Filgueiras ao humanismo renascentista, "essa cosmogonia abstrata que não penetra na compreensão das pessoas, o que, até agora, só pode apreender a grandiosidade mundana de formas." Ele reconhece a importância de Alberti e seus colegas do

---

[549] Apud FILGUEIRAS, 96.
[550] OCTÁVIO LIXA FILGUEIRAS, *Função Social do Arquiteto*, pp.49-50.

Renascimento em sistematizar o conhecimento, mas ele argumenta que, agora, o arquiteto tem que rejeitar uma certa ideia de autonomia disciplinar para promover um maior envolvimento da disciplina com o real.

Assim, tanto o projeto apresentado pelo grupo CIAM/Porto em Dubrovnik, como as experiências pedagógicas posteriores de Távora e Filgueiras na Escola do Porto ilustram uma tentativa de analisar criticamente Alberti e o humanismo renascentista, com um novo e emergente humanismo social, que reconhece a importância de uma abordagem platónica, mas é orientado para promover um maior envolvimento social.

Nota:
Este artigo é parte do projeto "Alberti Digital" financiado pela Fundação para a Ciência e Tecnologia (FCT), COMPETE/FEDER, Portugal, e alojado no CES da Universidade de Coimbra (PTDC/AUR-AQI/108274/2008). O projeto foi coordenado por Mário Krüger. Gonçalo Canto Moniz e Nelson Mota foram investigadores do projeto. Nelson Mota desenvolveu a investigação no âmbito da bolsa de doutoramento da FCT (SFRH/BD/60298/2009).

# Imagens

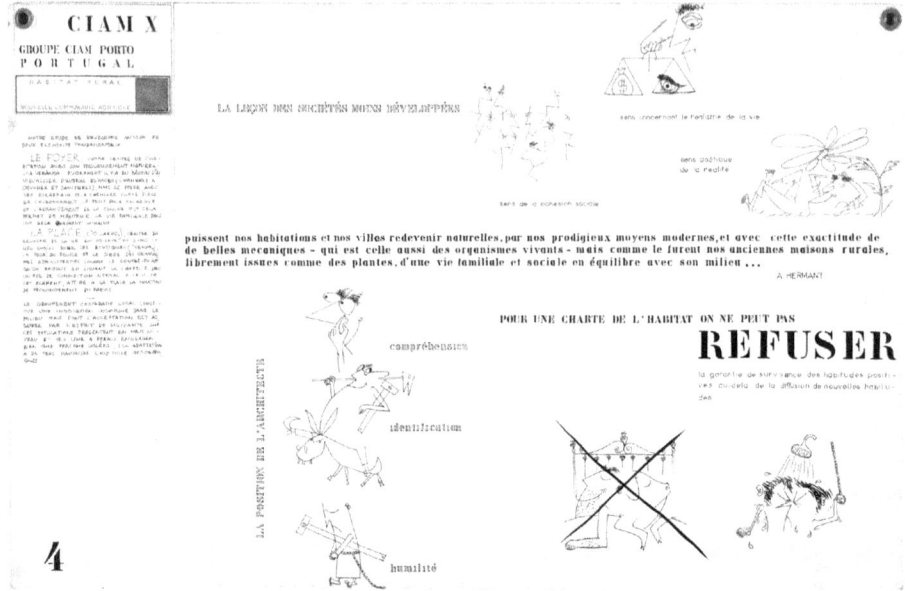

Fig. 1 - GROUP CIAM Porto - Portugal. "Habitat Rural" - Painel 4 do projeto apresentado no Congresso CIAM 10, 1956. Fonte: CDUA - FAUP.

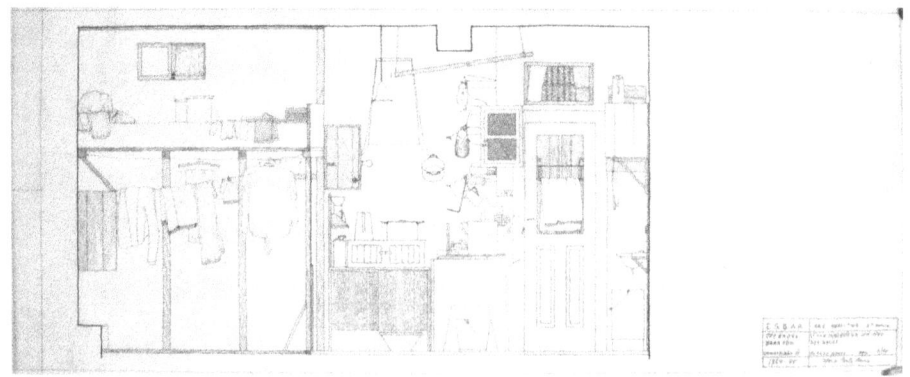

Fig. 2 – JORGE CANTO MONIZ, Operação Barredo - Quarteirão IV, Levantamento de um fogo, Arquitetura Analítica, ESBAP, 1964-65. Arquivo CDUA-FAUP. *ARQAN1-009-PR10-13-3*

# VII
## Tradição, Transmissão, Tradução

# O Vocabulário Doutrinário de Alberti e a sua Assimilação na Arquitetura Luso-Brasileira[551]

Rodrigo Bastos

**Resumo**

Além dos círculos letrados, os preceitos e doutrinas consagrados nos tratados de Leon Battista Alberti foram também compartilhados coletivamente no âmbito mesmo das fábricas artísticas, transmitidos nos jornais habituais da prática construtiva, consolidados em processos de longa duração adaptados a circunstâncias artísticas, filosóficas, religiosas e políticas diversas. Uma maior atenção a essa hipótese pode contribuir para uma melhor compreensão dos processos de invenção, disposição e ornamentação da arquitetura luso-brasileira.

Doutrinas Artísticas; Arquitetura Luso-brasileira; Leon Battista Alberti; Historiografia.

**Résumé**

Au-delà des cercles lettrés, les préceptes et les doctrines énoncés dans les traités de Leon Battista Alberti ont également été partagés collectivement dans les manufactures artistiques, transmis à la pra-

---

[551] Este artigo resulta das reflexões que efetivamos em RODRIGO ALMEIDA BASTOS, *A maravilhosa fábrica de virtudes*: o decoro na arquitetura religiosa de Vila Rica, Minas Gerais (1711-1822), São Paulo, Edusp, 2013.

DOI: http://dx.doi.org/10.14195/978-989-26-1015-3_20

tique journalière des constructions, consolidée dans les processus à long terme adaptés aux circonstances artistiques, philosophiques, religieuses et politiques diverses. Une attention majeure à cette hypothèse peut contribuer à une meilleure compréhension des processus d'invention, de disposition et de décoration de l'architecture luso-brésilienne.

Doctrines Artistiques; L'Architecture Luso-brésilienne; Leon Battista Alberti; Historiographie.

**Abstract**

Beyond intelectual circles, the precepts and doctrines certified in the treatises of Leon Battista Alberti were also collectively shared under the ambit of artistic productions itself. They were broadcast in the constructive practice, consolidated into long-term processes adapted to artistic, philosophical, religious and politics circumstances. Greater attention to this hypothesis can contribute to a better understanding of the processes of invention, disposition and ornamentation of Luso-Brazilian architecture.

Artistic Doctrines; Luso-Brazilian Architecture; Leon Battista Alberti; Historiography.

> E enquanto meditava em coisas tão importantes, que se impunham por si mesmas, tão nobres, tão úteis, tão necessárias à vida da humanidade, convencia-me de que as devia passar por escrito; e pensava que era dever de um homem de bem dedicado ao estudo esforçar-se por livrar da morte esta parte do saber que os mais sábios dos nossos antepassados sempre tiveram no maior apreço.
>
> *Alberti. Da Arte Edificatória*
> *(De re aedificatoria, L. VI, I)*[552]

Nas três primeiras décadas do século XIX, Manoel da Costa Ataíde – reconhecido pintor da capitania de Minas Gerais, Brasil – inventou e desempenhou algumas das ornamentações mais representativas de sua autoridade. Durante esse período, trabalhou para as duas ordens terceiras mais elevadas na hierarquia social de Vila Rica, atual Ouro Preto, irmandades essas que sempre disputavam distinção e precedências, seja por oportunismo de artifícios políticos, seja por conveniência e maravilha de engenhos artísticos.

Entre as obras fabricadas pelo insigne artífice, contemporâneo de Antônio Francisco Lisboa, o Aleijadinho, destaca-se a pintura do forro da Capela da Ordem 3ª de São Francisco de Assis – o mais eloquente teto pintado daquele país (Fig. 1). A pintura, muito conhecida, dá corpo a uma visão do Santo: a receção de Nossa Senhora por um coro de anjos músicos num céu triunfante composto de "valente arquitetura". Invenção decorosa para representar o êxtase que teve o Santo no exato momento da visão, uma das passagens mais famosas de sua biografia. O tema está pintado em muitas telas e camarins de retábulos europeus, mas, em Ouro Preto, de forma oportuna e engenhosa, orna toda a extensão da nave da igreja. Proporciona, assim, não apenas a docência da passagem biográfica do santo, exemplo de iluminação e piedade, mas também, e através dela, a afeção da alma na visão maravilhosa incorporada ao *theatrum sacrum* da arquitetura.

---

[552] LEON BATTISTA ALBERTI. *Da arte edificatória* (*De re aedificatoria*). Trad. Arnaldo Monteiro do Espírito Santo. Introdução, notas e revisão disciplinar de Mário Krüger, Lisboa, Fundação Calouste Gulbenkian, 2011.

Outro teto semelhante a este foi proposto por Ataíde para a Capela da Ordem 3ª de Nossa Senhora do Carmo. As circunstâncias que envolveram a invenção desse plano nos reconduzirão a Alberti, bem como outros exemplos que ilustram a circularidade e a assimilação de doutrinas autorizadas por ele e outros tratadistas dedicados à fábrica arquitetônica – objetivo principal deste texto.

Mestre Ataíde apresentou Condições e planos muito significativos para se atingir a "perfeição" do dito edifício. Faltava terminar a ornamentação de seu corpo, e, segundo o mestre, sem as eloquências de talha, pintura e douramento, não ficaria dignamente distinta a nova capela. Além da invenção do risco para o retábulo principal, Ataíde dourou praticamente todas as partes de cantaria e talha do edifício, altar-mor, altares colaterais, arco-cruzeiro, guarnições e ornatos. Nas Condições redigidas para ajuizamento dessas execuções, sempre salientou os preceitos decorosos de "permanência", "admiração", "perfeição" e "brilhantismo". Para ultimar a sua formosura, Ataíde propôs também a referida pintura de "corpos de arquitetura". Nas Condições escritas para essa pintura, Ataíde elogiou os caracteres devidamente "admiráveis" e "majestosos" da Capela do Carmo, já apresentados pela "sua construção, e visíveis perfeições", conquanto fosse necessário, aditou o mestre, fazer alguns retoques para "distinção e ornato do seu composto". Visava-se não apenas o deleite da arte como também a devida persuasão advinda de atração pelo que seria distintamente visível. Essa virtude foi requerida para o templo como um todo, desde a escolha do sítio e o modo de sua implantação, quando se defendeu o efeito admirável de a capela ficar eminentemente "vistosa" (Fig. 2). E, para tanto, buscou-se, insistentemente, a aquisição de sítios mais altaneiros, pouco acima daqueles de que já dispunha a irmandade, de modo que a Capela ficasse, além de "vistosa", "cômoda" e "decente", reeditando a imitação da acesse carmelita rumo ao "Monte da perfeição", alegoria muito comentada de São João da Cruz, Doutor da Ordem.

Voltando à pintura, Ataíde argumentou que o forro do teto não poderia ficar apenas pintado de branco, como estava, pois assim, cito, em "nada deleita[ria] a vista, nem puxa[ria] a atenção, e contemplação dos fieis e principais mistérios de nossa Religião". Percebe-se, nesta passagem, que o loquaz pintor promove as três finalidades retóricas – deleite (da visão), persuasão (na atração dos ânimos "na atenção") e docência (na contemplação piedosa dos mistérios da religião). Pelo que terminou declarando, então:

> "segundo – externou também, e literalmente, – o gosto dos antigos e modernos, acertado q' se empregue no d.º tecto, depois de novo branquiamento, hua bonita, valente e espaçosa pintura de Prespectiva, organizada de corpos de Arquitetura, Ornatos, Varandas, festoins, e figurado, o q. for mais acertado; sem q. comfunda os espaços brancos q. devem apareser p.ª beneficio, e distinção da m.ma pintura; e athe ella não só animará a Igr.ª más fará sobresahir os m.mos Altares já doirados; e a simalha real q. o sircula, seja de hua bonita cor gerál azul clara, ou por sima dela um brando fingim.to de pedra, azul da Prusia [...]"[553]

A variedade de partes elocutivas – ornatos, varandas, festões e outros elementos – a serem dispostos na pintura nos recorda a variedade (*varietas*) cara a Alberti no tratado *De pictura*, de 1435-6, um dos atributos da beleza pictórica, presente também no *De re aedificatoria* (1452), (nos variados *lineamenta* e ornatos apropriados aos diversos gêneros de edifícios).

Infelizmente, a pintura não foi executada, cujo "figurado" seria, por motivos de conveniência iconográfica, "o que for mais acertado". Referia-se, o pintor, certamente, à inventiva figuração de alguma *conformatio* importante e distintiva da Ordem carmelita, da Senhora do Carmo ou santos da devoção, como o forro da nave do Carmo de Sabará recebeu o *Arrebatamento de Elias*. O mestre havia inserido no dito plano outras proposições, arrematando-as com o argumento de que elas fariam maravilhosa vista ao Templo, "por ter toda a propriedade e precisão".

Nas *Condições* redigidas algum tempo antes, em 09 de janeiro de 1825, pelo mesmo mestre, para o douramento e pinturas do retábulo-mor (Fig. 3),

---

[553] ATAIDE. "Pláno q. aexemplo detodos os Templos, eaindam.mo deoutros edeficios públicos eparticuláres, setem adotado segd.o o gosto dos antigos, emodernos; eeu alcanço ser a certado", in: Anexos, Documentos, *apud* FRANCISCO ANTONIO LOPES. *Historia da construção da Igreja do Carmo de Ouro Preto*. Rio de janeiro: Ministério da Educação e Saúde, 1942, p. 176-177.

mais uma vez os preceitos competentes a uma *formosura decorosa* animaram o *exórdio* das Condições propostas para a dita construção:

> "Condições, e declarações, que apresenta Manoel da Costa Ataide á Ill.mªe respeitável Mesa da Veneravel Ordem 3.ª de Nossa Senhora do Carmo da Imperial Cidade do Ouro Preto, pelas quaes declara o método, e ordem, que se deve seguir no douramento, e pinturas do Retabulo do Altar Mor da Igreja da mesma Senhora para sua perfeição, permanência, e brilhantismo segundo sua curta inteligência [...]."[554]

Essas condições de obras apresentam tópicas e preceitos que parecem atuar dispondo favoravelmente o ânimo e a atenção dos leitores para a aceitação das propostas. A disposição inicial de argumentos e preceitos fornecia causas eficazes necessárias à invenção e à efetiva execução das obras, podendo assimilar também, comumente, o próprio efeito final resultante dos procedimentos e artifícios, como é o caso da "perfeição" e da "decência". Parece verossímil supor que a aplicação discursiva desses preceitos atuava também, portanto, como premissas do assunto, capazes de cortejar e de obter de imediato – à guisa de uma *captatio benevolentiae* – a adesão ética dos prováveis contratantes. Ataíde evidencia conhecer igualmente bem os artifícios retóricos dos discursos da palavra, e não apenas aqueles relativos às técnicas e engenhos oficiosos do pintor-arquiteto. O discreto artista se valeu também do artifício retórico antiquíssimo de dispor com humildade seus próprios cabedais. Declarou-se, então, não digno o bastante para a altura dos encargos e matérias, sendo ele, confessou outras vezes, de tão "curta inteligência". O mesmo procedimento que Alberti utiliza no primeiro capítulo do Livro sexto de *De re aedificatoria*, ao declarar que a obra lhe havia custado mais do que o previsto, ou que a força de seu engenho não estava à altura do assunto, ou que era preciso

---

[554] Centro de Estudos do Ciclo do Ouro (CECO); Nossa Senhora do PILAR; Ordem 3ª do CARMO, Filme 072, vol. 052, f. 118v-121. "Condições, e declarações, que apresenta Manoel da Costa Ataide á Ill.mª e respeitável Mesa da Veneravel Ordem 3.ª de Nossa Senhora do Carmo da Imperial Cidade do Ouro Preto, pelas quaes declara o método, e ordem, que se deve seguir no douramento, e pinturas do Retabulo do Altar Mor", [s.d.].

uma capacidade e preparos maiores do que os seus, para desempenhar num só corpo doutrinário tão rico e extenso *corpus* conceitual.

*

Segurança, comodidade e perfeição. Nos documentos que condicionaram a fábrica artístico-construtiva no século XVIII, a *perfeição* é um dos preceitos mais destacáveis. Ao lado da *segurança* e da *comodidade* – com as quais, em número de citações e importância de sentido, ela constituía uma verdadeira e efetiva tríade de preceitos imprescindíveis à fábrica da arquitetura –, a *perfeição* adquire notoriedade por participar também dos termos e regulações relativos aos exercícios e ofícios concernentes à ética religiosa das ordens terceiras.

Se a perfeição dos atos e exercícios era um fim ético-religioso dos irmãos terceiros, em várias condições e deliberações da mesa referentes à construção do edifício carmelita em Vila Rica a perfeição determinou a excelência artístico-construtiva de virtudes a serem alcançadas pela arquitetura religiosa. Movidos pela mesma finalidade, nos termos das várias reformas e emendas por que passou o risco e as condições iniciais, a ordem terceira procurou resguardar a capela e sua construção de "embaraços", "dificuldades", "fraquezas" e "incômodos" de variadas causas, bem como dos "defeitos" – de risco, proporções e acabamento – que ameaçassem sua perfeição e seu decoro.

Importava muito aquela tríade de preceitos e virtudes da arquitetura. De tal modo que, no final das novas Condições que regularam a reforma e a emenda do risco da capela, ficou advertido que, ainda que em cada uma das cláusulas não estivessem expressamente declaradas, em tudo se deveria respeitar a "segurança", a "comodidade" e a "perfeição":

> "[...] easim se adverte que tudo que respeita segurança, perfeiçaõ, ecomodid.e [comodidade] se devefazer ainda que nas condiçoens expressamente em todas as clauzullas senão declare [...]."[555]

---

[555] Ceco-Pilar-Carmo, Filme 191, vol. 2418, fl. 1-1v.

Esta persuasiva e significativa advertência – destinada a fazer operarem os ditos preceitos da "tríade" "em todas as cláusulas", partes e procedimentos da fábrica arquitetônica – praticamente arremata a segunda redação de Condições para fatura da capela, apresentada em 24 de dezembro de 1770. Não quero defender aqui uma descendência direta, mas diante da evidenciação e da importância declarada, naquele tempo, de uma tríade de preceitos arquitetônicos no século XVIII (segurança, comodidade e perfeição), seria inadmissível não comentar a tríade de preceitos da arquitetura autorizada desde a Antiguidade por Vitrúvio em solidez, utilidade e beleza (*firmitas, utilitas e venustas*) – capítulo terceiro do primeiro dos *Dez Livros de Arquitetura* (tríade que Alberti reedita no capitulo II do Livro I do *De re aedificatoria*). Não apenas concordantes em número, é de se ressaltar também que as matérias de ambas as tríades guardam uma relação bastante interessante de sentidos (segurança e solidez; comodidade e utilidade; perfeição e beleza). E quero relembrar que não estou me valendo de uma analogia com a tríade vitruviana para estabelecer uma leitura crítica oportuna. Uma das clausulas das condições é destinada – e somente destinada – a lembrar ao arrematante que os três preceitos referidos deveriam operar sistematicamente em todas as partes do corpo da arquitetura e todas as etapas da construção[556].

*

Não só os artífices, arquitetos, engenheiros e pintores ajuizavam sobre as virtudes e vícios, perfeições ou emendas necessárias aos corpos de arquitetura, mas também os próprios irmãos leigos, com ponderações densas de doutrinas e preceitos competentes à arte de construir. Em 23 de junho de 1754[557], foi realizada uma "Mesa redonda" muito importante

---

[556] Uma das doutrinas que estão em jogo na autorizada e comentadíssima definição da beleza no Livro VI do *De re aedificatoria* é justamente a da "perfeição", o estado de acabamento integral do corpo, completude, do qual, compreendendo acabado o corpo, nada poderia ser acrescentado ou retirado sem que se comprometesse a sua beleza.

[557] CECO-PILAR-Sm.º St.º, Filme 11, vol. 224, fl. 83. "Tr.º q faz aIrmd.e do Sant.mo Sacram.tº q fazem a mesa redonda com ASistencia doprocurador deNosa Snr.ª do Pillar e Tizr.º". Vila Rica, 23/06/1754.

no consistório da Igreja Matriz do Pilar, em Ouro Preto. O tema era o retábulo principal da Igreja, as dignidades e ornatos correspondentes ao "lugar". Mesmo após duas louvações, e da participação, nelas, de mestres de sopesada inteligência, como Manuel Francisco Lisboa, Ventura Carneiro e José Coelho de Noronha, foi declarado na dita reunião que no trono do retábulo se achavam alguns "vícios e erros da arquitetura", o que se deveria "emendar" para "ficar a obra com simetrias necessárias e o decoro devido a semelhante lugar" (Fig. 4). Além disso, dever-se-ia "eleger" o lugar em que com mais comodidade se pudesse colocar a imagem de Nossa Senhora do Pilar; uma invenção que dependia, obviamente, da relação de proporções e simetrias do trono a se emendar. A posição e a altura da santa deveriam causar o efeito "mais cômodo", digno e luminoso o possível, conforme o decoro da Senhora e do "lugar", um juízo que certamente culminaria nos efeitos da receção que a imagem teria no alto posto de seu padroado:

> "Aos vinte etres de junho de 1754 estando emeza noConsistorio desta Matris deNossa Snr.ª do Pillar o Provedor procurador, e Tizr.º eescrivaõ abaixo no meado, eos maes Irmaos abaixo aSinados, epropondose em meza aemmenda do trono do altar mor por alguás vicios e erros daarquitetura p.ª haver de emmendar e ficar aobrar Com Semetrias nececarias eo decoro devido a Semelhante lugar [...]."[558]

Essas emendas necessárias ao decoro do lugar seriam arrematadas logo depois por Noronha, que já havia atuado como louvado e conhecia, portanto, o retábulo. Muitos foram os artifícios e remédios declarados no documento que relata os remédios inventados, e pelo teor efetivamente técnico, da redação, indica-se que o próprio Noronha a tenha feito. Como se lê no documento e se percebe, também, na comparação com outros retábulos, a cúpula e o lugar da santa foram sutilmente erguidos, amplificando a área iluminada pelo vão do camarim e a gravidade hierárquica na exposição da imagem. Também as proporções da "boca da tribuna" do retábulo foram alargadas, aumentando-se a área e o efeito de luminosidade

---

[558] CECO-PILAR-Sm.º St.º, Filme 11, vol. 224, fl. 83. (grifo nosso).

que afetava o trono e suas correspondências. O trono se ergue majestoso, conveniente à Senhora, em plantas de figuras mistilíneas que acentuam a sutileza do artifício e a "elegância" do ornato, como argumentara Xavier de Brito nas primeiras emendas ao risco de Francisco Barrigua, o primeiro a inventar o retábulo. O último degrau do trono onde se acomoda a santa está praticamente no mesmo nível das cornijas do entablamento do pé-direito, relações de "simetria" que provavelmente foram imitadas por Aleijadinho no retábulo de São Francisco de Assis de Vila Rica, e também as figuras da Trindade, no coroamento.

\*

Nos capitulo VII e VIII do Livro Primeiro, Alberti desenvolve a noção de *Area*, "a porção exatamente definida do ambiente, destinada ao edifício a ser construído". Contemplava os aspetos adequados e convenientes para a escolha do lugar de suas implantações. A cada gênero de edifício, uma área adequada, conforme suas proporções e lineamentos, seu decoro e sua posição no corpo da cidade.

Com o objetivo de implantar seu templo num dos sítios mais surpreendentes de Ouro Preto, é sob a consideração literal da "Area" que os irmãos terceiros de São Francisco de Assis ponderarão, em várias reuniões da mesa diretora, para justificar não apenas a melhor área para a capela, mas também o aspeto mais agradável e conspícuo que comporia o panorama do edifício. Para isso foram necessários vários aterros, desaterros e muramentos, bem como a compra de terrenos de outros proprietários, adquiridos sob a justificação expressa de melhor e mais adequada área para a capela, bem como a de uma melhor vista.

A perspetiva que se descortina da capela pela rua direita ao descer da Praça Tiradentes é, sem dúvida, uma das vistas mais admiráveis da arquitetura e do urbanismo luso-brasileiros; e não tenho receio em afirmar que essa conjunção de efeitos engraçados persuadiu na escolha do sítio e na contrafeita orientação do edifício – ter o corpo da capela lateralmente sobranceiro ao vale do arraial de Antônio Dias, adiante um generoso largo tangente à via principal da vila, com área o bastante para promover a distinção teatral do frontispício, oportunamente amplificado em ornato pela serra altaneira ao fundo e o pico do Itacolomy (Fig. 5). Os irmãos terceiros literalmente argumentaram sobre a "melhor vista" e a "melhor área" nos documentos que ilustram as diligências de eleição do sítio adaptado para tal implantação. A irmandade possuía bons terrenos para a situação da capela, mas ainda carecia de outros, a serem comprados, porque "maiormente", este é o termo, se faziam necessárias essas conveniências: Ou seja, não bastasse prover do que fosse decente e necessário (sítio elevado e bom ar), o aumento do dito sítio proporcionaria uma qualidade que efetivamente avultaria o conjunto, tanto pela "melhor área" em volta da capela, como pela "melhor vista" que se teria do templo. As oportunidades de terrenos e as circunstâncias específicas de sítio que se ofereceram aos irmãos terceiros para a sua eleição, bem como, e principalmente, a materialização resultante da "situação"[559] efetiva da capela, evidenciam um engenho aplicado tanto na potencialização dessas virtudes do sítio quanto na dissipação das dificuldades habituais de uma implantação dessa natureza. Ademais, não era da arquitetura o engenho senão uma capacidade de potencializar com acertos e efeitos, perspicácia e versatilidade, os acidentes disponíveis e as dificuldades inerentes à fábrica.

No caso dessa implantação, estavam em jogo as proporções do risco, necessariamente correspondentes ao número elevado de irmãos e à dignidade da Ordem, a orientação teatral do frontispício para o futuro largo e a consequente articulação com a vila, uma área livre ao derredor do edifício, vias preexistentes, como o caminho que levava à capela dos Perdões, edificações vizinhas, a "melhor vista" disponível para a Serra etc. O engenho deveria ponderar sobre essas circunstâncias, tornando-as, no desempenho dos ofícios e na conveniência das partes, as causas formais de sua perfeição decorosa.

---

[559] Por "situação", entenda-se a ação de implantar o edifício no sítio, como nos autoriza um documento de D. João V ao falar da "situação" de Mariana no terreno escolhido para sua reforma e aumento. Cf. BASTOS. Rodrigo Almeida. *A arte do urbanismo conveniente:* o decoro na implantação de novas povoações em Minas Gerais, na primeira metade do século XVIII. Cap. 4. Mariana, a "cidade adornada". Florianópolis: Edufsc, 2014.

O costume recomendava frontispícios teatralmente orientados diante de largos e praças, à entrada de ruas, rios ou costas litorâneas, na confluência favorável de caminhos etc., e estas são algumas das razões para que as estritas recomendações canônicas de orientação de igrejas pudessem ser preteridas às efetivas conjunturas de situação e "vistas". É como se, nestes casos, a situação, a experiência e o costume prevalecessem sobre a regra; ou, dito de outro modo, como sinaliza Antonio Manuel Hespanha, ao pensar aspectos mais abrangentes da jurisprudência colonial portuguesa, que o costume de fazer ou agir acabava por autorizar uma outra regra também legítima e aplicável, sem que fosse destituída a vigência legal da canonicidade. Passam a coexistir, portanto, regras ou modelos concomitantemente autorizados e disponíveis à adaptação das várias circunstâncias em exame no ato ou na experiência da invenção, e tanto melhor que se pudessem observá-los todos, no caso do engenho edilício.

Seguindo esse raciocínio, seria interessante confrontar o tipo da implantação de São Francisco com algumas recomendações sitas, por exemplo, em um importante tratado daquele tempo em Portugal, ensinado na "Aula" de Lisboa a engenheiros e arquitetos militares, e que teve em "Leon Battista Alberto" uma de suas maiores autoridades: o *Tractado de Architectura*, de Matheus do Couto, 1631. Matheus usa termos e tópicas coincidentes à exposição que os irmãos terceiros fizeram no discurso arrazoado para a situação da capela, o que ainda contribui para reforçar a tese de que preceitos e tópicas eram autorizados também pelo uso, adaptando-se a um saber coletivo de circulação oral, independente das fontes letradas terem sido efetivamente lidas pelos artífices.

Escritos artísticos e canônicos autorizam a orientação leste-oeste para igrejas, como o de Carlos Borromeu, ou as *Constituições Primeiras do arcebispado da Bahia*. Além disso, praticamente todos fazem alusão à tópica muito consagrada pela escolha de sítios altos, elevados e eminentes. Também o faz Matheus do Couto, que aduz categorias outras importantes na análise. O renomado lente da *"Aula de Arquitetura"* não referencia esta orientação canônica. Recomenda, outrossim, a implantação dos templos em sítios vistosos, cuja localização enseje uma espécie de propósito coerente com o seu caráter, uma disposição já presente em

Vitrúvio, consoante aos deuses romanos (que Serlio adapta e Matheus imita), e também a condição especiosa (e útil) de que os templos fiquem rodeados de abundante "Area". Em especial, aparecem no tratado as seguintes recomendações: 1) a escolha de sítios "alegres" e "vistosos", ou seja, que proporcionem literalmente uma melhor "vista"; 2) a orientação do edifício deve localizar o frontispício diante de largos e praças; 3) a figura dos templos deve ser valorizada pela perspetiva de quem entra pelo mar ou terra, costa ou vias importantes; 4) a "abundância de área" em torno dela, a fim de valorizar o seu aspeto majestoso[560].

\*

Segurança, Comodidade, Perfeição, Engenho, Maravilha, Graça, Decoro, Decência, Fermosura, Dignidade, Compostura, Ornato, Conveniência, Correspondência, Deleite, Oportunidade, Distinção, Permanência, Sutileza, Elegância, Luminosidade, Área, a Arquitetura como corpo etc...

Através de episódios exemplares da arquitetura dos séculos XVIII e XIX, creio ter evidenciado como esses conceitos, preceitos e doutrinas autorizados na longa duração das fontes letradas da arquitetura foram utilizados com eficácia e precisão por artífices e também por comitentes, seja para fundamentar condições de invenção, disposição, ornamentação e construção, seja para ajuizar, criticar ou ajustar emendas e remédios salutares aos corpos de arquitetura. Utilizei alguns exemplos escolhidos, mas a copiosidade de fatos e circunstâncias é notável, não apenas em Ouro Preto ou Minas Gerais, e a hipótese pode ser estendida, consideradas sempre as circunstâncias locais, a todo o universo luso-brasileiro.

Talvez não fosse grande a novidade em alertar para a consideração desses preceitos em âmbitos efetivamente práticos. Muitos documentos publicados na historiografia, desde a primeira metade do século XX, já nos permitiram percebê-los aí, no lugar mesmo onde a fábrica se incorpora. Mas muitas obras e muita documentação ainda se encontram carentes de

---

[560] MATHEUS DO COUTO. *Tractado de Architectura*, L. I, Cap. 4º, fl. 4-5. (Biblioteca Nacional de Portugal)

estudos, e até mesmo os documentos publicados merecem investigações que os reinterpretem à luz dos condicionamentos materiais que esses termos carregam de tantas fontes letradas, latinas ou vulgares, como especialmente a engenhada por Alberti e sua leva de êmulos e imitadores.

Comumente presentes nos tratados e outros gêneros de escritos artísticos, os preceitos e doutrinas atuavam na operacionalidade diária das fábricas. Não se limitavam a fundamentar as fontes positivamente consideradas "eruditas". Preceitos e doutrinas partilhados coletivamente consistiam em fontes efetivas, condicionamentos materiais dos discursos circunspectados no cotidiano prudencial das fábricas. Suas matérias, ademais, ilustram com reveladora clareza os meandros da *forma mentis* daqueles tempos, os preceitos, meios e finalidades das práticas de representação artística. Cumpre precisar melhor o lugar dos tratados como fontes (mas também como repositório) desse imenso e duradouro *corpus* doutrinário. Um dos objetivos que eles, os tratados, mais cumprem, naquele tempo, é sistematizar um conjunto de conhecimentos, materiais, técnicas, preceitos, doutrinas, tópicas formais, lugares comuns e lugares especiais aplaudidos dos diversos gêneros de arquitetura que foram se consolidando na longa duração das práticas artísticas. E se torna muito importante, talvez decisivo, considerar que os modos de circularidade e difusão de doutrinas artísticas e preceitos não se davam sob a estrita necessidade da leitura dos tratados. Essa circularidade oficiosa e habitual constitui uma hipótese verossímil capaz de explicar como essas matérias participaram da fábrica de artífices incapacitados para ler ou propriamente analfabetos, como é o caso de Domingos Moreira de Oliveira, que não deve ter lido, certamente, qualquer tratado, mas que pôde, compartilhando coletivamente os preceitos da fábrica adequada, construir a emblemática Capela de São Francisco de Assis, em Ouro Preto. Pode ser que poucos tratados tenham chegado à América Portuguesa nos séculos XVII e XVIII, mas isso não pode significar, analogamente, a pouca circularidade dos preceitos, compartilhados que eram, coletivamente, nos jornais artificiosos da fábrica ordinária.

Essa reflexão atinge diretamente o problema da assimilação de Alberti (e da tratadística artística, de um modo geral) nas circunstâncias da América Portuguesa. Essa constatação deve vigorar a relevância histórica com que lemos e estudamos esses tratados de arquitetura, e também como observamos, escrevemos (e reescrevemos) a história das povoações e das arquiteturas remanescentes. Pois as doutrinas e preceitos ilustrados nessas fontes dão a construir compreensões mais verossímeis desses corpos edificados, porventura nos dão outras histórias, diversas das que já conhecemos. Os exemplos que recolhemos são bastante eloquentes para defender que o extenso vocabulário doutrinário (de Alberti e de outras fontes letradas da arquitetura) tanto alimenta quanto é assimilado – muita vez literalmente, conforme as traduções para o vulgar – às circunstancias de arrematação, contratação, construção e louvação de obras.

No início do Livro Sexto do *De re aedificatoria*, Alberti declara uma das motivações que o conduziram à redação da obra, motivação esta que colabora com a hipótese que desenvolvo e que epigrafa este texto, para onde reenvio o leitor. Alberti é um engenhoso *inventor*, no sentido antigo da palavra, mas mesmo ele, e outros tratadistas de renome, o que mais fazem é recolher preceitos e doutrinas que faziam parte do seu tempo, dos círculos letrados, mas também dos ofícios e dos modos de produção; no procedimento aristotélico de um recolhimento sistemático e sistematizador, sobretudo, de doutrinas e preceitos ancestrais corretos, eficazes, mais do que uma criação original de teorias. A *forma mentis* desse mundo pressupõe a salvaguarda dos costumes, e também os tratados o fazem. Mas o fazem não para guardar o conhecimento entre patronos e eruditos, mas para também recolher, do costume cotidiano dos ofícios e das práticas artísticas, aqueles conceitos que não poderiam ser perdidos. Reconhecendo o valor da circularidade oral, Alberti recomendara que o seu tratado deveria ser lido em voz alta. Escrito para patronos, como salienta Rykwert, certamente foi mais útil para a prática que o sucedeu, ao resguardar da extinção os preceitos das práticas que o precediam[561].

O título deste texto poderia sugerir que iríamos procurar evidências dessa assimilação doutrinaria em fontes igualmente letradas da arquitetura em Portugal e colônias. Mas a hipótese que procurei desenvolver

---

[561] Cf. JOSEPH RYKWERT. *Tratados, teoria e prática arquitetônica*. Desígnio; Revista de história da arquitetura e do urbanismo (FAU-USP). São Paulo, n. 5, p. 11-14, mar.2006, p. 12-3.

aqui, pouco explorada na pesquisa histórica, segue outro caminho: o da assimilação oficiosa, oral, laboral, e acredita que Alberti seja não apenas a fonte especial dessa circularidade letrada, mas também o registro privilegiado de doutrinas que chegaram até ele (ou que foram recolhidas por ele) e que eram e continuaram a ser compartilhadas coletivamente no âmbito mesmo das fábricas artísticas, transmitidos nos jornais habituais da prática construtiva, consolidados em processos de longa duração adaptados a circunstâncias artísticas, filosóficas, religiosas e políticas diversas, e que justamente por tudo isso ganham registro nos tratados e documentos que estudamos.

Fig. 1 - Forro da Capela da ordem 3ª de São Francisco de Assis, Ouro Preto (foto do autor)

Fig. 2 - Capela da ordem 3ª de Nossa Senhora do Carmo, Ouro Preto
(foto do autor)

Fig. 3 - Retábulo-mor da Capela da ordem 3ª de Nossa Senhora do Carmo,
Ouro Preto (foto do autor)

Fig. 4 - Retábulo-mor da Igreja Matriz de Nossa Senhora do Pilar, Ouro Preto (foto do autor)

Fig. 5 - Capela da ordem 3ª de São Francisco de Assis, Ouro Preto (foto do autor)

# Alberti e a Arquitetura Religiosa Quinhentista na Península Ibérica

Andrea Buchidid Loewen

**Resumo**

No século XVI, na Península Ibérica, a assimilação do *romano* na arquitetura aponta para um despojamento decorativo e um progressivo classicismo que anunciam a chegada do chamado Renascimento. Este se apoia, em grande medida, em doutrinas arquitetônicas de origem itálica; de maneira particular, naquelas formuladas por Alberti em seu tratado e, de certo modo, vislumbradas nos edifícios por ele projetados. Assim, é intenção do presente trabalho investigar a receção da doutrina albertiana em tal contexto, e sua peculiar repercussão na arquitetura religiosa do período.

Alberti; Arquitetura Religiosa; Península Ibérica; Doutrinas Arquitetônicas

**Résumé**

Au XVIe siècle, dans la Péninsule Ibérique, l'assimilation du *romano* dans l'architécture révèle un décapage décoratif et un classicisme progressif qui annonce l'arrivée de la Renaissance. Celle-ci repose, en grande partie, sur des doctrines architecturales d'origine italique; particulierment par celles formulées par Alberti dans son traité et, en quelque sorte, entrevu dans des bâtiments conçus par lui. Ainsi, il est l'intention de ce travail d'investiguer la réception de la doctrine albertienne dans ce contexte et son impact sur l'architecture religieuse de l'époque.

Alberti; Architecture Religieuse; Péninsule Ibérique; Doctrines Architecturales

**Abstract**

In the Iberian Peninsula during the sixteenth century, the assimilation of the *romano* in architecture manifest a decorative stripping and a progressive classicism that announce the arrival of the so-called Renaissance. Its foundations rely largely on architectural doctrines of Italic origin, in particular on those formulated by Alberti in his treatise and somehow discerned in the buildings he conceived. Thus, it is the intention of this work to investigate the reception of the Albertian doctrine in such context and its particular impact on the religious architecture of that period.

Alberti; religious architecture; Iberian Peninsula; architectural doctrines

A alargada difusão em solo lusitano do *De re aedificatoria*, desde a publicação da *editio princeps* e em suas diversas edições já no início da era moderna, tem sido reiterada em estudos balizados por rigorosos levantamentos - como os empreendidos por Rafael Moreira & Ana Duarte Rodrigues[562] e também por Mário Krüger[563] -, contrariando a hipótese até então comumente aceita de que a arte nacional resultasse exclusivamente de tradições empíricas e práticas de oficina, bem como a crença de que apenas os manuais ou tratados de caráter predominantemente prático suscitassem interesse então em Portugal. E é significativo, como observa Krüger na análise da correspondência epistolar trocada em 1491 entre Ângelo Poliziano e D. João II, que os três moços-fidalgos portugueses que estavam sob a tutela deste humanista da corte medicéia – filhos do Chanceler-mor do reino, João Teixeira -, conhecessem a *editio princeps* do tratado de Alberti, publicada em 1485.

Também na corte de D. João III, impregnada de valores humanistas e inclinada ao *antigo* - insígnia do novo reinado em oposição ao de D. Manuel -, sentiam-se claros os ecos das ideias albertianas, como bem ilustra o discurso do Dr. Francisco de Melo, em 1535, por ocasião da realização das cortes gerais em Évora. Proferida num período bastante atribulado do reinado de D. João, num momento em que o Papado se preparava para autorizar a instalação de um tribunal da Inquisição em Portugal, solicitado em 1525 e concedido em maio de 1536, a oração repercute as doutrinas artísticas do Renascimento.

> "Muito alto e muito poderoso Príncipe, Rei e senhor. Sentença é muito antiga de todos os filósofos e sabedores, que as artes e prudência humana trabalham em tudo imitar e arremedar as maravilhosas obras da natureza. Porque como estas sejam regidas e ordenadas por engenho, artifício, saber

---

[562] RAFAEL MOREIRA & ANA RODRIGUES, *Tratados de Arte em Portugal*. Lisboa: Scribe, 2011, pp. 7-10; 25-26.

[563] MÁRIO JÚLIO TEIXEIRA KRÜGER. "A Receção da Arte Edificatória". em ALBERTI, Leon Battista. *Da Arte Edificatória*. Trad. de Arnaldo Monteiro do Espírito Santo; introdução, notas e revisão disciplinar de Mário Júlio Teixeira Krüger. Lisboa: Fundação Calouste Gulbenkian, 2011, p. 127, n. 205.

infalível e poder muito sublimado, nelas se acham muita variedade sem desordem, suficiência sem defeito, conformidade sem repugnância."[564]

A minudente análise do documento realizada por Rafael Moreira[565], que precisa os conceitos assimilados do *De re aedificatoria*, explicita como Melo toma a metáfora do edifício como corpo e a transpõe para a organização social do reino. Ainda, nota como as noções evocadas pelo orador – variedade sem desordem, suficiência sem defeito, conformidade sem repugnância – identificam-se com os preceitos albertianos de *varietas*, *necessitas* e *concinnitas*, respectivamente, concluindo que a tradução feita por Melo deste último termo por conformidade indique "um perfeito entendimento da palavra".

No contexto da *Ebora humanistica*, de certo modo também comprometida com os desígnios da Inquisição, outra significativa evidência da fortuna crítica do tratado de Alberti se refere à sua tradução para o vernáculo encomendada por D. João III ao renomado humanista André de Resende[566], autor do *Erasmi encomium*, de 1531, e teólogo da corte dos cardeais-infantes D. Afonso e D. Henrique[567]. A importância atribuída por Resende ao discurso sobre a Arquitetura é observada por Krüger, que toma por referência o testamento do humanista, datado de 1573, no qual destina ao filho os seus "livros de São Frey Gil e d´Arquitetura [...], porque são muito proveytosos para a sua onra e minha memória"[568].

Em outro documento de época, Krüger encontra a notícia que relata que D. Henrique, inquisidor-geral do reino, ordena, por ocasião do

---

[564] "Memoria das côrtes que se fizeram em a cidade de Evora, convocadas por el rei D. João 3.º, e juramento do principe D. Manuel", *O Panorama, Jornal Litterario e Instructivo da Sociedade Propagadora dos Conhecimentos Uteis*, Vol 3.º, 2.ª Serie, 1844, págs. 370-372.

[565] RAFAEL MOREIRA. *A Arquitetura do Renascimento no Sul de Portugal: A Encomenda Régia entre o Moderno e o Romano*. Dissertação de Doutoramento. Universidade Nova de Lisboa, 1991, pp. 198-210.

[566] MÁRIO JÚLIO TEIXEIRA KRÜGER. *op. cit.*, p. 83.

[567] HUGO MIGUEL CRESPO. "André de Resende na Inquisição de Évora e a apologética anti-judaica: ciência teológica, doutrina e castigo (1541). Um autógrafo inédito. Novos documentos para as biografias de André de Resende e Jorge Coelho". In Separata de *Humanismo, Diáspora e Ciência (séculos XVI e XVII)*, Porto, 2013, p. 154.

[568] MÁRIO JÚLIO TEIXEIRA KRÜGER. *op. cit.*, p. 83.

falecimento de Mestre Resende, que "lhe tirasse da sua livraria certos livros, que desejava haver, como Leo Baptista de Architectura, que ele traduzio en Portuguez por mandado d'el Rei"[569]. Ainda que, como afirma o autor, não estejam claras as intenções do cardeal-infante ao ordenar a recuperação do manuscrito traduzido por André de Resende, há que se considerar a hipótese, defendida por Moreira, de que o mesmo integrasse o acervo da Escola do Paço da Ribeira – junto da tradução de Vitrúvio realizada pelo insigne matemático Pedro Nunes –, levado para a Espanha por Juan de Herrera quando da fundação da Academia de Matemáticas e Arquitetura de Madri, em 1583[570].

No que concerne à arquitetura religiosa do período, é consenso na historiografia que uma das primeiras obras a expressar os valores do Renascimento em Portugal seja claramente orientada por princípios albertianos. A igreja de São João da Foz do Douro, iniciada em 1527, é encomenda de D. Miguel da Silva a seu arquiteto particular, o italiano Francesco da Cremona.

Deve-se a Moreira a descoberta, em 1979, da estrutura intacta da antiga igreja, com seus 50 m. de extensão e fachada voltada para o mar, no interior da fortaleza seiscentista[571]. As investigações empreendidas pelo autor revelam que Francesco trabalhou no canteiro de São Pedro como um dos empreiteiros de confiança de Rafael – a partir de 1514, mas certamente desde antes, sob Bramante e Giuliano Leno, protetores habituais dos artistas lombardos na Cidade Eterna –, e que em 1525 ele acompanha D. Miguel da Silva a Viseu, quando do regresso do embaixador a Portugal.

A igreja, construída em alvenaria de pedra, possui planta retangular de proporção 1:2, uma nave única com capela-mor hexagonal coberta por cúpula hemisférica. No entendimento de Vítor Serrão, a originalidade de tal obra não reside apenas nos novos e arrojados conceitos de espacialidade

---

[569] *Idem*, p. 84.

[570] RAFAEL MOREIRA. "A Escola de Arquitetura do Paço da Ribeira e a Academia de Matemáticas de Madrid", In DIAS, Pedro (coord.). *As Relações Artísticas entre Portugal e Espanha na Época dos Descobrimentos*. Coimbra: Livraria Minerva, 1987, p. 72.

[571] RAFAEL MOREIRA. "Arquitetura: Renascimento e Classicismo". em PEREIRA, Paulo. *História da Arte Portuguesa*. Lisboa: Círculo de Leitores, 1995, vol. II, pp. 336/7.

distintos da tradição portuguesa, mas integra também elementos inovadores de ornato que animam a "ostensiva discrição do recinto, como os capitéis compósitos de figurino não-canônico (idênticos aos do claustro viseense) e as extravagantes aberturas em forma de *tabulae ansatae* rasgadas no rude granito com evidente ciência classicista"[572].

Nas palavras de Serrão, "tudo nesta Igreja da Foz revive o espírito albertiano da *concinnitas*, princípio de harmonia entre as partes, segundo o qual não se pode juntar ou retirar nada sem que o conjunto se ressinta"[573]. Também Paulo Pereira reputa a obra extraordinária, "pelo que significa de precocidade na entrada de paradigmas arquitetônicos albertianos em Portugal"[574].

Portanto, seja por meio da circulação do próprio tratado, seja a partir da difusão de valores albertianos trazidos da Itália pelos artífices que estiveram em tais terras ou pelos arquitetos de lá oriundos chamados a trabalhar em Portugal, ou ainda pelos humanistas que circulavam entre as penínsulas, são significativos o reconhecimento da autoridade de Alberti e a valorização de seus preceitos em relação à arte edificatória. À luz de tais considerações e a fim de melhor compreender o interesse por Alberti e a repercussão de sua doutrina no panorama artístico quinhentista na Península Ibérica, convém recorrer ao tratado e demarcar certos preceitos.

Neste ponto, é oportuno ter em vista que o *De re aedificatoria* é redigido em latim clássico e que se destina, principalmente, a comitentes e príncipes. Além disto, o primeiro tratado moderno da arte edificatória restabelece as razões da Arquitetura - legitimadas pela autoridade do *antigo* -, mas prescinde de desenhos, reafirmando a confiança humanística de Alberti na palavra, no instrumento da língua. O *trattato* ressalta o valor cívico da Arquitetura, fruto da *virtù* humana.

Cabe lembrar que, já no século XV, a Arquitetura se via exposta a críticas em termos morais. As despesas de dinheiro e esforços dedicados

---

[572] VITOR SERRÃO. *História da Arte em Portugal. O Renascimento e o Maneirismo (1500-1620)*. Lisboa: Editorial Presença, 2002, p. 58.

[573] Ibidem, p. 58.

[574] PAULO PEREIRA. *Arte Portuguesa. História Essencial*. Lisboa: Círculo de Leitores, 2011, p. 508.

à edificação, até mesmo de igrejas, implicava um interesse excessivo no terreno e no temporal e podia, frequentemente, ser interpretado como manifestação de um desejo por glória pessoal[575]. Alberti seguramente estava ciente da necessidade de se evitar tais invectivas. Logo no início do tratado, ele louva a sobriedade e censura "o desejo de edificar sem moderação"[576]. Em mesma linha, no início do livro VI, a fim de reafirmar a justificativa para uma arte edificatória aceita moralmente, memora a origem e a marcha da arquitetura, da juventude asiática à esplêndida maturidade romana, creditando à inata sobriedade da Itália a defesa da conformidade entre um edifício e um ser vivo. É lá que se conjuga a magnificência dos reis poderosos com a antiga frugalidade, "de tal modo que nem a parcimônia diminuísse a utilidade, nem a utilidade fosse parca em recursos", mas que em ambos os casos se acrescentasse tudo quanto "se possa imaginar para obter suntuosidade e beleza"[577]. Esta a virtude dos romanos exaltada por Alberti.

Como sugere John Onians, é esta mesma qualidade moral que Alberti reivindica para seu tratado e é por tal razão que ele toma por referência, especificamente, a teoria e a prática dos romanos. "Tal princípio certamente se coadunava com a moralidade cristã-aristotélica então prevalente"[578] e é justamente nesta chave que se inscreve a tratativa dos atributos mais controversos de elegância e beleza. Assim, para lidar com o problema da vulnerabilidade moral da arquitetura em geral, e da arquitetura clássica em particular, Alberti integra os aspectos éticos na própria estrutura de sua obra e mostra como eles podem governar o desenho de cada edifício[579].

Para tanto, se dirige ao princípio da adequação, *decorum*, afirmando que "em relação à arte edificatória, o primeiro de todos os méritos é ajuizar

---

[575] JOHN ONIANS, "Alberti and φιλαρετη. A study in their sources". In *Journal of the Warburg and Courtauld Institutes,* Vol. 34, 1971, p. 98.

[576] LEON BATTISTA ALBERTI. *Da Arte Edificatória*. Trad. de Arnaldo Monteiro do Espírito Santo; introdução, notas e revisão disciplinar de Mário Júlio Teixeira Krüger. Lisboa: Fundação Calouste Gulbenkian, 2011, I, 9, p. 171.

[577] Ibidem, VI, 3, pp. 379-381.

[578] JOHN ONIANS, J. *op. cit.,* p. 98.

[579] JOHN ONIANS. Bearers of Meaning. The Classical Orders in Antiquity, the Middle Ages, and the Renaissance. Princeton: Princeton University Press, 1990, p. 151.

bem o que é conveniente"[580]. O decoro é parâmetro que fundamenta o belo e que regula o ornamento; é o aspeto visível da *virtù*, o regulador da temperança e da moderação e que, portanto, não é percebido apenas por via da razão, mas é qualidade que salta à vista[581].

Este consórcio entre beleza e *virtù* é útil à compreensão do significado que o conceito de ornamento assume no *De re aedificatoria*. De fato, se a definição do Livro VI qualifica o ornamento como acessório, a referida reconstrução histórica da marcha da Arquitetura lhe confere um importantíssimo significado ético e civil e o coloca no ponto máximo do aperfeiçoamento da arte. Ausente nas construções primitivas, destinadas ao mero abrigo, ele é reclamado à medida que a arte de edificar se aprimora e dedica maior atenção ao prazer, tanto que os etruscos, situados no vértice da magistralidade da Arquitetura, "na construção dos esgotos não puderam passar sem a beleza"[582]. Com o tempo, o ornamento se torna indispensável e as riquezas do Império são empregadas para evitar que os edifícios, sobretudo os públicos e sagrados, careçam do *ornatus*. Desse modo, respondendo à necessidade e satisfazendo o deleite, o ornamento supera a esfera do acessório, se redime de seu valor meramente decorativo, e, impregnado de significado ético, passa a ser visto como elemento essencial e identificado com a própria beleza[583]. Assim, em vistas de tais princípios do decoro, da conveniência, Alberti prescreve os ornatos apropriados a cada gênero de edifício e a cada situação.

Ao cume da escala hierárquica estão os edifícios sagrados, aos quais nada faltará em termos de majestade e beleza. Tal asserção se articula à menção sobre o exemplo de Roma, que, segundo relata, ainda no tempo de seu florescimento mantinha o Capitólio coberto com colmos como forma de expressar a antiga parcimônia estimada pelos antepassados; e então, somente quando a riqueza dos monarcas e cidadãos os induziu a dignificar a si próprios e a cidade com a construção de grandes edifícios,

---

[580] LEON BATTISTA ALBERTI. *op. cit.*, IX, 10, p. 616.

[581] ANDREA BUCHIDID LOEWEN. *Lux pulchritudinis: sobre beleza e ornamento em Leon Battista Alberti*. Coimbra: Imprensa da Universidade de Coimbra / Annablume, 2013, pp. 113-114.

[582] LEON BATTISTA ALBERTI. *op. cit.*, VI, 3, p. 382.

[583] ANDREA BUCHIDID LOEWEN. *op. cit.*, p. 145.

pareceu-lhes coisa vergonhosa que as moradas dos deuses pudessem de algum modo ser superadas em beleza por aquelas dos homens.

Além disso, Alberti declara: "a autoridade que ao templo é dada por sua Antiguidade não é inferior ao decoro conferido pelo ornamento"[584]. Desta sorte, recomenda aos edifícios sagrados uma beleza tal que nada mais ornado possa ser cogitado, que cada uma de suas partes seja disposta de modo a suscitar admiração e esteja em proporção com as dimensões da própria cidade, e que, sobretudo, a obra toda seja feita de modo a tornar difícil ajuizar se merece maior encômio o engenho do artífice ou a solicitude dos cidadãos em expor preciosas raridades.

De acordo com a interpretação que Alberti faz dos antigos e seguindo a tradição etrusca, os diferentes tipos de sacrifício determinam as distintas formas dos templos, as quais podem ser quadrangulares, poligonais ou circulares, mas fica patente a predileção pelos tipos de planta central, e mais ainda pelos templos de forma circular. Como afirma Wittkower, pode-se supor que Alberti - malgrado o silêncio quase absoluto de Vitrúvio acerca do uso da planta central para os templos - reencontrasse nas reminiscências antigas de templos e mausoléus romanos adaptados a igrejas a prova de uma continuidade da arquitetura sacra antiga à igreja paleocristã, valendo-se disto como justificativa histórica para sua tese de um retorno às formas veneráveis dos templos dos antigos[585]. Os valores paleocristãos exercem sobre Alberti, como sobre seus contemporâneos, um fascínio particular porque, naquela época, o antigo espírito pagão se fundia com a aura de fé e a pureza da Igreja primitiva.

No tratado, ele manifesta seu apreço pelas igrejas graves e simples dos primeiros séculos da cristandade, com seus altares únicos nos quais se celebrava, a cada dia, um único sacrifício. Como reitera Krüger,

"a frugalidade do cristianismo primitivo é reivindicada por Alberti e, implicitamente, criticada a ostentação da igreja de seu tempo, já exposta

---

[584] LEON BATTISTA ALBERTI. *op. cit.*, VII, 3, p. 437.

[585] RUDOLF WITTKOWER. *Principî architettonici nell'età dell'Umanesimo*. Torino: Einaudi, 1964, p. 11.

na obra *Pontifex* escrita em 1437. Tanto o humanismo, como o humanismo cristão, que se opunha ao desregramento e avidez que se haviam apossado do clero e da Igreja, estão presentes nas referências ao culto divino que encontramos no tratado."[586]

Em consonância com tais princípios, Alberti defende que os templos não devem promover nenhuma lisonja, nenhum apelo aos sentidos que comprometa seu aspeto casto, mas devem ser esplêndidos, em particular pelo uso de materiais duradouros e preciosos. Todavia, precisamente como Cícero, seguindo Platão, sustenta que o branco seja a cor dos templos, assim também Alberti está convencido que a pureza e a simplicidade na cor - como na vida - muito agradam a Deus.

Tais preceitos, entre outros encontrados nas páginas do tratado albertiano, certamente receberam acolhida no panorama artístico ibérico, no século XVI.

Em Portugal, pode-se notar tal matriz doutrinária na série de igrejas de planta central edificadas na primeira metade dos Quinhentos, a começar pela igreja do Mosteiro de Santa Maria de Celas (Fig. 1), em Coimbra, finalizada em 1529. Moreira a situa no contexto de difusão do humanismo e das relações da comitente – a abadessa D. Leonor de Vasconcelos -, com a corte joanina e revela os desígnios do que seria a primeira intervenção de Chanterene como *arquiteto*[587]. Tal rotunda perfeita, de 10 metros de diâmetro e coberta por uma abóbada de nervuras em estrela de 8 pontas (Fig. 2) - "que outro sistema de cobertura poderia Chanterenne imaginar", indaga Moreira, "se as cúpulas ainda não eram conhecidas?"[588] – é atribuída pelo autor à leitura do *De re aedificatoria*. Mas a intervenção da abadessa também deve ser considerada como "resposta arquitetônica a uma nova conjuntura espiritual"[589], relacionada à chamada pré-reforma ligada à crise da clausura instaurada desde o século anterior.

---

[586] Ibidem, p. 486, n. 1358.

[587] RAFAEL MOREIRA. *A Arquitetura do Renascimento no Sul de Portugal. Op. c.it.*, p. 278 e segs..

[588] Ibidem, p. 281.

[589] PAULO VARELA GOMES & WALTER ROSSA. "A rotunda de Santa Maria de Celas: um caso tipológico singular". In *Arte e Arquitetura nas Abadias Cistercienses nos séculos*

No século XVI, como recorda Joseph Rykwert, a arquitetura não pode apenas recorrer à natureza e à razão. As regras a serem evocadas, como a das ordens, por exemplo, deveriam contar com a sanção da graça; deveriam prover das revelações divinas e estar garantidas por elas, ainda que a revelação não contradiga de nenhum modo as operações da razão, mas as santifique, eleve[590]. Tal convicção foi afirmada pelo Papa Leão X a toda a Cristandade em sua bula *Apostolici Regiminus*, de 1513. Em tal contexto, a Antiguidade, que muitos consideravam então o "precedente idôneo de uma arquitetura cristã, não era a Antiguidade atemporal do mito, mas o mais concreto estilo da primeira Antiguidade cristã"[591]. E, além das já referidas noções do *De re aedificatoria* no tocante a esta questão, tanto o Sepulcro Rucellai da igreja florentina de San Pancrazio (Fig. 3), quanto a igreja de San Sebastiano em Mântua (Fig. 4) e a tribuna da Santissima Annunziata de Florença (Fig. 5) - obras projetadas por Alberti -, são todos eloquentes *exempla* [592].

Ao analisar o interior da rotunda de Celas e seus respetivos ornatos, Paulo Varela Gomes & Walter Rossa atribuem à abadessa a intenção de associar a nova igreja a um templo primordial, marcando o corpo da edificação como "rotunda do mundo ou firmamento celeste", conotando a refundação de Celas com a "Origem e Obra de Deus"[593].

No âmbito da arquitetura coimbrã, uma ideologia arquitetônica semelhante – de um Renascimento cristão, que se dessedenta em Alberti e se fundamenta no erasmismo[594] -, pauta a construção do templete da Fonte do Jardim da Manga do Mosteiro de Santa Cruz (Fig. 6), ideado por Frei Brás de Barros e riscado por João de Ruão, conterrâneo de Chanterenne.

---

*XVI, XVII e XVIII*. Actas do Colóquio, 23-27 de novembro de 1994, Mosteiro de Alcobaça. Lisboa: IPPAR, 2000, p. 205.

[590] JOSEPH RYKWERT. "Razão e Graça". em *A Casa de Adão no Paraíso*. São Paulo: Ed. Perspetiva, 2003, p. 130.

[591] Ibidem, p. 129.

[592] Veja ARTURO CALZONA. "Tempio/basilica e la ´religione civile´ di Alberti". em *Leon Battista Alberti e l´Architettura* (a cura di M. Bulgarelli, A. Calzona, M. Ceriana e F. P. Fiore). Milano, Silvana Editoriale, 2006, pp. 76-92.

[593] PAULO VARELA GOMES & WALTER ROSSA. *op. cit.*, p. 206.

[594] RAFAEL MOREIRA. "Arquitetura: Renascimento e Classicismo". *op. cit.*, p. 344.

Para Pereira, a obra, iniciada em 1533, é "única no gênero em Portugal e pioneira em termos peninsulares"[595] ao recorrer à planta central para conjugar a mitologia clássica com a história cristã. Segundo o autor, um provável modelo para a construção do templete é a "gravura representando o Templo de Vênus Physizoa da obra-prima impressória que era o Hypnerotomachia Poliphili"[596] (Fig. 7). Por outro lado, também é relevante que Pereira atribua a João de Ruão "uma *gravitas* que raros artistas portugueses, ou ativos em Portugal, atingiram nas suas obras "ao antigo" ou "ao romano""[597] e que Moreira o considere como "um dos primeiros formuladores da nova espacialidade que esse tipo de ornamento [ao romano] requeria"[598].

Também se liga a Frei Brás de Barros a igreja da Serra do Pilar (Fig. 8), "ao redondo, de arte mui nova", conforme a descrevia o doutor João de Barros antes mesmo de 1550, obra que certamente emulava as realizações de D. Miguel da Silva na Foz do Douro[599]. No risco de Diogo de Castilho e João de Ruão, o corpo da igreja, coberta por uma cúpula hemisférica, se articula com o do claustro - também circular e de dimensões semelhantes -, conformando uma unidade harmônica e perfeita, uma *concinidade*, destruída pelo acréscimo do retrocoro em 1690.

A prevalência da forma circular desses decorosos templos, iniciados ainda na primeira metade de Quinhentos e anteriores à publicação do *Libro Quinto delli Templi* de Serlio, não pode senão remeter à preceptiva de Alberti. Do mesmo modo, cabe considerar – assim como o fez recentemente Krüger e sua equipe do projeto Alberti Digital -, a assimilação de exemplos albertianos em uma série de igrejas portuguesas de planta basilical, ideadas, de acordo com Moreira, em função da "necessidade de definir um modelo novo de arquitetura eclesial que correspondesse aos anseios da reforma da Igreja e servisse de cenário estimulante duma religiosidade ideal"[600]. Neste sentido, e ainda que não se descarte de

---

[595] PAULO PEREIRA. *op. cit.*, p. 519.
[596] Ibidem, p. 520.
[597] Ibidem, p. 519.
[598] RAFAEL MOREIRA. "Arquitetura: Renascimento e Classicismo". *op. cit.*, p. 327.
[599] Ibidem, p. 343.
[600] Ibidem, p. 340.

todo a descendência das "típicas igrejas nacionais do gótico mendicante", os argumentos do autor trazem à luz o caráter plenamente renascentista de tais templos, de volumes sinceros e contenção ornamental e em cujos corpos se evidencia a busca da *symmetria*.

Assim como em Portugal, na Espanha filipina são nítidos os ecos dessa arquitetura moral do Primeiro Renascimento. Entre eles, merece destaque a redação de um tratado arquitetônico aplicável à prática nacional e baseado no *De re aedificatoria*[601]. Desde a edição do *Medidas del Romano* de Sagredo, é o primeiro tratado escrito na Espanha como um projeto integral, dedicado especificamente à Arquitetura e à cidade. Para Cristina Corral, trata-se de um texto bem estruturado, regido por uma disciplina interna e grande coerência conceitual, que contém um estudo detalhado e preciso dos edifícios antigos e que, por estas razões, se configura como peça valiosa para a compreensão dos modos e maneiras relacionados à aproximação à Arquitetura na Espanha de meados do século XVI[602].

Seu autor, anônimo, usa o texto albertiano de modo seletivo para estabelecer uma conexão explícita entre a moralidade e um estilo clássico ordenado e contido. No entendimento de Catherine Wilkinson, sua atenção não era dirigida tanto aos edifícios quanto à dimensão moral dos mesmos e à sua relevância no panorama espanhol contemporâneo[603]. Neste sentido, ela afirma que a intenção do autor de articular os princípios de um "estilo clássico" católico, em oposição àquele tomado por pagão, vai ao encontro de seu desejo de reformar a prática arquitetônica espanhola se alinhando aos valores sugeridos por Alberti. E é significativo que, no manuscrito, o autor prefigure um programa para reforma idêntico àquele adotado por Filipe em 1559 e que seus princípios se materializem na construção da obra prima do patrocínio de tal regente, o Monastério de San Lorenzo, o Escorial.

---

[601] FERNANDO MARÍAS. *El Siglo XVI – Gótico y Renacimiento*. Madrid: Sílex, 1992, p. 161.

[602] CRISTINA GUTIÉRREZ-CORTINES CORRAL. "Estudio preliminar". em *Anónimo. De Arquitetura*. Tratado del siglo XVI. Madrid, 1995, p. XVI.

[603] CATHERINE WILKINSON. "Planning a Style for the Escorial: An Architectural Treatise for Philip of Spain". In *Journal of the Society of Architectural Historians*, vol. 44, N° 1, 1985, p. 37.

Quando o vasto e austero edifício estava próximo de ser concluído, a tradução do tratado albertiano para o *romance* é finalmente publicada, em 1582. Feita pelo *alarife* de Madrid Francisco Lozano, se inscreve no contexto do poderoso impulso comunicado por Juan de Herrera a todos os estudos científicos relacionados à doutrina da arquitetura.

Fig. 1 – Chanterenne. Igreja do Mosteiro de Santa Maria de Celas, Coimbra. Foto: IGESPAR

Fig. 2 – Abóbada da igreja de Santa Maria de Celas. Foto: IGESPAR

Fig. 3 – LEON BATTISTA ALBERTI. Sepulcro Rucellai, Florença. Foto: Sailko, 2009.

Fig. 4 – LEON BATTISTA ALBERTI. San Sebastiano, Mântua. Foto: Allie Caulfield, 2003.

Fig. 5 – Vista da tribuna de Alberti para a basílica da Santissima Annunziata. Detalhe da vista de Florença (1490 ca.) publicada na Weltchronik de Hartmann Schedel. Nuremberg, 1493.

Fig. 6 – JOÃO DE RUÃO/FREI BRÁS DE BARROS. Templete da Fonte do Jardim da Manga, Mosteiro de Santa Cruz, Coimbra. Foto: Andrea B. Loewen, 2013.

Fig. 7 – FRANCESCO COLONNA (?). *Hypnerotomachia Poliphili*, 1499.
Gravura do Templo de Vênus Physizoa.

Fig. 8 – DIOGO DE CASTILHO E JOÃO DE RUÃO. Igreja da Serra do
Pilar. Foto: Iñaki Mateos, 2011.

# Reflexos Albertianos no Renascimento Português. A *Descriptio Urbis Romae*, o Matemático Francisco de Melo e um Mapa Virtual de Portugal em 1531

Rafael Moreira

**Resumo**

Partindo da análise dos contributos albertianos na "Oração" que proferiu na abertura das Cortes de 1535, examina-se brevemente a vida e a obra do grande matemático Francisco de Melo - em particular o "Códice de Hamburgo", a que atribuímos a data de 1531 e a função dum verdadeiro mapa virtual codificado de Portugal, inspirado na *Descriptio Urbis Romae* de Alberti (c.1450) -, para chegar à conclusão de que foi ele o introdutor de Alberti no nosso país, e fazer um retrospeto das suas influências sobre a arte, a arquitetura, e a tratadística portuguesas dos séculos XVI e XVII.

Francisco de Melo; Alberti; Cartografia; Arquitetura.

**Résumé**

En partant de l'analyse des apports albertiens à l'*Oraison* proférée par lui lors de l'ouverture des *Cortes* de 1535, on examine la vie et l'oeuvre du grand mathématicien Francisco de Melo - en particulier le "Codex de Hambourg", auquel on attribue la date de 1531 et la fonction d'une vraie carte virtuelle codifiée du Portugal, inspirée de la *Descriptio urbis Romae* d'Alberti (1450 c.) -, pour arriver à la conclusion qu'il a introduit Alberti dans notre pays, ainsi que donner une vue sommaire de ses influences sur l'art, l'architecture et les traités portugais des XVIe et XVIIe siècles

Francisco de Melo; Alberti; Cartographie; Architecture

**Abstract**

Based in a manuscript containing the coordinates of 1531 place-names in Portugal, this article shows that it must be attributed to this year, to the humanist-mathematician Francisco de Melo, and composes a virtual map of the entire country according to the ideas expressed by Alberti in his "*Descriptio Urbis Romae*" (1450). It is a landmark in the introduction of Albertian thought in Portugal - through Paris, where Melo studied from 1514 to 1520 - and the start of a century-long Albertian influence in architectural theory and buildings both in Portugal as in Brazil.

Francisco de Melo; Alberti; Cartography; Architecture.

No domingo 13 de junho de 1535, nos "balcões que atravessam do Palácio contra o laranjal" - a atual Galeria das Damas - em Évora, o rei D. João III procedia à abertura das Cortes, após ter feito jurar como herdeiro o pequeno príncipe D. Manuel, de pouco mais de 3 anos de idade.

O discurso de abertura foi pronunciado em nome do Rei, em português e não em latim como era habitual, por um de seus oradores preferidos: o Doutor Francisco de Melo, nobre eborense que, apesar de sacerdote, era membro do seu conselho, capelão-mor do paço, e ilustríssimo matemático e cientista, professor de Matemáticas do jovem infante-cardeal D. Henrique, irmão do rei; além de um grande humanista, amigo do flamengo Nicolau Clenardo e de todo o círculo humanístico da Évora do Renascimento. Nascido c. 1490, desde muito novo a sua inteligência tinha chamado a atenção do rei D. Manuel, que o mandara estudar em Paris.

O discurso – que deve ter levado umas 3 horas a ser lido – foi um enorme sucesso: embora não tenha sido impresso, existe uma dezena de cópias da época ou pouco posteriores. Melo introduz um corte radical no pensamento político português, substituindo a doutrina medieval (e manuelina) da origem divina do poder real – que ele próprio ainda sustentava na oração de abertura das Cortes de Torres Novas em 1525 – pela ideia da solidariedade entre a natureza e a sociedade, composta de "membros inferiores" (os camponeses, sobretudo) e "superiores" (os agentes do poder real) – os pés e as mãos – com os seus "braços" (os oficiais de justiça e militares), e uma "cabeça", o Rei em que todos os sentidos se concentram e zelam pelo bem comum: o panegírico da monarquia paternalista tal como D. João III a estabelecera, de que a reunião periódica de Cortes e o juramento do príncipe herdeiro eram os pilares fundamentais.

A imagem da sociedade como um corpo humano em que todos colaboram vem em linha reta da conceção de S. Paulo do *corpo místico* sob a visão neoplatónica do governo de "letrados ou amigos das letras", tal como da leitura do *Enchiridion* de Erasmo (e lembremos que Marcel Bataillon escreveu que Portugal era em 1533 "o país mais erasmiano da Europa"...): o que torna este discurso de 1535 num verdadeiro manifesto, quase subversivo.

Tanto mais que a metáfora paulino-erasmista do corpo não é aí tomada apenas como noção metafísica mas no seu sentido mais concreto, material, de cânon da beleza e medida de todas coisas do universo: o sentido vitruviano-albertiano por excelência. Ao nomear, com detalhe de anatomista – ou de escultor – o *assento dos pés, o toro do corpo tam robusto e largo, a longura dos braços, as luzernas dos principaes sentidos, compasso de tão desvairados membros*, Francisco de Melo tinha diante dos olhos uma gravura como as do *homo ad quadratum* e *ad circulum* de Vitrúvio, senão as esculturas de Chanterene no alto da fachada da igreja da Graça. Desde seu Proémio, ele estabelece a relação física entre a harmonia da sociedade e perfeição do corpo humano com a beleza do mundo, colocando assim as considerações estéticas no centro da sua reflexão política.

Longe dos preceitos técnicos de Vitrúvio ou Sagredo – que lera, com toda a certeza -, é à visão mais filosófica e sistemática, com uma postura ético-política de rigor, do *De re aedificatoria* de Leon Battista Alberti (Florença, 1485) [604] que o orador doutrinário foi buscar a estrutura da obra e do pensamento albertianos, e soube tirar todo o partido possível do seu conceito fundamental do corpo como "um edifício", tanto de arquitetura como social, adaptando-o à realidade do país.

A prova é-nos dada logo a seguir: no Exórdio – o começo da Narratio, em que apresenta os temas essenciais do discurso –, após a devida evocação do Deus-demiurgo, autor das *maravilhosas obras da natureza*, Melo enumera as três formas de harmonia em que reside a perfeição universal:

a **variedade sem desordem**, antes de mais. Sabe-se o valor essencial da *varietas* na teoria albertiana por oposição à *unitas,* do equilíbrio das duas nascendo o bom uso e a comodidade do seu utilizador: a *commoditas,* um termo que Alberti prefere ao vitruviano de *utilitas*. Por analogia com a Música, *varietas* designa a diversidade das linhas e ângulos perfeitamente dispostos (Liv. I, cap. 10) de modo a não criar espaços disformes ou mal proporcionados. Regressando no final de seu tratado às questões gerais de Estética, Alberti identifica a "correta variedade" com a teoria

---

[604] A seguir à *editio princeps* florentina, há uma edição de Estrasburgo em 1511 e outra de Paris, por Geoffroy Tory, em 1512, que Melo deve ter utilizado. As traduções em italiano só começam em Veneza, por Pietro Lauro, em 1546, e a célebre de Cósimo Bártoli de Florença, em 1550 (John Bury e Paul Breman, *Writings on Architecture Civil and Military c1460 to 1640,* De Graaf Publishers, 2000).

das ordens como expressão do estatuto social do dono da casa: o que explica por que Melo põe em oposição variedade e desordem, que não têm correspondente em Vitrúvio.

a **suficiência sem defeito**, a seguir. Trata-se aqui de tudo que baste a satisfazer as necessidades dos indivíduos, ou seja a *necessitas* (um termo que engloba os vitruvianos *firmitas* e *soliditas*). A falta, ou "defeito", de uma destas condições colocaria em perigo a segurança contra os rigores do clima ou os perigos da vida humana, ou seja da própria sociedade. Para Melo, são problemas ligados ao abastecimento público – no que alude sem dúvida à crise que se seguiu ao sismo de 1531 – e um elogio à construção do Aqueduto da Água de Prata em Évora por D. João III, que seria inaugurado em 1537, quando recebeu do Senado da cidade o título imperial romano de *Pater Patriae*.

e a **conformidade sem repugnância**, por fim. Nível estético por excelência, trata-se bem do conceito central albertiano de *concinnitas,* sobre o qual tanto tem sido escrito. Melo ignora a *venustas* vitruviana, como a qualidade de agradar oposta à de rejeição, e a traduz com perfeita compreensão de seu sentido por "conformidade": a conveniência, acordo ou harmonia entre as partes. [605]

Vemos que a célebre "tripartição aristotélica", para usarmos a expressão de Françoise Choay, ou tríade vitruviana, provém, no discurso de 1535, diretamente do sentido moral que lhe foi dado por Alberti e bem traduzido por Francisco de Melo pelos termos de *ordem, diligencia* e *concordia.* A beleza artística e justiça social assim se conjugam sob uma mesma fórmula, baseada na imitação dos princípios numéricos que regem a natureza (e que não podiam deixar indiferente o matemático apaixonado que era Melo). O seu antropomorfismo moralizado resolve-se, pois, na série de "leis" racionais que regulam tanto a República – o conjunto de alvarás emanados do Príncipe – quanto a perfeição das obras saídas da mão do homem.

---

[605] Para uma análise mais aprofundada da oração de Francisco de Melo de 1535 veja-se a nossa tese de Doutoramento em História da Arte na Universidade Nova de Lisboa, "A Arquitetura do Renascimento no Sul de Portugal: a encomenda régia entre o *moderno* e o *romano*" (texto mimeograf.), vol. 1, Lisboa, 1991, pp. 198-210.

Não é decerto por acaso que nestes mesmos exatos anos de 1530 a 40 – em que se assiste ao aparecimento e difusão entre nós do nome de "Alberto", ou Leon Battista Alberti – se divulga entre os intelectuais portugueses, e em particular eborenses, um neologismo que desaparece em seguida: o de *músico*. Não se trata, é evidente, do simples músico, ou tocador de um instrumento musical, nem da pessoa ligada às Musas, ou cultivo das artes, mas de algo de bem mais complexo e refinado: é aquele que torna visível através de seus atos, gostos e maneira de ser, de sua própria aparência e boas maneiras, a harmonia musical da perfeição rítmica do mundo. Que é o reflexo vivo e simples da "música das esferas" platónica, do pleno equilíbrio entre o ideal de vida e a consonância da alma do mundo com a sociedade e com cada indivíduo. Nas páginas do *De re aedificatoria* dedicadas a fixar as relações numéricas do acorde musical como princípio universal da beleza e da proporção (Liv. IX, cap. 5) os sons, suas medidas, escalas e intervalos são aquilo "que fazem com que os olhos e o espírito se encham de um prazer maravilhoso."[606] Eles são a fonte de toda a qualidade agradável a ser admirada.

Em 1533, no seu *Panegírico de D. João III* pronunciado em Évora, o grande humanista João de Barros qualificava o Rei de *músico* - e ele não sabia tocar nenhum instrumento, que se saiba... O famoso esteta, tratadista e desenhador Francisco de Holanda (que lia em 1547 o *Della Pittura*), um paradigma do Renascimento português senão sua figura mais representativa, ia a ponto de inventar o seu oposto: *desmúsico,* para designar como um modismo culto de côrte o homem imperfeito ou pouco harmonioso, de ar desagradável no aspeto físico e alma inquieta. A sombra de Alberti estava sem dúvida por detrás destes ensaios semânticos.

Por estranho que pareça, era descoberta recente no meio cultural do país. Ao contrário de um Brunelleschi, Fra Angelico, Paolo Toscanelli, Mariano Tacola, o iluminador Attavante, Francesco di Giorgio Martini – tão apreciado por D. João II [607] -, Leonardo da Vinci que o próprio Vasari

---

[606] Para o texto de Alberti utilizamos a recente edição da Fundação Calouste Gulbenkian, *Da Arte Edificatória,* Lisboa, 2011, com introdução, notas e revisão disciplinar de Mário Krüger e tradução do latim de Arnaldo Espírito Santo; a passagem referida encontra-se na p. 597.

[607] PEDRO DE ABOIM INGLEZ BRAAMCAMP CID, *A Torre de S. Sebastião de Caparica e a arquitetura militar do tempo de D. João II,* tese de Mestrado em História da Arte por nós

diz haver trabalhado para Portugal, ou o escultor Andrea Sansovino – que passou entre nós os 9 anos de tumultos políticos e religiosos em Florença[608] -, Alberti nunca é citado durante todo o Quattrocento. O que nos leva a crer que tratou-se verdadeiramente de uma descoberta feita em Paris por volta de 1515 pelo jovem brilhante estudante de Matemáticas, Filosofia, Teologia e Artes Francisco de Melo através da edição parisiense do *De re aedificatoria* publicada em 1512 por Geoffroy Tory, um nome bem conhecido em Portugal por seus trabalhos sobre a escrita romana para uso na Iluminura. Subitamente, tudo muda (procuraremos adiante ver como e porquê). Pouco após o regresso de Paris de Francisco de Melo, que terminou os seus estudos depois de 1521, Alberti é uma celebridade.

O cronista e poeta um pouco antiquado, mas atento, Garcia de Resende – grande cortesão de Évora e sem dúvida amigo próximo de Francisco de Melo, que era seu parente – escreveu de 1531 a 1533 a curiosa *Miscellania*, para exprimir o espanto face às mudanças do "nosso tempo e idade". Aí diz, como exemplos da nova cultura: *Vimos o gram Michael,/ Alberto, e Raphael...* O segundo nome tem sido interpretado como referindo-se a Dürer, o que não faz sentido: era ainda demasiado cedo para o colocar ao mesmo nível de um Michelangelo e dum Rafael, Resende fala apenas de italianos, e o contexto alude claramente às 3 grandes artes, Escultura, Arquitetura e Pintura. Quanto a nós, não pode haver dúvida que se trata de referência a Alberti, aliás a primeira entre nós.

A Biblioteca Pública Municipal do Porto guarda um exemplar do *De re aedificatoria* na ed. de Paris, 1512, em que uma nota autógrafa diz ter sido comprado em Roma em 1534 pelo cortesão e arquiteto amador Gonçalo Baião, com o duplo interesse de mostrar que o desejo do tratado não se limitava ao círculo humanista de Évora e que a *editio princeps* já se esgotara nos livreiros romanos.

Há, decerto, outras citações de Alberti em Portugal, mas tardias e como uma "auctoritas" que dispensa apresentação. O tratado *Dialoghi di Amore*

---

dirigida na Universidade Nova de Lisboa, 1998 (publ. Edições Colibri/Instituto de História da Arte, UNL, Lisboa, 2007, p. 372).

[608] RAFAEL MOREIRA, "Andrea Sansovino au Portugal, 1492-1501", in *Revue de l'Art*, 133, CNRS, Paris, 2001, pp. 33-8.

publicado em italiano (Roma, 1545) pelo médico cristão-novo português Leon Abravanel – mais conhecido como Leão Hebreu – é um caso. Segundo o Prof. Pina Martins baseia-se no diálogo *Hecatomfila d'Amore* de Alberti que teve grande difusão na Itália e França e seria mesmo citado por Faria e Sousa na edição das "Rimas" de Camões publicada em Lisboa em 1685. [609] Não refiro a fachada do palácio dos Duques de Bragança em Vila Viçosa – uma réplica alongada do Palazzo Rucellai de Alberti –, de 1535-37, porque deve ter sido traçada pelo engenheiro-arquiteto italiano de formação albertiana, Benedetto da Ravenna. [610]

Temos portanto de colocar a questão: como e por que razão o nome de Leon Battista Alberti, ainda um total desconhecido no fim do reinado de D. Manuel I, é apresentado como uma revelação 10 anos mais tarde por Garcia de Resende? Que acontecimento em concreto – pois não podia deixar de ser tal – justifica uma tão rápida, súbita e radical mudança de valor?

Voltemos à oração de Francisco de Melo de 1535, o momento de apogeu desta descoberta do *De re aedificatoria* apresentado como metáfora da doutrina de Estado diante dos representantes da nação inteira, para tentar ver mais claro. E comecemos por alguns dados sobre o seu autor.

Francisco de Melo era um fidalgo de alto nível da nobreza de Évora, da família dos Melo, uma das mais importantes do Reino, filho mais novo do alcaide-mor de Olivença. Formado em Matemáticas pela Universidade de Lisboa, recebeu do rei D. Manuel uma bolsa para continuar seus estudos em Paris, de 1514 a cerca de 1520, onde obteve no Collège de Montaigu os mais altos graus em Matemáticas, Artes, Filosofia e Teologia com os mestres mais reputados, como Gaspar Lax, Jean Fernel – que já difundia o *Comentariolus* de Nicolau Copérnico e sua teoria heliocêntrica (por exemplo, na *Cosmotheoria* que dedicou em 1528 a D. João III) – e Pierre Brissot, que veio morrer a Évora a 1522 e foi amigo de Oronce Finé, autor em 1525 do primeiro mapa corográfico da França.

---

[609] JOSÉ VITORINO PINA MARTINS, *Humanisme et Renaissance de l'Italie au Portugal. Les deux regards de Janus,* Fund. Calouste Gulbenkian, Lisboa-Paris, 1989, pp. 372 e 401.

[610] RAFAEL MOREIRA, "Uma Cidade Ideal em Mármore. Vila Viçosa, a primeira corte ducal do Renascimento português", in rev *Monumentos,* 6, DGEMN, Lisboa, 1997, pp. 48-53.

Em 1515, apenas com 30 anos de idade, Lax dedicava-lhe a sua *Arithmetica Speculativa* e elogiava-o em termos encomiásticos: "Raros têm iguais conhecimentos, não apenas em aritmética e geometria, mas também em astrologia [astronomia], cosmografia ou em vidros ópticos, de tal modo que ninguém te propõe um problema, mesmo difícil, que não o descubras por evidentes e poucos meios." Luís Vives cita-o numa carta a Erasmo em 1520, dizendo que ele conhece "toda a matemática, e consagrou-se com igual sucesso às letras polidas".

Datam de 1514-17 as suas obras mais conhecidas: os *Comentários sobre a perspetiva e a especulária de Euclides* e um *Comentário ao De Incidentibus in Humidis de Arquimedes*, uns 150 in-fólios encadernados em 1521 para oferecer ao seu protetor D. Manuel, iluminados em fino pergaminho a azul e ouro, escritos em excelente latim, descobertos há poucos meses no Arquivo Municipal de Stralsund, na costa báltica da Alemanha.[611] Ainda em estudo, talvez seja o próprio livro oferecido em 1667 pelo cosmógrafo-mor Luis Serrão Pimentel ao embaixador espanhol Marquês de Heliche, comprado no século XVIII em Madrid por um general alemão apaixonado pela matemática que o deixou à sua cidade natal. A Biblioteca Nacional possui desde o século XIX uma cópia em papel, assaz vulgar, do Setecentos. Foi aí que tive a surpresa de encontrar a primeira menção feita por um autor português ao *De Architectura* de Vitrúvio, que Francisco de Melo deve ter lido numa das edições ilustradas de Fra Gocondo, editadas em Veneza em 1511 e Florença em 1513.[612]

Eis um fato que mostra bem o interesse de Francisco de Melo pela arte do Renascimento, o recente *modo ao romano*. Nascido e criado no mais antigo palácio de Évora – o castelo medieval da cidade doado em 1390 à sua família (hoje pertença dos Duques de Cadaval), aumentado e muito embelezado por jardins "à italiana" pelo seu avô, o Conde de Olivença, que também fundou ao lado a igreja dos monges de Santo Elói, ou Lóios (1485) -, ele frequentou o círculo erudito de artistas e amadores de arte animado pelo cónego parisiense Jean Petit e pelo humanista André de

---

[611] Agradeço à Dr.ª Lígia Martins, diretora da secção de "Reservados" da Biblioteca Nacional de Portugal, os dados que gentilmente nos forneceu sobre esta descoberta.

[612] RAFAEL MOREIRA, "A Arquitetura do Renascimento..." *op. cit.*, pp. 236-7 e nota 60.

Resende, em que pontificava o maior escultor renascentista do país, o normando Nicolau Chanterene – o *insignis sculptor Cantarenus* a que enviava saudações o célebre humanista flamengo Clenardo – que faria para ele em 1536 um túmulo "à romana", simples e geométrico como seria o seu gosto pessoal, na igreja familiar dos Lóios, onde repousa.

Mas era a Matemática que enchia a sua vida. Gil Vicente diz a seu respeito *que sabe ciençia avondo* (abundantemente), no "Auto da Feira", e que era *o milhor mathematico no reyno* ("Trovas a Filipe Guillén"), de quem terá sido discípulo e amigo Pedro Nunes.

É momento de perguntar: que relação direta podemos estabelecer entre o cientista Francisco de Melo e a obra de L. B. Alberti, cuja ideologia filosófica, moral, política e até artística impregna todo o seu discurso de 1535? É o ponto central das nossas questões.

É necessário, para isso, falarmos do quase desconhecido Codex 136 *in scrinium* da Staats- und Universitat Bibliothek de Hamburgo, descoberto em 1935 e descrito em 1946 por Luís Silveira.

Trata-se de um pequeno manuscrito de grande luxo in-octavo constituído por 55 fólios do mais fino pergaminho, iluminado a ouro, azul ultramarino e verde esmeralda, com a caligrafia a negro e forte vermelho, com um palmo de altura (22 cms): uma minúscula jóia, avaliada em 3 milhões de Euros.

Encadernado em couro antes de 1724, quando já se encontrava na Alemanha, fora adquirido em Madrid por um diplomata dinamarquês amante de livros antigos entre 1698 e 1706, o qual o ofereceu à Biblioteca de Hamburgo. Mas se a capa é factícia, o bordo externo das folhas é dourado desde a origem em ouro puro. O estado de conservação é perfeito, sinal de que não foi muito usado.

O seu conteúdo é surpreendente. Apenas uma lista de 1.531 topónimos de Portugal postos em ordem alfabética, de *Almada* a *Zoio*. São cidades, vilas, aldeias, lugares, províncias, montanhas e rios, com cada linha dividida por 3 colunas: uma com o nome, e as duas outras com a longitude e a latitude, expressas em graus e frações.

A primeira página ocupa-a uma riquíssima iluminura, que é ao mesmo tempo dedicatória e marca de posse: aí se lê em baixo, em belas capitais latinas a ouro, sobre fundo verde, a cor do Cardeal D. Afonso, arcebispo de Évora (1523-40), sobre a qual estão as suas armas, artisticamente pintadas. Não pode haver dúvida de espécie alguma que o livrinho pertenceu e foi oferecido ao jovem Cardeal D. Afonso (1509-40), irmão mais novo de D. João III, quando ele ainda era cardeal de S. Brás e já arcebispo da diocese eborense, aos 18 anos de idade.

Contra a unanimidade dos raros autores que se ocuparam desta pequena obra-prima, que deixam em aberto a questão, o recente – e excelente – livro da geógrafa Suzanne Daveau mostrou que a única pessoa em Portugal em condições de realizar os estudos e observações conduzindo à sua elaboração – executado no *scriptorium* real de iluminura e caligrafia, onde brilhariam António de Holanda e seu filho Francisco [613] - não podia ser outro senão o cientista, recém-chegado de Paris e mestre de matemáticas do Infante: o próprio Francisco de Melo em pessoa. A obra corresponderia, assim, a um pedido, ou desejo, do Cardeal, que as fontes descrevem como "muito estudioso e sério" apesar de sua idade, e com "uma prudência de velho". [614]

Não partilhamos da opinião de S. Daveau e K. Kaufman, para quem o Códice de Hamburgo seria um simples índex para ajudar a situar os lugares – quem quereria saber a longitude e latitude exatos de 1531 terras, algumas desaparecidas ou mesmo desconhecidas? - colocadas num mapa de grandes dimensões do território português, que se perdeu. Pensamos, pelo contrário, que um tão belo livro era *a obra* em si mesma, o objeto dos esforços de Francisco de Melo para descrever por uns quantos números e palavras, sem a ajuda do desenho, a geografia de Portugal: uma carta corográfica virtual, em que se pudesse localizar qualquer topónimo unicamente recorrendo às suas mais exatas coordenadas possíveis, sem ser preciso abrir um enorme mapa de vários metros de dimensão, difícil – senão impossível – de abrir, desdobrar, e debruçar-se sobre ele.

---

[613] RAFAEL MOREIRA, "Novos dados sobre Francisco de Holanda", in *Sintria*, I-II, Câm. Munic. de Sintra, 1983, pp. 679-692.

[614] LUÍS SILVEIRA, *Portugal nos Arquivos Estrangeiros.I, Manuscritos portugueses da Biblioteca Estadual de Hamburgo*, Lisboa, 1946; Kevin Kaufman, *An Early Portuguese Geographical Index. The* Longitudo et Latitudo Lusitaniae *and its Relation to 16th-Century Mapping Techniques*, Univ. de Wisconsin, Madison, 1988; e sobretudo SUZANNE DAVEAU, *Um mapa corográfico de Portugal (c.1525). Reconstituição a partir do Códice de Hamburgo*, Centro Estudos Geográficos, Faculdade de Letras, Lisboa, 2010.

Temos aí um facto de significado capital: o livro substitui o desenho. A escrita e os números (de que Suzanne Daveau conseguiu, com admirável inteligência, decifrar a notação algo enigmática das frações) tomam o lugar do gráfico ou pintado. Dir-se-ia que Francisco de Melo "digitaliza" em signos binários e intelectuais, apenas pelo uso da razão abstrata, as formas visíveis em desenhos e cores de uma carta geográfica. Ele informatiza em dados escritos a forma e as relações espaciais dos lugares referenciados, literalmente traduzindo a imagem por palavras/números como num programa de computador, substituindo o visual pelo verbal e sua sequência numérica. O Códice de Hamburgo é, em si mesmo, o mapa mais completo e fácil de ler do país inteiro. Fica-se estupefacto, mais do que surpreso, perante uma tão extraordinária modernidade.

E, de repente, o paralelismo se impõe com uma outra "planta escrita": a de Alberti na sua *Descriptio Urbis Romae*, composta cerca de 1448 como um gráfico ou sistema de pontos (o frenesi de escritos recentes a seu respeito ainda discute se existiu ou não uma planta real, anterior ou feita mais tarde). Alberti, que se tinha recusado a ilustrar o seu *De Re Aedificatoria*, e aplicara idêntico sistema "de pontos" para transpor as formas tridimensionais do corpo humano em algoritmos no *De Statua* (c.1450) – baseado, é certo, nos métodos cartográficos de Ptolomeu e Marino de Tiro – recria ou inventa um método plenamente fiável, científico até, para transpor em formato numérico o real.

Como escreveu Mario Carpo: "Alberti's *Description* is no literary description, nor may it count as a textual recital: it is indeed a map, albeit encrypted in a sequence of numbers. (...) When one opens the book and looks for the plan some disappointment is inevitable. A map of a city is a drawing. As it stands, Alberti's *Descriptio Urbis Romae* is a brief text, followed by a list of numbers (geographical coordinates in the numerical format of degrees, minutes, and occasionally fractions), and accompanied by two elementary, geometrical diagrams illustrating an instrument to be used to draw the map. The map, however, is not there."[615]

---

[615] MARIO CARPO, "Alberti's vision and a plan of Rome", in *Albertiana*, VI, SILBA/L. Olschki, Florença, 2003, pp. 210-1.

Tudo o que há é um texto de 6 parágrafos onde ele apresenta o seu método (*pactus*) para desenhar os levantamentos de Roma sobre uma superfície do tamanho que se desejar, o desenho do instrumento matemático que diz ter inventado para o fazer "o mais elegante e cómodo" possível, e uma lista de 176 pontos (ângulos dos muros da cidade, portas, templos, edifícios públicos) à volta de um ponto central (*caput in centro*). Fazendo girar uma régua (*radius*) dividida em 50 partes, fixa no centro, marcam-se as coordenadas de cada ponto escolhido em relação ao perímetro (*horizon*). O desenho se obtém unindo esses pontos por linhas, retas ou curvas segundo os casos. E é tudo.

As semelhanças com o sistema de Francisco de Melo são totais. Trata-se tão só de delimitar o campo geométrico da área a medir – um círculo de 48 raios (*gradi*) para Alberti e a urbe de Roma, um retângulo contendo a superfície de Portugal dividido em retângulos mais pequenos para Melo -; a escolha de um centro – o Capitólio para Alberti, a vila central de Portugal, Tomar, para este (ainda que, como muito bem estabeleceu Suzanne Daveau, o real centro tenha sido a península de Setúbal, que concentra 29 topónimos ao longo de 30 kms, decerto por razões práticas); tirar as coordenadas com o astrolábio noturno, sobre a lua ou a estrela polar, por um cuidado de exata precisão que o sol não permite; e medir e notar os lugares, *de visu* para Alberti, pelo cálculo das distâncias segundo o percurso dos trajetos viários e mapas das comarcas para Melo. A única variante, claro, é o número dos lugares notados: 1531 para o português contra 176 para o italiano – a diferença entre um país e uma cidade. Não se trata dum número casual, estamos convictos, mas simbólico: Francisco de Melo quis homenagear o Cardeal seu mecenas pondo o número do ano em que lhe oferecia a obra, no que mais uma vez nos afastamos de Daveau.

A conclusão se impõe por si: Francisco de Melo tomou conhecimento em Paris de algum manuscrito contendo uma cópia da *Descriptio Urbis Romae* - talvez o da Biblioteca Marciana de Veneza, que recolhe os escritos matemáticos de Alberti em fins do século XV, segundo o magnífico estudo da tradição textual da *Descriptio* feita por Francesco

Furlan[616] - e decidiu aplicá-la a Portugal, estimulado pelos estudos de seu amigo Oronce Finé. O que nos permite datar a longa execução dos estudos preparatórios do Códice de Hamburgo de entre o seu regresso à pátria, cerca de 1521, e a sua morte súbita em 1536, pouco após ter sido nomeado pelo Rei primeiro bispo de Goa, em 1535 - mas aonde não chegou a partir, fosse por causa da saúde, fosse pelos inúmeros deveres na corte.

Fosse como fosse (e em 1531, data que julgamos ser a da execução do Códice, era ainda um homem jovem: tinha 50 anos, e o Cardeal apenas 31, o que reforça o simbolismo pessoal do ano), é a primeira vez que o nome de Alberti, se bem que não citado – era-o então por Garcia de Resende -, aparece em completa evidência. Para quem fora o primeiro a citar, com todas as letras, o de Vitrúvio num passo concreto, o feito de Francisco de Melo não é pouca coisa.

Deixamos para outra ocasião o estudo de um problema interessante: o mais antigo mapa gravado de Portugal – o que ofereceu o bibliotecário da Vallicelliana, Aquiles Estaço, ao cardeal Guido Ascanio Sforza, impresso em Roma em 1561 (com uma reedição de 1565) pelo matemático Fernão Álvaro Seco – é uma versão em largo formato (60 x 80 cms) do mapa de Francisco de Melo como bem viu Suzanne Daveau, de que copia o contorno da costa e rios, bem como o desvio para Leste do litoral a norte do Mondego e numerosos topónimos do Códice de Hamburgo. [617] Deve ter sido a impressão de uma das muitas versões que terão sido feitas do mapa de Francisco de Melo, sem lhe corrigir os erros: e o facto de Fernão Álvaro Seco ser matemático sugere que fosse seu discípulo.

Após este surto inicial ainda de época manuelina e em Paris, o renome da figura gigante de Alberti reaparece meia dúzia de anos mais tarde em outro contexto, o da arte do Alto Renascimento. Passada a "leitura científica" de Francisco de Melo, o *De re aedificatoria* parece ter sido submetido a uma

---

[616] FRANCESCO FURLAN, "Descriptio Urbis Romae. Édition critique et Introduction", *op. cit.*, pp. 125-57.

[617] SUZANNE DAVEAU, ob. cit., p. 198; ARMANDO CORTESÃO e AVELINO TEIXEIRA DA MOTA, *Portugaliae Monumenta Historica*, Lisboa, 1960, II, pp. 77-86. Daveau põe a execução do Ms. de Hamburgo em 1525, ano em que D. Afonso recebeu o capelo de cardeal.

verdadeira e pura "leitura artística" pelos próprios arquitetos, mas sobretudo pelos mecenas e encomendantes: já vimos o caso precoce de Gonçalo Baião, que foi "criado" dos Cardeais-Infantes D. Afonso e seu irmão D. Henrique; mas há que lembrar o próprio rei D. João III, que a partir do episódio de Mazagão em 1541 converte-se à arquitetura a ponto de ser chamado rei-arquiteto pelos seus contemporâneos, como o P<sup>e</sup>. Francisco de Monzón.

Nesse ano, querendo transformar os seus mestres-pedreiros em verdadeiros arquitetos "ao romano", promove uma série de traduções e edições de livros de arquitetura: Vitrúvio, pedido ao matemático Pedro Nunes[618] – ainda na tradição da receção pelas ciências matemáticas -, Sagredo (que teve 3 edições em menos de 2 anos, facto único entre nós), o tratado de Frontino sobre os aquedutos, e Alberti, claro está. Encomendou-o ao mestre latinista André de Resende, que acabou de o traduzir em 1547, em que o levou em mãos ao palácio de inverno em Almeirim: lembra-o na Dedicatória ao Rei da sua *História da Antiguidade da Cidade Évora* (sic) de 1553, e relembra-o no seu testamento, onde refere o *Livro de Arquitetura, ou tradução da Arquitetura de Leão Baptista*, de que deixa cópia ao filho. Ainda era referido como existente por autores do fim do século XVI, sinal evidente que foi de facto traduzido e posto à leitura pública – mas decerto levado para Espanha, com tantos outros, por Juan de Herrera em 1581, onde poderá ainda existir o manuscrito. O que não impede que tenha sido a primeira tradução feita fora da Itália.

Durante quase meio século o livro esteve acessível a todos os que não falavam o latim e o italiano na biblioteca da "Aula de Arquitetura" do Paço da Ribeira. Aí foi lido, estudado e meditado por gerações de jovens arquitetos, tendo tido sem dúvida uma forte influência sobre a viragem que sofre a arquitetura portuguesa no meado do século XVI, da plenitude do Alto Renascimento para as formas simples, despojadas, desornamentadas do "estilo chão": esse gosto pelos volumes cúbicos, superfícies lisas, rejeição do ornato supérfluo, falta de interesse pelas ordens das colunas clássicas, purismo geométrico, cuidado das proporções e medida das linhas retas

---

[618] JULIAN JACHMANN, *Vitruvrezeption im kontext mathematischer wissenshaften. Die Architekurbücher des Walter Hermann Rytts*, Ibidem, Verlag Stuttgart, 2006.

que a Contra-Reforma e o reforço da Arquitetura Militar impõem até à vinda da dinastia dos Habsburgo, de que o melhor exemplo é o caso extraordinário de António Rodrigues e seu tratado português de arquitetura.

Após ter atingido o mais alto prestígio, segue-se o silêncio: o nome de Alberti cai no olvido, ou mesmo em desgraça, com a proibição pela Inquisição da leitura do seu livro no Índex de 1581, pelo elogio das igrejas de planta circular com um altar único ao centro que Trento proibira.

A reabilitação apenas vem com a nova dinastia mais cosmopolita dos Filipes de Espanha e o regresso de jovens arquitetos enviados a Itália a aprender e ver arquitetura. Em 1580 chega Baltasar Álvares com o conhecimento direto da obra albertiana construída, como S. André de Mântua, cujos tramos rítmicos e harmonias musicais lhe inspiram a igreja do Mosteiro de São Vicente-de-Fora em Lisboa, que tão grande influência terá no Nordeste do Brasil em todo o século XVII (São Bento e Santa Teresa em Salvador, para só citar dois exemplos maiores). Pouco após, cerca de 1590, João Batista Lavanha cita-o como um mestre no tratado *Da Arquitetura Naval*. E é ainda como tratadista que Mateus do Couto lhe faz o elogio no *Tratado de Arquitetura* – resumo das lições que deu na Aula do Paço da Ribeira em 1631 – entre os demais arquitetos: *...o grande Leon Bapt$^a$, cabeça de todos elles.*

> "E por esses mesmos anos, no seu curioso manual Poesia e Pintura, ou Pintura e Poesia, escrito em Beja em 1633, o Pe. Manuel Pires de Almeida tomava por base o De Pictura de Alberti (que leu e cita na tradução italiana de Cósimo Bártoli, Veneza, 1568), como o ponto de partida do confronto entre ambas as artes."[619]

É difícil exagerar, ou sequer analisar como devíamos, a influência que exerceu entre nós e no Brasil (mas menos na Índia, é curioso) a figura, a obra e os escritos do polimorfo Leon Battista Alberti, de que ainda passados dois séculos e do outro lado do Atlântico a voz – ou o olho alado – se fazia sentir com toda a força.

---

[619] ADMA MUHANA, *Poesia e Pintura ou Pintura e Poesia, tratado seiscentista* de MANUEL PIRES DE ALMEIDA, EDUSP (Editora da Universidade de São Paulo), São Paulo, 2002.

# A Relevância do *De re aedificatoria* na Herança Disciplinar da Arquitetura Clássica em Portugal:
## a Influência da Obra Escrita de Alberti

Mário Krüger

**Resumo**

Conhecido pelos seus contemporâneos por ter introduzido, de forma inovadora, a modernidade em arquitetura pela elaboração do tratado *De re aedificatoria*, a obra escrita de Leon Battista Alberti teve, no entanto, uma contingente receção em território nacional. Com efeito, a tradução em língua portuguesa por André de Resende, eventualmente elaborada em meados do séc. XVI, apesar de algumas referências coevas sugerirem a sua existência, nunca foi encontrada, nem sequer foi escrutinado qualquer fragmento da mesma que pudesse dar, de forma fidedigna, um testemunho documental.

No meio destas incertezas, uma certeza, o tratado é publicado em Castelhano em 1582 com tradução assistida por Francisco Lozano e parecer favorável de Juan de Herrera dado em 1578. Assim, face à periodização da receção ao tratado de Alberti no mundo ocidental, desde a editio princeps até aos dias de hoje, caracterizada pelos horizontes de espera encomiásticos, de reflexão crítica e de revisão em evolução, podemos dizer que a presumível tradução de Mestre Resende configura um "horizonte de perda", em termos da evolução da compreensão da arquitetura em Portugal nos últimos cinco séculos, principalmente pela ausência de um acolhimento explícito àquela obra e que a privou de um discurso comentador nas fases iniciais da sua receção.

Leon Battista Alberti; *De re aedificatoria*; Primeiras edições da obra escrita; Arquitetura Clássica; Portugal.

**Résumé**

Connu par ses contemporains pour avoir introduit, de manière innovatrice, l'architecture moderne dans la composition du traité *De re aedificatoria*, l'œuvre écrite de Leon Battista Alberti avait toutefois une réception cachée dans le pays.

En effet, la traduction en portugais par André de Resende, épisodiquement rédigé par le milieu du siècle XVI, bien que certaines références contemporaines suggèrent son existence, n'a jamais été retrouvé, ni a été examiné aucun fragment de ce que pourrait donner un documentaire témoin fiable.

Au milieu de ces incertitudes, une certitude, le traité est publié en espagnol en 1582 avec traduction assistée par Francisco Lozano et l'assentiment donné par Juan de Herrera en 1578.

Ainsi, étant donné le calendrier de la réception du traité d'Alberti dans le monde occidental, depuis l'editio princeps jusqu'à aujourd'hui, caractérisé par des horizons d'attente panégyrique, de réflexion critique et de révision en cours, nous pouvons dire que la traduction alléguée de Maître Resende configure un "horizon de perte" en termes de compréhension de l'évolution de l'architecture au Portugal au cours des cinq derniers siècles, surtout en l'absence d'une critique explicite à ce travail et qui le privait d'un texte commentateur dans les premiers stades de sa réception.

Leon Battista Alberti; *De re aedificatoria*; Les Premières éditions de l'œuvre écrite; L'architecture Classique; Portugal.

**Abstract :**

Known by his contemporaries for introducing, in an innovative way, modernity in architecture by writing the treatise *De re aedifi-*

*catoria*, the printed work of Leon Battista Alberti had, however, a contingent reception in the country.

Indeed, the translation into Portuguese by André Resende, possibly drawn up in the middle of the XVI$^{th}$ century, despite some contemporary references suggested its existence, has never been found and up to now it was not scrutinized any fragment that could give, reliably, a documentary testimony.

In the midst of these uncertainties, a certainty, the treaty is published in Spanish in 1582 with assisted translation by Francisco Lozano and approval given by Juan de Herrera in 1578.

Thus, given the timeline of Alberti's treatise reception in the western world, from the editio princeps up to today, characterized not only by enthusiastic waiting horizons, but also by critical reflections under review, we can say that the alleged translation of Master Resende set up an "horizon's loss" in terms of understanding the evolution of architecture in Portugal in the last five centuries, notably for the lack of an explicit reception of Alberti's work that did not allowed a commentator speech in the early stages of its receipt.

Leon Battista Alberti; *De re aedificatoria*; First editions of written works; Classical Architecture; Portugal.

No Colóquio Internacional "Na Gênese das Racionalidades Modernas – Em torno de Leon Battista Alberti" realizado de 4 a 8 de abril de 2011, na Escola de Arquitetura da UFMG, Belo Horizonte, apresentámos uma comunicação intitulada "A Tradução do *De re aedificatoria* de Leon Battista Alberti" estruturada em três partes: *Receção e Antecedentes, Inteligibilidade e Eloquência* e, por último, *Termos Disciplinares*.

Na notícia que fizemos no Colóquio "Na Génese das Racionalidades Modernas II – Em torno de Alberti e do Humanismo", que agora se publica, retomamos a temática da receção inicial ao tratado de Alberti em Portugal, bem como das suas circunstâncias e da sua relevância na herança disciplinar da arquitetura clássica em Portugal.

Uma das questões, por enquanto irresolúveis, que abordámos no primeiro Colóquio refere-se à possível tradução do *De re aedificatoria*, elaborada por André de Resende (c.1495– 1573) no séc. XVI a mando de D. João III (1502 – 1557).

As indicações sobre esta encomenda e a eventual tradução do tratado de Alberti são escassas e, por vezes, contraditórias, pelo que iremos colocar algumas questões relacionadas com o contexto histórico em que se verificou esta receção.

Neste contexto, cabe destacar Schlosser[620] que, baseando-se na *Bibliotheca Lusitana*[621] de Diogo Barbosa Machado, sugere a existência de uma versão manuscrita em vernáculo, quando refere que "la traduction portugaise par André de Resende pour Jean III de Portugal est encore du XV$^e$. Siècle", para concluir que "cette traduction n'existe qu' en manuscrit; l'édition supposée de 1493 est une méprise". Também Mancini[622] relata, equivocadamente, que "fra le molte opere dell'Alberti à la più conosciuta,

---

[620] JULIUS VON SCHLOSSER, *Die Kunstliteratur: ein Handbuch zur Quellenkunde der neueren Kunstgeschichte*. Vienna: Anton Schroll; *La Littérature artistique*. Trad. fr. de J. Chavy, ed. de P. di P. Stathopoulos *et alii* e pref. de A. Chastel, Paris, Flammarion, 1996, p. 157.

[621] DIOGO BARBOSA MACHADO, *Bibliotheca Lusitana, Historia, Critica e Chronologica*. Facsimile da ed. de Lisboa Occidental, Offic. de Antonio Isidoro da Fonseca, 1741-1759. Coimbra, Atlantida Editora, 1965-67, Volume I, s.V.

[622] GIROLAMO MANCINI, *Vita di Leon Battista Alberti*. Fac-símile da edição de G. S. Sanzoni, Florença, 1882, publicada por Elibron Classics, Boston, Adamant Media Corporation, 2003, p. 393.

fu tradotta in portoghese da Andrea Resendes (1493)". Analogamente Theuer[623], na *Introdução* à edição alemã do *De re aedificatoria,* chega a assinalar a edição impressa de 1493 de Andrea Resendens.

Não é possível que André de Resende, nascido cerca de 1500[624], tenha feito uma tradução do tratado de Alberti ainda no séc. XV, pelo que estas referências, para além de terem contribuído para o desenvolvimento da mitografia que acompanha a obra de Alberti em Portugal, não podem ser acolhidas.

Em 1534 Resende pronuncia a oração de sapiência, intitulada *Oratio pro rostris,* na Universidade de Coimbra para inaugurar o ano académico onde expressamente declara *"*Na verdade, é manifestação de sabedoria empregar, de preferência, um artista muito mais competente que os outros, quando se quer edificar uma obra incomparável*"*, o que sugere que este humanista tinha uma clara noção da importância da idoneidade autoral para se realizarem obras admiráveis, como sucede com a vasta produção literária e artística de Alberti.

Além disso, Resende[625], nesta oração ainda elogia D. João III como sendo o "maior protector das letras e dos seus cultores", o que reforça a ideia de que a real encomenda para a tradução do tratado de Alberti se tenha verificado.

Também, Francisco de Monçon (?– 1575), capelão e pregador de D. João III, na obra *Espejo* del Principe Cristiano, publicada em 1571 afirma: "entre todos los Principes antiguos y modernos [...] el Rey don Iuan el tercero de Portugal de gloriosa memoria, que segun se dezian todos los maestros de pedreria, tenia gran destreza en saber hazer la traza de vnos palacios, y de vna fortaleza, y de qualquier obra tan perfectamente como si estuuiera hecha, y assy la mandaua añadir o mudar en la traça

---

[623] MAX THEUER, "Zehn Bücher über die Baukunst". In *Deutsche übertragen, eingeleitet und mit Anmerkungen und Zeichnungen.* Viena, H. Heller, 1912, p. LXIV.

[624] FRANCISCO LEITÃO FERREIRA, *Notícias da vida de André de Resende.* Publicadas, anotadas e aditadas por A. B. Freire, 1916. Lisboa, Arquivo Histórico Português, 1732, pp. 6, 24 e 94, n. 3.

[625] ANDRÉ DE RESENDE, *Oratio pro rostris,* 1534, Trad. port. de M. P. de Meneses, introdução e notas de A. Moreira de Sá. Lisboa, Instituto de Alta Cultura, 1956, p. 31.

que los Architetos le dauan", o que sugere uma especial apetência real para a elaboração de traçados de obras de arquitetura a ponto de alterar significativamente os debuxos iniciais realizados pelos autores dos projetos e obras[626].

Do mesmo modo, António de Castilho (c. 1525 – c. 1596), à época cronista do reino, na obra *Vida del Rey Dom Joam III de Portugal*, escrita em 1589[627] declara que: "... florecerão em seu tempo outras artes apagadas que seu fauor espertou, como foi a Architectura a que o mesmo Rei se inclinou", o que também sugere e consolida as afinidades eletivas reais para com a arte edificatória.

É neste contexto que se dá a penetração de várias edições do *De re aedificatoria* no país, conforme relatam Anninger[628] e Rodrigues[629]. Com efeito, é de assinalar a presença das edições em latim editadas por Nicolai Laurentii Alamani (Florença – 1485), Berthold Rembolt (Paris – 1512) e Giacomo Cammerlander (Estrasburgo–1541), bem como as edições em vulgar de Pietro Lauro (Veneza – 1546), de Cosimo Bartoli (Veneza – 1565) e, para castelhano, de Francisco Lozano (Madrid – 1582).

É de notar, como fizemos na *Introdução* à edição de 2011 para português, que na receção global ao tratado de Alberti é possível identificar três horizontes de espera que apresentam traços em comum que designámos de encomiásticos, de reflexão crítica e de revisão em evolução.

---

[626] FRANCISCO DE MONÇON, *Libro primero del Espejo del principe christiano compuesto y nueuamente reuisto y muy e[m]mendado con nueua composicion y mucha addicion por el doctor Frãcisco de Monçon cuya leccion es muy prouechosa a todo genero de personas discretas aunque sean predicadores y cortesanos por las muchas y sabias sentencias y muy famosos y illustres exemplos que se ponen [...]*. 1571, 2ª Ed. Lisboa, Antonio Gonçaluez.

[627] ANTÓNIO DE CASTILHO, *Vida del Rey Dom Joam III de Portugal*. Biblioteca Pública de Évora, 1589,Cód. CIII, 2–22.

[628] ANNE ANNINGER, "Sebastiano Serlio's Books of Architecture and Their Influence on Portuguese Art in the Second Half of the Sixteen Century", *Colóquio Sobre o Livro Antigo*. Lisboa, 23–25 de maio. V Centenário do Livro Impresso em Portugal, 1487–1987. 1992. Lisboa, Biblioteca Nacional, 1988, p. 266.

[629] ANA DUARTE RODRIGUES, "The circulation of art treatises in Portugal between the XV and the XVIII centuries: some methodological questions". In *Tratados de Arte em Portugal*, org. de A. D. Rodrigues–R. Moreira. Lisboa, Scribe, 2012, pp. 21 – 42.

O primeiro está relacionado com os encómios das gerações que primeiramente fizeram a sua receção, como sucede nas exegeses de Poliziano, Landino e Vasari. Neste caso, verificou-se uma identificação de admiração, onde o autor surge como herói, como um modelo a seguir, pela exemplaridade da sua obra. Este horizonte vai desde a publicação da *editio princeps*, em Florença em 1585, até à edição em castelhano, editada em Madrid em 1582.

Como podemos constatar, as citações que anteriormente fizemos de André de Resende, de Francisco Monçon e de António de Castilho coincidem com a última fase deste horizonte, onde a obra de Alberti é altamente valorizada, não só pela sistematização que faz da arte edificatória, praticamente intacta desde o tratado de Vitrúvio, como pela inovação que introduz ao fazer da arquitetura, no dizer de Leonardo da Vinci, como uma coisa mental.

Por outras palavras, o contexto no qual a presumível tradução de Resende poderia ter ocorrido era favorável à edição do tratado de Alberti em vernáculo.

No entanto, esta hipótese necessita de ser confirmada com provas documentais dado que não foi encontrado, até hoje, sequer algum fragmento desta possível tradução. Com efeito, Resende, no *Prefácio* da sua "História da Antiguidade da cidade de Évora", redigido em dezembro de 1552, para justificar a falta de tempo para prestar outros serviços à vereação, refere que andava "todo ocupado em um livro de arquitetura per mandado de El-Rei, Nosso Senhor[630]", mas não a fazer necessariamente a tradução do *De re aedificatoria*. Além disso, no seu testamento, datado de 1 de dezembro de 1573, confirma o que anteriormente tinha afirmado naquele *Prefácio*: "Mando que os meus livros de São Frey Gil e d'Architectura, e todo os mais livros e epístolas, que tenho composto, e me tem scrpito de for a partes e letreiros, tudo fique ao meu dito herdeiro[o filho, Barnabé de Resende], e ele

---

[630] ANDRÉ DE RESENDE "História da Antiguidade da cidade de Évora" *in* A. Resende, 1963, *Obras Portuguesas*. Lisboa, Livraria Sá da Costa Editora, pp. 1–69.

tenha todo muito bem guardado, porque são muito proueitosos para a sua honra e minha memória"[631].

Por último, o Cónego Gaspar Estaço (1625) da Colegiada de Guimarães, desde muito novo protegido pelo cardeal–infante D. Henrique, no "Tratado da linhagem dos Estaços", discorrendo sobre Simão Estaço informa que o cardeal lhe escrevera uma carta em que "lhe mandava, e encomendava, q como falecesse Mestre Resende natural d'Evora, lhe tirasse da sua livraria certos livros, que desejava haver, como Leo Baptista de Architectura, que ele traduzio en Portuguez por mandado d'el Rei, e outros"[632], o que sugere que eventualmente a tradução se tenha, pelo menos, iniciado.

Estes indícios, por serem algo contraditórios, não permitem que se chegue a uma resolução segura desta questão que, na sua essência, se revela com elevado grau de indeterminação[633].

Apesar desta incerteza, o tratado de Alberti era, muito provavelmente, conhecido desde longa data na corte portuguesa como é sugerido pela correspondência epistolar trocada entre Ângelo Poliziano (1454 – 1494) e D. João II (1455 – 1495), datada de 23 de outubro de 1491, e que indica uma especial ligação entre a Casa dos Medicis e a Casa de Avis. D. João II fecha a resposta a esta carta com uma recomendação sobre os três filhos do Chanceler–mor do reino, João Teixeira, que tiveram a "feliz sorte de poder beber no manancial das tuas letras alguma doutrina"[634], o que sugere que os moços–fidalgos, que estavam sob a sua orientação tutelar, teriam, provavelmente, conhecimento da *editio princeps* do *De re aedificatoria*, publicada em 29 de dezembro de 1485, com uma saudação de Poliziano a Lourenço de Medicis.

---

[631] FRANCISCO LEITÃO FERREIRA, *op. cit.*, p. 135.

[632] GASPAR ESTAÇO, "Trattado da linhagem dos Estaços, naturaes d'Evora ...". Compilado conjuntamente com "Varias Antiguidades de Portugal". Página de rosto ornamentada. 52 pp., il..Texto em duas colunas, com notas marginais, 1625. Lisboa, Pedro Craesbeeck.

[633] De acordo com Rafael Moreira a tradução do *De re aedificatoria* foi efetivamente realizada por André de Resende, apesar de as fontes citadas serem as mesmas. Cf. RAFAEL MOREIRA, "Alberti et Francisco de Melo, Renaissance Cartographique et Architecturale au Portugal", *Albertiana*, 2014, Vol. XVII, pp. 23-51.

[634] Cf. FIDELINO DE FIGUEIREDO, "Angelo Poliziano e D. João II". In *A Épica Portuguesa no Século XVI*. Gaia, Edições Pátria, 1932, p. 50.

Fig. 1 - Frontispício de *Los Diez Libros de Architectura* de Leon Baptista Alberto traduzidos de Latin en Romance por Francisco Lozano, 1582.

Com efeito, dos 54 estudantes portugueses que frequentaram o *Studio Fiorentino*[635] entre 1473 e 1503, encontravam-se os três filhos, Álvaro, Tristão e Luís do Chanceler João Teixeira, que seguiram as aulas de Poliziano, provavelmente entre 1488 e 1492, sobre Plínio, como atestam os registos de frequência destes moços-fidalgos no *Studio,* bem como o comentário daquele à obra deste autor romano: "Britannis quibusdam et Lusitanis, qui se Florentiam contulerant litterarum studio[636].

---

[635] O *Studio Fiorentino*, fundado em 1348 como um *Studium Generale*, foi reorganizado em 1473 sob a administração de Lourenço de Medicis tornando-se, a partir de então, o foco da política cultural da República Florentina.

[636] Cf. RITA BISCETTI, "La gloria dei portoghesi: ancora sull'epistola do Poliziano a D. João II", in *Humanismo português na época dos descobrimentos: actas / congresso inter-*

Destes irmãos, o que se destacou na educação clássica de D. João III, foi Luís Teixeira, nomeado precetor do príncipe quando este tinha 17 anos e transmitido conhecimentos sobre as *Epístolas* de Ovídio, bem como sobre os livros de Plínio e Tito Lívio e, ainda, noções de direito romano a partir das *Instituta*[637]. É provável que Luís Teixeira tenha dado a conhecer ao príncipe, após a sua estadia em Florença e Bolonha, obras dos humanistas do renascimento italiano, nomeadamente das que tomou conhecimento no *Studio Fiorentino*.

No meio destas incertezas, o que é certo é que a primeira publicação impressa do tratado de Alberti na Península Ibérica viu a estampa em 1582 em Madrid, aparentemente traduzida para castelhano por Francisco Lozano, com o título *Los Diez Libros de Architectura de Leon Baptista Alberto traduzidos de Latin en Romance* e impressa por Alonso Gomez[638].

Se bem que a autoria daquela tradução para castelhano do tratado de Alberti seja, geralmente, atribuída a Francisco Lozano, um mestre de obras de *albañilería*, sobre o qual muito pouco se sabe, a rigor, a mesma pode ser originalmente imputada ao cosmógrafo real Rodrigo Zamorano, autor da versão espanhola dos seis primeiros livros da Geometria de Euclides.

Morales[639] argumenta que a edição não foi do agrado de Zamorano "porquanto se realizó partiendo de borradores cuyos textos debían haber sido pulidos antes de enviarse a la imprenta [... e] que su insatisfacción radicava más en la falta de una revisón del texto, previa a su traslado a

---

*nacional*, Coimbra, 1991. Coimbra, Centro de Estudos Clássicos e Humanísticos, 1993, p. 295; ARMANDO F. VERDE, *Lo Studio Fiorentino 1473-1503. Ricerche e Documenti*. Pistoia, Memorie Domenicane, vol.III, 1977, p. XXIII e p. 5; VINCENZO FERA, *Una ignota Expositio Suetoni dei Poliziano*. Messina, Centro di Studi Umanistici, 1983, p. 19.

[637] Cf. ANA ISABEL BUESCU, *D. João III*. Rio de Mouro, Círculo de Leitores, 2005, p. 33.

[638] LEON BATTISTA ALBERTI, *De Re Aedificatoria ó Los Diez Libros de Arquitetura*. Madrid, Alonso Gomez, 1582. Fac-símiles da tradução para castelhano do *De re aedificatoria* assistida por F. Lozano. Oviedo, Colegios Oficiales de Aparejadores y Arquitetos Técnicos, 1975. Valência, Albatroz Ediciones, 1977.

[639] ALFREDO J. MORALES, "El cosmógrafo Rodrigo Zamorano, Traductor de Alberti al español", *Annali di Architettura*, 7, 1995, p. 141.

las prensas, que a la circunstancia de figurar outra persona, evidentemente Francisco Lozano, como autor de la traducción"[640].

Além disso, não é provável que Lozano, um *albañil* com atividade na cidade de Madrid, tivesse um domínio seguro da língua latina para fazer uma abalizada tradução do tratado de Alberti.

Na verdade, se compararmos os títulos dos livros *da editio princeps* (*ep*), bem como da tradução para vulgar de Cosimo Bartoli (CB), ambos referidos como textos de origem, com a hipotética tradução elaborada por Lozano (FL), notam-se discrepâncias assinaláveis.

Com efeito, os títulos de alguns livros da edição de Lozano não coincidem com os restantes, como pode ser seguidamente verificado:

Livro I ep    *Leonis Baptistae Alberti De re aedificatoria Liber Primus Incipit. Lineamenta.*
    CB    *Della Architettura di Leon Batista Alberti. Libro Primo.*
    FL    *Libro Primero de los Lineamentos de Leon Baptista Alberto.*

Livro II ep    *Leonis Baptistae Alberti De re aedificatoria Liber Secundus Incipit. Materia.*
    CB    *Della Architettura di Leon Batista Alberti. Libro Secondo. Nel Cale Si Trata De Legnami.*
    FL    *Libro Segundo de Leon Baptista Alberto de la Materia.*

Livro VII ep    *Leonis Baptistae Alberti De re aedificatoria Liber Septimus Qui Sacrorum Ornamentum Inscribitur.*
    CB    *Della Architettura di Leon Batista Alberti. Libro Settimo. Delli Ornamenti de Tempii Sacri.*
    FL    *Libro Septimo de Leon Baptista Alberto, De La Arte de Edificar.*

---

[640] O tradutor do tratado de Alberti para Castelhano foi o "Catedrático de Cosmografia en la Casa de la Contratación de las Indias en Sevilla, Rodrigo Zamorano" (ver Morales, Ibidem; MIGUEL ÁNGEL, ARAMBURU-ZABALA HIGUERA, CELESTINA LOSADA VAREA - ANA CAGIGAS ABERASTURI, *Biografia de Juan de Herrera*. 2003. Santander, Fundación Obra Pía Juan de Herrera.

Assim, nos Livros I e II Lozano omite do título a tradução de *De re aedificatoria* ou de *Della Architettura* e no Livro VII, inclui o título *De La Arte de Edificar*, mas omite a tradução de *Qui Sacrorum Ornamentum Inscribitur* ou de *Delli Ornamenti de Tempii Sacri*, o que sugere que, provavelmente, Lozano serviu-se de outra fonte que não a da *editio princeps*, ou mesmo da edição para vulgar de Cosimo Bartoli.

O estudo de Monllor[641] sobre o vocabulário técnico da edição de Lozano faz um levantamento dos termos que foram usados pela primeira vez em castelhano e que podem ser cotejados com a literatura coeva em língua portuguesa.

Os termos comuns ao castelhano e ao português e passíveis de serem identificados na edição de Lozano são: *amphitheatro, area, boveda, çapata, estacada, pulimento* e *sobrado*, o que poderia sugerir alguma contaminação de lusismos técnicos na edição de Lozano. No entanto, *area, çapata* e *sobrado* entram no vocabulário português no séc. XIII[642]; *boveda* no léxico de ambas as línguas no mesmo período[643] e *amphitheatro, estacada* e *pulimento* somente fazem parte do léxico em vernáculo, respetivamente, nos sécs. XV e XVII[644], o que descarta a possibilidade de Lozano ter utilizado, eventualmente, estes termos a partir da hipotética tradução de Resende.

Na dedicatória que Lozano faz "Al Muy Illustre Señor Iuan Fernandez de Espinosa, Thesorero general de su Magestad y de su Consejo de Hacienda" informa que "asisti a la traducion del, con tanta fidelidad, quanta me fue possible, y traduzidos procure imprimirle"[645], o que significa que este

---

[641] ROSA MARÍA GONZÁLEZ MONLLOR, "Notas Sobre la Formación del Léxico Técnico de la Arquitetura y de la Construcción en Español: El Caso de los Diez Libros de Arquitetura de Leon Battista Alberti", *in* Y. A. Santana ed. e R. M. Q. Domínguez coord., *Homenaje a Alfonso Armas Ayala*, Tomo I. Las Palmas, Ediciones del Cabildo de Gran Canaria, 2000, pp. 437–452.

[642] Cf. ANTÔNIO HOUAISS - MAURO DE SALLES VILLAR, *Dicionário Houaiss da Língua Portuguesa*. Lisboa, Círculo de Leitores, 2002, p. 364; p. 1611; p. 3351.

[643] ROSA MARÍA GONZÁLEZ MONLLOR, *op. cit.*, pp. 442.

[644] Cf. ANTÔNIO HOUAISS - MAURO DE SALLES VILLAR, *op. cit.*, p. 218; p. 2916.

[645] FRANCISCO LOZANO, *De Re Aedificatoria ó Los Diez Libros de Arquitetura de Leon Baptista Alberto, traduzido de Latim em Romance. 1582*. Madrid, Alonso Gómez. Fac-símiles da tradução da *editio princeps* de Leon Battista Alberti. Oviedo, Colegios Oficiales de Aparejadores y Arquitetos Técnicos, 1975; València, Albatroz Ediciones, 1977.

não fez a tradução mas que assistiu, isto é, auxilou na sua feitura, o que confirma a hipótese de Morales[646].

É também de assinalar que Juan de Herrera (1527 – 1598), arquiteto real ao serviço de Filipe I de Portugal e II de Espanha, dá parecer favorável, datado de 4 de agosto de 1578, para que "los diez libros de Leon Baptista Alberto" sejam impressos em castelhano e que a autorização real, para a impressão do tratado, seja dada a Francisco Lozano, "maestro de obras vezino de la villa de Madrid", a 17 de outubro desse mesmo ano[647]. Tal prazo tão dilatado entre a data da autorização e a sua efetiva publicação em 1582 não era comum nas edições da época em castelhano.

Assinale-se que de 1580 a 1640 as coroas de Portugal e de Espanha, sob o domínio dos Austrias, conviviam em união dinástica tendo, nesse período, muitas obras da biblioteca da dinastia de Avis migrado para o país vizinho.

O descaminho de livros neste período é uma constante da condição da cultura em Portugal, como relata Diogo do Couto[648] ao informar que o autor dos *Lusíadas* "foi escrevendo muito em um livro, que intitulava Parnaso de Luís de Camões, livro de muita erudição, doutrina e filosofia, o qual lhe juntaram (roubaram). E nunca pude saber, no reino dele, por muito que inquiri. E foi furto notável." A própria *Década da Ásia* foi subtraída a Diogo do Couto tendo este feito um resumo, que só seria editado a título póstumo em 1673.

Além disso, o rei e cardeal D. Henrique (1512 – 1580) tinha solicitado, como vimos, a Gaspar Estaço o *de Architectura* de Alberti, o que significa que esta obra ainda chegou a fazer, muito possivelmente, parte do acervo daquela biblioteca real.

É de notar que Juan de Herrera (1530 – 1597), após a sua permanência em Portugal[649], funda a Academia de Matemáticas de Madrid podendo-se

---

[646] ALFREDO J. MORALES, *op. cit.*.

[647] Cf. FRANCISCO LOZANO, Ibidem,

[648] DIOGO DO COUTO, *Da Ásia. Década Oitava*. Lisboa, Na Régia Oficina Tipográfica, 1786, cap. 28, p. 233.

[649] O modelo de relação entre o arquiteto e o rei, que se implantou em Espanha neste período, solicitava um diálogo para o qual o tratado de Alberti daria uma indispensável contribuição dado que, o primeiro, necessitava de ser versado em matemáticas e nos conhecimento da Antiguidade e, o segundo, de estar ao corrente das novas disposições da

encontrar no seu espólio pessoal, as seguintes obras de Alberti, sejam estas impressas ou manuscritas[650]:

> *Los diez libros de architetura de léon bautista alberti florentino en latin;*
> *Arquitetura de léon bautista en toscano;*
> *Los diez libros de arquitetura de léon bautista en rromanze;*
> *Léon bautista sobre la arquitetura manoescrito en rromance.*

Neste conjunto, sobressai a última obra que poderá ser identificada com o eventual manuscrito de Resende, dado que foi escrito em romance e concorda com a nomeação dada por Estaço[651]– *Leo Baptista de Architectura* – do livro que "el-rei desejava haver".

Também no espólio de Francisco de Mora (c.1553 – 1610), o arquiteto que substitui Juan de Herrera, após o seu falecimento, na obra do *Monasterio del Escorial*, podemos verificar que estavam listadas as seguintes obras de Alberti[652]:

> *Arquitetura de leon bautista alberti en toscano 6 reales;*
> *Opusculos de leon bautista alberti 5 reales;*
> *Leon bautista alberti de azcitoria 4 reales;*
> *Leon bautista alberti de arquitetura 4 reales;*
> *Seys querpos chicos de arquitetura de leon bautista 4 reales.*

Destas obras destaca-se a última, também um manuscrito, relativa a *seys querpos chicos,* ou seja seis livros, eventualmente identificáveis com o que restou da tradução de Resende e que passou da biblioteca de Juan Herrera para a de Francisco de Mora.

---

arte edificatória. Cf. CATHERINE WILKINSON-ZERNER, *Juan de Herrera: Arquiteto de Filipe II*, 1996, Trad. de Isabel Balsinde. Madrid, Ediciones Akal.

[650] Cf. AGUSTÍN RUIZ DE ARCAUTE, *Juan de Herrera*. Edição de 1977. Madrid, Instituto Juan de Herrera, Escuela Técnica Superior de Arquitetura, 1936, pp. 150-171.

[651] GASPAR ESTAÇO, *op. cit.*

[652] Cf. AGUSTÍN BUSTAMANTE - FERNANDO MARIAS, "La révolution classique: de Vitruve à l'Escurial", *Revue de l'Art*, 1987, Vol. 70, 1, pp. 307-318.

Dos três agrupamentos de edições do tratado que são passíveis de serem assinalados, como vimos o primeiro vai desde a *editio princeps* de 1485, em latim, até à de 1582, em castelhano; o segundo que engloba as publicações, em inglês, de 1729 até à italiana, de 1847, e o terceiro, que se reporta ao espaço entre a publicação de 1912, em alemão, até à de 2010, em italiano, apresentam traços em comum que podemos designar, em função dos comentários elaborados em Krüger[653], respetivamente, de encomiásticos, de reflexão crítica e de revisão em evolução.

Nesta receção a primeira exegese em Portugal favorável a Alberti é feita por Mateus do Couto-o-Velho, no *Tractado De Architectura,* datado de 1631, que assertivamente declara, entre o final do período encomiástico e o início do período de reflexão crítica: "o grande Leo Bapt.ª Alberto, a quem com razão podemos chamar cabeça de todos elles"[654].

Este acolhimento tardio ao tratado de Alberti, que é tomado como modelo por Mateus do Couto-o-Velho para estruturar o seu *Tractado De Architectura,* mostra a difícil penetração que os conceitos e práticas sugeridas por Alberti tiveram inicialmente no país, onde predominava o domínio do mestre-construtor, oriundo das experiências dos estaleiros medievais.

Ainda em pleno período de reflexão crítica, Cirilo Wolkmar Machado[655], nas *reflexões sobre as inconveniências da Architectura,* aparenta ter plena compreensão da atividade mental do arquiteto, chegando mesmo a lamentar como este tem sido desprezado em favor do mestre-construtor: "os melhores pensamentos de hum architecto são mentaes, expressos se fazem visíveis pelo dezenho. A obra que executa um mestre he palpável – e a ignorância que he cega reputa naturalmente por nada o que não vê e por tudo o que palpa e toca; daqui nasce que se gasta muito e com gosto no material quando apenas e com hum desgosto se dá alguma coisa

---

[653] MÁRIO JÚLIO TEIXEIRA KRÜGER, *Introdução.* In LEON BATTISTA ALBERTI, *Da Arte Edificatória*, Lisboa, Fundação Calouste Gulbenkian, 2011, pp. 75 – 130.
[654] MATHEUS DO COUTO - O - VELHO, *Tractado De Architectura Que leo o Mestre, e Archit*[*ect*]*o Mattheus do Couto o velho No anno de 1631* [Manuscrito]. BNL, Res., Cod. 946.
[655] CIRILO WOLKMAR MACHADO, *Algumas reflexões sobre as inconveniências da Architectura escritas aos 21 de junho de 1793 aos 45 annos da m/ vida*. Manuscrito, 1793/ 1796 – 1808. Lisboa, Academia Nacional de Belas Artes.

a quem faz o dezenho, que se preza muito o mestre e que se despreza assaz o architecto".

No entanto, é o próprio Cirilo[656], que afirma, a propósito das molduras de "Alberti e Sérlio seus imitadores [de Vitrúvio] forão mesquinhos", o que sugere uma continuada e explícita censura a Alberti, resultante da difícil penetração que as ideias deste tiveram nesse período e no país.

Já na contemporaneidade, em pleno período de revisão em evolução da obra de Alberti, Álvaro Siza[657] ao referir-se à complementaridade dos saberes necessários aos arquitetos declara que "... não é possível dar resposta a uma necessidade social particular, que inclui e da qual dependem as outras: a Beleza. Essa é a primeira responsabilidade do arquiteto, nunca o capricho", o que significa um pleno reconhecimento e aceitação, ainda que de forma implícita, daquele autor do Renascimento pela centralidade que esta temática apresenta na sua produção literária e artística.

Fig. 2 - Frontispício do *Tractado De Architectura* de Mateus do Couto–o–Velho, datado de 1631, mostrando duas anotações na margem do texto relativas a Leo Bapt., Livro I, cap. 2 e Livro VI, cap. 3.

---

[656] CIRILO WOLKMAR MACHADO, *op.cit.*, fl. 43.

[657] ÁLVARO SIZA, *Oração de Petição do Grau. In* Doutoramento *Honoris Causa* de Álvaro Siza e Brian Scarllet, Coimbra, Universidade de Coimbra, 1997, p. 11.

Uma notável exceção, que ocorre entre o período encomiástico e o início do período de reflexão crítica, é-nos dada por João Baptista Lavanha, no *Livro Primeiro de Architectura Naval, Da Architectura e do Architecto Universal*[658] em que este se afirma como incondicional adepto das recomendações albertianas para a formação do arquiteto: "E para ser tal, qual nesta diffinição o forma Lião Baptista Alberti (cuja ella he) he necessario que dotado de agudo engenho, de conselho maduro, e de prudencia, seja muy estudioso, e ornado de singulares partes, das quaes serão as principaes, o Debuxo, e das Mathematicas, a Perspectiua, [a] Arithmetica, [a] Geometria, [a] Astronomia, e [a] Mechanica"[659].

Esta integral adesão às ideias de Alberti sugere que a prática e a teoria da arquitetura naval estavam mais em consonância com a difusão do Renascimento para fora de Itália, do que com a atividade do mestre-construtor que ainda predominava no país, como parece sugerir Cirilo Volkmar Machado anos mais tarde.

Com efeito, o tratado de Alberti pode ser visto como muito próximo dos saberes necessários à arquitetura naval, dado que ao rematar o Prólogo Alberti afirma que existem "Livros acrescentados: o navio; relatório de custos; aritmética e geometria; os instrumentos que o arquiteto utiliza no seu trabalho"[660].

Estes quatro livros perderam-se apesar de terem sido feitas referências no tratado ao primeiro e ao terceiro livros[661]. Alberti assume, consequentemente, que o arquiteto deve possuir conhecimentos de arquitetura naval, bem como de matemática para aplicações com finalidades práticas.

---

[658] Cf. JOÃO DA GAMA PIMENTEL BARATA, *O 'Livro Primeiro de Architectura Naval' de João Baptista Lavanha. Estudo e transcrição do mais notável manuscrito de construção naval portuguesa do século XVI e princípio do XVII*, 1965, Ethnos, vol. IV, pp. 221–298.

[659] JOÃO BAPTISTA LAVANHA, Livro Primeiro de Architectura Naval, Da Architectura e do Architecto Universal, Cap. I, *fl. 42*, c. 1600, *in* JOÃO DA GAMA PIMENTEL BARATA, "O 'Livro Primeiro de Architectura Naval' de João Baptista Lavanha. Estudo e transcrição do mais notável manuscrito de construção naval portuguesa do século XVI e princípio do XVII", Ethnos, vol. IV, 1965.

[660] LEON BATTISTA ALBERTI, *Da Arte Edificatória*. Trad. A. E. Santo, introd., notas e revisão disciplinar de M. J. T. Krüger, 2011. Lisboa, Fundação Calouste Gulbenkian.

[661] JOÃO BAPTISTA LAVANHA, op. cit., Livro V, cap. 12; Livro III, cap. 2.

Esta obra é também mencionada por Leonardo da Vinci nos seus livros de anotações, onde reporta: *Vedi de navi di messer Battista e Frontino de acquedotti*[662], o que sugere a importância deste ramo do conhecimento na formação e prática do arquiteto.

Ao invés do que se verifica com outras línguas europeias, existem poucas obras, da vasta produção literária da obra de Alberti, que estejam traduzidas para a língua portuguesa, o que dificulta a inserção do tratado no quadro linguístico e epistemológico em que operamos desde o *Quatrocentto*[663].

Podemos, no entanto, constatar a existência da comédia teatral *Eufrosina* (nome grego que designa uma das Graças[664]) de Jorge Ferreira de Vasconcelos, com 1ª edição em 1555, que se aproxima do romance de costumes sobre o amor, em ambiente Coimbrão, e que segue a estrutura compositiva da peça teatral *Philodoxeos fabula* (Amigo da Glória), *c*. 1424, de Alberti[665].

A obra *Philodoxeos*[666] *fabula* é uma comédia alegórica em que os seus principais protagonistas aspiram à conquista da sua amada. No desfecho, esta casa com Philodoxus, enquanto o seu rival Fortunius, surpreendido, será obrigado a casar com outra personagem. De acordo com Asensio[667], que escreveu o prólogo para a edição de *Eufrosina*, Ferreira de Vasconcelos poderá ter retirado a sua estrutura organizativa a partir do texto de Alberti.

---

[662] Apud PIETRO C. MARANI, "Leonardo e Leon Battista Alberti". In Leon Battista Alberti. Catalogo della mostra Palazzo Te, org. de J. Rykwert – A. Angel. Milão, Olivetti e Electa, 1996, p. 361.

[663] Algumas obras de Alberti que se referem tanto aos diálogos, como à tratadística e aos *Ludi* têm sido, mais recentemente, editadas no Brasil, o que sugere que está em formação, desde 1970, de uma bibliografia de Alberti em língua portuguesa.

[664] As *Cárites*, em latim *Gratiae* (Graças), são divindades da Beleza que moram no Olimpo na companhia das musas e são, geralmente, representadas por três irmãs que têm os nomes de Eufrósina, Talia e Aglaia. Atribui-se às Graças toda a espécie de influências nos trabalhos do espírito e nas obras de arte.

[665] Cf. ANTÓNIO JOSÉ SARAIVA - ÓSCAR LOPES, *História da Literatura Portuguesa*. Porto, Porto Editora, 2000, pp. 385 – 389.

[666] LEON BATTISTA ALBERTI, *Philodoxeos fabula,* 1977, ed. da primeira versão in *Rinascimento*, s.II, XVII.

[667] EUGENIO ASENSIO, *Comedia Eufrosina* de Jorge Ferreira de Vasconcelos, "texto de la edicion principe de 1555 com las variantes de 1561 y 1566". Edição, prólogo e notas. Madrid, CSIC – Instituto Miguel de Cervantes, 1951, p. LXI.

No estudo feito por Malkiel[668] sobre *La originalidad artistica de La Celestina*, esta autora ao referir-se comparativamente ao texto de Vasconcelos com o *Philodoxeos* mostra que em ambos os escritos se nota a mesma motivação dramática, coerência de tema, personagens convicentes, desenvolvimento emocional progressivo, diálogos perspicazes e variações inéditas nas personagens principais como nas secundárias.

Mesmo nos diálogos que as diferentes personagens tecem entre si nota-se uma influência da peça de Alberti na composição da *Eufrosina*. Com efeito, ao tratar o tema da beleza nesta comédia, diz Andrade, criado de Zelótipo, ao seu amo: "Vi a senhora Eufrosina tam fermosa que nunca cuydey ver cousa daquella maneira ..."[669], enquanto a mesma temática é abordada por Alberti de uma forma que lembra a definição de pulcritude dada no *De re aedificatoria*, onde Potentio descreve ao rival de Philodoxus a beleza de Doxia:

"Fortunius: E é bela?.

Potentio: De tamanha beleza e caráter que nada pode ser mais acrescentado ou desejado – tanto assim que penso que é mais bela que Vénus – ou, pelo menos, é muito parecida"[670].

Na verdade, Alberti[671] define no *De re aedificatoria* a beleza como a concinidade "em proporção exacta, de todas as partes no conjunto a que pertencem, de tal modo que nada possa ser adicionado ou subtraído, ou transformado sem que mereça reprovação"[672].

---

[668] MARÍA ROSA LIDA DE MALKIEL, *La originalidad artistica de La Celestina*, 1970, Buenos Aires, EUDEBA.

[669] JORGE FERREIRA VASCONCELOS, *Eufrosina*. Coimbra. *Comédia Eufrósina*. Adaptação de Silvina Pereira e Rosário Laureano Santos. Lisboa, Edições Colibri, 1998, Ato II, Cena 2.

[670] LEON BATTISTA ALBERTI, *Philodoxeos fabula*, op. cit., s.II, XVII, Ato III

[671] LEON BATTISTA ALBERTI, *Da Arte Edificatória*. Op.cit., Livro IV, cap. 2.

[672] Esta definição de beleza, se bem que em contextos diversos, já se encontra em Platão, bem como em Cícero; Cf. PLATÃO, *Leyes*. Trad. esp., intr. e notas de J. M. Pábon–M. Fernández, 2002. Galiano. Madrid, Alianza Editorial, V, 746c; MARCUS TULLIUS CÍCERO, *El Orador*. Intr., trad. esp. e notas de E. S. Salor, 2011, Madrid, Alianza Editorial, III, 45.

No *Siglo de Oro* da literatura espanhola, que vai da Gramática de Nebrija[673] de 1492, até à morte de Calderón de la Barca em 1681, Francisco de Quevedo (1580-1645), um dos principais protagonistas desse período, comenta que "Esta comedia Eufrosina, que escrita en Portugués se lee sin nombre de autor, es tan elegante, tan docta, tan exemplar, que haze lisonja la duda que la atribuye a cualquier de los más doctos escritores de aquella nación. Muestra igualmente el talento y la modestia del que la compuso, pues se calló tanta gloria que oy apenas la conjetura halla sujeto capaz a quien poder atribuirla"[674].

Semelhante destino também teve a comédia *Philodoxeos fabula* de Alberti visto que a sua autoria foi confundida pelo seu impressor Aldus Manutius, dada a maestria expressiva de Alberti para com a língua latina, como um trabalho do autor romano Lepidus[675].

Tanto a comédia *Eufrosina* de Vasconcelos, como o *De re aedificatoria* de Alberti foram sujeitos ao crivo da Santa Inquisição a ponto de ser proibida a sua circulação e impressão na península Ibérica.

A ação censória da Inquisição portuguesa colocou o *De re aedificatoria* no *Index expurgatoria* de 1581 e a Inquisição espanhola no *Index expurgatoria* de 1584, o que dificultou a sua difusão. Com efeito, os exemplares em castelhano do *De re aedificatoria* que estão conservados em colecções particulares espanholas ou em bibliotecas públicas, como as de Santa Cruz de Valladolid ou da Biblioteca Nacional em Madrid, aparecem com páginas inteiras rasuradas, nomeadamente as relacionadas com a distribuição e a organização dos altares nos templos[676]. Também os exemplares que se conservam nas bibliotecas portuguesas, como a edição de Francisco Lozano[677] existente no Departamento de Matemática da Faculdade e Ciências e Tecnologia da Universidade de Coimbra, se apresentam com este passo riscado (Fig.3):

---

[673] ANTONIO DE NEBRIJA, *Gramática sobre la lengua castellana*, 1492. Ed. lit. de Carmen Lozano, 2011. Madrid, Real Academia Española.

[674] Apud PABLO JAURALDE POU, *Francisco Quevedo*. Madrid, Castalia, 1998, p. 614.

[675] Cf. CECIL GRAYSON, "La Prima Edizione del 'Philodoxeos'", *Rinascimento*, 1954, vol. 5, 1, pp. 291- 293.

[676] Cf. JAVIER RIVERA, Prólogo. *De re aedificatoria*. Trad. esp. de J. F. Núñez. Madrid, Ediciones Akal, S.A., 1991, p. 48.

[677] FRANCISCO LOZANO, *De Re Aedificatoria ó Los Diez Libros de Arquitetura de Leon Baptista Alberto, traduzido de Latim em Romance*. Madrid, Alonso Gómez. 1582, p. 221.

> Succedieron eſtos tiẽpos enlos quales pluguieſſe a Dios que ſe leuantaſſe algun hombre graue ( cõ paz delos pontifices)que tuuieſſe por bien emendarlos. Los quales como por cauſa de cõſeruar la dignidad apenas vna vez enel año ſe dexã ver al pueblo, lo hizieron todo tan lleno de altares, no digo mas, ſino affirmo, que acerca delos hombres ninguna coſa ſe puede hallar ni penſar que ſea mas digna o ſancta, q̃ el ſacrificio. Y creo que no aura ningun ſabio que quiera que las coſas dignas ſe hagan viles con la mucha abundãcia.

("Seguiram-se os nossos tempos, que oxalá nenhum homem sério, sem ofensa para os bispos, considerasse dignos de serem censurados: como, para salvaguardar a sua dignidade, eles concedem ao povo a possibilidade de os verem apenas nas calendas do princípio do ano, a tal ponto encheram tudo de altares e às vezes <···> não digo mais. Isto afirmo: entre os mortais, nada se pode encontrar e nem sequer imaginar, que seja mais condigno e mais santo do que o sacrifício. Eu, porém, julgo que não é tido por sensato ninguém que queira que as coisas mais dignas se banalizem, postas à disposição com excessiva facilidade")[678].

---

[678] LEON BATTISTA ALBERTI, *Da Arte Edificatória,* Tradução, notas e revisão disciplinar de Mário Krüger, tradução de A. M. do Espírito Santo, Lisboa, Fundação Calouste Gulbenkian, 2011, Livro VII, cap. 13.

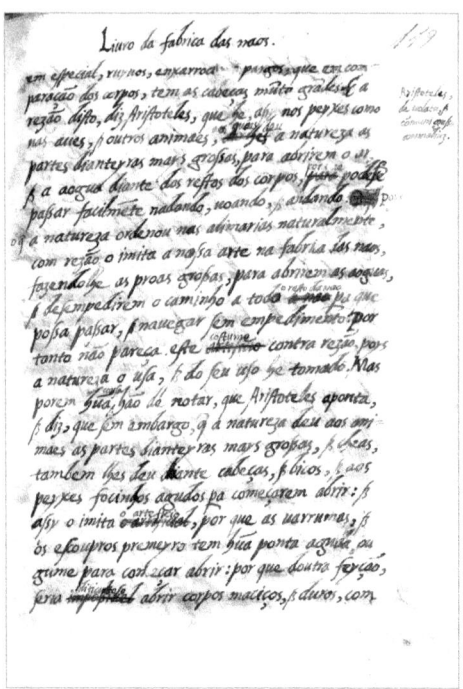

Fig. 3 - *Liuro da Fabrica das Naos* de Fernão de Oliveira (1580, p. 119), onde se pode ler a relação nau-corpo animal[679].

Este corte sugere, apesar de Alberti ser moderado nas observações que faz ao colocar textualmente *de his actenus*[680] ("não digo mais"), não foi do agrado das autoridades inquisitoriais face à crítica aos bispos da igreja, por encherem as igrejas de altares aos santos, *i.e.* aos deuses menores, sob pena de se banalizarem as "coisas mais dignas".

---

[679] "Os peixes, que são exemplo dos navios, os mais deles têm as partes dianteiras mais grossas que as de trás, em especial, ruivos, enxarrocos e pargos, que em comparação dos corpos, têm as cabeças muito grandes e a razão disto, diz Aristóteles, que é, assim nos peixes como nas aves, e noutros animais, aos quais deu a natureza as partes dianteiras mais grossas, para abrirem o ar e a água diante dos restos dos corpos, por se poder passar facilmente nadando, voando, e andando, por o que a natureza ordenou nas alimárias naturalmente, com razão o imita a nossa arte na fábrica das naus, fazendo-lhe as proas grossas, para abrirem as águas, e desimpedirem o caminho a todo o resto da nau para que possa passar, e navegar sem impedimento, portanto não pareça este costume contra razão, pois a natureza o usa, e do seu uso é tomado".

[680] LEON BATTISTA ALBERTI, *L'Architettura -De re aedificatoria,* Intr. e notas de P. Porthoguesi, edição de texto em latim e trad. para it. de G. Orlandi,1966. Milão, Il Polifilio.

De igual modo, a edição de *Eufrosina* de Jorge Ferreira de Vasconcelos, à semelhança do tratado de Alberti, constou do *Index* da Inquisição Portuguesa, pelo menos de 1581 a 1612.

É provável que Ferreira de Vasconcelos estivesse a par de mais obras de Alberti, nomeadamente da peça satírica *Momus,* o deus da crítica mordaz e da discórdia, dado que na *Comedia Aulegrafia* Vasconcelos introduz um personagem que se apresenta como "... hum dos antigos Deoses, que por nome não perca, o *Momo*"[681].

Com efeito, o reparo crítico ao programa de melhoramentos da cidade de Roma do Papa Nicolau V, implicitamente desenvolvido na peça *Momus*, onde Alberti[682] denuncia os comportamentos do fraco príncipe, *i.e.* do Papa, e da sua ambiciosa corte, pode ser cotejado com a *Comedia Aulegrafia* de Ferreira de Vasconcelos, onde o ambiente cortesão se transformou num lugar algo perturbador, incerto e paradoxal e as suas personagens, à semelhança da cúria papal, viviam da ganância, insídia e impostura.

Tanto a comédia *Philodoxeos fabula*, já tinha sido publicada em Salamanca em 1500[683], como em 1553 a primeira tradução em castelhano da versão latina do *Momus* de Alberti, sob o título *La moral y muy graciosa historia del Momo*[684], é impressa em Alcalá de Henares e reeditada no final do século, o que sugere que estas obras provavelmente circulavam, com alguma censura inquisitorial, no espaço ibérico sob o domínio dos Austrias.

Por outro lado, Mateus do Couto-o-Velho desempenhou, a partir de 1616, diversos cargos oficiais, nomeadamente o de arquiteto do tribunal

---

[681] JORGE FERREIRA VASCONCELOS, *Comédia Aulegrafia*. Prefácio, notas e glossário de A. A. M. Vilhena, 2ª ed., 1969, Porto, 1:v14-15; Cf. SILVINA MARTINS PEREIRA, *Tras a nevoa vem o sol. As comédias de Jorge Ferreira de Vasconcelos*. Tese de Doutoramento. Versão revista em 2010. Faculdade de Letras. Universidade de Lisboa, 2009, pp. 283 – 284, 513 – 514.

[682] LEON BATTISTA ALBERTI, *Momus*, 1437, Trad. ingl. de S. Knight. Texto em latim editado por V. Brown - S. Knight, 2003. Londres, Harvard University Press, IV.

[683] Cf. MARIÀNGELA VILALLONGA, "Quid Tum. La Perviviencia Hispânica de Leon Battista Alberti en dos Traducciones Catalanas", *in* R. Cardini - M. Regoliosi, org., *Leon Battista Alberti Umanista e Scrittore. Filologia, Esegesi, Tradizione*. Florença, Edizioni Polistampa, 2007, pp. 755.

[684] LEON BATTISTA ALBERTI, *La moral y muy graciosa historia del Momo*, 1553. Trad. de J. De Mey, Alcalá de Henares.

do Santo Ofício em 1634[685], o que se configura como uma situação conflituosa dada as suas explícitas preferências pelo tratado de Alberti, conforme regista no seu *Tractado De Architectura*, publicado em 1631.

A implantação da ação sensória da Inquisição em Portugal teve efeitos que vão para além da simples proibição de circulação destas obras na Península Ibérica. Na verdade, toda uma geração de humanistas foi silenciada, tendo os seus efeitos perdurado por vários séculos.

Cite-se, entre outros casos, de alguma forma relacionados com a arte edificatória, a proibição da obra de Damião de Góis (1502–1574), *Urbis Olisiponis descriptio,* publicada em 1554 em Évora[686], que faz uma descrição dos edifícios notáveis de Lisboa e cujo autor foi acusado de luteranismo, tendo posteriormente falecido em circunstâncias misteriosas, bem como de Fernão de Oliveira (1507– c.1581) que escreveu a *Grammatica da Lingoagem Portuguesa*[687], publicada em 1536, e acabou por ser denunciado em 1547 ao Santo Ofício pelo seu antigo professor em Évora, o mestre André de Resende, sendo em consequência disso preso por quatro anos[688].

Fernão de Oliveira, à semelhança de João Baptista Lavanha, é também o autor de um tratado sobre construção naval, o *Liuro da Fabrica das Naos*, redigido sob a forma de manuscrito em 1580, mas somente

---

[685] Cf. HORÁCIO MANUEL PEREIRA BONIFÁCIO, "Mateus do Couto (tio)", *in* J. F. Pereira (dir.) e P. Pereira (coord.), *Dicionário da Arte Barroca em Portugal*. Lisboa, Editorial Presença, 1989, pp. 142-143.

[686] DAMIÃO DE GÓIS, *Vrbis Olisiponis descriptio per Damianum Goem equitem lusitanum, in qua obiter tractantur nõ nulla de indica nauigatione, per graecos et poenos et lusitanos, diuersis temporibus inculcata*, 1554, Andream Burge[n]sem, Évora.

[687] FERNÃO DE OLIVEIRA, *Grammatica da lingoagem portuguesa*, 1536, Lisboa, Germão Galharde.

[688] A partir de 1541 André de Resende torna-se consultor do Santo Ofício em Évora, ainda quando este tribunal não estava inteiramente implantado no reino, defendendo uma inflexível ortodoxia que contribuiu para a condenação de réus acusados de heresia. Cf. HUGO MIGUEL CRESPO, "André de Resende na Inquisição de Évora e a apologética anti-judaica: ciência teológica, doutrina e castigo (1541). Um autógrafo inédito (Novos documentos para as biografias de André de Resende e Jorge Coelho)". In *Humanismo, Diáspora e Ciência (séculos XVI e XVII): estudos, catálogo, exposição*, 2013. Org. CMP/ Biblioteca Pública Municipal do Porto e UA/Centro de Línguas e Culturas, pp.151-212; ANDRÉ DE RESENDE, *Obras Portuguesas*. Prefácio e notas de J. P. Tavares, 1963. Lisboa, Livraria Sá da Costa Editora; MARIA LEONOR CARVALHÃO BUESCU "A primeira anotação da língua portuguesa", 1988, Revista FCSH, pp. 59-74.

publicado em 1889 por Henrique Lopes de Mendonça[689], o que nos faz supor que alguma forma de censura implícita se exerceu sobre esta obra, devido aos antecedentes do seu autor junto ao Santo Ofício.

Este manuscrito configura-se como o mais antigo tratado peninsular em que a construção naval, em estreita afinidade com o autor do *De re aedificatoria*, deixa de estar vinculada aos mestres construtores das ribeiras e passa a ser do domínio teórico pela geometrização das formas e a modelação das suas estruturas. Além disso, Fernão de Oliveira também assume a analogia nau-corpo animal, o que é igualmente evocativo da relação edifício-corpo de Alberti (Ver Fig. 3)[690].

Note-se, ainda, que Fernão de Oliveira caracteriza o navio por uma noção afim da concinidade albertiana visto que o define como "aquelle que tem feyção formada por certas medidas, pellas quaes tem suas partes concertadas hũas com outras, com deuida proporção, & conueniencia"[691]. Na verdade, para Alberti[692], "... são três as principais noções em que se condensa na totalidade aquele princípio que buscamos: número, aquilo a que chamamos delimitação, e disposição. Mas há qualquer coisa mais em virtude da qual, a partir da junção e ligação dessas três noções, resplandece maravilhosamente toda a face da beleza: e nós dar-lhe-emos a designação de concinidade".

Em síntese, o tratado de Fernão de Oliveira, pela geometrização das formas e modelação matemática das suas estruturas, pela relação nau--corpo animal e pela concertação das suas partes, situa-se nos domínios da construção naval muito próximo dos conceitos desenvolvidos por Alberti no seu tratado sobre a arte edificatória.

No entanto, os resultados das ações persecutórias do Santo Ofício não se abateram apenas sobre estes autores e as suas circunstâncias, mas

---

[689] HENRIQUE LOPES DE MENDONÇA, *O padre Fernando de Oliveira e a sua obra náutica. Memória compreendendo um estudo biográfico sobre o afamado gramático e nautógrafo e a primeira reprodução tipográfica do seu trabalho inédito Livro da Fábrica das Naus*, 1898. Lisboa, Academia Real das Ciências.

[690] LEON BATTISTA ALBERTI, *Da Arte Edificatória*. Trad. A. E. Santo, introd., notas e revisão disciplinar de M. J. T. Krüger, 2011. Lisboa, Fundação Calouste Gulbenkian.

[691] FERNÃO DE OLIVEIRA, *O Livro da Fábrica das Naus*. Lisboa, Academia da Marinha, 1580/1991, p. 75.

[692] LEON BATTISTA ALBERTI, *op. cit.*, Livro IX, cap. 5.

tiveram efeitos que se prolongaram em tempo longo. A *Comédia Eufrosina* de Jorge Ferreira de Vasconcelos somente vai à cena em Lisboa em 1998, com adaptação de Silvina Pereira e Rosário Laureano dos Santos, e o tratado de Alberti é primeiramente publicado em 2011, em Lisboa, com o título *Da Arte Edificatória*, com tradução de Arnaldo Monteiro do Espírito Santo e introdução, notas e revisão disciplinar de Mário Júlio Teixeira Krüger.

Neste contexto, algo tumultuoso, em que ocorre a receção inicial ao tratado de Alberti, é pertinente recapitular o que Jauss[693] designa por "horizonte de espera" (*erwartunshorizont*), na estética da receção de obras literárias, para significar o diálogo crítico entre o público e a obra, onde aquele não é compreendido somente como um leitor passivo, mas como sujeito de uma apropriação ativa, que modifica o seu sentido, desde a sua publicação até ao momento presente.

Assim, podemos afirmar que a presumível tradução de André de Resende configura um "horizonte de perda", em termos da evolução da compreensão da arquitetura em Portugal nos últimos cinco séculos, principalmente pela ausência de uma receção explícita àquela obra que a privou de um discurso comentador nas fases iniciais da receção ao tratado de Alberti.

Resta-nos afortunadamente a obra edificada em Portugal, principalmente as relacionadas com os edifícios dedicados ao culto religioso, que apresentam um cunho vincadamente albertiano e que são uma fonte insubstituível para a compreensão da influência deste autor no período da Contra-Reforma em Portugal.

Cabe citar a este propósito a igreja de São Vicente de Fora em Lisboa que, além de se apresentar com uma nave abobadada em forma de berço e com caixotões, exibe três tramos com capelas laterais e vãos intermédios precedidos de um nartex porticado, combinados com pares de pilastras duplas o que, no seu conjunto, é evocativo da solução apresentada por Alberti para o interior da igreja de Santo André em Mântua.

---

[693] HANS ROBERT JAUSS, *Pour une esthétique de la recéption*, 1978, Trad. fr. de Cl. Maillard. Paris, Editions de Minuit.

Além disso, a definição de basílica para Alberti[694] refere-se a um edifício onde os cidadãos se reúniam para administrar justiça, constituída por um espaço amplo e transitável acrescentado, por vezes, de uma nave transversal designada de "causídica" visto aí se movimentavam os oradores e os advogados.

Dado que a nave causídica forma um falso transepto em vez de uma cruz latina, isso significa que Alberti não assume integralmente o simbolismo religioso da iconografia cristã mas das basílicas pagãs, à semelhança do que se verifica integralmente em São Vicente de Fora, o que sugere uma plena adesão, sob o ponto de vista de organização espacial, aos princípios sugeridos no *De re aedificatoria*.

Se bem que os debuxos iniciais da igreja de S. Vicente de Fora em Lisboa sejam, provavelmente, de autoria de Juan Herrera, que esteve em Lisboa entre 1581 e 1583, o equivalente ao que entendemos, atual e aproximadamente, por projeto de execução foi elaborado, ainda no séc. XVI por Filippo Terzi, bem como mais tarde por Leonardo Torriano, Baltazar Álvares, Pedro Nunes Tinoco e João Nunes Tinoco nos sécs. XVI – XVII[695].

Em 1582 dá-se a demolição do primitivo edifício e o início da edificação da nova igreja, segundo projeto de Filippo Terzi, e a 28 de agosto de 1629 é celebrada na igreja a 1ª missa.

Em resumo, os arquitetos responsáveis pelo projeto e obra da igreja de São Vicente de Fora, que irá servir de matriz referencial para os edifícios do culto religioso durante a Contra-Reforma, tanto em Portugal como nos territórios do ultramar, ficaram a partir do início da sua construção com a possibilidade de consultar o tratado de Alberti, cuja tradução foi assistida por Francisco Lozano para castelhano, mas não para a língua portuguesa.

---

[694] LEON BATTISTA ALBERTI, *op. cit.*, Livro VII. cap. 14.

[695] Cf. A. CRISTINA LOURENÇO, MIGUEL SOROMENHO - F. S. MENDES, *"Filipe II en Lisboa: Moldear la Ciudad a la Imagen del Rey"*, in P. B. Pereira, org., *Juan de Herrera, Arquiteto Real*. Barcelona: Lunwerg Editores, 1997, p. 129; MIGUEL ÁNGEL, ARAMBURU--ZABALA HIGUERA, CELESTINA LOSADA VAREA, ANA CAGIGAS ABERASTURI, *Biografia de Juan de Herrera*. Santander: Fundación Obra Pía Juan de Herrera, 2003, p.299; CARLOS RUÃO, *"O Eupalinos Moderno". Teoria e Prática da Arquitetura Religiosa em Portugal (1550–1640)*. 3 vols. Tese de Doutoramento. Coimbra, Faculdade de Letras da Universidade de Coimbra, 2006, Vol. II, pp. 60 – 62.

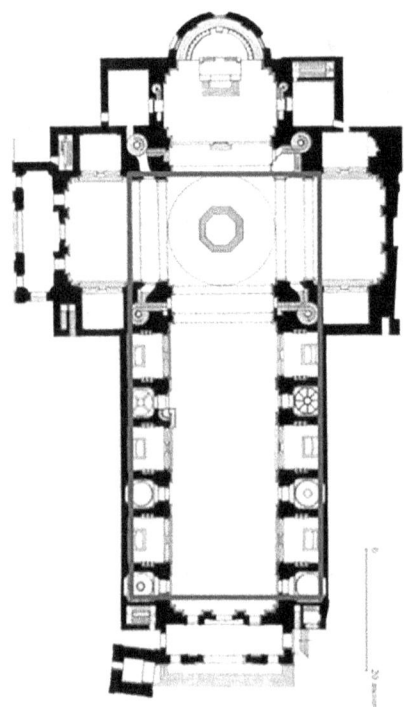
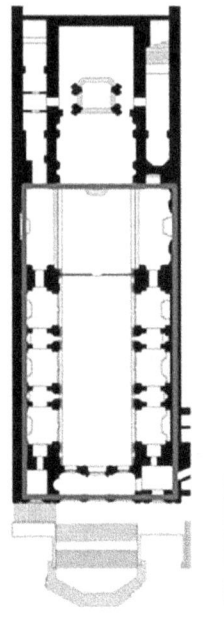

Fig. 4 - Plantas, à mesma escala, das igrejas de Sant'Andrea em Mântua de Leon Battista Alberti, parcialmente concluída em 1470, e de São Vicente de Fora, em Lisboa, iniciada em 1582 sob a orientação inicial de Juan de Herrera e de Filippo Terzi.

As obras desaparecidas que têm povoado a história da arte e da arquitetura poderiam ser uma das fontes para reconstruir o que um dia eventualmente existiu ou poderá ter existido, como sucede com a eventual tradução de André de Resende do tratado de Alberti como, noutro contexto, com as obras perdidas do pintor Apeles, na Grécia antiga.

Alberti expõe textualmente a descrição de Luciano (*Calumniae non temere credendum*)[696] sobre uma pintura de Apeles, a *Calúnia,* que remata com uma pertinente questão: "Se esta *história* enche a imaginação quando

---

[696] LUCIANO (1972-1974) *Luciani Opera*. Org. de M. D. Macleod. Oxford, Clarendon Press, 1º e 2º vols.

é descrita por palavras, quanta beleza e prazer pensas que apresentaria a verdadeira pintura pela mão de Apeles?"[697]

Em síntese, esta é a relevância, como procurámos mostrar ao longo deste artigo, da herança disciplinar do *De re aedificatoria* na arquitetura clássica em Portugal.

---

Nota Final: Este trabalho é resultante do projeto de investigação "Digital Alberti", desenvolvido no Centro de Estudos Sociais da Universidade de Coimbra e financiado pela Fundação para a Ciência e Tecnologia (FCT), no âmbito do COMPETE/FEDER, Portugal (PTDC/AUR — AQI/108274/2008).

---

[697] LEON BATTISTA ALBERTI, *De pictura, 1441-1444*, Org. de C. Grayson, 1980. Bari, Laterza, III, 53, "*Quae plane historia etiam si dum recitatur animos tenet, quantum censes eam gratiae et amoenitatis ex ipsa pictura eximii pictoris exhibuisse?*"

# A Relevância do *De re aedificatoria* na Herança Disciplinar da Arquitetura Clássica em Portugal:
## a Influência da Obra Construída de Alberti

António Nunes Pereira

**Resumo**

A influência da obra escrita e construída de Alberti na arquitetura portuguesa do Renascimento encontra-se pouco estudada. No entanto, ela pode ser constatada, tanto através de elementos inovadores na obra do arquiteto italiano que chegaram até ao nosso país, como através da constatação de proporções em edifícios portugueses, que Alberti tinha desenvolvido na sua obra escrita *De re aedificatoria* ou *Da Arte Edificatória*.

Obra escrita e construída de Alberti; Arquitetura Portuguesa do Renascimento; Proporção

**Résumé**

L'influence de l'oeuvre écrite et construite d'Alberti dans l'architecture portugaise de la Renaissance n'a pas fait l'objet de grandes études. Néanmoins on la retrouve autant dans des éléments innovants de l'oeuvre de l'architecte italien qui sont parvenus jusqu'à notre pays, comme dans les proportions des édifices portugais qu'Alberti avait développé dans son oeuvre écrite *De re aedificatoria* ou *L'Art d'édifier*.

Oeuvre écrite et construite d'Alberti; Architecture Portugaise de la Renaissance; Proportions

DOI: http://dx.doi.org/10.14195/978-989-26-1015-3_24

**Abstract**

The influence of the written and built work of Alberti in Portuguese Renaissance architecture is little studied. However, it can be verified both through innovative elements in the Italian architect work which arrive to our country, as by finding proportions in Portuguese buildings, which Alberti had developed in his writing *De re aedificatoria*.

Written and built work of Alberti; Portuguese Renaissance architecture; Proportions

Avaliar a influência de Leon Battista Alberti na arquitetura portuguesa da Época Moderna seria antes de mais deslindar uma emaranhada teia de linhas de transmissão através da tratadística e da prática arquitetónica italiana – e, por extensão, da Europa ocidental – desde a obra escrita ou construída de Alberti até à arquitetura no Portugal do século XVI. Este tema está por investigar sistematicamente. Mas é possível constatar a presença de elementos na arquitetura portuguesa deste século e dos seguintes de origem na obra de Alberti – seja na construída, seja na escrita. Neste artigo pode-se apenas no atual estado da investigação reconhecer estes elementos mais óbvios e identificá-los em edifícios do nosso país. Não sendo possível olhar extensivamente toda a obra de Alberti enquanto possível modelo para o "modo ao romano" em Portugal, irei delimitar análise em dois polos: elementos tipologicamente inovadores da prática arquitetónica do mestre italiano com expressão na arquitetura portuguesa; e a teoria das proporções, no que respeita à obra escrita de Alberti. O objeto arquitetónico em Portugal e antigos territórios ultramarinos assume-se como documento histórico fundamental para esta análise, até pela precaridade de testemunhos escritos que nos fornecessem pistas sobre a influência de Alberti na prática arquitetónica portuguesa do século XVI.

São três estes elementos tipologicamente inovadores, que destaco da obra arquitetónica albertiana com relevância para o tema deste artigo:

> A igreja de contrafortes interiores, resultante da tentativa de recriação de um templo etrusco e que Alberti concretizou na nave única e nas capelas laterais em Sant' Andrea em Mântua;
> A introdução de aletas em fachadas-empena de igrejas para atenuar as diferenças de alturas inerentes à secção basilical, tal como em Santa Maria Novella de Florença;
> A aplicação de articulação modular nas paredes exteriores de edifícios, trazendo para o exterior a modulação do edifício que estrutura o espaço interior (uma prática que já vem do período românico, mas que é rara no período clássico da Antiguidade e que Alberti concretiza com um rigor desconhecido no período medieval).

Quanto à teoria das proporções, e à falta de mais estudos neste sentido referentes ao século XVI, ela terá que ser constatada, de acordo com o trabalho de investigação do autor, na arquitetura colonial portuguesa, como é o caso da igreja do Bom Jesus em Goa.

## A igreja de contrafortes interiores

A igreja de contrafortes interiores foi uma das maiores inovações da arquitetura renascentista, que Alberti concretizou pela primeira vez a partir do início da década de 1470 para a igreja beneditina Sant' Andrea em Mântua. Na realidade, esta não é apenas uma inovação originária da prática projetual de Alberti, mas também da tentativa de Alberti reconstituir um templo etrusco, que o autor descreveu na obra teórica *De re aedificatoria*.[698]

Esta inovação surge no fundo devido a um equívoco de Alberti, que testemunha o conhecimento deficitário, à época, da arquitetura da Antiguidade. Alberti julgou encontrar na Basílica de Maxêncio características e proporções semelhantes a um templo etrusco:[699] uma grande nave ladeada por três espaços abobadados de cada lado, funcionando as paredes que os separam também como contrafortes da abóbada da nave. Contudo, para a sua igreja Sant' Andrea, Alberti não se limitou a imitar e a repetir o tipo arquitetónico da Basílica de Maxêncio. O arquiteto italiano não utilizou uma abóbada de arestas, como a da nave da basílica romana, mas sim uma abóbada de berço. Mas a inovação mais significativa operada pelo arquiteto humanista foi a alternância entre capelas laterais de maior dimensão e planta retangular com capelas de menor

---

[698] LEON BATTISTA ALBERTI, *Da arte Edificatória*, trad. de A. M. do Espírito Santo, introd., notas e revisão disciplinar de M. J. Krüger, Lisboa, Fundação Calouste Gulbenkian, 2001, pp. 439-442; ROBERT TAVERNOR, *On Alberti and the Art of Building*, New Haven and London, Yale University Press, 1998, p. 159. A justificação de Alberti fazer referência à cultura etrusca precisamente na edificação desta igreja de Sant' Andrea em Mântua, cidade que segundo Vergílio tinha sido conquistada pelos etruscos, estão expostas em ROBERT TAVERNOR, *op. cit.*, p. 159.

[699] ROBERT TAVERNOR, *op. cit.*, p. 160.

dimensão e de planta quadrada, inseridas entre os contrafortes da igreja, inscritos em planta, que suportam a abóbada da nave única. Os contrafortes surgem assim em pares, solução que contrasta com os contrafortes simples da Basílica de Maxêncio. O encontro destes contrafortes com as paredes laterais da nave é marcado por pilastras, igualmente duas a duas, ladeando os grandes arcos das capelas maiores e enquadrando as portas para as capelas laterais pequenas. Isto permitiu a Alberti configurar as paredes laterais da grande nave de Sant' Andrea com o tema de um arco de triunfo romano. Se por um lado Alberti repetiu deste modo no interior a articulação da fachada, a verdade é que o fez de uma maneira simplificada. Os tramos entre pilastras não mostram nichos sobre as portas para as capelas menores intermédias e, sobre aqueles, janelas, estas e aqueles de arco de volta inteira, mas sim painéis retangulares com pinturas e, por cima destes e logo abaixo da arquitrave, *oculi*.[700]

É nesta solução dos contrafortes interiores duplos, que permite não só a alternância entre capelas maiores e menores, assim como uma reminiscência do arco de triunfo romano no interior da igreja, que consiste a especificidade da solução inovadora de Alberti, uma vez que igrejas de nave única com capelas laterais existiram muitas antes de Sant' Andrea.[701]

Esta solução espacial para uma igreja de nave única serviu de modelo a inúmeras igrejas, sobretudo a partir do século XVI, quando as três ou mesmo cinco naves caíram em desuso. É também verdade que Sant' Andrea serviu de modelo não na forma em que Alberti a concebeu,[702] mas juntamente com a ampliação de uma complexa cabeceira em cruz grega e cúpula sobre pendentes. Robert Tavernor atribui a Giulio Romano esta solução, que o arquiteto desenvolveu a partir de modelos da arquitetura religiosa de Roma, uma vez que as fundações da ampliação da

---

[700] A hipótese de que o projeto inicial de Alberti previa para estas paredes laterais da nave de Sant' Andrea uma articulação em tudo correspondente à do arco de triunfo da fachada, enunciada em ROBERT TAVERNOR, *op. cit.*, pp. 166 e 168, é muito interessante, mas não está comprovada.

[701] Basta mencionar a igreja gótica do Convento de São Francisco de Évora (ca. 1480-ca. 1503).

[702] ROBERT TAVERNOR, *op. cit.*, pp. 160-165.

igreja foram lançadas em 1526, dois anos depois de Romano ter deixado aquela cidade para vir trabalhar nesta obra em Mântua.[703] A grande aceitação de Sant' Andrea como modelo pode assim dever-se também a esta ampliação, cuja cúpula, para além da sua dimensão simbólica, confere monumentalidade ao edifício e sobretudo a possibilidade de iluminação superior no cruzeiro.

A popularidade desta solução arquitetónica deriva, contudo, menos diretamente de Sant' Andrea e mais de Il Gesù, a igreja do Colégio Romano dos Jesuítas iniciada por Giacomo Barozzi da Vignola em 1568, mas que reconhecidamente seguiu o tipo da igreja albertiana com as alterações na cabeceira de Giulio Romano. Em Il Gesù o transepto tornou-se inscrito na planta retangular da igreja, e sobre as capelas laterais foram introduzidos os *coretti* próprios da arquitetura religiosa dos Jesuítas.[704] Também o tema do arco de triunfo romano, muito evidente em Sant' Andrea, foi atenuado em Il Gesù, pois nas paredes laterais da nave as superfícies entre as pilastras tornaram-se cegas – na realidade ao invés da citação de um arco de triunfo surgem aqui pilastras duplas que enquadram as aberturas das capelas laterais.

O grande dinamismo da Companhia de Jesus e as qualidades arquitetónicas do modelo de Sant' Andrea, filtradas por Il Gesù, levaram à sua difusão por quase todo o mundo. Em Portugal a receção deste modelo deu-se não num edifício jesuíta, mas num agostinho: a obra filipina de São Vicente de Fora (Fig. 1). São Vicente não apresenta os *coretti* das igrejas jesuítas e aproxima-se assim do modelo mais puro de Alberti. O corpo longitudinal de São Vicente repete o tipo albertiano de Sant'Andrea, mesmo que formalmente as divergências sejam evidentes, quer a nível das proporções, quer a nível da linguagem arquitetónica. A grande nave única, coberta com uma abóbada de berço, é ladeada por grandes capelas abertas para a nave através de arcos de volta inteira, que se alternam com espaços menores entre os contrafortes perpendiculares

---

[703] Ibidem, pp. 165-167.

[704] PIETRO PIRRI SI, *Giovanni Tristano e i Primordi della Architettura Gesuitica*, Roma, 1955, (Bibliotheca Instituti Historici SI, vol. VI), pp. 127-128, 131 e 176).

ao eixo da abóbada (inexistentes em Il Gesù!). A filiação do tipo arquitetónico da igreja agostinha lisboeta em Sant' Andrea é evidente, apesar das divergências formais com a igreja beneditina de Mântua: as capelas menores da igreja agostinha não são quadrados em planta, mas retangulares e profundas, assumindo-se menos como capelas menores do que como espaços intermédios de passagem entre as capelas laterais de fato; também não enquadram na totalidade as três capelas de cada lado, totalizando quatro como na igreja albertiana, mas sendo pelo contrário enquadrados pelas capelas laterais, ficando-se por dois por cada lado da nave. Embora o tema do arco de triunfo romano esteja (potencialmente) presente nas paredes que delimitam lateralmente a nave de São Vicente, este encontra-se reduzido a um mínimo quase descaracterizado, que quase não chega para evocar a alternância entre tramos largos com grandes aberturas e tramos estreitos com aberturas pequenas e/ou nichos, que é o que caracteriza o tema do arco de triunfo romano. Na igreja lisboeta os panos menores apenas apresentam baixas portas, quase frestas, entaladas entre pilastras, longe da profusão de largas portas entre pedestais de pilastras, painéis e *oculi* com que Alberti enriqueceu Sant'Andrea. De resto, São Vicente segue o tipo de Sant'Andrea incluindo a ampliação de Giulio Romano, como Il Gesù de Roma já o havia feito e, seguindo mais de perto a igreja romana jesuíta que a de Mântua, apresenta o transepto inscrito. A existência de um retro-coro na igreja agostinha, contudo, veio a distorcer a clareza do tipo de planta grega, com que Giulio Romano configurou a cabeceira de Sant' Andrea – mas não sendo este um elemento de origem albertiana, não nos interessa debruçar mais sobre esta situação. Sobre a linguagem arquitetónica invulgar de São Vicente já muito foi escrito, podendo situar-se esta entre o classicismo depurado mas erudito de Juan de Herrera, uma simplificação à maneira da "arquitetura chã" provavelmente proveniente de Afonso Álvares e um maneirismo, onde a experimentação dos limites da linguagem clássica dá origem a soluções surpreendentes de mísulas triglifadas e de capitéis de ordem inventada.[705]

---

[705] MIGUEL SOROMENHO, *Classicismo, Italianismo e "Estilo Chão". O Ciclo Filipino*, em "História da Arte Portuguesa", vol. II, Lisboa, Círculo de Leitores, 1995, pp. 377-403;

A repercussão deste modelo em Portugal foi considerável, embora limitada sobretudo ao território continental, uma vez que nas colónias foi dada preferência a um outro modelo, mais antigo no país e a que se tem entendido como uma tradição jesuíta portuguesa.[706] No entanto, a influência tipológica de Sant' Andrea no continente, foi bastante transformada através de São Vicente e, sobretudo e anteriormente, de Il Gesù. A alternância entre capelas laterais maiores e outras menores, ou mesmo simples espaços de transição, que na realidade caracteriza a criação tipológica albertiana, tende a simplificar-se em que os pares de contrafortes se fundem num único, desaparecendo os espaços menores, como já tinha acontecido em Il Gesù de Roma, mesmo que se mantenham as pilastras duplas como marcação deste contraforte nas paredes da nave. É o caso da primeira grande igreja que se seguirá a São Vicente, a jesuíta Onze Mil Virgens de Coimbra (iniciada em 1598; hoje Sé Nova) (Fig. 2). O que irá realmente caracterizar a receção do tipo de Sant' Andrea é sobretudo a nave única acompanhada de capelas laterais uniformes e cabeceira em planta de cruz latina com cúpula sobre o cruzeiro, que, como vimos, não é de origem albertiana. Isto verifica-se na acima mencionada igreja coimbrã, mas igualmente nas duas grandes igrejas do século XVIII, as Basílicas de Mafra (iniciada em 1717) e da Estrela (iniciada em 1779), em Lisboa. Deste modo, a influência da inovação albertiana acabou por se cingir a escassos exemplos tais como São Vicente ou a igreja do convento de São Domingos de Benfica, em Lisboa, em que a falta de pilastras na articulação das paredes da nave transforma surpreendentemente o tema de arco de triunfo albertiano numa quase serliana.

---

PAULO VARELA GOMES, *Arquitetura, Religião e Política em Portugal no Século XVII. A Planta Centralizada*, Porto, FUAP, 2001, pp. 158-159; ANTÓNIO NUNES PEREIRA, *1582: ano zero na arquitetura religiosa portuguesa?*, em "Mosteiro de S. Vicente de Fora, Arte e História", coord. Sandra Costa Saldanha, Lisboa, Centro Cultural, Patriarcado de Lisboa, 2010, pp. 108-127, pp. 125-126.

[706] MÁRIO CHICÓ, *Algumas Observações acerca da Arquitetura da Companhia de Jesus no Distrito de Goa*, "Garcia de Orta", número especial, 1956, pp. 257-271; ANTÓNIO NUNES PEREIRA, *A arquitetura religiosa cristã de Velha Goa. Segunda metade do século XVI e primeiras décadas do século XVII*, Lisboa, Fundação Oriente, 2005 (Orientália, n.º 10), pp. 281-284 e 315-321.

## A introdução de aletas em fachadas-empena de igrejas

Leon Battista Alberti resolveu na fachada da igreja gótica de Santa Maria Novella (iniciada em 1458) de Florença um problema que tinha ficado em aberto desde o início do Renascimento, em particular nas igrejas longitudinais de Brunelleschi, San Lorenzo e Santo Spirito, ambas igualmente em Florença: como rematar de uma forma arquitetonicamente aceitável no contexto do Renascimento uma fachada-empena de corte basilical, em que os panos laterais – correspondentes às naves ou capelas laterais – eram mais baixos que o pano central – correspondente à nave principal ou única. Alberti resolveu este problema, atenuando o desnível entre cérceas através de elementos curvos em forma de S inclinado, as aletas, que faziam a transição gradual entre as cérceas superior e inferiores da fachada. Esta solução pensada para uma igreja de secção basilical de três naves viria a ter grande aceitação, até por se mostrar igualmente adequada ao novo tipo de igreja de nave única ladeada por capelas mais baixas. Mais uma vez foi Il Gesù de Roma o veículo de disseminação desta solução. Embora o autor do projeto geral da igreja, Giacomo Barozzi da Vignola, tivesse previsto para a fachada desta igreja jesuíta uma solução muito simplificada – apenas elementos parietais de curva simples – foi Giacomo della Porta que, na fachada efetivamente construída de sua autoria, retomou e aperfeiçoou a solução albertiana, criando volutas de encaracolamento contrário nos extremos dos Ss e dando-lhe assim um caráter pré-barroco.

Em Portugal encontramos tanto esta solução de aletas, como também a solução em elementos de curva simples que, não sendo estritamente albertiana, é contudo dela derivada.

O caso mais interessante é (mais uma vez) o das Onze Mil Virgens de Coimbra (Fig. 3), onde a solução de aletas à maneira de Il Gesù foi conjugada com a solução de fachada de duas torres, ainda que recuadas, que se impunha desde São Vicente de Fora.[707] Algo semelhante acontece

---

[707] ANTÓNIO NUNES PEREIRA, "1582: ano zero na arquitetura religiosa portuguesa?", em *Mosteiro de S. Vicente de Fora, Arte e História*, coord. Sandra Costa Saldanha, Lisboa, Centro Cultural, Patriarcado de Lisboa, 2010, pp. 108-127, pp. 119-120.

com a igreja, também jesuíta, de São Lourenço no Porto (Fig. 4), onde desta vez as aletas estão inseridas na construção das próprias torres. A preferência no nosso país por fachadas de duas torres impedirá uma maior difusão da solução albertiana em aletas para fachadas de igrejas longitudinais de secção basilical.

Esta solução de aletas encontrou eco também na longínqua Goa, embora perdendo a função original de interligação de cérceas de diferentes alturas. Aqui, as aletas em conjugação com um pano de parede central com frontão, constituem o remate na fachada de uma empena de telhado de duas águas, em lugar de um frontão clássico. Refiro-me às igrejas do Bom Jesus (começada em 1594, sagrada em 1605) (Fig. 5) e de Nossa Senhora da Graça (1597- terminada após 1608) (Fig. 6).

A solução com elementos curvilíneos simples à maneira de Vignola em Il Gesù teria igualmente expressão em Portugal. A mais antiga é provavelmente a da igreja do Espírito Santo de Évora (construída de 1567 a 1574) (Fig. 7), cujo projeto de 1566[708] é anterior em dois anos ao início da igreja do colégio de Roma.[709] Mas também as igrejas lisboetas de São Francisco da Cidade e do Colégio de Santo Antão, ambas destruídas no terramoto de 1755, tinham os elementos curvilíneos simplificados à maneira de Vignola, segundo as reconstituições do Museu da Cidade lisboeta.[710] Enquanto em São Francisco os elementos estavam soltos, em Santo Antão encontravam-se inseridos nas torres da fachada. Em Goa tanto a desaparecida igreja de São Paulo (1560) do colégio jesuíta, como a sé (iniciada após 1564-1652) apresentam estes elementos. Contudo, enquanto na igreja jesuíta eles serviam de fato como interligação na fachada entre naves de diferentes alturas, no caso da sé trata-se de um remate na fachada de uma

---

[708] FAUSTO SANCHES MARTINS, *A arquitetura dos primeiros colégios jesuítas de Portugal: 1542-1759: cronologia, artistas, espaços*. Dissertação de doutoramento, Universidade do Porto, 1994, p. 210.

[709] Sabe-se que nesta altura havia um grande fluxo de informação dentro da Companhia de Jesus, o que torna plausível que o projeto de Vignola para Il Gesù já fosse conhecido em Portugal antes do início da sua construção; PIETRO PIRRI SI, *Giovanni Tristano e i Primordi della Architettura Gesuitica*, Roma, 1955, (Bibliotheca Instituti Historici SI, vol. VI), pp. 89-93.

[710] www.museudacidade.pt/Lisboa/3D-lisboa1755/Paginas/default.aspx, última consulta em 07.08.2014.

empena de telhado de duas águas, em lugar de um frontão clássico, de uma forma similar às já referidas Bom Jesus e Nossa Senhora da Graça.

**A aplicação de articulação modular nas paredes exteriores de edifícios**

Este é um ponto de maior dificuldade em se traçar uma linha de evolução, sobretudo que reconduza a Alberti. É no entanto reconhecida a importância da inovação de Alberti no Palácio Rucellai em Florença.[711] Pela primeira vez no ainda jovem Renascimento um edifício apresentava a sua fachada com uma articulação de pilastras e entablamentos, constituindo uma grelha que a dividia em módulos horizontais e pisos. Esta situação não é completamente inédita na Antiguidade, embora se conheçam apenas exemplos de edifícios públicos com articulação exterior e sempre baseada na combinação coluna (ou coluna embebida) e entablamento: coliseus e anfiteatros são os exemplos mais óbvios, mas há também a insólita Biblioteca de Adriano em Atenas com as suas colunas soltas face a uma parede cega, tal como outros exemplos de arquitetura romana, de que destaco a Biblioteca de Celsius, em Éfeso na Turquia, ou a Porta do Mercado de Mileto, originalmente também na Turquia, mas reconstituída no Museu Pergamon de Berlim, após escavações em 1903-1905. Mas esta solução de Alberti para uma palácio urbano privado era inédita no Renascimento e acabou por ter uma grande repercussão na arquitetura, quer profana, quer religiosa. A disseminação do tipo de fachada articulada do Palácio Rucellai ficou também certamente a dever-se aos tratados de Cesario Cesariano[712] e sobretudo de Sebastiano Serlio,[713] cujas ilustrações de arquitetura palaciana frequentemente recorrem a esta solução albertiana.

---

[711] ROBERT TAVERNOR, *On Alberti and the Art of Building*, New Haven and London, Yale University Press, 1998, pp. 81-89; LUDWIG H. HEYDENREICH, *Architecture in Italy 1400--1500*, revised by Paul Davies, New Haven and London, Yale University Press, 1996, pp. 39-40.

[712] CESARE CESARIANO, *Vitruvius de Architectura*, fac-símile da 1ª edição italiana (Como, 1521), ed. Carol Herselle Krinsky, Munique, 1969, libro IV, p. LIIII.

[713] SEBASTIANO SERLIO, *Tutte l'Opere d'Architettura et Prospetiva, di Sebastiano Serlio Bolognese*, fac-símile (Veneza, 1619), Nova Iorque, 1964, libro VII, pp. 195 e 215.

Em Portugal o exemplo mais proeminente na arquitetura civil é o Palácio Ducal de Vila Viçosa, cuja fachada foi realizada pelo duque D. Teodósio em 1535, sendo acrescentado um piso adicional em 1601.[714] Outras obras seguir-se-iam usando este modelo de articulação, de que destaco o Torreão do Paço da Ribeira de Filipe Terzi, cuja configuração influenciaria a fachada do palácio para o Terreiro do Paço, tudo isto desaparecido no terramoto de 1755.

A influência deste tipo de articulação albertiana na arquitetura religiosa é ainda mais complexa de se averiguar. Certo é que antes da fachada do Palácio de Rucellai a arquitetura religiosa não revelava nas fachadas e paredes exteriores o sistema modular de abóbadas em tramos no interior, que era a regra sobretudo em igrejas longitudinais desde o período do Românico (existem algumas igrejas com articulação exterior, como é o caso da Catedral de Pisa; mas esta articulação não corresponde à organização espacial interior; é sobretudo um tratamento plástico de fachada; as igrejas de Brunelleschi e do próprio Alberti mostram que uma articulação exterior em harmonia com toda a articulação espacial do edifício não era corrente). As igrejas mais antigas que mostram esta articulação exterior em módulos de pilastras e entablamentos são Santa Maria delle Carceri, no Prato (Giuliano da Sangallo, iniciada em 1485) e Igreja de Santa Maria della Consolazione em Todi (começada em 1508 por Cola da Caprarola), ambas de planta centrada. Mas mais do que para igrejas de planta centrada, a articulação modular albertiana adequava-se a igrejas longitudinais, cuja métrica interior de divisão em tramos poderia ser transposta para o exterior. Em Portugal é mais uma vez São Vicente de Fora que apresenta não só na fachada, mas também nas paredes laterais uma articulação que no exterior revela a estrutura e métrica espacial interior (Fig. 8). Esta situação verificar-se-á igualmente noutros edifícios de grande dimensão como as sés de Portalegre e Leiria. Contudo, mais do que no continente, foi em Goa que esta articulação em grelha que Alberti ensaiou no Palácio Rucellai teve grande aceitação, tornando-se uma das

---

[714] RAFAEL MOREIRA, "Uma 'Cidade Ideal em Mármore'", em *Monumentos*, 6, 1997, pp. 48-53, p. 51.

características principais da arquitetura religiosa goesa, que a distinguem da congénere portuguesa.[715] Este tipo de articulação em grelha pode ter sido realizada pela primeira vez na igreja do Convento de São Domingos (1550), mas rapidamente se tornou na regra de configuração de fachadas e paredes exteriores na totalidade dos volumes das igrejas. Se em São Paulo e na sé de Goa a articulação em módulos de dois pisos ainda se relaciona em grande parte com a configuração espacial interior (Fig. 9), no caso das igrejas de Nossa Senhora da Graça e sobretudo do Bom Jesus a divisão em módulos horizontais, mas em particular nos três pisos, tornou-se um fim em si mesma, autónoma em relação ao espaço interior (Fig. 10). Esta divisão modular em pisos tornou inclusivamente a ordem colossal praticamente inexistente na arquitetura goesa de origem portuguesa.[716]

**Teoria das Proporções**

Quanto à influência da obra escrita de Alberti, em particular no que respeita à teoria das proporções, na arquitetura portuguesa "ao romano", este é um campo ainda menos estudado. Se esta influência de Alberti se faz sentir diretamente a partir da obra do humanista, ou indiretamente através de outros media, é incerto. Certo é que a prática arquitetónica portuguesa revela conhecimento desta doutrina projetual, embora numa extensão ainda desconhecida. Como exemplo apresenta-se aqui o resultado de um estudo realizado na igreja do Bom Jesus de Goa, no âmbito de um projeto coordenado pelo autor deste artigo e financiado pela Fundação para a Ciência e Tecnologia.[717] Para esta análise utilizou-se uma planta de reconstituição

---

[715] ANTÓNIO NUNES PEREIRA, *A arquitetura religiosa cristã de Velha Goa. Segunda metade do século XVI e primeiras décadas do século XVII*, Lisboa, Fundação Oriente, 2005 (Orientália, n.º 10), pp. 186.

[716] ANTÓNIO NUNES PEREIRA, *op. cit*, pp. 186 e 292-293. Observam-se ordens colossais nas igrejas de comunidades vindas diretamente de Itália, ibidem, pp. 326.

[717] "Architecture and Mathematics in the Renaissance: proportion systems in two churches in Old Goa of the 16th century", UNIDCOM / IADE, 30.09.2005 – 30.04.2009 (POCI / AUR / 60935 / 2004 and PPCDT / AUR / 60935 / 2004). Este projeto envolveu também o estudo da sé de Goa, mas cujos resultados são menos relevantes para este artigo. Os desenhos aqui apresentados são do autor, em colaboração com os designers Tiago Molarinho Antunes e Sara Eusébio.

do complexo original da igreja, sacristia, pátio e dependências adjacentes, antes da ampliação dos braços do falso transepto para acomodação da capela funerária de São Francisco Xavier, em 1659.[718] A análise dos levantamentos desta igreja da Casa Professa dos jesuítas na antiga capital do Estado da Índia revela a utilização do retângulo 3:4 na configuração do edifício (figs. 11 e 12). Como sabemos, a proporção 3:4, correspondente ao intervalo musical de quarta perfeita, é considerada por Alberti como uma das mais harmónicas e, por isso, recomendadas no projeto arquitetónico.[719] Contudo, a preferência por esta proporção pode ter igualmente aspectos simbólico-religiosos: se 3 é o número associado à divindade, em particular referindo-se à Santíssima Trindade, 4 é o número associado à terra e à vida terrena. A conjugação de ambos sob a forma de multiplicação origina o número 12, o número de apóstolos que disseminaram na terra a palavra divina. Esta era a missão que os jesuítas tomaram para si no Oriente, a pregação, não sendo por acaso que a sua figura mias emblemática, Francisco Xavier, foi precisamente chamado o "apóstolo das Índias".[720]

## Conclusão

A análise da receção dos elementos inovadores da prática arquitetónica de Leon Battista Alberti na arquitetura portuguesa "ao modo romano" a partir do século XVI mostra que esta se realizou quase sempre de um modo indireto. Deu-se sobretudo através da influência de edifícios como Il Gesù de Roma que, se por um lado se relacionam com obras de Alberti, por outro mostram evolução em relação à mesmas. Isto explica-se sobretudo pelo desfasamento da receção da obra albertiana em relação à sua produção. Entre

---

[718] PEDRO DIAS, *História da Arte Portuguesa no Mundo (1414-1822). O Espaço do Índico*, s/local, Círculo de Leitores, 1998, p. 88.

[719] LEON BATTISTA ALBERTI, *Da arte Edificatória*, trad. de A. M. do Espírito Santo, introd., notas e revisão disciplinar de M. J. Krüger, Lisboa, Fundação Calouste Gulbenkian, 2001, pp. 598-599.

[720] Os resultados desta investigação encontram-se publicados em ANTÓNIO NUNES PEREIRA, "Renaissance in Goa: Proportional Systems in Two Churches of the Sixteenth Century", em *Nexus Network Journal*, vol. 13, n° 2, 2011, pp. 373-396.

a morte de Alberti em 1472 e o início da prática do "modo romano" em Portugal decorreu pelo menos o intervalo de duas gerações. Nesse período de tempo a jovem arquitetura do Renacismento sofria sobretudo em Itália grandes alterações, numa renovação criativa constante. Quando o interesse de arquitetos e comitentes em Portugal despertou para a herança clássica renascida, o seu olhar voltou-se para o que de mais recente existia. Nesta altura já inclusivamente se fazia sentir a influência de outras regiões como a França e a Flandres no evoluir da arquitetura renascentista. Em meados do século XVI, os modelos albertianos puros pertenciam a um passado distante e tinham entretanto sido adaptados a novas necessidades e preferências. Contudo, a evolução que a arquitetura do Renascimento teve entre o desaparecimento de Alberti e a sua grande difusão não só pela Europa, mas também pelos territórios recém descobertos e conquistados da Índia às Américas, não nos pode levar a esquecer as suas origens. Traçar alguns destes caminhos desde Alberti até ao edificado "ao romano" é averiguar o processo de génese do Renascimento em Portugal.

Fig. 1: Interior da igreja São Vicente de Fora, Lisboa.

Fig. 2: Interior da igreja das Onze Mil Virgens, Coimbra.

Fig. 3: Fachada da igreja das Onze Mil Virgens, Coimbra.

Fig. 4: Fachada da igreja de São Lourenço, Porto.

Fig. 5: Exterior da igreja do Bom Jesus, Goa.

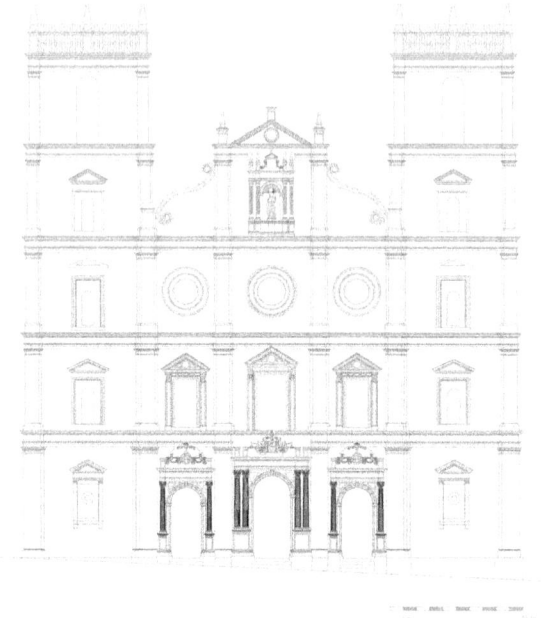

Fig. 6: Reconstituição da fachada da igreja de Nossa Senhora da Graça, Goa (desenho do autor).

Fig. 7: Igreja do Espírito Santo, Évora.

Fig. 8: Igreja de São Vicente de Fora, Lisboa.

Fig. 9: Sé de Goa.

Fig. 10: Interior da igreja do Bom Jesus de Goa.

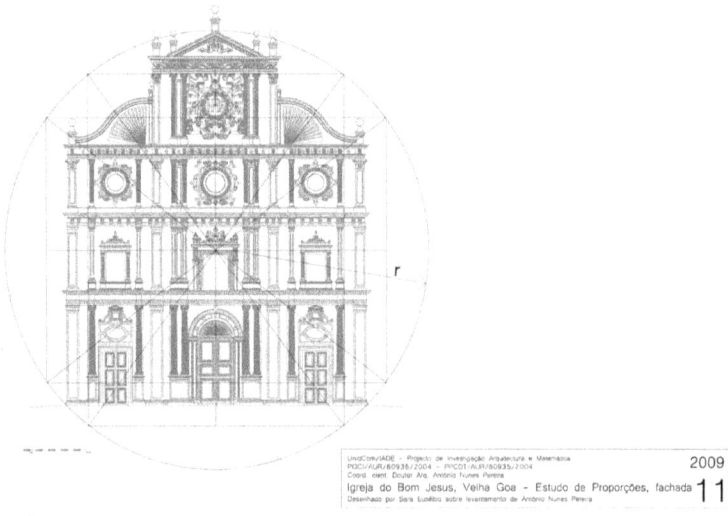

Fig. 11: Fachada da igreja do Bom Jesus de Goa (desenho do autor).

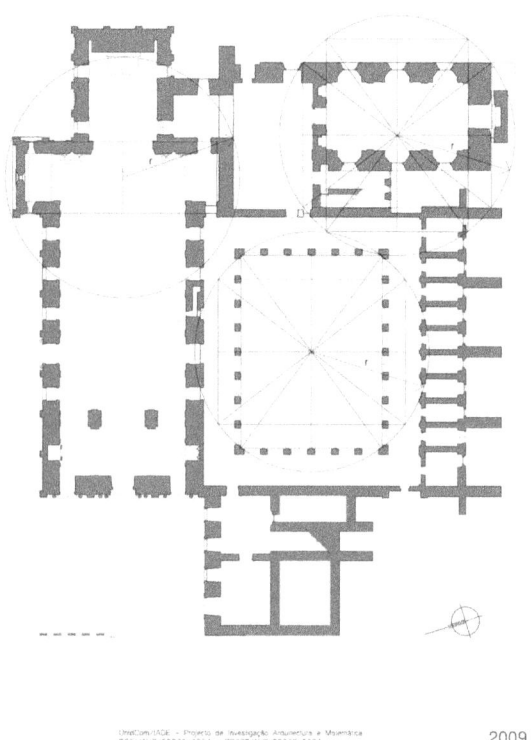

Fig. 12: Planta da igreja e claustro anexo do Bom Jesus de Goa (desenho do autor).

# NOTA SOBRE OS AUTORES

Carlos Antônio Leite Brandão,
Universidade Federal de Minas Gerais, UFMG, Brasil,
brandao@arq.ufmg.br

Carlos Antônio Leite Brandão é professor titular de história e teoria da arquitetura, da cidade e das artes na Escola de Arquitetura da Universidade Federal de Minas Gerais e pesquisador do CNPq (Brasil). Graduou-se em arquitetura (1981); possui mestrado e doutorado em Filosofia (UFMG) e realizou pós-doutorado na École des Hautes Études en Sciences Sociales (Paris). Atualmente, suas pesquisas estão centradas em torno de Alberti, do Renascimento Italiano e da filosofia da arquitetura e da cidade. Dentre suas principais obras publicadas, citam-se: *A Formação do Homem Moderno vista através da Arquitetura* (1999); *Quid Tum? O Combate da Arte em Leon Battista Alberti* (2000); *As cidades da cidade* (2006, coletânea) e *Na Gênese das Racionalidades Modernas: em torno de Alberti e do Humanismo* (2013).

Francesco Furlan
Centre National de la Recherche Scientifique
furlan@msh-paris.fr

Diretor de pesquisa do C.N.R.S e Membro do Institut Universitaire de France, é filólogo e historiador das culturas neo-latinas e renascentistas. Diretor, entre outras, das revistas *Albertiana* et *Humanistica*, da *Opera omnia / Œuvres complètes* d'Alberti (Paris, Les Belles Lettres) e das coleções *Nova Humanistica* (Paris, J. Vrin & Torino, Aragno) e *Sciences et Savoirs* (Paris, Les Belles Lettres). É autor de numerosas obras, nomeadamente de uma série de edições críticas e diversos ensaios, e também o organizador e editor de importantes projetos coletivos. Na sua produção recente conta com o ensaio *Dialogica: Renaissance et refondation du dialogue* (Moskva, Kanon+, 2012) e a obra colectiva *Texte & Image: La transmission de données visuelles dans la littérature scientifique et technique de l'Antiquité à la Renaissance: Pour une philologie parallèle du texte et de l'image* (Pisa-Roma, Serra, 2013). Atualmente está a preparar a publicação da edição crítica e anotada com um estudo introdutório seguido de comentário do *Momus* de Alberti.

Peter Hicks
Bath University, UK
peterhickspro@gmail.com

Peter Hicks é Professor Visitante na *School of Architecture and Building Engineering* da Universidade de Bath, Reino Unido. Formou-se na University College London, na Università 'La Sapienza' de Roma e no St. John's College de Cambridge. A sua mais recente publicação é *Palladio's Rome,* uma tradução do *L'Antichita di Roma and Descritione de le chiese...in la città de Roma* de Palladio, que inclui em anexo a Carta de Rafael para Leão X, para a Yale University Press de Londres e New Haven, em 2006, com Vaughan Hart. Com Francesco Furlan e Mario Carpo, realiza a tradução do Latim para Inglês do *Descriptio urbis Romae* de Leon Battista Alberti na edição de F. Furlan de *Leonis Baptistae Alberti Descriptio Urbis Romae,* publicado pela Arizona University Press, 2007. As suas próximas publicações incluem *Sansovino's Venice,* (com Vaughan Hart) para a Yale University Press (Projeto financiado pelo Canadian Centre for Architecture, Montreal) e ainda o *De statua* de Leon Battista Alberti, com Francesco Furlan e Mario Carpo para a Yale University Press.

Junia Mortimer
Programa de Pós-Graduação em Arquitetura e Urbanismo (NPGAU),
Universidade Federal de Minas Gerais (UFMG),
junia.mortimer@gmail.com

Junia é fotógrafa, pesquisadora e professora universitária, bacharel em Arquitetura e Urbanismo (2007), pela UFMG, Brasil; mestre em Artes e Humanidades (2010), pela Université de Perpignan, França, pela University of Sheffield, Inglaterra, e pela Universidade Nova de Lisboa, Portugal (triplo diploma); doutoranda em Arquitetura (2015), pela UFMG, com linha de pesquisa sobre representações fotográficas contemporâneas da arquitetura.

**Pierre Caye**
**Centre National de la Recherche Scientifique**
caye.pierre@wanadoo.fr

Pierre Caye é diretor de pesquisa no CNRS, diretor do Centro Jean Pepin em França, onde gere o projeto Theta (Teorias e História da Estética, Tecnologia e Artes) e a International Research Network ou GDRI (CNRS) "Savoirs artistiques et traités d'art de la Renaissance aux Lumières"; atualmente estuda Vitruvius e Vitruvianismo no Renascimento e na Idade Clássica. Publicou *Le savoir de Palladio* (Klincksieck, 1995), *Empire et décor* (Vrin, 1999) e com F. Choay, traduziu para francês o *De re aedificatoria* de Alberti para as Éditions Seuil (2004).

**Paulo Providência**
**Centro de Estudos Sociais, Departamento de Arquitetura, Universidade de Coimbra**
pauloprovidencia@ces.uc.pt

Licenciado pela FAUP em 1988, Doutor pela Universidade de Coimbra em 2007. Docente de Projeto no DARQ-FCTUC; tem orientado Provas de Final de Licenciatura e Dissertação de Mestrado Integrado. As minhas áreas de interesse são o século XIX e a arquitetura contemporânea. Pensar o projeto arquitetónico como meio de expressão leva à reflexão sobre os seus métodos e práticas. De forma complementar às reflexões teorizantes, mantenho prática de projeto de arquitetura.

**Mário Henrique Simão D'Agostino**
**Faculdade de Arquitetura e Urbanismo da Universidade de São Paulo – FAU-USP.**
Email: marioagostino@usp.br;

Mário Henrique Simão D'Agostino, professor doutor e livre-docente pela Faculdade de Arquitetura e Urbanismo da Universidade de São Paulo

– FAU-USP. Desde 1990 leciona Estética e História da Arquitetura em cursos de graduação e pós-graduação da Universidade de São Paulo. Autor dos livros *A Beleza e o Mármore. O tratado De Architectura de Vitrúvio e o Renascimento* (Annablume, São Paulo / Imprensa da Universidade de Coimbra, 2012$^2$) e *Geometrias Simbólicas da Arquitetura. Espaço e ordem visual: do Renascimento às Luzes* (Hucitec, 2006), e de artigos sobre tratados e teorias da Arquitetura, com destaque para a tradição clássica de matriz vitruviana.

**Giovana Helena de Miranda Monteiro**
Curso de Arquitetura e Urbanismo da PUC-Minas
giovanahmonteiro@gmail.com

Giovana Helena de Miranda Monteiro, analista de sistemas, arquiteta e urbanista, mestre em Arquitetura e Urbanismo pela UFMG na área de concentração Teoria, Produção e Experiência do Espaço. Membro do grupo de estudos "Arquitetura, Humanismo e República", coordenado pelo prof. Carlos Antônio Leite Brandão na UFMG, é sócia da MILETO Engenharia, leciona no curso de Arquitetura e Urbanismo da PUC-Minas e estuda Teoria da Psicanálise no ALEPH Escola de Psicanálise, em Belo Horizonte. giovana@miletoengenharia.com.br

**Nella Bianchi Bensimon**
Université de Paris Ouest
nellabianchi@gmail.com

Nella Bianchi Bensimon, «Maître de Conférence» HDR da Universidade de Paris Ouest Nanterre la Défense, trabalha sobre a obra e pensamento de Leon Battista Alberti e prepara atualmente, em colaboração com Pierre Caye na tradução para francês do *De familia* e do *Theogenius*. No quadro geral da sua investigação sobre os autores e as obras do *Quattrocento*, publicou em 2015 nas edições Vecchiarelli, com introdução e notas, a obra *Anteros sive contra amore* (1496) de Battista Fregoso.

Maurice Brock
Université François Rabelais, Tours
brock@univ-tours.fr

Nascido em 1948, antigo aluno de ENS-Ulm, agregado em Letras Clássicas, doutor «d'Etat» do EHESS em 1996 (sobre Titien). Especialista da pintura italiana do Renascimento (Florença e Veneza). Publicou artigos sobre a cor veneziana, a representação da viagem dos reis Magos e recentemente sobre Bronzino, para as Éditions de La Lagune, 2002.

José Pinto Duarte
Faculdade de Arquitetura da Universidade de Lisboa
jduarte@fa.ulisboa.pt

José Pinto Duarte tem a Licenciatura pela Faculdade de Arquitetura da Universidade Técnica de Lisboa (FA/UTL), o Mestrado em Métodos de Projeto e o Doutoramento em Arquitetura e Computação pelo MIT, EUA. É atualmente Professor Catedrático na FA/ULisboa, Cientista Visitante no MIT e Vice-Presidente Emérito da *eCAADe – education and research in computer aided architectural design in Europe*, organização europeia da qual foi também Presidente. Os seus interesses de investigação centram-se na aplicação das novas tecnologias no projeto de arquitetura, urbanismo e design.

Filipe Coutinho
Universidade Lusíada
E-mail filipecq1@gmail.com

Concluiu a Licenciatura em Arquitetura pela Faculdade de Arquitetura da Universidade do Porto em 1998, o Mestrado em Ciências da Construção pelo Instituto Superior Técnico da UTL em 2004 e o Doutoramento em Arquitetura pela Universidade de Coimbra em 2015. Atualmente é Professor Auxiliar na Universidade Lusófona de Humanidades e Tecnologias.

**Eduardo Castro e Costa**
Faculdade de Arquitetura da Universidade de Lisboa
E-mail castroecosta@gmail.com

Concluiu a Licenciatura em Arquitetura pelo Instituto Superior Técnico da UTL em 2006 e o Mestrado Integrado em Arquitetura pela FA/Ulisboa em 2012. Atualmente é aluno de Doutoramento em Design na FA/ULisboa, onde investiga o tema da "Personalização em Série de Peças de Cerâmica Utilitária" com bolsa da FCT.

**Bruno Figueiredo**
Escola de Arquitetura da Universidade do Minho
E-mail bfigueiredo.13@gmail.com

Concluiu a Licenciatura em Arquitetura pela Faculdade de Arquitetura da Universidade do Porto (FAUP) em 2000 e o Mestrado em Cultura Arquitetónica Moderna e Contemporânea pela FAUP em 2009. Atualmente, desenvolve tese de doutoramento com o título "Descodificação da *De re aedificatoria* de Alberti: Uma abordagem computacional à análise e geração de arquitetura clássica" na Escola de Arquitetura da Universidade do Minho onde também é Assistente.

**Vitor Murtinho**
Departamento de Arquitetura, Centro de Estudos Sociais, Universidade de Coimbra.
vmurtinho@uc.pt

Vitor Murtinho (1964). Arquiteto (FAUTL) é, desde 1988, docente no Departamento de Arquitetura da Universidade de Coimbra. Doutorado em Arquitetura na especialidade de Teoria e História da Arquitetura (2002) pela mesma universidade. É atualmente Professor Associado. Tem exercido vários cargos institucionais, sendo desde 2011, Vice-reitor da Universidade de Coimbra. Escreve com regularidade sendo autor de mais de meia centena de artigos científicos e capítulos de livros.

**Elvira Rosa Fernández**
Facultad de Arquitetura, Universidad Nacional de Córdoba, Argentina.
bibifernandez1@hotmail.com

Professora da Escola de Arquitetura, Universidade Nacional de Córdoba, orienta teses de licenciatura e no curso de Espaço Público do mestrado em Urbanismo. Investigadora em temas urbanos. Vice Diretora (2008- -2011) e Diretora (2011-2014) da Escola de Arquitetura UNC. Presidente do Instituto de Planeamento Urbano de Córdoba fazendo investigação e coordenando projetos sobre a urbanização de médio e longo prazo. Prémio do Melhor Trabalho Argentino 1989 (Projeto sobre Rio Suquía) atribuído pelos Críticos de Arquitetura da América-Latina da Bienal do Chile.

**Hugo R. Peschiutta**
Facultad de Arquitetura, Universidad Nacional de Córdoba, Argentina.
hugo@coop5.com.ar

Arquiteto, Especialista en Restauro de Monumentos y Centros Antiguos, Doctorando en Arte. Profesor Titular Historia Arquitetura IA, FAUD, UNC. Prof. Titular Teoría del Diseño. Maestría en Diseño arquitetónico y Urbano, Escuela de Graduados, FAUD, UNC. Secretario de Investigación y Relaciones Internacionales, FAUD, UNC. Delegado Icomos Región Centro, República Argentina. Asesor Comisión de Patrimonio Ciudad de Córdoba. Municipalidad de Córdoba. Autor de numerosas conferencias, artículos y libros.

**Ernesto Pablo Molina Ahumada**
Facultad de Filosofía y Humanidades, Universidad Nacional de Córdoba, Argentina
pablomolinacba@hotmail.com

Doctor en Letras por la Universidad Nacional de Córdoba, se desempeña como docente en dicha Universidad. Ha recibido becas de investigación de grado, doctorado y posdoctorado (CONICET, Secyt-UNC) y desarrolla- do atividades de docencia e investigación en universidades nacionales y extranjeras (España, Brasil) y ha participado en reuniones científicas del país y del extranjero (España, Suecia, Suiza, Brasil). En 2005 fue galardonado con el Premio Academia Argentina de Letras.

**Mário Júlio Teixeira Krüger**
Departamento de Arquitetura, Centro de Estudos Sociais, Universidade de Coimbra.
mjtk478@gmail.com

Mário Júlio Teixeira Krüger, *alias* Mário Krüger, é Professor Catedrático do Departamento de Arquitetura da Faculdade de Ciências e Tecnologia da Universidade de Coimbra e Investigador do Centro de Estudos Sociais desta Universidade. Com vários livros impressos e inúmeros artigos em revistas nacionais e internacionais, bem como de comunicações em congressos e encontros científicos, publicou recentemente a obra *Comentários à Arte Edificatória* de Leon Battista Alberti, foi co-responsável em 2011 pela edição, em língua portuguesa, do *De re aedificatoria*, bem como foi coordenador do projeto de investigação Alberti Digital, financiado pela FCT, que teve por objetivo traçar, em ambiente computacional e pela construção de uma gramática generativa da forma, a influência daquele tratado na herança disciplinar da Arquitetura Clássica em Portugal.

**Maria da Conceição Rodrigues Ferreira**
Centro de Investigação em Educação, da Universidade do Minho
mconceicaorferreira@gmail.com

Maria da Conceição Rodrigues Ferreira, Doutora em Psicologia, pela Universidade de Coimbra com vários artigos publicados em revistas nacionais e internacionais sobre o desenvolvimento e a generalização do conceito de número. Presentemente integra o Centro de Investigação em Educação, da Universidade do Minho, onde desenvolve estudos sobre Criatividade no Ensino Superior. Tem formação em Terapia Familiar pela Sociedade Portuguesa de Terapia Familiar, exercendo atendimento de famílias e de casais no Centro de Prestação de Serviços à Comunidade da Faculdade de Psicologia e Ciências da Educação da Universidade de Coimbra.

**Domingos Campelo Tavares**
Faculdade de Arquitetura da Universidade do Porto (FAUP)
domingos@dafne.com.pt

Nascido em Ovar a 15 de maio de 1939. Licenciado em Arquitetura pela Escola Superior de Belas Artes do Porto em 1973; Professor Catedrático Jubilado da Faculdade de Arquitetura da Universidade do Porto; Professor emérito da Universidade do Porto. Coordenador de Projeto de Investigação no Centro de Estudos de Arquitetura e Urbanismo da Faculdade de Arquitetura da Universidade do Porto. Autor da coleção Sebentas de História da Arquitetura Moderna da editora Dafne onde se insere o livro *Leon Battista Alberti. Teoria da Arquitetura* (2004).

**José Miguel Rodrigues (FAUP)**
Faculdade de Arquitetura da Universidade do Porto (FAUP)
jrodrigues@arq.up.pt,

José Miguel Neto Viana Brás Rodrigues nasceu no Porto em 1970. Na Faculdade de Arquitetura da Universidade do Porto (FAUP) concluiu, em 1994 a Licenciatura, em 1998 o Mestrado e, em 2007 o Doutoramento, com tese intitulada "O Mundo Ordenado e Acessível das Formas da Arquitetura" (em 2013 publicado pela Fundação Marques da Silva). É arquiteto, professor e investigador na FAUP onde leciona desde 1998. Desde 2011, desenvolve um projeto de Pós-doutoramento com o título "A relação entre a teoria e a prática em Giorgio Grassi: afinidades e oposições", um projeto de tradução para português da obra escrita do autor.

**Gonçalo Canto Moniz**
Centro de Estudos Sociais, Departamento de Arquitetura, Universidade de Coimbra
gmoniz@uc.pt

Gonçalo Canto Moniz é investigador do Núcleo Cidades, Culturas e Arquitetura (CCArq) e membro da Direção Executiva do Centro de Estudos Sociais da UC. Licenciado em Arquitetura em 1995 no Departamento de

Arquitetura da FCTUC, onde é Professor Auxiliar, membro da Comissão Editorial da e|d|arq e editor da revista *JOELHO*. Doutorado pela Universidade de Coimbra com a tese "O Ensino Moderno da Arquitetura. A Reforma de 57 e as Escolas de Belas Artes em Portugal (1931-69)" em 2011. Tem investigado e publicado sobre a Arquitetura Moderna em Portugal, nomeadamente sobre os equipamentos liceais, o ensino da arquitetura e os espaços da justiça, sendo autor do livro "Arquitetura e Instrução: o projeto moderno do liceu, 1836-1936" (e|d|arq, 2007). Entre 2011 e 2103 foi investigador do projeto Alberti Digital, coordenado pelo professor Mário Krüger no Centro de Estudos Sociais.

**Nelson Mota**
Faculty of Architecture and the Built Environment,
Delft University of Technology
n.j.a.mota@tudelft.nl

Nelson Mota licenciou-se em Arquitetura (1998) e obteve o grau de Mestre (2006) na Universidade de Coimbra. Em 2006 venceu o Prémio Fernando Távora. Atualmente é Assistant Professor na Faculty of Architecture and the Built Environment da Delft University of Technology, onde obteve em 2014 o grau de Doutor com a dissertação "An Archaeology of the Ordinary. Rethinking the Architecture of Dwelling from CIAM to Siza". Colabora desde 2013 como guest scholar no Master in Architecture and Urban Design do The Berlage Center for Advanced Studies in Architecture and Urban Design. É membro da comissão editorial da revista académica *Footprint*.

**Rodrigo Bastos**
Universidade Federal de Santa Catarina, Brasil
rodrigobastos.arq@gmail.com

Professor do Departamento de Arquitetura e Urbanismo da UFSC, Rodrigo Bastos é arquiteto urbanista, engenheiro, Mestre em Arquitetura e Urbanismo pela UFMG e Doutor em Arquitetura pela USP, com estágio de doutoramento pelo Departamento de História da Arte da Universidade

Nova de Lisboa. Vencedor do Prêmio Marta Rossetti Batista, de História da Arte e da Arquitetura, em 2010, com a tese, publicada pela Edusp em 2013: *A maravilhosa fábrica de virtudes*. É autor de *A arte do urbanismo conveniente*: o decoro na implantação de novas povoações em Minas Gerais na primeira metade do século XVIII.

**Andrea Buchidid Loewen**
Faculdade de Arquitetura e Urbanismo, Universidade de São Paulo
andrealoewen@uol.com.br

Arquiteta, doutora em História e Fundamentos da Arquitetura e do Urbanismo pela Faculdade de Arquitetura e Urbanismo da Universidade de São Paulo (FAU-USP). Professora do Departamento de História da Arquitetura e Estética do Projeto da FAU-USP, desenvolve pesquisas acerca das doutrinas e da história da Arquitetura, com destaque para a tratadística do Renascimento. É autora de ensaios e artigos sobre o tema, bem como do livro *Lux pulchritudinis: sobre beleza e ornamento em Leon Battista Alberti* (Annablume/Imprensa da Universidade de Coimbra, 2013).

**Rafael Moreira,**
Departamento de História da Arte da Faculdade de Ciências Sociais e Humanas
(Universidade Nova de Lisboa).
rfdmoreira@gmail.com.

Rafael Moreira nasceu no Porto e estudou no Rio de janeiro e Lisboa, onde é docente de História da Arte na Universidade Nova desde 1978. Especializado em Renascimento, Arte Colonial Portuguesa e Arquitetura Militar, publicou 5 livros e mais de 90 artigos da sua especialidade em revistas nacionais e estrangeiras, participa regularmente em congressos internacionais e deu cursos e conferências um pouco por todo o mundo. É há mais de 20 anos membro do CHAM (*Center for Global History*), CISA-Palladio, Centre André Chastel, SILBA e Academia Nacional de Belas-Artes de Lisboa. Professor Associado de nomeação definitiva no Departamento de História da Arte da Faculdade de Ciências Sociais e Humanas (Universidade Nova de Lisboa).

**António Nunes Pereira**
IADE-U, Lisboa; UNIDCOM / IADE, Lisboa
anunespereira@gmail.com

Licenciado em Arquitetura pela Faculdade de Arquitetura da Universidade Técnica de Lisboa. Entre 1993 e 2000 foi assistente no Departamento de História da Arquitetura e Proteção de Património da Universidade Técnica da Renânia-Vestefália de Aachen (RWTH). Neste Departamento concluiu ainda em 2003 o doutoramento com uma tese sobre a arquitetura religiosa de Velha Goa, para a realização da qual foi bolseiro da Fundação Oriente. Leciona na Escola Superior do IADE desde 2003, atualmente com a categoria de Professor Associado. Enquanto investigador da UnidCom do IADE coordenou, entre 2005 e 2009, um projeto de investigação científica apoiado pela FCT com o tema "Arquitetura e Matemática no Renascimento: sistemas de proporções em duas igrejas de Velha Goa do século XVI".

É desde 2010 diretor do Palácio Nacional da Pena / Parques de Sintra – Monte da Lua, SA, assumindo em 2015 as direções do Palácio de Monserrate e do Chalet da Condessa d' Edla.

www.ingramcontent.com/pod-product-compliance
Lightning Source LLC
Chambersburg PA
CBHW071221290426
44108CB00013B/1243